北京大学课程思政丛书

丛书主编：郝 平 龚旗煌
丛书组编：北京大学课程思政教学研究中心

外国语言文学学科课程思政教学设计

李淑静 王 丹 ◎主编
施 越 冯 硕 冯一帆 ◎副主编

北京大学出版社
PEKING UNIVERSITY PRESS

图书在版编目(CIP)数据

外国语言文学学科课程思政教学设计 / 李淑静，王丹主编. -- 北京：北京大学出版社，2024.9. -- (北京大学课程思政丛书). -- ISBN 978-7-301-35339-4

Ⅰ. G641

中国国家版本馆 CIP 数据核字第 202404XQ03 号

书　　　名	外国语言文学学科课程思政教学设计 WAIGUO YUYAN WENXUE XUEKE KECHENG SIZHENG JIAOXUE SHEJI
著作责任者	李淑静　王　丹　主编
策划编辑	张　冰
责任编辑	刘　虹
标准书号	ISBN 978-7-301-35339-4
出版发行	北京大学出版社
地　　　址	北京市海淀区成府路 205 号　100871
网　　　址	http://www.pup.cn　　新浪微博：@北京大学出版社
电子邮箱	编辑部 pupwaiwen@pup.cn　　总编室 zpup@pup.cn
电　　　话	邮购部 010-62752015　发行部 010-62750672　编辑部 010-62759634
印　刷　者	北京鑫海金澳胶印有限公司
经　销　者	新华书店
	787 毫米 ×1092 毫米　16 开本　22.25 印张　508 千字 2024 年 9 月第 1 版　2024 年 9 月第 1 次印刷
定　　　价	89.00 元

未经许可，不得以任何方式复制或抄袭本书之部分或全部内容。
版权所有，侵权必究
举报电话：010-62752024　电子邮箱：fd@pup.cn
图书如有印装质量问题，请与出版部联系，电话：010-62756370

《外国语言文学学科课程思政教学设计》编委会

主　编：李淑静　王　丹
副主编：施　越　冯　硕　冯一帆

参编人员（按姓氏拼音首字母排序）：

Alaa Mamdouh Akef

陈松岩	成　沫	丁　一	樊　星
范晶晶	冯　硕	高艳丽	葛奇蹊
胡　蔚	胡旭辉	黄　淳	黄　铁
黄超然	姜永红	金　勇	李海鹏
李淑静	李婷婷	林丰民	林庆新
刘迪南	陆蓉蕾	罗　炜	罗正鹏
马　剑	马乃强	马小琦	毛明超
梅华龙	闵雪飞	南　燕	钱　清
琴知雅	沙筱薇	沈一鸣	施　越
史　阳	宋文志	田剪秋	王　丹
王　浩	王　靖	王　宇	王　渊
王辛夷	王逊佳	文丽华	吴杰伟
夏　露	咸蔓雪	谢　昂	谢侃侃
徐　溯	许　彤	闫梦梦	尹　旭
余苏凌	袁　琳	岳远坤	张　晶
张　敏	张　哲	张慧玲	张嘉妹
张忞煜	张亚冰	章　文	赵白生

总　序

立德树人是教育的根本任务,深化思政育人是推动民族复兴的重要基础工程、战略工程。习近平总书记2018年在北京大学师生座谈会上明确指出,"古今中外,每个国家都是按照自己的政治要求来培养人的,世界一流大学都是在服务自己国家发展中成长起来的。我国社会主义教育就是要培养社会主义建设者和接班人。"中国共产党第二十次全国代表大会报告强调,"教育是国之大计、党之大计。培养什么人、怎样培养人、为谁培养人是教育的根本问题。育人的根本在于立德。"以习近平同志为核心的党中央立足民族复兴伟业,把教育事业摆在"国之大计、党之大计"的重要战略位置,围绕"培养什么人、怎样培养人、为谁培养人"这一根本问题提出了一系列新理念新思想新观点,为做好新时代教育工作、培养堪当大任的时代新人提供了根本遵循。

2019年3月,习近平总书记在学校思想政治理论课教师座谈会上发表重要讲话,强调"要坚持显性教育和隐性教育相统一,挖掘其他课程和教学方式中蕴含的思想政治教育资源,实现全员全程全方位育人"。同年8月,中共中央办公厅、国务院办公厅印发《关于深化新时代学校思想政治理论课改革创新的若干意见》,明确提出高校要全面推进课程思政建设。2020年6月,教育部印发《高等学校课程思政建设指导纲要》,对高校课程思政建设工作进行具体部署。

在党和国家大政方针指引下,北京大学坚守"为党育人、为国育才"的初心使命,全面贯彻党的教育方针,深入落实立德树人根本任务,把加强学生思想政治教育作为培育时代新人的关键举措,扎实推进习近平新时代中国特色社会主义思想进课堂、进教材、进头脑,大力促进思政教育与专业教育紧密结合,完善兼具学科性和思政性的课程思政内容,深入挖掘各类课程育人功能,紧密结合北京大学光荣革命传统和红色校史,把理想信念教育和社会主义核心价值观教育有机融入教育教学全过程各环节,把政治认同、国家意识、文化自信、人格养成等思想政治教育导向与各类课程的知识、技能传授等环节有机融合,把"四史"教育和党的二十大精神有机融入课堂教学、学术研究、课外实践等育人全过程,在课程思政建设上进行了新探索,形成了新经验。

一是建立党委统一领导,教学管理部门牵头,相关部门联动,院系落实推进的课程思政建设体系。为进一步加强对课程思政建设的支持,全方位构建具有北大特色的课程思政育人体系,2020年7月北京大学成立了思想政治理论课和课程思政建设领导小组,之后又建设了北京大学课程思政教学研究中心,从顶层设计上推进思政课与课程思政协同发展,统筹协调全校课程思政建设工作,将课程思政建设范围覆盖到学校各学科、各院系。在课程思政建设过程中,学校多次组织召开研讨会,征求专家学者和一线教学科研人员意见建议,总结阶段性经验,并于2020年10月出台《北京大学深化推进课程思政建设实施方案》,持续提升课程思政建设质量。2021年9月,学校进一步整合资源,在教务长办公室设立思政课与课程思政办公室,负责协调、统筹全校课程思政建设工作。

二是在全校范围内开展课程思政示范课程建设和评优推荐工作。2021年5月,学校启动了课程思政示范院系和示范课程建设培育项目,通过课程观摩、咨询指导、共建资源库等方式,全面支持和引导教师完成课程思政的内涵建设及课程的系统化设计。2021年以来,学校组织评定了8个课程思政示范院系,6个示范院系建设单位和66门课程思政示范课程。其中,"田野考古实习"等3门课程获评教育部课程思政示范课程,"口腔修复学"等8门课程获评北京市课程思政示范课程。学校还建设了网上平台对示范课程进行展示,建设课程思政示范课程案例库,出版课程思政示范课程案例集,并举办北京大学"课程思政示范课程"建设经验分享会,通过推广示范课程的典型经验和特色做法,发挥示范引领作用,以点带面,更好地促进课程思政建设。

三是全方位开展课程思政教师队伍培育工作。办好课程思政的关键在教师,为充分发挥教师的积极性、主动性和创造性,学校以整体提升教师开展课程思政建设的意识和能力为目标,制定了《北京大学课程思政教师培训工作办法》,明确了课程思政教师培训的要求和内容。2020年以来,学校举办了六十多场多种形式的课程思政教师培训活动,建设北京大学课程思政教师培训平台(https://training.pku.edu.cn/kc-sz/),通过线上和线下相结合的方式,基本实现课程思政教师培训全覆盖。课程思政教师培训平台整合汇总了近年来学校开展课程思政培训的示范案例和视频资源,方便教师随时随地开展课程思政线上学习,助力教师找准育人角度,提升育人能力,高质量开展课程思政建设。

四是编写《课程思政教学指南/设计》,更加科学地指导教师开展课程思政教学。北京大学组织各个示范院系深入梳理各专业核心课程的教学内容,结合不同课程的特点、思维方法和价值理念,深入挖掘课程思政元素,编写了《课程思政教学指南/设计》(以下简称《教学指南/设计》),通过将课程思政建设的目标要求与教师自身的教学经验深度结合,提供可参考、可执行的教学设计、教学方法与手段、教学组织与管理、教学评价与考核策略,构建课程思政教学框架。《教学指南/设计》是具有高度实用性的课程思政教学手册,也是北京大学课程思政教学研究的有益尝试。

以上四个方面的经验是我们在课程思政建设实践中的初步探索。在这个过程中,一大批教学经验丰富的教师奋斗在立德树人工作一线,他们聚焦课程思政的教学实践和理论研究,探索课程思政的建设路径和教学方法等,形成了一批高质量研究成果和生动的教学实践案例,在北京大学课程思政教学研究中心组织推动下,现作为"北京大学课程思政丛书"出版。我们希望这套丛书介绍的经验和案例能为课程思政教学一线的教师提供借鉴,促进我国高校不断深化思政育人成效,提高人才培养质量,努力办好人民满意的教育,培养德智体美劳全面发展的社会主义建设者和接班人。

同时,由于我校课程思政建设还在探索和完善的过程中,欢迎各位读者与教育界同仁多提宝贵意见和建议。我们期待与大家深入交流,共同推动课程思政建设,为党和国家培养更多有理想、有本领、有担当的时代新人。

北京大学课程思政教学研究中心

2023年6月

目录·CONTENTS

总论 ··· 001

| 第一篇 |

外国语言文学学科课程思政教学设计

外国语言文学学科课程思政教学设计　本科生课程 ···················· 003
    语言类 ··· 003
    文学类 ··· 007
    文化类 ··· 012
    翻译类 ··· 018
外国语言文学学科课程思政教学设计　研究生课程 ···················· 023
    语言类 ··· 023
    文学类 ··· 026
    文化类 ··· 030
    翻译类 ··· 034
    国别和区域研究类 ··· 037
外国语言文学学科课程思政教学设计　公共类课程 ···················· 041

| 第二篇 |

外国语言文学学科课程思政课程样例

外国语言文学学科课程思政课程样例　本科生课程 ···················· 049
    泰语教程(1—4) ··· 049
    阿拉伯报刊文选(一) ··· 057

美国短篇小说与电影	063
乌尔都语文学史与文学作品选读(下)	070
巴西历史和文化(上)	076
东南亚文化	083
西班牙语世界文化研究	087
伊朗历史文明概论	094
以色列社会	101
外交口译	109

外国语言文学学科课程思政课程样例　研究生课程　116

研究生写作规范	116
语言学学术写作	123
犹太文化专题研究	127
18世纪英国小说	138
印度文学专题	142
英汉文本编译	148
阿拉伯语高级口译训练	153
高级汉法翻译	159
时政翻译	163
国别和区域研究：理论与方法	169
中越关系研究	178

第三篇
外国语言文学学科课程思政课堂样例

外国语言文学学科课程思政课堂样例　本科生课程　187

基础韩国(朝鲜)语(2)	187
意大利语(一)	195
基础越南语(二)	202
蒙古语会话(二)	210
印地语视听说(二)	218
法国儿童文学	226
印度尼西亚文学史	237
德语笔译(一)	244

  日译汉 ······ 255
  俄罗斯国情(上) ······ 268
外国语言文学学科课程思政课堂样例　研究生课程 ······ 275
  古代俄语 ······ 275
  高级汉德翻译 ······ 287
  日语交替传译 ······ 293
  西班牙语翻译理论与实践 ······ 304
  朝鲜半岛南北关系史 ······ 315
  非洲文化研究 ······ 321

总　论

　　教育是国之大计、党之大计，是全面建成社会主义现代化强国的基础性、战略性支撑。当今世界处于百年未有之大变局，中国特色社会主义进入新时代。在推动构建人类命运共同体，推进"一带一路"倡议、全球发展倡议、全球安全倡议的过程中，党和国家事业发展迫切需要培养大批德才兼备的高层次外语人才。2016年，国家召开全国高校思想政治工作会议，强调把思想政治工作贯穿教育教学全过程，对加强和改进新形势下高校思想政治工作提出明确要求。党的二十大报告指出"育人的根本在于立德"。高校肩负着为党育人、为国育才的光荣使命，应始终擦亮马克思主义这一鲜亮底色，为落实立德树人根本任务不懈努力，努力开创我国高等教育事业发展新局面。

　　北京大学的外国语言文学学科自创立之始就与国家和民族的命运紧密相连。北京大学外国语学院的前身京师同文馆以"同文"为名，意为通识各国语文，进而熟谙各国情境，"方不受人欺蒙"。近年来，外国语学院全面贯彻党的教育方针，落实习近平总书记"五·二"重要讲话精神，以课程思政的教学实践回答习近平总书记提出的"培养什么人、怎样培养人、为谁培养人"的根本问题。将价值塑造、知识传授和能力培养三者融为一体，不断创新课程思政体系，丰富课程思政内涵，提升课程思政效能。全院各系（所、中心）结合各自专业特点，充分挖掘每门课程中的思政要素，逐渐形成专业和学科两个层面的课程思政工作体系。本书把在这个过程中总结的一些经验结集成册，供同行交流参考。

1. 教学目标

全面推进课程思政是落实高等教育立德树人根本任务的战略举措。课程思政指的是以全员、全程、全方位育人格局，有机地将思想政治元素融入各类课程中，形成学科教育与思想政治教育有机融合的一种综合教育理念。这一理念要求我们将价值塑造、知识传授和能力培养三者融为一体，强调引导学生掌握事物发展规律、通晓天下道理的同时，形塑学生正确的世界观、人生观、价值观，使其成为德智体美劳全面发展的社会主义建设者和接班人。北京大学外国语言文学学科的定位是服务国家高层次对外交往和全面深入的国别区域研究，培养德才兼备的高水平实务工作人才、应用研究人才和基础研究人才。为此，外国语学院设定以下三个工作重点：

第一，深化改革课程思政工作体系，紧紧围绕国家战略需求，结合学校"双一流"定位和人才培养目标，统筹和优化学科和专业两个层面的课程思政工作机制。

第二，不断完善课程思政教学体系，通过归纳总结教学实践，建设符合新时代要求的教学评价体系和教师能力标准。

第三，持续构建课程思政内容体系，深入挖掘思政元素，打造全面覆盖、类型丰富、层次递进、相互支撑的课程体系，探索润物无声、潜移默化影响学生的课堂教学方法。

2. 教学重点

北京大学外国语学院的课程思政教学重点是，强调准确理解和全面贯彻习近平新时代中国特色社会主义思想，坚持不懈用习近平新时代中国特色社会主义思想凝心铸魂，解决好学生的世界观、人生观、价值观这个总开关问题。深入领会实现中华民族伟大复兴中国梦、中国式现代化、发展社会主义民主政治、全面深化改革开放、坚持新发展理念、推动社会主义文化繁荣发展、促进人与自然和谐共生、推进中国特色外交、推动构建人类命运共同体和"一带一路"倡议等方面的内容，在外国语言文学专业教学全过程以爱党、爱国、爱社会主义、爱人民、爱集体为主线，坚定学生理想信念，系统进行以下四方面教育：

第一，立德树人，培育和践行社会主义核心价值观。坚持马克思主义在意识形态领域指导地位,坚持为人民服务、为社会主义服务。倡导结合常态化的"四史"教育,根据外国语言文学学科各类课程特点培育和践行富强、民主、文明、和谐、自由、平等、公正、法治、爱国、敬业、诚信、友善的社会主义核心价值观,使之成为共同的价值追求。在课程体系中深挖思政元素,弘扬革命文化和社会主义先进文化,使社会主义核心价值观内化为精神追求,外化为自觉行动。

第二,以文化人,加强中华优秀传统文化教育。以文明互鉴视角、在中外比较中认真汲取中华优秀传统文化的思想精华,大力弘扬以爱国主义为核心的民族精神和以改革创新为核心的时代精神,深入挖掘和阐发中华优秀传统文化讲仁爱、重民本、守诚信、崇正义、尚和合、求大同的时代价值,引导学生坚守中华文化立场、传承中华文脉,积极思考如何以外语向世界讲好中国故事,参与文明对话。

第三,以法海人,深入开展宪法法治教育。坚持以习近平法治思想为指导,结合各类课程特点,持之以恒培育学生的宪法法治素养。引导学生学思践悟习近平全面依法治国新理念、新思想、新战略。重点培养学生把宪法精神内植于心、外践于行,深化对法治理念、法治原则、重要法律概念的认知,提高依法维权、参与社会公共事务、化解矛盾纷争的意识和能力。

第四,敬业立人,深化职业理想和职业道德教育。在培养过程,尤其是实习实训环节中,切实引导学生树立正确的职业理想,养成良好的职业道德,形成正确的职业观、就业观和成才观,了解职业规范,增强职业责任感,热爱劳动、认认真真做人、扎扎实实做事。重点培养学生遵纪守法、爱岗敬业、无私奉献、诚实守信、办事公道、开拓创新的职业品格和行为习惯。

3. 教学方法

北京大学外国语学院的课程思政教学总体上坚持"八个统一",即政治性和学理性相统一、价值性和知识性相统一、建设性和批判性相统一、理论性和实践性相统一、统一性和多样性相统一、主导性和主体性相统一、灌输性和启发性相统一、显性教育和隐性教育相统一。将"八个统一"基本原则与价值塑造、知识传授和能力培养有机融合。坚持学生中心、产出导向、持续改进,不断提升学生的课程学习体验和学习效果,防止"贴标签""两张皮",推动各类课程与思想政治理论课同向同行。根据课程类型和教学内容灵活采取多种多样的教学方法,注重融入式、启发式、讨论式、探究式教学;加强慕课建设,倡导混合式教学,构建线上线下、课内课外相结合的课程思政教学体系。

学院推动课程思政落实于人才培养方案、课程体系建设、教学大纲设计、教材编审选用、教案课件编写等教学工作的全流程,浸润于课堂讲授、教学研讨、作业实践和学位论文等各环节,积极推动各语种《理解当代中国》系列教材进入教学体系。同时,学院鼓励教师创新课堂教学模式,推进现代信息技术在课程思政教学中的应用,激发学生学习兴趣,引导学生深入思考,以灵活多样、有序高效的教学方法保障课程思政的开展。此外,积极拓展第二课堂,通过组织开展劳动课程、思政实践课程、志愿服务等活动,不断创新课程思政建设方法和途径。

3.1 外语类专业核心课课程思政教学方法

外语类专业核心课是各语种专业夯实学生外语基础的课程门类。在语言能力入门、掌握阶段,重点以通俗易懂的学习资料为主,侧重传授传统美德、历史文化和品德修养方面的内容。语言能力熟练精通阶段,在传授知识的同时,更加侧重知行合一,增加文化对比、时事互译、涉外交流、论坛比赛等语言实践活动,激发学生思考,加深对世界观、人生观、价值观的认识,培养建设社会主义现代化强国的责任感和能力素质。

在语言输入(如外语听、读课程)和语言输出(如外语说、写、译课程)的教学中,提供有中国立场、中国文化、中国理论和中国实践的语言材料,设置相关话题,引导学生以科学的世界观和方法论为指导,以社会主义核心价值观为参照,在教学过程中让学生深刻意识到,语言作为媒介,在了解不同文化、弘扬中华民族优秀文化、架起文化交流桥梁等方面承载的重要作用。通过展示、对比汉语和外语蕴含的不同思想和文化传统,引导学生欣赏汉语和外语不同的美以及世界语言的多样性,分析、评价语言所蕴含的思想和文化,坚持中国立场、拓展全球视野,树立跨文化意识。

3.2 外语类专业方向课课程思政教学方法

3.2.1 语言学类课程

通过语言学基本理论的学习,让学生从专业角度了解对象国语言发展的历史、语言构成特点、语言应用等,使学生初步认识到语言文学、文化现象的价值属性和语言使用作为社会文化实践的本质,并同时了解到在民族发展、国家形成过程中语言所扮演的重要角色。马克思认为:"语言是思维的物质外壳""语言是思想的直接现实",只有具备扎实的语言基础,才能触及一个思想文化体系的深刻层面,以避免先入为主或人云亦云的观念所带来的主观主义的误读误解。通过展示、对比目标语和母语蕴含的思想和文化,引导学生欣赏语言之美和世界语言的多样性,分析、评价语言所蕴含的思想和文化,树立跨文化意识;同时使学生认识到中华民族语言的魅力,深入理解本国语言的发展历史、特点与优势,从而更加深刻地意识到作为语言学习者所肩负的使命,思考如何通过自己的专业知识,向全世界介绍中国语言文字,让更多的地区、更多的人群了解中文、中华民族及中国文化。在语言学类课程的教学中,注重带领学生以实事求是、客观理性、独立思考的方式学习,强调语言是解读乃至深入理解一个外国思想文化体系的必经之途。

3.2.2 文学类(包括比较文学与跨文化研究类)课程

注重教育学生用马克思主义世界观和方法论评析对象国文学作品,启发学生洞察文学作品蕴含的思想价值和精神内涵;一方面向学生宏观地介绍、讲授对象国家的文学史,另一方面通过训练文本细读等技巧,指引学生关注文学与社会现实、历史、文化之间的关系,进而揭示人类共同情感和全人类共同价值(对和平、发展、公平、正义、民主、自由的诉求,以及对真、善、美的追求);开展跨文化比较,注重引导学生用辩证的眼光欣赏他国文化,同时增进对中国特色社会主义文化和中华优秀传统文化的认同,求同存异,美美与共。

3.2.3 翻译类课程

翻译类课程属于语言输出类课程,教学中语料的选取需要平衡各类选材,尽可能地提供有中国立场、中国文化、中国理论和中国实践的语言材料,通过翻译过程强化学生的家国情怀、全球视野和跨文化意识,培养学生借助外语讲述中国故事、传播中国声音的能力。具体教学方法归纳如下:

第一,严格筛选语料,夯实技能思想双基。精选涉及思政教育重点的报刊、书籍、新媒体材料,以习近平新时代中国特色社会主义、党的二十大及近十年时代辉煌为重点,通过阅读各类讲话、通告和报告的外语版,熟悉新时代中国特色社会主义话语的表达方式,系统了解习近平治国理政思想，了解中国和中国共产党的国际影响力，以便学生在对外文化交流中具有更强的民族自豪感和文化自信心，时时处处传达我们的思想文化和价值理念。

第二，设置核心主题，体现专业知识融合。围绕外事工作相关重要议题设计翻译课的主题内容(如"一带一路"等)，同时融合其他类型专业课内容实现知识复现、串联和融合。通过强化学生在互译过程中的家国情怀、全球视野和跨文化意识，培养学生用对象国受众易于听懂的语言、乐于接受的方式讲述中国故事、传播中国声音的能力。

第三，弘扬实践精神，深化职业理想教育。通过对学科史和系史的介绍，弘扬外语专业实践和社会服务的传统，强调过硬的专业技能(包括翻译技能)是这些前辈系友们为国服务的基础。通过中外译者译本的比对，提升学生对翻译的策略与细节、语言的价值属性、译者的自由与界限等等问题的理解。

3.2.4 国别与区域研究类课程

国别与区域研究类旨在以第一手原文资料和国际前沿学术成果为基础，通过系统地收集特定区域(尤其是亚非拉地区和发展中国家)的政治、经济、社会、文化、历史、地理等领域的信息，从政治经济制度、社会思想文化、历史源流和文明传统等角度研究对象国别和区域的政治态势。该类课程密切关注我国的外交工作大局以及与对象国的关系，旨在引导学生树立全球视野，尊重世界文明多样性，在比较、分析和评价中更好地理解中国政治经济文化实践，坚定中国立场，夯实"四个自信"。

在教学方法层面，该类课程注重拓宽学生的视野，完善知识储备，强化问题意识，提升对前沿问题的分析研判能力，更好地服务于国家外交外事工作；围绕"一带一路"和"人类命运共同体"等伟大战略构想，通过传统的课堂教学和各类实践活动相结合的方式，培养学生为伟大理想奋斗的自觉性。

3.3 实践教学环节课程思政教学方法

结合专业实习、创新创业实践、社会实践、国际交流活动等阐释马克思主义实践观，启发学生深刻理解并践行社会主义核心价值观，学思践悟习近平新时代中国特色社会主义思想，感受中国共产党始终坚持为中国人民谋幸福、为中华民族谋复兴的初心和使命所取得的伟大成就，深化职业理想和职业道德教育。

3.4 毕业论文环节课程思政教学方法

结合研究课题引导学生运用马克思主义世界观和方法论开展科学研究,培养和检验学生综合运用所学理论知识研究和解决问题的能力和创新能力。

4. 教学评价

4.1 课程思政教学评价指导思想

作为落实课程思政的关键环节,教学评价旨在通过建构评价指标体系,形成一套具有可操作性的运作规则,以评促教,以评促学,不断引导课程思政建设和发展方向,提升课程质量和教学效果。外国语言文学学科课程思政教学评价的基本目标是贯彻落实立德树人根本任务,在专业培养目标中有机融入课程思政理念;紧密结合外国语言文学类专业培养目标与人才培养规格要求,将课程思政教学目标贯穿专业人才培养全过程。

外国语言文学类专业具有课程思政的一些共性,包括教学内容隐性化、教学形式多样化、教学方法个性化,以及教学目标重在建构政治认同,塑造正确的世界观、人生观、价值观,磨炼品性,陶冶情操等。除了这些课程思政的共性特点之外,外国语言文学类专业还有基于学科特色的教学特点,其课程体系往往包括专业技能课、理论课、实习(实践)课程,内容涉及文化、文学、语言、翻译、国别与区域等,其教学模式和教学空间更为多样化。根据外国语言文学类专业课程思政教学的特点,外国语言文学类专业课程思政的教学评价主要遵循以下指导思想:

第一,思政教育突出外语特色,提升课程思政与专业学习的协同性。

外语专业的人才培养目标立足于未来国家高层次对外交往的需要,遵循立德树人的指导方针和高校"价值塑造、知识传授、能力培养的'三位一体'的人才培养目标",将思想政治教育元素融入到课内外教学实践中,向学生传播专业正能量和社会主义核心价值观。努力做到课程思政理论学习与课程思政育人实践相结合,在思政建设中凸显外语专业特色,体现课程思政的专业性。其次,针对学科专业特点,教学情境应真实真切,课程思政必须注重实效。在教学过程中,主动设计与营造有利于课程思政教学的真切情境与熏陶氛围,提高学生实操能力的同时,着力培养学生作为学者、译者、译员的责任感,引导学生积极思考外语人在社会主义建设中应承担的社会责任,让这些事先设计的思政元素在课程教学中得到充分展现,实现对学生思想和心灵的熏陶,又要避免影响专业教学。

第二,思政教育灵活不机械,提升课程思政教学的实效性。

在进行思政教育时,重视采取"润物无声、潜移默化、耳濡目染"的方式,结合外语学科的专业特点,紧密联系所学习和研究的对象国国情,寻找到与思政教育的结合点,始终坚持"德才均备"的育人思想,把培养学生的专业知识和综合素质与培养他们的家国情怀、国际视野、创新思维等有效结合。努力避免生搬硬套、照本宣科,不追求立竿见影,而是在潜移默化中让学生了解我国各族劳动人民几千年创造和传承的优秀传统文化,汲取其他国家的思想艺术精华,理解加强东西方文明交流互鉴、构建人类命运共同体的重要意义,增强民族自信和文化自信,完善道德品格,培育理想人格。因此,对于课程思政的教学评价,不能机械而生硬地对教学形式、教学内容进行限定,应当鼓励教师发挥主观能动性,不拘一格地采用灵活巧妙的课程思政教学方式,以实现春风化雨、润物无声的教学效果。

第三,思政教育形式多样化,提升教师实施课程思政的积极性。

课程思政的精髓在于教学过程的隐形化、立体化和多样化,在教学过程的每一个环节或者任何一种教学方式都可以进行课程思政教育。课程思政要求教师在教学过程中,综合采用多种教学方式、综合运用多个专业知识点、综合选择多个教学环节进行思政元素的渗透和熏陶,实现复合的课程思政元素在课程教学中的全面体现。另外,思政教育需注重课堂教学与课下学习相结合,结合专业积极开展第二课堂活动,使学生在课下实践中深入了解中华优秀传统文化,树立爱国、爱民族、爱党、爱社会主义的思想,引导学生在参与实践的过程中,提升自身综合素质和思辨能力。

4.2 课程思政教学评价体系

课程思政教学的开展与各专业教学资源的丰裕程度和教师的教学能力状况密切相关,同时同学院的领导与管理、相关团队建设以及学生的学习资质和精神面貌等也密不可分。课程思政教学质量评价的开展,本质上是一个关涉多个层面的综合性运作体系,蕴含了教学管理、教师队伍、课程设计、教学实施、教学效果等多重关联性要素。基于对这些要素的内在构成分析,及其在课程思政教学展开中的定位考量,可搭建和形成以下有关课程思政教学质量评价指标体系的整体性框架(见表1)。

表1 课程思政教学评价体系

一级指标	二级指标	评价要点
教学管理	组织领导	坚持以习近平新时代中国特色社会主义思想为指导,全面贯彻党的教育方针,坚持社会主义办学方向,把课程思政建设纳入学院重点工作,党政齐抓共管、统筹推进。
	管理保障	制定课程思政建设工作方案,责任明确、制度健全、强化管理,有序推进课程思政各项工作。
教师队伍	个人素养	坚持正确的政治方向,拥护党的路线、方针、政策,为人师表,师德师风良好。自觉将专业教育和价值引领相融共进,引导学生做社会主义核心价值观的坚定信仰者、积极传播者、模范践行者,提升学生的思想道德素质。
	团队建设	加强教师课程思政能力建设,开展经常性的集体教研、教学观摩、经验交流和学习培训,建设以名师为引领,年龄、职称、知识结构合理的课程思政优秀教学团队。
课程设计	教学理念	强调外语学习与思政教育的内在联系,将二者紧密结合、有机融合。在教学过程中不仅注重语言知识的传授和语言技能的训练,更要将理想信念与正确的世界观、人生观、价值观渗透在课堂教学之中。
	教学目标	以爱党、爱国、爱社会主义、爱人民、爱集体为主线,弘扬革命文化和社会主义先进文化;以文明互鉴视角、在中外比较中汲取中华优秀传统文化的思想精华,坚守中华文化立场、参与文明对话;以习近平法治思想为指导,培育学生的宪法法治素养;以实习实训为抓手,引导学生树立正确的职业观、就业观和成才观。
	教学大纲	明确课程思政的教学内容、教学要求、教学环节以及课程思政元素融入的具体路径。
教学实施	教学内容	课程内容能有机融入理想信念教育、社会主义核心价值观、中华优秀传统文化教育、法制教育、职业理想与道德教育等内容,思政元素丰富,能够实现知识传授与价值引领相统一,教书与育人相统一。
	教学方法	坚持以学生成长为中心的理念,根据课程特点、教学内容和学生特征采用合适的教学策略和方法。注重师生交流,通过交互式教学法、任务教学法等教学方式,启发和调动学生积极思考、主动参与;注重多种教学方法的优化组合,深入挖掘课程教学中所蕴含的思政元素并巧妙地融入课堂授课、实验实训、作业评价等教学过程中。

（续表）

一级指标	二级指标	评价要点
	教学讲授	课程内容重点突出、条理清晰、资源丰富、润物无声。有效调动学生思维和学习积极性，启发性强，体现师生互动和生生互动；能够运用现代信息技术手段，教学过程组织自然流畅，满足学生学习需求。
	教材使用	选用教材符合课程思政教学要求，能够为学生提供不同类型、格式，且与课程内容紧密结合、有学习价值的课程学习资源与参考资料。
	考核评价	一方面通过日常表现和期末考核对学生的知识水平进行考核，另一方面综合运用多种方式对学生思想道德素质、政治素质、心理素质等进行观察，检验学生德智体美劳全面发展情况。
教学效果	学生参与	学生能够产生浓厚的学习兴趣并在课堂上积极参与学习活动，主动将所学知识和思政内容运用到日常生活和生涯发展之中。
教学效果	学生收获	学生对党和国家的政治认同得到增强，综合素质、社会适应和实践能力得到提升，对个人和社会的相关问题形成正确的认识。
教学效果	特色创新	在课堂思政教学理念、课堂思政教学契合具体实际、课程思政教学技能等方面有所创新。
教学效果	示范引领	搭建完整的课程思政教学体系，凝练课程思政建设理念，可适用于全国外语类学科专业，起到辐射引领作用。

5. 教学能力要求

为深入学习贯彻课程思政的教学目标和重点，落实立德树人根本任务，外国语学院全体上下认真学习领会文件精神和要求，结合外语学科专业特点，将本学科课程思政对教学能力的要求归纳为理论素养和教学技能两方面：

5.1 课程思政理论素养

5.1.1 理想信念坚定，掌握马克思主义世界观和方法论，能从历史与现实、理论与实践、中国与世界等维度深刻理解习近平新时代中国特色社会主义思想，自觉学习中华优秀传统文化、革命文化和社会主义先进文化；

5.1.2 具有高尚的师德师风、道德情操和家国情怀，"学高为师，身正为范"，深刻理解社会主义核心价值观；

5.1.3 具备与时俱进、守正创新的精神,关心国家发展建设和国际政治环境变化,能积极学习领会课程思政相关最新精神,在教学实践中创新育人理念和方法。

5.2 课程思政教学技能

5.2.1 具备娴熟的外语教学技能和扎实的学科知识、理论与方法,熟练使用现代化教学手段,包括多媒体视听资源、网络资源、线上慕课资源、同步和异步教学平台等,有能力应用前沿信息技术更好地呈现专业和思政教学内容、突破时空限制,充分调动学生学习积极性。

5.2.2 具备敏锐捕捉课程各环节蕴含思政教学元素的能力,擅长通过案例阐释知识要点的同时,发现和解决学生的思想、观点和立场问题,善于言传身教,润物无声。

5.2.3 能综合运用第一课堂和第二课堂,优化包括第二课堂在内的实践教学体系,开发博物馆、实习实训场所、社会实践和志愿服务基地等课程思政联动育人功能,让学生在实践活动中深化认识、提升感悟、锻炼成长。

1

第一篇

外国语言文学学科
课程思政教学设计

外国语言文学学科课程思政教学设计 本科生课程

本科阶段的外国语言文学类课程,旨在帮助学生夯实外语基础,拓展学生在语言、文学、文化、翻译以及国别区域研究等方面的涉猎,全方位提升外语专业素养。教学材料重点以文化国情短文、中华传统故事、时事报道、德育文章及相关音频、视频为主,并通过开展文化对比、时事互译、涉外交流、论坛比赛等实践活动帮助学生启发思考,激发爱国主义热情和家国意识,提升建设社会主义现代化强国的责任感和能力素质。

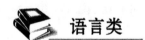

语言类

(一) 基础韩国(朝鲜)语(1—4)、高级韩国(朝鲜)语(1—2)

【教学内容】

系统教授韩国(朝鲜)语语言知识,结合教材内容讲授韩国和朝鲜历史、文化、政治、经济、社会、思想等各方面知识,对比分析中文与韩国(朝鲜)语所蕴含的思想和文化,引导学生体会语言之美,树立跨文化意识。

【教学目标】

1. 使学生熟练掌握韩国(朝鲜)语语音、词汇、语法等语言知识,帮助学生掌握韩国(朝鲜)的文学知识、国情文化知识。

2. 有效促进学生听、说、读、写、译等语言能力的综合运用和全方位发展,提高学生的文学鉴赏能力、思辨能力、跨文化交际能力。

3. 将价值观塑造融入专业教学,引导学生进行中韩(朝)跨文化分析,提高学生的人文素养、思想素养,培养学生的中国情怀与国际视野,引领学生运用韩国(朝鲜)语讲好中国故事,传播中国声音。

【思政要素】

1. 强化对学生正确价值观念和良好道德品质的培养,帮助学生树立正确的人生观、世界观、价值观,引导学生深刻理解社会主义核心价值观。

2. 深挖与我国社会主义制度、国情、优秀传统文化相关的内容,强化学生的文化认同、政治认同,使学生树立坚定的国家意识和中国立场。

3. 结合韩国(朝鲜)语的逻辑和语法特点,培养学生科学思维方法和严谨求实的求真精神,引导学生学思结合、知行统一,培养学生善于解决问题的实践能力。

(二) 菲律宾语(1—4)

【教学内容】

系统教授菲律宾语语言知识,作为语言实践课,在传授语言知识、训练语言基本技能、培养学生外语基本功的同时,结合教材内容讲授菲律宾国家历史、文化、政治、经济、社会、民俗等各方面知识,以及对比分析中国与菲律宾不同的社会和文化。

【教学目标】

1. 使学生熟练掌握菲律宾语语音、词汇、语法等基础知识。

2. 使学生具备运用菲律宾语进行听、说、读、写、译的技能,培养跨文化交际能力,为高年级各方向课程学习奠定基础。

3. 通过在课程细节点滴之中注入课程思政要素,在人才培养中注入正能量,培养学生的世界观、人生观、价值观,在人才培养中增强家国情怀的熏陶;在学习语言的同时,从课文和讲授中了解菲律宾的基本国情和社会文化,了解它与中国的关系和历史往来,厘清它与当代中国的交往和交流。

【思政要素】

1. 通过指导学生掌握菲律宾语的语音、词汇、语法的基础内容和熟练运用外语实践的基础技能,培养学生的科学思维方法,锻炼逻辑思考和严谨分析的能力,培养学生一丝不苟、严谨求实的求真精神。

2. 帮助学生了解中菲两国语言文化异同,建立中菲语言文化对比认知的视野,强化学生政治认同,注重增强学生在跨文化学习背景下的文化自信和国家认同,树立人类命运共同体意识。

3. 在教材和教学资料选取、编写和使用的过程中,全环节注重课程思政建设。注意正确把握政治立场,尤其是涉及领海岛礁争议等敏感问题。

（三）基础乌尔都语（1—4）

【教学内容】

系统讲授乌尔都语语言知识，结合相应的语言学和文化知识，通过对语言的发音、语法、其代表的文化特性等进行对比性和差异性学习，对比分析乌尔都语和汉语所蕴含的思想和文化。选取文化、国情短文、时事、中华传统故事和德育文章作为辅助材料。

【教学目标】

1. 使学生逐步掌握和提升乌尔都语使用能力，具备运用乌尔都语进行听、说、读、写、译的技能，培养跨文化交际能力。

2. 把握正确的政治立场，帮助学生了解乌尔都语产生和发展的历史背景和过程，理解其形成与南亚民族、社会、宗教以及文化交流的密切关系，特别是在近现代民族认同中的重要作用。

3. 在提升外语能力的同时，加强对传统美德、家国情怀的认同，启发思考，培养学生在跨文化交流中具有中国情怀、具备传播中国声音的能力和需求。

【思政要素】

1. 增强学生在多元文化背景下的文化自信，确立对专业的热爱，对专业人才培养目标的认可，明晰学习目的，形成建设社会主义现代化强国的责任感和能力素质。

2. 引导学生掌握语言发展的历史规律，培养科学的思考方式和严谨的学术精神，掌握运用马克思主义理论世界观和方法论分析和解决问题的能力。

3. 对比目标语言和本国语言形成与发展的深层规律，分析语言蕴含的文化内涵，以形成全球化视野，培养国际意识和文化自觉。

（四）基础蒙古语（1—4）

【教学内容】

系统教授蒙古语语言知识，结合教材内容讲授蒙古国家历史、文化、政治、经济、社会、思想等各方面的知识，对比蒙古语和母语蕴含的思想和文化，引导学生欣赏语言之美和世界语言的多样性，分析、评价语言所蕴含的思想和文化，树立跨文化意识。

【教学目标】

1. 使学生熟练掌握蒙古语语音、词汇、语法等基础知识，达到中级水平，为高年级的专业学习奠定基础；使学生具备运用蒙古语进行听、说、读、写的技能，培养跨文化交际能力。

2. 依靠扎实的学科知识、理论和方法，引导学生从中国立场出发学习、理解和体悟蒙古国语言、文学、文化、历史及其发展历程。借鉴对象国优秀的文化成果,深刻理解语言文化的多样性及其意义。

3. 培养学生运用蒙古语讲好中国故事,传递好中国声音的能力。

4. 注意把握正确的政治立场,引导学生树立爱国敬业、团结友善、诚信正义、积极向上的价值观;培养中国情怀、国际视野。

【思政要素】

1. 培养学生一丝不苟、严谨求实的求真精神。

2. 在教材编写、课程设计、教学内容等环节中有意识地选取体现中国立场、中国文化、中国理论和中国实践的语言材料,设置相关话题,引导学生以马克思主义世界观和方法论为指导,以社会主义核心价值观为参照,进行中外对比,坚持中国立场,拓展全球视野,讲好中国故事,传播好中国声音。

3. 通过课程强化学生政治认同,尤其注重增强学生在多元文化背景下的文化自信,树立国家意识。通过教材和语言材料中有关爱国、母爱、和平、善良、正直等内容的学习,涵养家国情怀和道德情操,让学生始终爱祖国、爱人民、爱家乡、爱学校。

4. 帮助学生了解世界,把握中蒙两国语言文化异同,从而形成全球化视野,培养国际意识和文化自觉,树牢人类命运共同体意识。

(五) 西班牙语精读(1—6)

【教学内容】

立足于听、说、读、写、译五种基本功的全面、严格的西班牙语语言技能训练,使学生掌握西班牙语语法,建立系统的西班牙语语法体系,具备良好的外语语言应用能力,培养学生使用西班牙语认识、研究西班牙语国家和地区的文学、历史、国情、思想、文化等。

【教学目标】

1. 学生应具备较好的西班牙语听、说、读、写、译的技能,且有较好的汉语水平,能够总体把握民族之间语言与思维的共性与差异。

2. 学生应对西班牙语国家和地区的文化、历史和国情有较为全面的了解,具备西班牙语语言文学的扎实基础。

3. 重视学生综合素质开发,强调发展学生的跨文化意识和能力、多语言文化间能力、终身学习能力,培养有家国情怀、有全球视野、专业本领过硬、知识结构全面的复合型人才。

【思政要素】

1. 在语言学习框架内,有机融合、全面落实"理解当代中国"系列教材内容,提供体现中国立场、中国文化、中国理论和中国实践的语言材料,帮助学生塑造正确的世界观、人生观、价值观。

2. 围绕提高外语应用能力和跨文化沟通能力，落实立德树人根本任务，帮助学生夯实西班牙语基本功，在听说读写译的语言活动中，掌握中国特色话语体系，增强政治认同、家国情怀、文化素养、宪法法治意识、道德修养。

3. 提高用外语讲好中国故事的能力，为加强国际传播能力建设、深化文明交流互鉴、推动中华文化更好走向世界贡献青年外语人的智慧和力量。

（六）意大利语语文学

【教学内容】

介绍意大利语语文学方法，了解文史哲领域内一手文献的形态、来源与传承，与中国文献学方法进行比较学习，借鉴人类文明优秀成果，更好地理解中华及世界文明与思想成就的承载与传承历史。

【教学目标】

1. 课程以入门讲解加实践操作的形式，对古文书学、西方版本及目录学传统、手稿识读、誊抄、校雠实践等意大利语语文学方法进行研习，鉴赏理解古代及中古时期手抄本、近代以来文书刻本所蕴含的语言文字插图形式之美及思想文化文明成就。

2. 通过实践认识人文传统及学术传承的载体与方法，从而为传承中华民族伟大思想、实现民族复兴而做好思想、学识与实践技能方面的全面准备。

【思政要素】

语文学方法论归属人文学科领域，但自此现代学科兴起之时，便着重强调结合科学思维方法与实证精神，还原文稿的过程也是理性怀疑、求真探索的过程，合作、包容、民主讨论亦为具体实践中的必要过程。教学点所在院系在中西方语文学方面占据学科优势，在此中精益求精、追求极致的专业态度，也将在文化、道德、职业素养方面为学生起到榜样与楷模效用。

文学类

（一）德语国家文学史与选读(1—4)

【教学内容】

以文学时代为经，以文学体裁为纬，讲授德语文学从古至今的发展脉络，具体包括德语中世纪文学、近代早期文学、18世纪启蒙文学、狂飙突进运动、魏玛古典文学、浪漫主义文学、三月前和比德迈耶派、现实主义文学、自然主义文学、世纪之交、表现主义文学、魏玛共和国、流亡文学、战后初期文学、联邦德国文学、民主德国文学等内容。

【教学目标】

1. 以历史、社会、思想和文化为背景，讲述德语国家文学发展的重要时期、重要流派及其代表作家的文学成就，促使学生溯古观今，从文学的视角理解当代历史潮流；通过原作选读、课堂讲授、报告讨论、闭卷考试和论文写作等环节，帮助学生理解相关文学史知识与概念，同时掌握科学的学术研究方法与正确的学术写作规范，在提升学术能力的过程中精益求精、一丝不苟。

2. 培养学生的全球视野，加强学生对于人类命运共同体和世界意识的认知与认同。

【思政要素】

1. 注重引导学生用马克思主义文艺理论观理解文学史发展与政治社会思想史的关系，关注马克思主义思想产生发展的历史背景及其对文学理论和创作的影响，加强学生的制度自信。

2. 引领学生在全球视野下学习德语国家民族文学的发展轨迹与脉络，从而加强其对于人类命运共同体、世界意识的认知与认同。

3. 在教学中培养学生的道德修养、法治意识、科学精神和职业素养，同时注意结合实际，以提升学生的政治认同、家国情怀和文化视野。

（二）菲律宾文学史、菲律宾民间文学

【教学内容】

本系列文学课程立足于文学史考察视角，讲授菲律宾的民间文学和古代、近代、现代、当代各时期的文学，梳理演变的概况，聚焦著名作家及其代表作。

【教学目标】

1. 文学课是专业课程的主要方向，语言习得之后，文学学习是专业学习的基础内容。将口头传承的民间文学和文本传承的作家文学，作为对象国民族文化精粹、民族文化之本来进行讲授和研读。

2. 以文学为载体，深入了解对象国人民的思想精神、文化价值观、道德伦理等精神世界，认知对象国人民的物质生活、社会生产、物产环境等物质世界要素。

【思政要素】

1. 以文学为途径，了解菲律宾民族在历史进程和当代现实中，都深受殖民主义、帝国主义、霸权主义的侵略、压迫和剥削，在反殖反帝反霸的历史和现实语境中，谋求国家发

展和民族进步,与我国有着共同推动构建人类命运共同体的思想基础。

2. 引导学生认识菲律宾文学文化所蕴含的人类文化共性与民族文化特殊性,扩大学生的国际视野,树立文化自信,树立热爱民族文化、传播中华文化的意识,坚定学生从事跨文化交流的理想信念。

3. 在课程学术训练中,提倡将论文写在祖国大地上,引导学生以满足国家对于菲律宾相关领域认识的需要构建学术兴趣。

(三) 法国儿童文学

【教学内容】

系统引介法国儿童文学的理论知识及重要文本,旨在初步培养学生的文学赏析能力,向其展现较成人文学经典更为明晰浅易的文学之美,并适度同中国儿童文学加以比照,加深学生对该文体的跨文化认知。

【教学目标】

1. 帮助学生掌握法国儿童文学的文体常识,对童话、寓言、科幻小说等典型体裁的代表性作家、作品有较深入的了解;通过课程讲授和文本阅读,提高学生的语言水平,扩充相关领域专业词汇,提升对常见句法的掌握和理解,并传授基本的文体评析技巧。

2. 借由法国儿童文学中体现的积极价值取向培养学生正确的价值观,树立跨文化意识,理解对"真善美"的向往是各国人民自童年期起就保有的永恒追求,反映人类共同的正面情感趋向,让学生更深刻地理解人类命运共同体概念。

【思政要素】

1. 通过课程强化学生政治认同,尤其注重增强学生在多元文化背景下的文化自信,认识到儿童文学在我国有史以来也一直存在,从而激发学生对我国民间讲述传统的兴趣,令其更愿倾听"中国故事"。

2. 向学生展示儿童文学中的经典文本有很大一部分是对民间文学的再发现,展示民俗传统的魅力与活力,侧面证实民众才是历史的创造者和文学的灵感之源。

3. 剖析儿童文学文本中的正能量趋向,体现对正能量的渴望是各个人类社会中普遍存在的、永恒保有的追求,以阐扬人类命运共同体为旨归。

(四) 梵语文学史(上、下)

【教学内容】

讲授从公元前1500年左右的《梨俱吠陀》始至公元12世纪的《牧童歌》止的优秀的梵语文学作品,带领学生一起阅读吠陀文献、梵书文献、奥义书文献等作品中的代表性篇章。由于面向低年级的本科生,所读文献以汉译本为主。

【教学目标】

1. 使学生对梵语文学史上的名篇有比较全面深入的了解,对梵语文学发展的脉络有一定程度的掌握。在使用汉译本的同时,尽量选择学生能够接受的相对简单的梵语篇章,使他们能够欣赏梵语文学的独特之美。

2. 在与异文化进行比较的同时,引导学生培养宽泛的审美品位,既要热爱自己的文化、对自己的文化有自信,同时也要学会欣赏不同文化背景下的优秀文化作品。在授课过程中,坚持以马克思主义文艺理论为指导,结合梵语文学作品的历史背景,鼓励学生积极参与课堂讨论。

【思政要素】

1. 在向学生介绍梵语经典时,充分运用马克思主义的唯物史观,强调作品的时代背景与社会经济因素、作者的阶级立场等,以期让学生认识到经济基础决定上层建筑的道理,并提升他们使用理论工具分析经典作品的能力,从而更深入地认识作品。

2. 细读文本,贯彻实事求是的精神,认真分析解读文本的文字与语法现象。在选读宗教文献时,介绍自宗教学诞生以来的各种分析宗教的理论流派,其中包括马克思主义宗教观,引导学生对其进行思考、选择与辨正,以深化他们对宗教、对宗教文本的理解和认识。

(五)葡语非洲作家选读

【教学内容】

本课程聚焦葡语非洲文学与文化中的主要议题,从具有代表性的诗歌、短篇与长篇小说入手,梳理从殖民时期到独立后,佛得角、安哥拉、莫桑比克、几内亚比绍、圣多美和普林西比五国的文学与政治发展。本课程要求学生用比较的眼光进入文本,并将文本细读与理论争鸣、历史影响进行结合。

【教学目标】

1. 了解非洲各葡语国家的文学历史,把握主要作家的写作主题与风格,理解葡语非洲文化的核心关怀与多样性。

2. 提升对文学作品的审美和理论批评能力,增强学术表达与写作能力,为进一步的阅读、翻译、研究打下基础。

3. 培养学生具备真正的全球视野,体悟来自与中国具有相似历史进程的非洲葡语国家作家对于家国、社会与文化的思考,借助肩负作家和思想家双重责任的非洲作家典型,坚定学生的社会责任感,增强其风险意识。

【思政要素】

1.走入非洲葡语国家民族文学诞生与发展的历史语境,认识到学习文学史课程对自身道德涵养、人格塑造及对国家民族发展使命感形成的重要意义,并引领学生感受作家对时代、社会的关心。

2.把握作家的精神世界,特别是争取民族独立时期,不惜入狱乃至牺牲的激情及奉献精神,以及当代对于西方霸权的抵制,涵养爱国情怀,唤起奉献激情。

3.体悟当代作品中对于传统和现代的讨论,坚持从本地视角实事求是的思考态度。

(六)越南文学史

【教学内容】

按照越南文学发展的历史梳理越南古代、近代、现代、当代各阶段文学及海外越南裔文学的脉络,对重点作家作品进行介绍与分析,总结越南文学发展的特点及其与中国文学和世界文学的关系。

【教学目标】

1.使学生了解越南文学产生的历史文化背景、发展历程与概况、主要规律和特征,掌握经典作家作品的内容及风格特征,了解并分析越南文学与中国文学、法国文学以及其他国家文学的密切关系,树立区域文学观念。

2.注意把握正确的政治立场,运用马克思主义历史唯物主义的文学观和美学观,对越南文学史各个时代文学发展的实际情况、各种文学形式的源流演变,以及外来文化特别是中国文化、文学对越南文学全面、深刻和巨大的影响进行分析探讨,增强学生对于中华文化和中国文学的自信。

【思政要素】

通过介绍越南文学发展史及相关经典作品,进一步了解中越文化之间悠久而密切的关系。将越南文学纳入东亚汉文化圈以及中越一体的历史文化关系大背景中进行介绍和分析研究,强调中华文明和中国文学的强大辐射力;通过越南文学进一步了解中国文学在世界文学中的地位和影响,增强民族自信心,让中国文学在新时期构建人类命运共同体中发挥巨大作用。

文化类

(一) 中东史

【教学内容】

以历史唯物主义为指导,系统介绍中东地区现当代历史的发展脉络和内外动力,介绍当代中东历史学研究涉及的核心概念、范式、理论和流派观点。

【教学目标】

1. 使学生对中东现当代历史的分期、重要人物、事件和发展脉络形成整体性把握,深化学生对重要地区国家的国家构建和政治发展进程的理解。

2. 帮助学生树立辩证唯物主义的历史思维和比较视野,在比较中深入理解全球不同地区不同发展道路形成的历史条件,强化道路自信和制度自信。

3. 引导学生树立全球视野和对世界文明多样性的尊重,深化学生对欧洲中心论和西方式现代化的批判性认知,坚定中国立场。

【思政要素】

1. 通过中国与中东国家的比较,使学生更加深刻地理解近代以来中国现代化进程的普遍性与独特性。

2. 通过中国与中东国家的比较,揭示殖民扩张和冷战时期西方大国对第三世界国家的深度干预,使学生更加深刻地理解构建新型国际关系的正义性和紧迫性。

3. 通过对中国—阿拉伯国家现当代关系史的介绍,帮助学生更加深刻地理解中阿命运共同体的历史和当代内涵。

(二) 韩国(朝鲜)社会与文化导论

【教学内容】

通过协同教学模式、以专题讲座的方式,向一年级新生系统讲解朝鲜半岛语言、文学、历史、文化、政治、经济等各领域基础知识及朝鲜半岛热点、焦点问题,帮助其深入系统了解朝鲜半岛社会文化,了解各学科对朝鲜半岛的理论与现实关注。

【教学目标】

1. 使学生了解韩国(朝鲜)语言、文学、文化、历史、民俗、政治、经济等各领域的情况及各领域的热点、焦点问题,使学生对韩国(朝鲜)有一个全方位的初步认识。

2. 注意把握政治立场,引导学生了解我国国情、党情、民情,增强学生对马克思主义及其中国化的理论成果的政治认同、思想认同、情感认同,坚定学生走中国特色社会主义道路的思想和信念;使学生了解世界文化的多样性,培养学生的中国情怀和国际视野,使学生具有胸怀天下的气度,做文明互鉴的促进者。

【思政要素】

1. 扩大学生对韩国(朝鲜)社会、文化、政治、经济等国情的知识面,为学生搭建知识体系框架,培养学生的科学思维方法和思辨能力。

2. 鼓励学生进行对比分析,增进学生对中华文化的认同感和自豪感,与此同时促进学生了解世界文化的多样性,帮助学生感知中国文化与韩国(朝鲜)文化的积极因素,培养正确的文化观。

3. 培养全球视野,树牢人类命运共同体意识,使学生具有胸怀天下的气度,以实现"中国情怀、国际视野"的总体外语人才培养目标。

(三) 葡萄牙历史和文化(上、下)

本课程按照时间顺序,依次讲解葡萄牙从远古到当代的基本历史与文化发展脉络。借助相关书籍阅读与书评写作训练,帮助学生掌握最基本的学术阅读与写作方法,为进一步进行对象国文学文化的学习研究打下基础。

【教学目标】

1. 让学生了解并掌握葡萄牙的历史大事,学习阅读材料、掌握撰写书评(读书报告)的一般知识。

2. 掌握文献搜索、学术引用的基本方法与撰写文献综述的能力。

3. 通过在真实情境中理解葡萄牙历史及葡语非洲殖民地的斗争史,引导学生深入理解争取民族独立以及反帝、反殖、反霸权斗争重要性,坚持以唯物史观分析问题,破除历史虚无主义。

【思政要素】

1. 培养学生的唯物史观与全球视野,使其从历史角度深入了解葡萄牙如何建构国家性、如何建立殖民帝国,了解欧洲如何通过奴隶贸易与对殖民地的残忍剥削获取了"先发"的资本。

2. 培养学生对殖民主义与帝国主义等问题的正确认识,让其从非洲葡语国家反帝反殖、争取民族独立的具体过程出发,体会人民群众在历史实践中的主体地位,理解推动构建人类命运共同体的重要意义。

(四) 西班牙语世界文化研究、西语美洲思想史

【教学内容】

西班牙语本科生高年级通识课程、研究理论与方法实践课程。采用混合教学模式，利用翻转课堂，通过原文专题阅读、小组讨论、课堂发表、启发式讲解等多元教学方法，梳理哲学、政治和文化思想发展脉络，帮助学生掌握文化研究的基本理论和研究方法。

【教学目标】

1. 引导学生了解西班牙语美洲思想史脉络，解读代表性思潮，深入了解西班牙语国家和地区的历史、文化、政治、经济，帮助学生妥善利用文化研究的理论和方法，反思殖民与后殖民、现代和后现代、文化身份认同等关键问题。

2. 培养学生的自主学习能力、探索精神、思辨能力、研究能力、合作能力、鉴赏能力、跨文化能力，鼓励学生独立开展相关课题研究和有关跨文化活动。

3. 倡导学生发现、思考和理解中西文化差异，培养正确的历史观念和文化观念，成为坚定践行"四个自信"的跨文化行为者。

【思政要素】

1. 充分利用课程内容的可能性和可行性，围绕全面提高人才培养能力这个核心点，以融入、全面、适度的原则选择课程思政载体，精心设计教学方法和路径，潜移默化传递社会主义核心价值观，将马克思主义贯穿教学科研全过程。

2. 引导学生以马克思主义世界观和方法论为指导，以社会主义核心价值观为参照，进行中外对比，学习借鉴人类文明优秀成果，坚定中国立场全球视野，尊重世界文明多样性，深化文明交流互鉴。将价值塑造、知识传授和能力培养融为一体，实施跨文化思辨外语教学理念。

3. 引导学生在探索知识的过程中提高外语能力，提高外语学习效能，培养学生人文精神与科学素养，为加快构建中国话语和中国叙事体系、加强国际传播能力建设、做好知识和能力的储备。

(五) 菲律宾概况、菲律宾历史、菲律宾文化

【教学内容】

本类课程是学习对象国国情知识的系列课程，涵盖了历史发展进程、社会人文状况、具体由自然地理、人口民族、民俗文化、宗教信仰、政治制度、经济发展、对外关系、军事国防、科教文卫等诸多方面组成。这类课程是介绍重要的对象国背景知识课，站在中国立场和视角，全面介绍菲律宾的诸多方面。

【教学目标】

1. 国情知识、社会文化课程是最能体现课程思政的课型之一。对于菲律宾历史的梳理和分析,应采用历史唯物主义思想,深入了解造就菲律宾民族历史发展路径的真实原因。

2. 采用辩证唯物主义思想,分析菲律宾文化的多元性和多样性,用符合中国特色社会主义的文明观、文化观去审视对象国文化的诸多特点。必须全环节注重课程思政建设。注意正确把握政治立场,尤其是涉及领海岛礁争议的问题。

【思政要素】

1. 鼓励学生辩证地学习、讨论菲律宾历史事实和文化现象,坚定价值立场,正确理解、讨论菲律宾历史文化发展的轨辙、所受的外来影响和面临的困难,充分掌握文化交流、文明互鉴的内涵和价值。

2. 理解中菲之间既有睦邻友好、资源共享、互助发展的共同意愿和客观需要,也有历史经纬交织下形成的领海岛礁异议和意识形态隔阂。引导学生坚定、明确地从我方立场出发,全面认清客观历史事实、现实状况,深入了解和分析各方的观点和实践,精准掌握所涉及的数据、图像等信息。

(六) 南亚伊斯兰文化、巴基斯坦概况

【教学内容】

系统教授巴基斯坦和南亚地区历史、文化、政治、经济、社会、思想等各方面知识,突出与中国传统文化和习近平新时代中国特色社会主义文化的比较学范畴,重点围绕"一带一路"倡议和"人类命运共同体"等伟大战略构想,丰富课堂教学内容并组织各类思政实践活动,在比较中更深入理解中国特色社会主义文化的先进性。

【教学目标】

1. 使学生基本掌握巴基斯坦和南亚地区历史、文化、政治、经济、社会、思想等各方面知识,培养跨文化比较能力。

2. 结合课程特点,帮助学生掌握马克思主义世界观和方法论,从历史与现实、理论与实践等维度深刻理解习近平新时代中国特色社会主义思想;结合专业知识教育引导学生深刻理解社会主义核心价值观,自觉弘扬中华优秀传统文化、革命文化、社会主义先进文化。

【思政要素】

1. 先进性教育:通过课程引导学生用辩证和批判的眼光看待他国文化,培育和践行社会主义核心价值观,增强对中国特色社会主义文化先进性的认同。

2. 文化自信教育:通过文化对比,培养学生的爱国主义情操,加强国情教育,不断增强其自我意识和文化认同感,激发对中国文化的自信。

3. 服务国家战略:围绕"一带一路"倡议和构建人类命运共同体等伟大战略构想,通过传统课堂教学与各类思政实践活动相结合的方式,帮助学生建立为伟大战略构想服务和奋斗的自觉性,培养出真正愿意为习近平新时代中国特色社会主义而奋斗的有为青年。

(七) 蒙古国研究专题

【教学内容】

从蒙古政治经济、外交安全、历史文化、语言文字、宗教信仰等角度逐步完善学生的知识储备,拓宽学生的视野,加强学生的问题意识,提升学生的研判能力,更好地服务于国家外交外事工作。

【教学目标】

1. 在教学过程中积累专业知识和素养,培养发现问题、解决问题的能力。

2. 引导学生通过学习蒙古国政治、经济、外交、安全、历史、文化、宗教信仰等方面的知识、研究方法和理论,通过比较、分析和评价更好地理解中国政治经济文化实践,分享中国经验、提供中国方案,坚定中国立场,夯实道路自信、理论自信、制度自信和文化自信。

【思政要素】

1. 引导学生掌握科学的思维方法,培养学生的问题意识、求真精神和创新精神。

2. 引导学生充分认识到研究蒙古议题的重要意义,特别是对于铸牢中华民族命运共同体意识的现实意义,从而坚定实现中华民族伟大复兴信念。

3. 引导学生树立坚定的政治立场,立足中国,放眼世界,把握时代特征,服务国家。

(八) 伊朗历史文明概论(上、下)

【教学内容】

系统讲授伊朗的历史、地理、语言文字、宗教、社会、文学艺术等各领域概况,力求囊括自古以来的伊朗社会的各层面和角度。

【教学目标】

1. 在知识层面,使学生就伊朗历史脉络与各种社会文化现象建立成体系的认知。

2. 在技能层面,学生要能够运用所学专业知识,纵向追溯伊朗历史上各种文化现象的成因和发展规律,并能举一反三、以史为鉴。

3. 在思政层面,指导学生运用辩证唯物主义和历史唯物主义,理解伊朗历史发展规律;引领学生将历史发展与社会现实相结合,思考伊朗民族性的根源和本质,并借鉴他山之石,树立中华民族多元一体的正确民族观和历史观。

【思政要素】

1. 帮助学生从多角度了解伊朗文明,从而深度理解世界文化和全球议题相关问题。

2. 通过比较中伊两国历史和文化现象,加强学生对中华民族的优秀传统文化、革命文化和习近平新时代中国特色社会主义文化的认识与自豪感。

3. 结合两国古往今来在语言、宗教、饮食、音乐、绘画、手工艺、医药、影视等各领域的交流,令学生了解中国传统文化和现代发展成就在古今丝绸之路上的传播和影响,深刻理解"一带一路"倡议的重大意义,坚定文化自信。

(九) 缅甸概况、缅甸历史、缅甸文化

【教学内容】

此类课程坚持以马克思主义唯物史观、马克思主义政治经济学理论以及马克思主义文化观为指导,系统地梳理、分析缅甸自然地理、人口民族、政治制度、经济发展、对外关系、军事国防、科教文卫;缅甸的历史沿革以及缅甸文化等相关内容。同时,通过分析中缅面对类似问题的不同选择,结合第三世界其他国家失败的教训,帮助学生树立道路自信、理论自信、制度自信和文化自信。

【教学目标】

指导学生基本掌握缅甸的政治、经济、历史、文化概况和国情。以学理析政理,让学生在国情的对比中,全方位加深对习近平新时代中国特色社会主义思想的理解,增强对中国道路和中国社会经济建设成果的认同感。

【思政要素】

1. 通过了解外国历史文化,加强自身政治认同,进一步坚定中国特色社会主义理想信念,坚定"四个自信"。

2. 建立全球视野,通过对具体政治或经济事件的分析与讨论,让学生警惕西方通过媒体、公益组织向缅甸进行的软实力扩张及价值输出。

3. 通过讲解缅甸特殊历史阶段中畸形的殖民经济结构、民族政策与殖民文化对当代国情的负面影响,引导学生加强对国家独立自主重要性的认识,树立道路自信。

(十) 印度尼西亚文化与社会

【教学内容】

本课程面向印尼语专业本科生,向其介绍广泛定义的印度尼西亚文化与社会,以及

与之相关联的文献、概念、研究方法和前沿动态。本课程以国别视角切入,探讨印度尼西亚文化与社会中的重要主题,涵盖历史、文化、宗教、政治体制、经济发展、社会现状等。阅读材料以中英文文献为主,并辅以其他文本作为补充。

【教学目标】

1. 本课程旨在帮助印尼语专业本科生树立基本的知识框架,训练其多语种阅读及表达能力,培养其学术素养及问题意识,为其今后的专业学习打下必要的基础。课程内容涉及东南亚国家近代遭受西方列强入侵、殖民,并于20世纪掀起反对帝国主义和殖民主义的民族解放运动,这部分内容与中国近现代史中的相关内容相呼应。

2. 相关主题讨论了东南亚华侨华人问题,涉及华人华侨在海外弘扬中国传统文化,在二战时组织爱国救亡运动,体现爱国主义精神。

【思政要素】

1. 授课教师积极引导学生对东南亚近现代历史进行思考,学习马克思主义者对亚非拉近现代史的评价,帮助学生形成唯物主义史观。提高学生的文化素养,拓宽其国际视野。

2. 引导学生认识东南亚华侨华人在中国与东南亚的互动中发挥了诸多积极的作用,改革开放后又积极参与中国经济建设,为中国对外开放做出了突出贡献。提高学生对国家的政治认同,在提高文化素养的同时培养他们的家国情怀。

翻译类

(一) 德语口译(下)

【教学内容】

课程以汉德交替传译为核心,分为学校外事会见、中国基本情况介绍、当代中国学术成果译介和正式外事翻译四大模块,以语言运用实践为导向,通过教师讲授、学生练习、集体评议、课后补充等方式,锻炼学生汉德口译能力,提高学生在人文、历史、政治、外交等话题领域的德语词汇积累、语法熟练程度、口语表达技巧。

【教学目标】

1. 完善学生校史知识,突出北大红色基因,培养学生开拓进取、不断创新的学术精神;使学生能够用德语介绍中国基本国情,培养学生的政治认同与家国情怀,使学生在语言交际实践中坚定政治立场。

2. 锻炼学生的学术德语表达,提升学生的文化素养,培养学生的学术与文化自信,并为他们日后积极参与国际学术体系、推动中国学者发出世界声音打下坚实基础。

3. 培养学生在正式场合的语言表达能力,在语言训练中紧跟发展方向,跟随时代步伐。

【思政要素】

1. 教学中在提升学生德语语言水平的同时,促使学生对所译校史、国情、中国学者著述和大国外交策略形成全面的了解与认识,从而培养学生的政治认同与家国情怀。

2. 借助汉德口译场景模拟,提升学生的文化素养,培养学生的跨文化交际能力,使学生成为真正可以为中国发声的接班人。

3. 借助对译文的反复推敲打磨,鼓励学生养成精益求精的钻研精神,为在新时代讲好新征程上的中国故事培育青年后备人才。

(二) 汉译俄教程(上、下)

【教学内容】

本课程(上)介绍汉俄翻译的基本常识,中俄双语结构的差异和对应关系,常用句式翻译等。本课程(下)基于《理解中国——汉译俄教程》教材,结合汉俄翻译实例,全面介绍习近平治国理政基本思想。

【教学目标】

1. 课程(上)通过翻译常识学习、主题篇章阅读和翻译练习,使学生了解汉俄双语结构的差异和对应关系,熟悉常见句式和篇章的翻译。

2. 主题篇章以时政要闻和传统文化文本为主,通过课程学习和技能训练,让学生拓宽和加深对我国国情和传统文化的认识,掌握相应的翻译技巧,以较为流畅自如的俄语传达中国声音。

3. 课程(下)以习近平治国理政思想为核心,掌握核心理念和基本思想的正规外语表述,能将所学的知识熟练应用到汉俄翻译实践中。

【思政要素】

1. 学生要时刻关注我国社会主义建设发展形势,理解和把握习近平治国理政思想、国家大政方针、建设成就和优良文化传统,具有家国情怀,热爱国家,热爱人民,热爱社会主义事业。

2. 学生要了解和掌握两种语言的异同,学会以正确方式比较准确地传达中国声音,立足于本国国情和文化传统,建立跨文化交际中的文化自觉。

3. 学生要在汉俄翻译这一最能体现学生总体素质和综合能力的课程学习中,养成一丝不苟的职业素养和踏实严谨的工作作风。

(三) 日语口译指导

【教学内容】

在深度融入"理解当代中国"系列教材的基础上,灵活选取符合新时代中国特色社会主义思想、反映当代中国社会文化以及传统文化的口译材料,引导学生关注身边的"中国",教授口译理论与技巧的同时,培养学生发现问题以及用日语叙事的能力。

【教学目标】

1. 从口、笔译两个方面,让学生全方位熟练掌握日汉、汉日翻译的理论与技巧。

2. 以马克思主义世界观和方法论为指导,以社会主义核心价值观为引领,了解并深入研究对象国的社会文化语境。

3. 在此基础上,为学生以后更好地建设新时代社会文化,发出中国声音打下坚实的基础,从宏观与微观两个层面讲好中国故事。

【思政要素】

1. 通过对学生口、笔译基本能力的培养,使学生具备用外语讲好中国故事、传递好中国声音的能力,将提升我国国际传播能力和国际影响力作为自己的重要使命。

2. 深入挖掘翻译课程中的思想政治教育资源,将价值塑造、知识传授和能力培养三者融为一体,提高学生日语翻译能力、思辨能力等,培养正确的世界观、人生观、价值观。厚植文化自信、家国情怀和国际视野,培养学生的"守土有责"意识、责任感意识和职业精神。

(四) 希伯来语翻译教程

【教学内容】

介绍中西方翻译实践与翻译理论的发展;赏析中希—希中的优秀翻译作品,学习翻译方法并做相关的翻译技巧训练。翻译作品按以下专题分类:历史、传统文化典籍、政治、文学、新闻和学术文章。

【教学目标】

1. 通过对不同专题翻译作品的学习、赏析和模仿,学生可熟悉并掌握相关领域的专业词汇。

2. 提高笔译和口译能力及跨文化交际能力,让学生能较为准确地以希伯来语介绍中国的历史和国情知识。

3. 授课教师选取学习素材时注重涵盖中国历史基本知识、国家大政方针、外交政策等内容,在提升学生语言水平和翻译水平的同时,也增进学生对本国历史文化和政策的了解,培养中国情怀、国际视野,引导学生运用所学希伯来语知识与技能,讲好中国故事,传播好中国声音。

【思政要素】

1. 翻译不仅仅是简单的两种语言符号之间的转换,而且是两种文化之间的交流与沟通。本课程将"提高文化自信、树立家国情怀、讲好中国故事"的思政基因深植于课程教学之中。

2. 该课程内容涵盖对优秀中国文学作品的希伯来语译本(如《红楼梦》等)的赏析,以加深学生对工匠精神的理解,以及对中国传统文化的了解和热爱。

3. 课程内容还包括将《习近平谈治国理政》章节标题译为希伯来语的实践训练,在知识技能传授的过程中引领价值观的塑造,帮助学生了解本国的国情、政策和制度,树立制度自信、文化自信。

(五) 大学英语汉英翻译:理论与实践

【教学内容】

英译汉和汉译英各占七个单元,内容涉及多个领域的知识。英译汉单元精选国际政治、经济、科技、环保、社会问题等领域富含人文性、思想性、思政性的文章作为课文;汉译英单元则选择反映我国现当代发展成就和优秀传统文化的短文作为材料来源。

【教学目标】

1. 以比较语言和比较文化研究为理论依据,帮助学生掌握汉语和英语的核心特点。

2. 通过翔实的英汉互译技巧讲解和大量的翻译练习,使学生掌握汉英双语互译的基本技巧和能力;利用原文让学生领略各领域的新发展、新思想以及当今世界面临的重大问题。提高学生的理解翻译能力和准确表达能力,使学生能够利用所学翻译技巧和宏观策略翻译难度适中的原文。

3. 培养学生的独立思考能力和正确的世界观,引导学生认同肯定我国的社会主义制度,深入理解并传承我国优秀的传统文化,对建国和改革开放以来取得的巨大物质成就和精神文明成果具有全面认识和充分自信,对家庭、社会、国家和全人类的前途命运具有使命感和担当精神。

【思政要素】

1. 配合翻译技巧讲解,提供大量较为典型和有一定难度的例句和篇章,涉及政治、经济、科技、文学、教育、社科、外交等多个领域的知识,有机融入思政元素。

2. 在选取课文和例句时,侧重生态环保、中国传统文化价值观、中医的科学性、社会主义核心价值观等方面的内容。

3. 在例句和篇章中介绍我国建国和改革开放以来在各领域取得的巨大成就,作为汉译英范文,向学生介绍社会主义核心价值观以及我国人民为了祖国繁荣富强在近代进行的艰苦卓绝的奋斗历程。

4. 选用《中国关键词》里的重要词条,包括我国官方对国家目前一些大政方针的解读;在课堂中对西方的一些狭隘、片面或错误的观点进行批判。

外国语言文学学科课程思政教学设计 研究生课程

研究生阶段的外国语言文学类课程,旨在培养高水平卓越人才,以严格的学术训练帮助学生丰富理论知识、开阔学术视野、强化研究能力。教学材料重点以结合研究生学术研究特点的语言材料为主,设置相关话题,引导学生以马克思主义世界观和方法论与习近平新时代中国特色社会主义思想为指导进行中外对比,强化学生的家国情怀、全球视野和跨文化意识,引导学生坚定中国立场,借助外语讲述中国故事、传播中国声音。

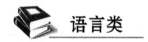
语言类

(一)语言学研究方法

【教学内容】

本课程讲授应用语言学中的实证研究方法,主要分为定量和定性研究两大部分。定量部分包括实验设计、样本抽取、问卷调查、定量数据分析入门等专题。定性部分涉及田野调查、访谈、质的资料分析等内容。

【教学目标】

1. 掌握应用语言学研究中的定量和定性研究方法;培养文献检索、阅读、分析和批判能力;运用恰当的研究方法,设计和完成语言学实证研究。

2. 结合外国语言学及应用语言学专业特点和优势,落实立德树人根本任务,将价值塑造、知识传授和能力培养三者融为一体,寓价值观引导于知识传授和能力培养中,帮助学生树立正确的世界观、人生观、价值观。

3. 让学生通过专业学习,掌握事物发展规律,通晓天下道理,丰富学识,增长知识,塑造品格,努力成为德智体美劳全面发展的社会主义建设者和接班人。

【思政要素】

在教学过程中,培养学生独立思考、多方求证、深入分析问题的能力;深度整合课堂教学与田野调查,将理论与实际相结合,引导学生养成用实践检验真理的习惯和能力。

(二) 形态学导论

【教学内容】

本课程是面向硕、博士研究生的选修课程,核心内容是介绍形态学学科的基础和前沿理论,培养学生观察、总结语言素材的能力和理论语言学研究的核心研究方法。

【教学目标】

1. 介绍形态学领域的重要概念与研究课题,尤其是对词的概念的理解、形态过程的分析、前沿理论的了解。

2. 引导学生进行基础的形态学研究,培养学生观察、归纳和解释语言现象的能力,为学生将来用不同的理论解释形态学现象打下基础。

3. 培养学生本土问题意识,融入中华优秀传统文化教育并与时代精神结合,弘扬以爱国主义为核心的民族精神,培育和践行社会主义核心价值观。

【思政要素】

注意将培养学生的正确价值观、学术研究的中国意识和家国情怀相结合,将优秀的中国文化传统与主流的学术研究问题相结合,激发学生将中国视角与国际学术研究相结合,未来可以向国际学术界展示中国文化、中国视角和中国学者对学术研究的推动作用。

(三) 古代俄语

【教学内容】

系统介绍有关古代俄语的基本知识,包括:古斯拉夫语、古俄语、教会斯拉夫语间的关系;各时期不同体裁文本语法体系的构建;古今词汇对应等。通过课程学习,使学生可以掌握古代俄语阅读相关的基本知识,在巩固语言知识的同时,补充掌握一定的国情文化知识及对古文本的翻译能力。

【教学目标】

1. 通过课程学习,使学生可以掌握古代俄语阅读相关的基本知识,在巩固语言知识的同时,补充掌握一定的国情文化知识。使学生充分利用课堂、课外的阅读训练等手段,有效提升学生对不同时期俄语文本的阅读能力及检索查询能力,提高学生的思辨能力、解读能力以及对古文本的翻译能力。

2.通过对实际翻译案例的分析,培养学生对待科研的严谨态度,引导学生进行语言及文化层面的深层次的比较,全方位提高学生的人文素养和思想素养,培养学生的家国情怀,使学生能够用渊博学识为讲好中国故事的目标打下良好基础。

【思政要素】

1.引导学生以文化互鉴的形式加深对本国文字系统的了解,在比较语言研究的基础上恰当融合思政元素,使学生在学习外国语言的同时,得窥汉语言文字之魅力,提升文化自信。

2.引导学生研究探索两国在历史上的文化辐射范围与互动现象,以文明互鉴的形式加深学生对本国文字所承载的文化实质的了解,使学生明确斯拉夫文字和汉字所代表的文化影响力在世界范围内的变化,激发学生讲好中国故事的动力,坚定传播中华文化的道路。

3.通过对俄汉古代语言的对比,让学生树立正确的语言观和语言史观,从不同的理论视角探求本国语言和对象国语言间的共性问题,增强学术意识,培养严谨求实的学风。

(四) TED 演讲与社会

【教学内容】

从英美社会新闻报道、中国新闻报道、TED 演讲、《演讲的艺术》中选取主要学习材料,并补充深入报道、纪录片等内容,题材涵盖文化、教育、体育、环境、科技等日常生活的诸多方面,兼具真实性、知识性和时代性。

【教学目标】

1.通过视听真实的社会新闻,重点训练听力策略、语音语调、难词难句、社会新闻的基本结构与语言特点等,以巩固语言能力。

2.通过补充相关话题的 TED 演讲材料,引导学生深入了解和思考社会新闻话题并展开讨论,引导学生从多角度理解单元话题,进行口语交际、话题拓展,从而帮助学生在交流探讨中树立正确的世界观、人生观、价值观,同时培养学生合作、交流、创新和思辨的能力。

3.通过分析、欣赏 TED 演讲与其他演讲范文,介绍基本的课堂展示与演讲技巧,逐步培养学生获得进行国际交流必备的公众演讲技能和用英语讲好中国故事的能力。

【思政要素】

1.学习材料取材范围广,从文化、教育、体育、环境、科技等多领域融入思政元素。

2.在学习过程中引导学生从多角度理解社会热点现象,通过中外对比,更多地了解中国在科技、人文、体育等方面取得的巨大成就,更好地理解中国特色社会主义制度的优越性。

3. 鼓励学生用习得的演讲技能讲述中国故事,尤其是中国特色社会主义建设取得的成就,增强学生的"四个自信",培养他们传播中国声音、讲好中国故事、未来在国际舞台上展现可信、可爱、可敬的中国形象的能力。

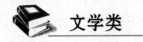

文学类

(一) 文学形式导论

【教学内容】

介绍文学批评的基本术语和方法,建立英美文学学习的基本框架,指导学生逐步掌握文本细读与基础文学批评,为日后系统阅读英美文学文本和写出比较正规的批评论文打下良好基础。一学期的教学分为三个单元:诗歌、短篇小说和戏剧。

【教学目标】

1. 培养学生文本细读能力,引导学生熟练掌握文学批评方法论,并运用这些工具进行深入的文本分析。

2. 鼓励学生采用跨文化的视角,与中国文学作品进行比较阅读,实现知识的双向融通,进一步提升家国情怀和文化自信。

【思政要素】

1. 通过采取跨文化的视角消除学生视诗歌分析为畏途的心理,引导他们借助母语揣摩文字与意象的优美之处,培养审美意识并将之运用到英文诗歌的学习当中。

2. 通过引入比较文学的研究方法,启发学生中西并进,在钻研英美文学的同时也不要忘记作为学者的文化立足点,热爱中国典籍,树立文化自信。

(二) 中德文学文化关系

【教学内容】

概述中德文学文化交互关系从古至今的历史发展与演变脉络,重点推介、研读和评析18—20世纪德语区文化精英如莱布尼茨、赫尔德、马克思、黑格尔等人以及启蒙运动、古典主义、表现主义等运动思潮对中国文化的接受,从德语文学接受中国传统文化这一特定角度揭示、阐明和佐证中德文化关系的范式意义。

【教学目标】

1. 学生通过学习能够初步了解中德文学文化关系的历史、发展与现状,掌握基本的比较文学和比较文化研究方法,阅读和诠释一定数量的德语涉华著述与文艺作品,为向世界宣介中国、深化中德和中西文化交流与研究打下坚实基础。

2. 在辩证唯物主义和历史唯物主义科学体系指导下,积极引导学生客观理性分辨各种思想观念和社会意识,反对神秘主义和错误意识形态的侵蚀,引导学生热爱、传承和创新中华优秀文化,树立正确的国家观、民族观、历史观和文化观,为社会主义建设培养可靠接班人。

【思政要素】

1. 通过讲授启蒙时期的欧洲中国热引导学生热爱中华优秀传统文化、增强民族自豪感,建立高度的历史自信和文化自信。

2. 通过19世纪西方中心主义涉华典型文本的研读管窥旧中国沦为殖民地半殖民地的苦难历程,探究其复杂的深层原因,激发学生勿忘国耻、发奋图强的爱国热情,为中华民族伟大复兴而拼搏。

3. 通过对马恩论中国原典的选读,以及对德语国家地区人道主义、左翼和社会主义作家具有代表性的中国图像的解析,深刻认识世界文明急剧演变进程中的中国革命道路选择和蕴含在人民大众身上的巨大历史推动力量。

(三) 法国文学专题研究

【教学内容】

拓展文学与文化知识,深化对法国文学与文化的理解,从社会、文化、审美等方面多角度地认识法国文学流变的特征和变迁机制以期提高学生的人文素养以及阅读、欣赏、分析文学作品的能力。

【教学目标】

1. 课程聚焦古典主义悲剧、启蒙小说、浪漫主义诗歌、现实主义小说、象征主义诗歌以及20世纪前半期的重要文学现象,提升学生从社会历史、语言文化等方面对文学作品进行考察的能力。

2. 让学生了解法国文学,尤其是启蒙时代、浪漫主义时代和现实主义时期文学中的革命传统,在阅读和分析中注意把握正确的政治立场,实施价值塑造、知识传授和能力培养三位一体的课程思政理念;增进对中法两国革命思想传统的理解,树立人类命运共同体意识。

【思政要素】

法国文学中有着深厚的革命传统,也有着丰富的社会主义思想意蕴,通过对这些经典文本的理解、分析,并在必要的时候加以反思或阐述,可以让学生更深刻地理解中法两国的革命思想,在学习社会主义核心价值观的同时拓展跨文化视野。

(四) 西班牙语叙事文学研究

【教学内容】

带领学生阅读西班牙语文学作品原著,继续提升学生的语言能力、拓展学生的文学视野。训练学生批判性思维和文学研究方法,培养学生研究西班牙语叙事文学的能力。

【教学目标】

1. 引导学生研究西班牙语叙事文学,了解研究方法与研究现状,深入理解西班牙语叙事文学的特征。通过阅读西班牙语国家文学经典,尊重学生的主体地位,内化政治哲理和道德观念,帮助每个学生个体形成自己独特的阅读感悟和体验。

2. 西班牙语国家的文学经典作品包含革命文化和社会主义思潮,可以在潜移默化中培养学生的文化自觉和文化自信,使之逐步树立远大理想、担当时代责任、更好地认识和把握中国特色社会主义的历史必然性,不断坚定为共产主义远大理想和中国特色社会主义共同理想而奋斗的信念和信心。

【思政要素】

1. 增强学生的文化自信。教师在讲解文学理论的思想资源、文学是语言艺术、文学象征、文学发展中继承与创新的关系、全球化与当代文学等知识点时,深化学生对中华优秀传统文化的认同,从而在一定程度上矫正学生的崇洋媚外及民族虚无主义等思想。

2. 通过对西班牙语文学作品的文本分析,引入中国传统文学作品,将爱国思想贯穿于课程中,帮助学生树立正确的思想观念。在文学课程中发挥思政建设指路标的作用。

(五) 韩国(朝鲜)近现代文学史

【教学内容】

本课程系统梳理韩国(朝鲜)和中国的近现代文学史,对比阅读相关作品,全面并深入了解近现代文学史上的文学现象、代表性作家及其代表性作品;整理在中对韩国近现代文学的研究现状,以及在韩对韩国近现代文学上部分重要作家作品的研究现状等。

【教学目标】

1. 课程旨在让学生系统掌握韩国(朝鲜)近现代文学史发展脉络,培养学生以比较视角审视中韩近现代文学的能力,夯实作品阅读和文学现象分析研究的能力,打下坚实的近现代文学研究的基础。

2. 在研读和研究具体作品的过程中,注重引导学生形成正确的世界观、人生观、价值观,强化课程的人文性、文化性,实现育人作用。在文学史的相关历史知识介绍中,让学生了解20世纪中国作家的求索精神、现实情怀、责任担当,强化学生的历史意识与人文精神。

【思政要素】

1. 在朝鲜半岛开化期文学和中国近代文学的教学中,让学生了解当时知识分子的民族精神和爱国情怀。

2. 在朝鲜半岛殖民期文学和中国现代文学的教学中,让学生体认文人救国救民的情怀和以文救国的人文精神。

3. 在韩国威权时期文学和新中国前三十年文学的教学中,结合两国各类题材作品,融入对革命历史、祖国建设、民族发展等的历史教育。

4. 在韩国民主化时期文学和中国改革开放后"新时期文学"的教学中,引导学生建立正确的价值观,强化人文精神教育。

(六)东方文学专题

【教学内容】

本课程宏观梳理东方总体文学研究在中国的发展历程,辨析东方各国文学的民族性和地区性的共同特征及东方各国文学的独特性。本课程深度梳理东方文学在现代化进程中所呈现的普遍规律,并探寻不同时期、不种文体变迁所承载的人文思想之演变。

【教学目标】

1. 本课程致力于及时引入最新的学科动态及教研成果,旨在促进学生对东方文学发展脉络的历史考察、对代表性作家作品的系统探析、对东方国别文学民族性与世界性的比较辨析,从中发掘东方的文学精神和人文精神。

2. 本课程旨在引导学生客观认识东方文学在世界文学谱系中的重要地位与价值,促使学生正确审视东方文明对人类文明发展的巨大贡献。通过课程进一步体现中国与东方各国之间深厚的文明互鉴历史与战略合作需求,培养全面、客观、多元的学术视野。

3. 在全球化的语境中重读东方文学经典作品,以求科学、客观地确定东方文学在世界文学发展史中的成就、贡献、地位和影响。

【思政要素】

一方面,进入21世纪以来,发展中国家不断面临着经济全球化和文化全球化的冲击。在这种背景下,本课程通过研究东方文学来整理东方文化遗产,发掘东方的优良传统,对于抗拒全球化所带来的西方文化霸权具有重要的学术意义和理论意义。

另一方面,本课程全面地考察东西方文学关系,特别是研究东方内部的文学关系和东方文学对西方文化的影响,引导学生树立"人类命运共同体"意识。通过提升基本素质、锤炼专业能力,为促进东西方文明互鉴贡献绵薄之力。

(七) 世界文学理论

【教学内容】

本课程主要探讨世界文学的理念、歌德的世界文学论、第三世界文学理论、经典化理论、文学史理论、谱系学理论、翻译文学理论、多元文化主义、文化相对主义、全球主义理论、世界文学的南北模式论、全球文学理论等。

【教学目标】

1. 建构一种新的世界文学理论,即宏观诗学。
2. 培育跨文化素养、全球意识和宇宙理性。

【思政要素】

尊重教学规律,切忌喧宾夺主,本末倒置。时刻铭记鲁迅先生所说的两手抓——追踪"世界之潮流",强化"固有之血脉",养成健全的世界观。

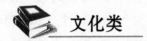

文化类

(一) 维多利亚时代的社会文化与思想

【教学内容】

本课主要探讨维多利亚时代存在的文化现象与思想演变,包括功利主义哲学及其社会影响、劳工阶层、女性等特定群体的生存状况以及英国社会美学发展等。

【教学目标】

1. 课程聚焦维多利亚时代非虚构散文领域富有代表性的作者与篇章,以文学与思想史结合的视角,在展示文学作品魅力的同时,引导学生关注维多利亚时代乃至整个19世纪英国的社会文化与发展历程。

2. 通过阅读维多利亚时代的经典篇章,学生可以对该时期的文学风貌与思想观念有初步的了解,同时也可以深入地思考资本主义发展过程中的种种弊病,如贫困问题、劳资问题以及种种不平等的现象。

【思政要素】

1. 通过阅读维多利亚时代的文献,帮助学生加深对英国文学的理解,同时积极思考文学与思想史的互动,提升文化素养,把握全球视野,更好地理解人类命运共同体理念。

2. 维多利亚散文,特别是其中关于劳工阶层的讨论,也构成了恩格斯的《英国工人阶级状况》和马克思的《资本论》等著作诞生的社会与思想背景,因此这方面的文学研究也非常有助于培养学生们的制度自信,从而坚定文化自信和中国立场。

(二) 阿拉伯古代史

【教学内容】

以辩证唯物主义观点为指导,系统介绍与梳理阿拉伯古代历史的分期、发展脉络和历史发展动力,详细解读阿拉伯古代各个历史时期的重大历史事件,从政治、经济、社会思想等层面梳理阿拉伯共同体的形成和发展。

【教学目标】

1. 使学生对阿拉伯古代史的分期、重要事件和发展脉络形成系统性把握,深化学生对阿拉伯共同体形成和发展的理解,同时为理解当代阿拉伯和中东国家现状赋予历史维度。

2. 帮助学生树立辩证唯物主义的历史思维和比较视野,在学习与比较中逐步深入理解人类社会不同群体从古至今共同面对的重大议题,以及不同的群体在不同生产力水平下如何应对这些问题,以史为鉴。

3. 引导学生建立共同体视野并尊重文明多样性,深化学生对欧洲中心论的批判性认知,坚定中国立场。

【思政要素】

1. 以历史问题为导向的阿拉伯古代史学习,需要透视历史事件、提出历史问题,并对其进行缜密的思考,这体现了对思辨能力与理性态度的要求。

2. 深入理解阿拉伯古代史,把握阿拉伯共同体关切的人类重大问题,及其在自身历史发展逻辑基础上作出的回应,建立辩证唯物史观,深化对人类命运共同体的历史理解。

3. 通过阿拉伯古代史的学习,在世界历史的比较视野中观照自身,了解中华民族共同体历史发展的共性与特性,在文明互鉴中确立中国文化的主体性与文化自信。

(三) 印度宗教研究

【教学内容】

印度各主要宗教的历史发展源流及代表性人物、事件、经典;现当代印度宗教实践及其背后的哲学、文化、社会、经济因素;印度各宗教的内在关系及其宗教生态的主要特点。

【教学目标】

1. 使学生系统掌握印度宗教相关核心知识,熟悉印度各主要宗教的发展进程、主要特征和当代面貌。

2. 通过课堂讲授、文献阅读、讨论展示，帮助学生丰富印度宗教的研究方法和分析工具。

3. 在比较文化的视域下，帮助学生理解中印文化之间的联系和差异，提升跨文化交流素养。

4. 帮助学生树立正确的宗教观念，理性、辩证地看待宗教现象，坚定马克思主义唯物史观。

【思政要素】

1. 在马克思主义宗教观的指导下，从唯物主义视角出发，理解不同历史背景下印度各宗教生成的复杂原因，如经济发展、政治斗争、社会分化、文化融合等。

2. 着重提炼和探讨印度宗教中哲学思辨和生活方式的成分，探析宗教在印度历史演进、文化创造、社会生活中的现实意义。

3. 重视各印度宗教内部的改革运动，辩证地看待宗教的两面性，批判地认识印度宗教传统中的落后成分。

4. 从跨文化交流角度思考如何在尊重彼此差异（如宗教）的基础上实现中印两国间的有效对话与合作，助力中国文化走出去。

（四）泰国历史与现状研究

【教学内容】

本课程教授泰国历史相关的热点问题、史学争鸣和重要成果，通过课堂报告、讨论和导读的形式，分析问题生成的历史根源，并结合历史相关问题的讨论，深入理解泰国历史发展的特征和泰国社会的复杂情况。

【教学目标】

1. 掌握历史中重要人物的活动和重大事件的始末，熟悉相关讨论的代表性著作，对泰国历史既有宏观的把握，也有微观的深刻理解，有点有面。

2. 了解泰国重大历史事件以及现状相关问题的争鸣，明确中国在相关事件中的立场和态度，并能有理有据地为中国发声。

3. 了解学界相关史学理论，并能认识其价值和局限性，同时从中国视野出发，进行理论探索。

【思政要素】

1. 本课程从社会理论与历史学的关系、叙事主义历史诗学的角度，解析不同话语对泰国历史叙事的解构与建构，引导学生理解西方史学理论局限性。

2. 结合中国视野,带领学生围绕泰国历史与现状进行超越式的理论探索,进一步增强学术自信,不断发现研究新视角,挖掘新学术新内涵。

(五)非洲文化研究

【教学内容】

本课程梳理并探讨当代非洲文化研究涉及的基本主题和核心问题,例如大众文化与国家政治、大众文化的变迁与社会历史等,以及这片大陆与外部世界的密切关联。

【教学目标】

1. 本课程旨在增进学生的非洲文化与社会相关知识背景,并培养学生对他者社会以及本土文化现象的敏锐度、观察力和阐释能力,训练从文化视角观照与理解社会、政治、经济、历史和国际交往的方法。

2. 通过部分当代文化文本的解读以及文化研究方法的介入,培养学生在人文社会科学研究、区域研究中的问题意识及跨学科的研究方法。

3. 旨在打破有关非洲的诸种刻板印象,反思当代社会在理解青年问题、贫困问题、中非关系等热点问题时的思维定式,建立更加全面的观察视角以及批判式思考的能力。

【思政要素】

1. 课程将拓展学生的国际视野,引导学生通过他者文化更好地认知自我,理解"百年未有之大变局"以及中国与非洲在其中的位置。

2. 课程有助于学生理解国家的对非政策,以及文化和艺术在中非人文交流与促进民心相通中的重要性。

3. 课程将借助本专业教师有关青年文化的实地田野调研经验,引导学生深入思考全球南方语境下青年群体与国家和社会的关系,树立有担当的人生观和价值观。

4. 通过课程进一步体现中国与非洲之间深厚的文明互鉴历史与战略合作需求,使学生意识到在中非交往日益密切的背景下,非洲应当成为中国其国际视野的重要组成部分。

(六)东南亚文化个案研究与田野调查

【教学内容】

本课程围绕东南亚社会文化研究中的经典个案展开互动式的讨论,从而理解个案式的社会文化研究方法,探索田野调查方法的内涵与外延,为后续从事调研工作奠定基础。

【教学目标】

1. 通过大量研读东南亚社会文化研究的经典著作,既分析西方各学科东南亚研究、东方研究、亚非地区研究的特点,也批判性地分析西方话语体系中学术研究的问题,力图探索和重塑中国式东南亚社会文化研究的视角和思路。

2. 了解田野调查的基本方法和实践范式,练习掌握文本研读与田野调查相结合的研究方法,指导学生在实地田野调查方法、中国学术话语体系的综合框架中尝试开展东南亚研究。

【思政要素】

1. 立足于在东南亚研究领域,审视国际学术界既有成果,尝试在批判性的吸收基础之上,构建本领域的中国学术话语。

2. 通过了解田野调查的基本方法和实践范式,学习文本研读与田野调查相结合的研究方法,思考和掌握理论联系实际的方法论。

3. 实现国际视野与中国立场的结合,提升学术研究能力和理论视野,以便今后在对象国实地调查中进行东南亚文化研究和相关工作。

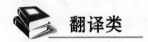

翻译类

(一) 翻译实践 I:英译汉

【教学内容】

本课程通过系统性思考英汉双语在语言、文化、社会等方面的特性和本质,借助对比语言、对比文化研究、文学等视角,从语言形式、内容、媒介、语用等各方面探讨英汉和汉英翻译中的质量问题。通过解析英汉双语在语言、社会和文化方面的差异,以个案入手系统性思考二语文化和语言的差异性,深化对英语和汉语及文化内涵的认识,并最终对翻译起到启发作用。

【教学目标】

1. 确立译者的中国文化传声筒角色,深入理解英语语言和文化及其与汉语语言文化的系统性差别,确立翻译中的语言和文化差异意识,摒除翻译过程中的机械对应和转换;学会系统性思考语言、文化差异的方法论,提高翻译质量,对翻译的标准有较为客观的认知。

2. 强调在学习翻译方法和策略的同时,增强民族和国家主体意识,不仅使学生熟悉和了解我国国情,拓宽学生的全球视野,熟练掌握翻译技能,而且要时刻把握中国特色话语体系,提高跨文化交流能力,做了解国际规则且能把中国介绍给世界的高素质国际化外语人才。

【思政要素】

翻译的过程实际上也是实现价值传播的过程,应该培养能够有效对"中国声音"进行传播的人才。要坚持隐性融合与显性嵌入原则,一是直接将马克思主义理论著作作为教学材料,对学生的政治意识、翻译能力和传播意识进行强化;二是与教学内容相结合,使得学生在学习翻译的过程中,进一步明确自身努力的方向,真正实现知行合一。

(二) 阿拉伯语高级口译训练

【教学内容】

讲授口译的工作程序和基本原理及训练方法,以翻译任务为导向,设计场景式即席翻译任务,训练记忆、笔记、综述、信息的快速分析、数字转换、连贯的表达等基本技能,以及掌握不同口译场合所需的应对策略。

【教学目标】

1. 使学生掌握口译的基本理论和连续传译的技能,学会口译记忆方法、口译笔记、口头概述、公众演讲等技巧和口译基本策略。

2. 培养学生关心时事的信息意识,提高学生的综合人文素质和政治素养。加强学生对中国特色社会主义理论和思想的知识积累,培养中国时政术语阿语化的表达能力和语言组织能力。

3. 从中国政府工作报告入手,培养学生在口译场景中讲好中国故事、传播好中国声音的能力。从中阿合作论坛和阿拉伯国家的政治事件入手,培养学生立足全球视野,熟悉外交言论,坚定表达中国立场和态度。

【思政要素】

1. 通过设计中国政府工作报告的口译任务,使学生更加全面和深刻地理解改革开放以来中国的巨大变化和党的伟大成就,学习历年全国代表大会的精神,认识到新时代中国共产党的历史担当,认识到当代青年的历史使命。

2. 通过设计中阿合作论坛发言的口译任务,使学生更加全面了解中国和阿拉伯各国家的战略合作,领略中国大国外交下的自信底蕴,增强战略自信。

3. 通过设计阿拉伯国家政治事件的口译任务,使学生更加全面了解到中国在阿拉伯世界中的立场和态度,培养学生的全球视野,坚定中国立场。

(三) 日语专业研究生课程时政翻译

【教学内容】

本课程将《理解当代中国》系列教材《高级汉日翻译教程》有机融入课堂,引导学生理解习近平新时代中国特色社会主义思想的内涵,把握时政文献的文体特色,结合相关翻译理论与技巧,提高硕士研究生阶段汉日翻译实践水平和翻译研究能力。

【教学目标】

1. 熟悉领导人著作讲话、党和国家的重要理论和政治文件,把握核心概念和政治术语,了解我国在新时期取得的伟大成就和面临的重要课题。

2. 从跨文化的角度出发,了解中日两国的文化习俗、审美习惯、语言修辞等方面的共性和差异。在翻译实践训练上注重学生对背景知识、专业术语和规范表达的积累,要求对文本的翻译做到全面把握、深刻理解、精准翻译,既符合日方读者的阅读习惯,又能体现中国特色。

3. 以马克思主义世界观和方法论为引领,以习近平总书记提出的"文明互鉴"为指导方针,培养学生对本国制度、文化和道路的认同感。通过领导人的经典著作和党的权威政治文献来引导学生关心了解国家大事,体会其中凝结的思想精华和开创性、独创性见解,领悟中华民族文化的博大精深,从整体上把握新时期中国特色社会主义的理论体系。

【思政要素】

本课程旨在将习近平新时代中国特色社会主义思想的深刻内涵与翻译课程有机结合,引导学生在翻译实践的过程中深刻领会习近平新时代中国特色社会主义思想的核心要义,全面了解当代中国取得的发展与成就,坚定"四个自信",掌握中国对外话语体系的表达方式,能够从跨文化的角度阐释中国特色社会主义道路和中国智慧。使学生成为有家国情怀、全球视野和专业素质的社会主义建设者和接班人。

(四)明清中日西学翻译及其交流

【教学内容】

本课程拟将以明清之际西学翻译为中心,从语言学、科技史、比较文学等角度,通过相互关联的术语、器物、典籍等方面的具体个案研究,深入探讨近代知识在东亚世界的生成(或转化)、传播、确立(或淘汰)历程,重点把握中日欧三方之间的文化交流与互动。

【教学目标】

1. 明清之际,大量西方典籍被翻译介绍到中国、日本等东亚各国,掀起了所谓的"西学东渐"运动,时至今日依旧绵延不绝。关于这一问题,海内外学界已有广泛且深入的探讨,并取得了丰硕的研究成果,基本廓清了西方文明,特别是近代西学的中日传播(或容受)历史脉络。

2. 西学东渐不仅仅是西方学术的简单移译,在西书译出的前前后后,以译介者为代表的东西方学人及其读者都经历了一场蔚为壮观的"视域融合"过程。

3. 在关联研究文本的研读过程中,了解在"文明互鉴"主张下,明清时期中国在中日欧三方互动中的历史地位和文化地位。

【思政要素】

主要是在"文明互鉴"指导方针下,进一步深刻理解明清中国在中日欧三方互动中的历史地位和文化地位,促进学生的文化自信。通过对"地球""显微镜""化学"等明清之际产生的相关术语、器物、典籍等方面的具体概念的生成、传播、确立过程的分析,学生会了解到一幅幅生动的文化融合、文化再生的历史画面。不唯翻译,阅读、理解、接受进而阐释等一系列的活动,均非无中生有,确存在两方乃至多方资源的碰撞、交流,实为一个复杂甚至繁冗的"视域融合"过程。

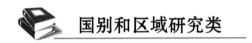

国别和区域研究类

(一) 国别和区域研究:理论与方法

【教学内容】

本课程主要介绍国别和区域研究的定义、在西方国家的发展历程、主要理论观点和研究方法,并探讨新时代中国国别和区域研究的目标与范式。课程结合授课教师的研究对象区域或国别,展示包括国际关系分析、档案文献利用、田野调查等常见研究方法。

【教学目标】

1. 掌握国别和区域研究的内涵、目标、学术史脉络、各区域或国别的前沿议题及研究方法。

2. 通过课前文献阅读、读书札记和课堂讨论掌握学术文献阅读的基本方法,提升学生写作技能,落实学术规范,培养严谨求实的精神。

3. 培养学生的中国情怀和国际视野,通过古今中外历史经验的比较,培养文化自觉,并树立人类命运共同体意识。

【思政要素】

1. 课程以习近平新时代中国特色社会主义思想为指导。导论从"国家"和"区域"两个概念切入,探讨国别和区域研究的学科内涵和人才培养维度,帮助学生理解该学科领域与国家外事工作的密切关系,树立国家意识。

2. 学术史模块通过经典文献阅读,带领学生系统性地了解学术史脉络和主要研究范式,理解海外国别和区域研究学科发展与各历史阶段政治经济语境的联系,帮助学生历史地、辩证地认识特定社科理论的时空局限及其利弊,由此培养国际意识和文化自觉。

3. 各区域国别课时选取前沿案例和研究方法,在呈现各区域重要议题的同时,引导学生思考发展中国家所面临问题的普遍性和特殊性,以比较视角思考中国式现代化的巨大成就和历史意义,培养学生的文明互鉴视角和人类命运共同体意识。

(二) 当代中亚国别与区域研究

【教学内容】

本课程从历史纵深研讨中亚五国的历史文化脉络、近代以来的秩序构建、各国独立后的国族构建、经济转型与发展、区域内各国合作、外部大国在中亚地区的博弈等议题,为未来有志于从事与中亚地区相关实务和研究工作的学生提供关于这一地区的基础知识和理论视角。

【教学目标】

1. 因目前国内高校较少设置本科阶段的中亚研究课程,本课程的首要目标是帮助学生建立中亚历史和当代问题的认知框架,带领学生熟悉中亚历史的分期、重要人物和事件,以把握其发展脉络;结合各国国情了解当代政治经济问题。

2. 在掌握基础知识之上,引导学生了解国内外学界中亚研究的学术史、熟悉不同时期的主要研究议题、研究范式和研究工具。

3. 通过课前文献阅读、课堂讨论和课程论文写作等环节,掌握学术文献阅读的基本方法,提升学生写作技能,落实学术规范,培养学生严谨求实的科研精神。

4. 引导学生学习我国外交大政方针,关注边疆安全和周边外交工作进展,关联思考"国内国际两个大局",开拓学生的政策视野,培养学生从政策实践思考研究选题。

【思政要素】

1. 课程以习近平外交思想为指导。历史模块通过史料文献阅读引导学生从文本入手理解各中亚地区的历史发展进程,并从历史纵深出发理解当下社会文化特征的形塑过程,培养学生的文明互鉴视角。

2. 国别问题模块根据中亚区域内各国的主要议题分专题逐一介绍国情概况,重点探讨各国独立自主发展所面临的挑战以及各国在利用国内国际资源方面的能动性,引导学生深入体会当前国际秩序下发展中国家的普遍处境,对照理解中国式现代化的历史意义,由此培养文化自觉和道路自信。

3. 区域问题模块向学生呈现20世纪90年代以来各主要国际政治行为体在中亚地区的博弈及其对中亚各国发展造成的影响,最后落脚于中国与中亚国家的关系,引导学生了解冷战结束以来国际秩序和中亚地区秩序的变迁,理解我国周边外交政策方针在整体外交布局中的定位,体会"讲好中国故事"所面临的机遇与挑战。

(三) 南亚现状研究

【教学内容】

分专题系统教授当前南亚地区政治、经济、安全等热点问题,突出与习近平新时代中国特色社会主义的比较学范畴,重点围绕"一带一路"和"人类命运共同体"等伟大战略构想,丰富课堂教学内容并组织各类思政实践活动,在比较中更加深入地理解习近平新时代中国特色社会主义的先进性。

【教学目标】

1. 使学生基本掌握南亚地区现状及热点问题。

2. 结合课程特点,帮助学生掌握马克思主义世界观和方法论,从历史与现实、理论与实践等维度深刻理解习近平新时代中国特色社会主义思想。

3. 将知识传授和价值观引导有机统一,重点关注课程的"授业"和"育人"两方面的关键目标,通过中外对比,教育学生成熟地思考、客观地认知、理性地选择,引导学生在认知、情感和行为方面选择正确的方向。

【思政要素】

1. "先进性教育"。通过课程引导学生用辩证和批判的眼光看待他国现状,培育和践行社会主义核心价值观,增强对习近平新时代中国特色社会主义先进性的认同。

2. "服务伟大战略构想"。围绕"一带一路"和"人类命运共同体"等伟大战略构想,通过传统课堂教学与各类思政实践活动相结合的方式,帮助学生建立为伟大战略构想服务和奋斗的自觉性,培养出真正愿意为习近平新时代中国特色社会主义而努力奋斗的有为青年。

(四) 朝鲜半岛近现代国际关系史

【教学内容】

本课程主要分为传统秩序下的朝鲜半岛国际关系、近代朝鲜半岛国际秩序和冷战时期朝鲜半岛国际秩序三个部分,主要讨论的问题包括秩序演变、朝鲜(韩国)的外交决策、朝鲜半岛内部安全问题以及中国视角下朝鲜半岛问题的意义等。

【教学目标】

1. 课程旨在指导学生深入了解朝鲜半岛近现代国际关系史上的重大事件、重大问题和当前学界的主要研究观点。

2. 培养学生分析朝鲜半岛问题的能力,掌握基本论文研究技巧。

3. 培养学生思考问题的国际视野,从国际结构的角度思考当前的朝鲜半岛问题。

【思政要素】

1. 通过对朝鲜半岛近现代国际关系史的梳理,培养学生的历史思维及辩证的思考习惯,并通过课程讨论及课程作业,培养学生独立的思考能力以及人文精神与科学素养。

2. 培养学生思考朝鲜半岛问题的国际性视野,使学生认识到国际问题的复杂性。

3. 引导学生进行中韩近现代史的对比,认识到近代西方国家对东亚历史的介入,进而培养学生的爱国主义情怀,从中国的立场与视角思考朝鲜半岛问题。

(五) 南亚与东南亚研究

【教学内容】

本课程结合南亚与东南亚研究在国内外的发展历程研读代表性研究著作,帮助学生掌握不同学科开展南亚与东南亚研究的历史和现状,为进一步开展专题研究打下知识基础。

【教学目标】

1. 本课程通过研读代表性研究著作,帮助学生了解国内外的相关研究学术史、代表著作,并掌握开展南亚与东南亚研究常用的资料获取渠道、理论和研究方法。

2. 课程深入挖掘马克思主义学者对南亚和东南亚地区的研究与贡献,以及从古至今中国知识界对这一领域的贡献,帮助学生在坚定马克思主义学术立场的同时夯实对中国知识立场的认同,培养学生投身中国特色哲学社会科学建设的使命感。

【思政要素】

1. 课程通过结合历史背景讲解《大唐西域记》《南海寄归内法传》等经典文献,帮助学生树立具有中国主体性的学科认同,并结合文献深入学习丝绸之路精神、人类命运共同体理念的历史源头。

2. 深入研读马克思关于南亚东南亚的经典研究文献以及各国马克思主义学者围绕欧洲殖民、土地制度和不同类型的生产方式等问题的研究,树立以唯物史观深入研究南亚东南亚的学术意识。

外国语言文学学科课程思政教学设计
公共类课程

公共课程,旨在为非外语专业学生提供外国语言文学方向的专业训练,帮助他们掌握外语技巧,更多维的视角审视自己、以更多元的目光观察世界、以更辩证的目光看待问题。教学材料重点以语言素材和国内外文学作品、新闻等语料为主,使学生认识到各国语言魅力的同时,更加深刻地意识到个人所肩负的使命。

(一) 英语阅读

【教学内容】

从北京大学出版社《博雅英语》选取文本材料作为主讲内容,补充《理解当代中国》读写教程的相关材料,从词汇、语法、语篇、语境、文化等各个层面提高英语阅读理解能力。

【教学目标】

1. 使学生能够比较熟练地运用英语语音、词汇、语法及篇章结构等语言知识,较好地理解语言难度中等的书面材料,理解材料内部的逻辑关系、篇章结构和隐含意义,能够比较准确地概括文章大意,比较精确地翻译课文难句,能较好地使用学习策略。

2. 在与来自不同文化背景的人交流时,能够较好地处理与对方在文化和价值观等方面的不同,并能够根据交际需要较好地使用交际策略。

3. 使学生在批判性的英语学习中,吸收优秀的文化、观念和正确的价值观,培养跨文化的国际视野和中国情怀,树立文化自觉和文化自信。

【思政要素】

1. 文本取材范围广,既有中华传统文化经典,又有富有时代感的输入性材料,从文学、历史、哲学、文化、艺术、科技等多角度融入思政元素,引导学生通过批判性的解读与思考,树立家国情怀和社会主义核心价值观,激发作为青年一代的使命感与责任感。

2. 引导学生理解文章的时代背景、语言修辞、句法结构、写作风格和主题氛围,在汲取广博知识的同时,培养独立完善的人格和优雅的气质,对文章所体现的世界观、人生观和价值观进行发掘并尝试换位思考。

3. 通过英语阅读教学使学生获得丰富的体验:经典与时代的结合、西方文化与中华文化的互动、人文素养与科学精神的交融等。

(二) 英语散文选读

【教学内容】

以《英语散文史(附节选译)》为教材,以时代背景和文学主题为主线,选用16世纪现代英语形成以来直到20世纪的经典作家的散文作品,把语言技能和语言知识纳入具体的历史文化文本之中,集历史文化、文学史、语言风格分析和跨文化意识等内容为一体。

【教学目标】

1. 将经典散文作家放到具体的历史文化语境中考察,兼顾社会历史、时代思想和学术品位,涵盖各个时期英语散文的风格特点和变化及其历史关联和影响。

2. 以细致的语言文字、句法结构和文体修辞分析,锻炼学生的英语语言敏感性和文化思维能力。

3. 以文学批评和文学鉴赏为引介,提高学生的文化意识、文学修养和跨文化交际能力。通过启发式教学、探究式教学,促进学生自主学习和深入学习,引导学生体悟散文作品中人类共通情感和全人类共同价值,帮助学生塑造正确的世界观、人生观、价值观。

【思政要素】

1. 在教学材料的选择方面充分考虑多元性,包括小品文、随笔、书信、游记、历史叙事、政治檄文、哲学论文、文学评论、科普、小说、童话、传记等文类,灵活生动地融入思政元素。

2. 所选文章既有传达事实、表述思想和教育的功能,又有文学陶冶和审美娱乐的功能,其内容窥探大千世界,纵观社会历史,可谓包罗万象;其形式既展示英语的历史演变,又尽显语言修辞的艺术,可谓丰富多彩。学生通过比较英汉语言的差异以及中西社会历史文化的不同,增强国家与文化认同感,增进跨文化理解与沟通能力。

3. 在学生形成世界观、人生观和价值观的关键时期,通过启发学生深刻洞察散文作品蕴含的思想价值和精神内涵,培养其兼具国际视野和家国情怀的价值观念。

（三）英语语境中的中国历史与文化

【教学内容】

在历史背景下和英语语境中考察相关中国文化现象，包括远古神话、经典哲学、战略思想、古代发明、传统教育、女性与婚姻和当代中国青年等专题；既有中国历史与文化的一般性叙事，也有对中外文化交流中热门或困惑话题的深入学习和探讨。

【教学目标】

1. 通过课堂讲授、视听、讨论、主题发言等多种教学方式，加强学生对中华文明起源和沿革的深层理解，帮助学生从多元的视角来看待中国历史传统、中国文化特点、中国国民心理以及中国与世界的关系。

2. 提高学生阅读英文著作、运用英文表达思想的能力，促进学生对中外文化交流的学术兴趣和使命感。

3. 把英语学习变成中国人走向世界、弘扬中华文化的一个途径，以促进不同文化间的相互理解和对话；同时，着力提高学生用英语讲好中国故事的能力，传播中国声音。

【思政要素】

1. 帮助学生厘清中国历史的内在脉络，深刻理解文化在政治、经济、教育、社会等领域的存在和影响，坚定走中国特色社会主义道路的决心意志，自觉弘扬中国传统文化、增强民族自信与文化自信。

2. 提高学生用英语介绍传播中华文化的能力，讲好中国故事，促进中华文化与其他文化间的理解和对话，让世界了解中国、懂得中国、支持中国。

3. 帮助学生在未来的工作和社会实践中，恰当运用中国的文化软实力，促进中国的国际发展，增强中国的国家实力和影响力。

（四）科技前沿英语

【教学内容】

选取与国家和社会发展以及学生生活密切相关的前沿科技话题，包括人工智能、量子信息、集成电路、脑科学、深空深地深海、基因与生物技术、临床医学与健康等前瞻性领域，培养学生在科技相关领域进行有效阅读、写作和交流的能力，提高学生的科学素养。

【教学目标】

1. 使学生能够阅读专业领域的综述和研究论文以及科技领域的一般期刊、报告和互联网文章，具备撰写学术论文所必需的归纳综合、描述图表和分析比较等能力，并能够在专业领域做文献综述和口头学术报告。

2. 帮助学生了解相关科技领域的最新前沿进展，通过分析比较不同来源的文章并进行讨论，洞察科技对人类生活的影响，培养批判性思维能力以及科学论证和科学推理能力。

3. 引导学生通过了解我国科技发展水平在国际上的位置，树立民族自信心，激发其为国家科技进步贡献自己聪明才智的使命感。

【思政要素】

1. 课程内容和教学材料中包含对国家科技实力具有重要意义的话题，紧随科技前沿最新进展进行动态更新。

2. 在教学过程中贯穿并提升对我国科技水平的认识和思考，引导学生在了解某一领域的基本概念和原理之外，关注我国在相关科技领域的发展水平。

3. 注重培养学生的科学素养与创新精神，引导学生走出应试思维，以科技前沿突破为例，启发学生积极发现问题，探索解决方案。

4. 注重科技伦理教育，培养学生探索未知、追求真理、勇攀科学高峰的责任感和使命感以及精益求精的大国工匠精神，激发学生科技报国的家国情怀和使命担当。

（五）科技人文英语

【教学内容】

教学材料选自关于科学与科学研究的经典论述，如牛顿的《自然哲学的数学原理》、培根的《新工具论》、库恩的《科学革命的结构》以及与国家社会发展或学生生活密切相关的前沿科技领域的最新报道，如人工智能、元宇宙、机器学习、大数据以及智慧城市等。

【教学目标】

1. 本课程旨在培养学生在科技相关领域进行有效阅读、写作和交流的能力，同时提高学生在科学研究领域的人文素养。

2. 指导学生阅读科技领域的一般期刊、报告和互联网文章，培养学生的归纳综合、描述图表和分析比较等能力，使其能够在专业领域做文献综述、撰写学术论文、口头学术报告。

3. 鼓励学生了解相关科技领域的最新前沿进展，包括我国科技发展的最新动向以及中国科技发展水平在国际上的位置，帮助学生树立民族自信心，激发其科技报国的家国情怀和使命担当。同时引导学生关注科学研究中的人文性，对科技发展对人类生活的影响、科技前沿发展出现的问题等进行反思。

【思政要素】

1. 运用教学材料中涉及对科学本身的理解、科学思维的各种模式、不同科技领域对人类社会生活的影响等内容,一方面提升学生对科技的认知,另一方面引导学生关注我国在相关科技领域的发展。

2. 通过课堂报告的任务设计,要求学生展示某领域的科技前沿发展,批判性地总结优点和存在的挑战,并提出自己的思考,提升学生的科学素养与创新精神。

3. 通过听力任务和写作任务,引导学生关注我国著名科学家,讲述他们的故事,汲取榜样力量,增强探索未知、追求真理、勇攀科学高峰的责任感和使命感。

(六) 研究生写作规范

【教学内容】

本课程是外国语学院面向学院各专业硕士及博士研究生开设的论文写作指导课程,内容分为学术论文写作的总体知识、语言学研究论文写作、文学研究论文写作、历史文化研究论文写作、国别和区域研究论文写作五大模块。

【教学目标】

1. 课程结合外国语言文学一级学科人才培养需要,培养学生的学术规范意识、学术创新意识和独立开展研究及论文写作的能力。

2. 课程致力于立德树人,多层次多角度地将思政要素与课程内容教学相结合,致力于培养学生求真务实、勇于创新的学术精神;培养学生对外国语言文学学科的认同,引导学生将个人学习研究与构建中国特色哲学社会科学事业相结合;通过具体历史事件的讲解坚定学生的理想信念,帮助学生塑造正确的人生观和价值观。

【思政要素】

1. 从科学研究之于人类文明发展的意义的宏观视角出发,讲解为何学术研究需要追求创新,树立学术规范意识。

2. 讲解外国语言文学学科立足中国、借鉴国外的发展历程,提升学生对构建中国特色哲学社会科学的认识和专业认同。

3. 选取兼具学术训练和价值观塑造功能的案例。如以亚非拉国家民族独立运动为案例,在教授历史档案研究方法的同时讲解马克思主义如何与各殖民地国家的实际情况相结合。

第二篇

外国语言文学学科课程思政课程样例

外国语言文学学科课程思政课程样例
本科生课程

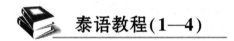泰语教程(1—4)

1. 课程总览

【课程名称】泰语教程(1—4)

【课程类型】泰语专业本科生专业核心课程

【教学对象】泰语专业一、二年级本科生

【课程学时】每学期160学时(10学时＊16周),共4学期640学时

【课程目标】

本课程是泰语专业的外语入门课程,针对泰语专业一、二年级学生,从零起点开始,培养他们综合运用泰语的语言知识和技能进行语言交际的基本能力,同时对泰国的社会、历史和文化也有初步的了解。

知识目标:通过课程学习,循序渐进地掌握泰语的正确发音、泰文字母的书写及拼读规则,再通过句型、课文和练习掌握泰语的语法与知识点,最终掌握泰语的听、说、读、写、译等基本语言技能,并通过课堂教学内容,使学生对泰国的社会、历史、文化、外交以及政治、经济现状等国情和人文知识有较广泛的了解。

能力目标:在掌握基本语言知识的基础上,通过有针对性地选取精读课文内容,辅以课后扩展阅读材料,利用每日课堂报告、组织辩论和情景表演等多种教学手段,加强师生沟通和交流,有效促进学生的听、说、读、写、译等语言能力,提高学生的综合表达能力、思辨能力和跨文化交际能力。

素质目标:培养学生形成正确的世界观、人生观和价值观,具备良好的道德品质和社会责任感,努力提高学生的人文素养和思想素养,有家国情怀和国家意识,同时兼备国际视野和跨文化的思维习惯,锻炼学生用泰语讲好中国故事、构建中国话语的能力。

2. 课程思政目标

"国之交在于民相亲,民相亲在于心相通"。外语是沟通中国与世界的桥梁,语言是思维的载体,也是文化的载体,语言表达思想内容,体现文化内涵与素养,承载价值观念和意识形态。因此,要全面、深刻地理解和认识泰国,要向泰国人民讲好中国故事、弘扬中国文化、宣传中国形象,促进中泰两国人民之间的"民心相通",共建"一带一路",构建人类命运共同体,都离不开语言的教学。

本课程是外语教学的专业核心课程,通过教学使学生熟练掌握泰语的文字书写、拼读规则、语音、词汇、语法等基础知识,为高年级的专业学习奠定基础;使学生具备运用泰语进行听、说、读、写、译的基本技能,培养跨文化交际能力;培养家国情怀、国际视野,引领学生运用所学泰语知识与技能,讲好中国故事,传播好中国声音。

在语言类型上,泰语和汉语一样都是孤立语,都缺少形态变化,词与词的语法关系主要靠词本身以外的成分,如虚词和词序等来表示,但在修饰成分语序和一些具体的表达方式上,二者差别又很明显。教学中需引导学生注意吸收借鉴汉语的语法体系和研究成果,同时把握两种语言的差异,了解泰国人的思维方式和思想意蕴,懂得欣赏语言之美和语言的多样性,并能通过语言分析其所蕴含的思想和文化,从而树立跨文化意识和国际视野。

在教学方法上,围绕立德树人的根本任务,在教学目标的制定、教学内容的选取、教学手段的创新和运用、实践教学的组织等方面,帮助学生塑造正确的三观,把思政教育导向与课程强调的语言专业知识和技能的传授有机融合。

3. 课程思政教学重点和难点

本课程作为泰语专业的基础核心课程,重点在于如何让学生们从零开始,逐渐习得一门与汉语既有共性、又有显著差异的外语,而且在不同的学习阶段,面对的问题也各不相同。在初级语音阶段,需帮助学生克服发音障碍(尤其是汉语中没有的发音),识记复杂的字母体系和多组辅音拼读规则与不规则拼读,帮助学生克服畏难情绪,建立学习泰语的信心;在入门阶段,要进行大量重复的发音和朗读练习、识记生词、背诵短文,较为枯燥,需帮助学生养成良好的外语学习习惯,激发学生学习的积极性和主动性;在进阶阶段,要引导学生充分借鉴已掌握的汉语语言知识,触类旁通、举一反三,提高泰语学习的效率,同时深刻认识到两种语言的差异,避免母语负迁移的干扰;在高阶阶段,阅读大段泰国社会、文化、历史和文学相关的泰语材料,深入了解泰国的国情,并通过有针对性的练习,比较中泰两国的文化差异,思考如何消弭相互之间的理解障碍,更有效地向泰国人民传递中国的声音,促进两国文明的交流互鉴。

本课程的思政难点在于,如何在不同的学习阶段,针对各阶段的特点,不断改进教学方式、调整教学重点,将思政元素与教学实践有效地结合在一起,采取"润物无声、潜移默化、耳濡目染"的教学方式,摒弃直接灌输、说教的方式,注重结合外语学科的专业特点,紧密联系泰国的国情,主动寻找与思政教育的结合点,坚持"八个统一",将其基本原则与价值塑造、知识传授和能力培养有机融合,坚持以学生为中心、以产出为导向,持续改进、不断提升学生的学习体验和学习效果。

4. 本课课程思政教学方法和过程

4.1 教学方法

在语音教学上,与汉语语音进行对比,对汉语中不存在的音素从语言学的角度详细讲解,对大量与汉语相似、容易出现偏差的音素和汉语中没有的声调与长短音进行理论分析和指导,并进行有针对性的练习。同时,不盲从国外教学体系,针对中国学生接受特点,调整部分语音的分类,解决中国学生学习泰语的困难和问题。

在语法教学上,同为孤立语的泰语,与汉语既有共性又有显著差异,存在许多虚词、与汉语不同的句子结构和词语搭配,利用词汇和句型精讲,组织大量练习,从理解和交际两个方面,对中泰两种语言的共性和差异进行详细说明。学生在已掌握汉语语法的基础上学习泰语,时刻在比较框架下,既可以快速进入泰语语法学习的状态,又可体会泰语的独特之处,同时也可以加深对母语汉语语法现象的理解和认识。

在内容选取上,精读课文尽量选用泰国文学和报刊文章的原文材料,但在句型练习和情景会话中则多从中国学生的视角出发,从身边的人物和情境中选取素材,通过中泰学生的对话,比较中泰两种文化的异同。在文学材料中,大量选取针砭时弊、思想积极向上的泰国左翼进步文学和现实主义文学作品,如《情真意切》《甘医生》《魔鬼》《泰国来信》等。在每课最后还附上泛读材料,多选自泰国社会、文化和历史相关的介绍性的短文与小说,一方面作为精读课堂的补充,拓展词汇量,通过大量阅读锻炼泰语的断句和语感,另一方面,更好地了解泰国的社会文化、风土人情和历史变迁,充实学生的知识结构。

4.2 教学过程

【教学安排】

本课程使用潘德鼎教授编著的教材《泰语教程》(1—4),每个学期讲授一册,全部课程共4个学期,专业全体教师(包括资深教授)均参与基础语言课程的教学。

《泰语教程》(1—4)的教学总体上分为语音阶段和会话与课文阶段。

语音阶段教学每周上2课,力争在6周内完成语音阶段教学。语音阶段(1—12课)每一课的组成包括"字母及拼读规则""学说话"(含生词)两部分,在6周时间内教会学生掌握泰语字母的发音、书写及拼读规则,包括:辅音音素32个,辅音字母42个,分为高、中、低三组;元音音素35个,元音字母37个,分为单元音、复元音和三元音;共有5个声调,并有长短音和清浊音的变化。

教材编写理念是立足中国,力求符合中国学生学习泰语的需要,解决中国学生学习泰语遇到的困难和问题,在教学法上进行了改革和创新。在教材第一课之前,先通过一节语音导论介绍语音学理论知识,辨析汉语和泰语在相近语音发音习惯上的差异。在语音教学过程中,针对中国学生接受的特点,进行强化练习,特别是将泰国教科书中的 j、w 尾音,根据实际发音情况调整成为以 i、u 收尾的复元音,更符合语音学原理和泰语语音实际,也更符合泰语教学需要,使学生从一开始就学到准确的语音。

由于泰语文字拼读规则十分繁杂,几乎要到这些规则全部学完后才能拼读出一句完整的日常用语,学生学习十分枯燥。为解决这个问题,同时也为了让学生能正确掌握语流中的语音,使语音自然、流畅、不生硬,教材采用学说话与学文字及拼读规则同时进行的方法。鉴于泰语的基本语法结构与汉语存在很多相同之处,因此此种教学方法不会给学生的学习带来太大的困难,在尚不识字的情况下,学说话还能有利于开发学生通过耳朵学习外语和训练用外语思维的习惯。

语音阶段之后余下教学周进入会话和课文阶段,之后从第二册开始逐渐进入中高阶阶段,课文材料在长度和难度上逐渐加大。课文阶段每课的结构保持一致,只是内容不断丰富、难度不断上升,平均每周上1课,每课由"句型及词的用法"(每个句型均由例句、练习和对话构成)、"对话课文""练习""生词"和"补充阅读"五部分组成。这一阶段教学开始进入语法和生词学习,学习日常用语会话、书面和口头表达。

(1)"句型及词的用法"部分。在语法学习上,中国学生学习泰语感到困难的地方主要集中于数量众多的虚词、与汉语不同的句子结构和词语搭配等几个方面。因此,在基础阶段的教学中不必过于细致系统地讲解语法,会另外专门开设"泰语语法"课程进行讲授,应把基础阶段有限的时间集中在解决学生的学习难点上。句型教学在这方面具有较大的优势。将常用虚词、与汉语不同的句子结构和词语搭配等确定为选择句型的对象,然后为每个句型编写大量例句和练习,让学生通过大量的练习体会每个句型所要表达的语义,争取让学生在要表达这种语义时能"脱口而出"。在句型教学的同时,也应注意到理解和交际两个方面,让学生在正确理解的基础上进行句型操练,在操练的同时引导学生注意所学句型在一定语境中的运用。

(2)"对话课文"部分是根据本课所学句型,结合中国学生生活日常设计的情景对话,部分对话还加入泰国学生或客人为对话者,一方面学习日常交流的用词用语,另一方面也学习如何与泰国人对话,介绍中国相关文化知识和社会情况。

(3)"生词"部分。词汇学习方面,学生感到困难的是很多虚词、虚词和实词中同义词、近义词的辨析以及一些与汉语相似又有区别的虚词。在词汇精讲时,注重构词法、词汇分类和搭配记忆的练习,帮助学生寻找适合自己的单词记忆方法,通过每天的听写,反复巩固词汇的学习和积累。

(4)"补充阅读"相当于泛读材料,精读课文重点在具体语法知识点的掌握和习得,补充阅读则选取泰国社会文化和国情类的材料,多为泰国经典的科普型和学生社会教育性质的小说,中高阶阶段则节选著名的现实主义小说,篇幅要比课文长出许多,但不附生词表,锻炼学生查阅生词、主动学习的能力,扩充词汇量,提高阅读速度,同时让学生了解泰国的社会文化,对泰国有更深的认识。

具体进度安排,以《泰语教程》(3)为例:

《泰语教程》(3)主要内容

章节/周主题	知识点	思政元素(结合专业知识解读)	所属思政维度
第1课:笑话三则	1.生词与短语 2.句型及词的用法:1)....ถึง....; 2) ชักจะ;3) แน่ 3.课文:泰国幽默笑话三则 4.补充阅读:泰国儿童文学《玛纳与玛尼》节选	理解泰式笑话与幽默,尤其是口语化表达,利用谐音和一词多义现象引发误解的笑料。 一些笑话在中国有同类型故事,借此理解人类文化有共通之处,但在表达方式上色彩纷呈。	文化互鉴
第2课:巨大的财富	1.生词与短语 2.句型及词的用法:1) เสมอ; 2) ถ้า....ก็(จะ); 3) ทำไม; 4) ....ไงล่ะ; 5) ให้....แก่....; 6) ....ด้วย.... 3.课文:巨大的财富 4.补充阅读:泰国儿童文学《玛纳与玛尼》节选	课文通过一位老者训谕一位懒惰青年,指明勤奋方是人最大的财富,妄想不劳而获,最后只会一事无成。	价值观培养
第3课:泰国的资源	1.生词与短语 2.句型及词的用法:1)....เป็น....ที่ 2) ส่ง....ไปขาย;3)....หลาย....; 4) มีประโยชน์ต่อ 3.课文:泰国的资源 4.补充阅读:泰国儿童文学《玛纳与玛尼》节选	介绍泰国国情知识,重点介绍泰国丰富的自然资源,补充介绍这些自然资源与泰国社会和经济发展之间的关系,让学生思考泰国的这些自然禀赋对中国在泰国推进"一带一路"倡议有何助益。	国情介绍,中泰关系

(续表)

章节/周主题	知识点	思政元素(结合专业知识解读)	所属思政维度
第4课：受惊的兔子	1. 生词与短语 2. 句型及词的用法：1) สำคัญว่า....; 2) ยังไม่ทัน....ก็....;3) ....อย่าง....; 4) ส่วน....;5) คง....(เป็น)แน่ 3. 课文：受惊的兔子(寓言) 4. 补充阅读：泰国儿童文学《玛纳与玛尼》节选	寓言故事，一只受到惊吓的兔子散布"天塌了"的传言，造成森林中动物的恐慌和伤亡。 通过这则寓言，结合时事，教育学生"谣言止于智者"，面对网络传言要有定力和判断力，不信谣、不传谣。	价值观培养
第5课：阿凡提的故事	1. 生词与短语 2. 句型及词的用法：1) วาน....; 2) ขอ....;3) ....สัก....; 4) เพียง....เท่านั้น;5) ไม่ยัก.... 3. 课文：纳斯鲁丁·阿凡提的故事四则 4. 补充阅读：伊索故事五则	阿凡提的故事是流传在包括我国新疆地区在内的穆斯林地区的机智人物故事，在泰南穆斯林地区也有流传。在各地流传的阿凡提故事既有相同源流，在具体呈现上又各具特色，这些故事见证了文学的传播与文明的互鉴。	文化互鉴
第6课：猴子与鳄鱼	1. 生词与短语 2. 句型及词的用法：1) ....เป็น....; 2) ....ก็แล้วกัน;3) ไหน ๆ ก็.... 3. 课文：猴子与鳄鱼(寓言故事) 4. 补充阅读：泰国民间故事选(二则)	"猴子与鳄鱼"是在世界范围广泛流传的民间故事，也是《五卷书》《佛本生》等古印度故事集中的代表性故事，通过汉译佛经也进入中国。这个故事同样体现了文学的传播与文明的互鉴，也展现了东方的智慧。	文化互鉴
第7课：存起来，不拮据	1. 生词与短语 2. 句型及词的用法： 1) ....ทีซิ(ทีเถอะ);2) ....ใน....; 3) ....พลาง....;4) ....มานานแล้ว; 5) ....ก็ตาม 3. 课文：存起来，不拮据(小品文) 4. 补充阅读：泰国幽默故事四则	课文主旨教育人们要勤俭节约，不铺张浪费。结合生活中的光盘行动和变废为宝，培养学生树立节俭和物尽其用、不虚荣攀比的意识。	价值观培养

(续表)

章节/周主题	知识点	思政元素(结合专业知识解读)	所属思政维度
第8课:东郭先生与狼(一)	1. 生词与短语 2. 句型及词的用法:1)....ทีละ....; 2)泰语中各种"请"的用法:เชิญ ขอ(ให้) กรุณา โปรด 3. 课文:东郭先生与狼的故事(前半部) 4. 补充阅读:泰国幽默故事四则	《东郭先生与狼》是中国古代著名的寓言故事,蕴含中国古人的思想和智慧。如何用泰语讲好中国故事,一要准确传递思想,二要尽量还原中文的文化语境,三要考虑泰国受众,让他们易于理解和接受。通过文本细读,结合中泰文化比较,分析泰文文本是如何表现中国的传统文化的,又是如何运用"归化"的翻译策略,如使用泰国人熟悉的人称代词体系、敬语体系、虚词以及对中国成语的泰式意译等,也促使学生思考跨文化传播中的难点。	文化互鉴与价值观培养
第9课:东郭先生与狼(二)	1. 生词与短语 2. 句型及词的用法: 1)....ได้....ก็....;2)......กลับ....; 3)....เสีย....;4)....ทั้งนั้น 3. 课文:东郭先生与狼的故事(后半部) 4. 补充阅读:泰国幽默故事五则		
第10课:锅生儿	1. 生词与短语 2. 句型及词的用法:1)ที่....นั้น ก็เพราะ....นั่นเอง;2)....ได้ยังไง; 3)ก็....อยู่นั่นเอง;4)คอย.... 3. 课文:锅生儿的故事(选自阿凡提的故事) 4. 补充阅读:亚洲民间故事选	课文同样选自阿凡提的故事,但相比第5课,故事较长,描写更细,对话更多。"锅生儿"也是民间文学中重要的故事类型,在亚洲机智人物故事中经常出现,这也是一篇文学传播与文化互鉴的经典文本。	文化互鉴
第11课:写给老师的信	1. 生词与短语 2. 句型及词的用法: 1)หวังว่า....คง(จะ)....นะ; 2)ไม่แพ้....;3)ขอให้.... 3. 课文:一封写给老师的信(学习泰国信件格式) 4. 补充阅读:亚洲民间故事选	本课重点介绍泰国严格的书信规范,泰国特有的书信格式和抬头要求、书信专门用语、不同情况下使用的人称体系等,并补充泰国公务信函和商业信函的标准格式与用语。学生需要透过泰国人对书信的一系列规范要求,了解与中国的文化差异,认识其背后的泰国社会文化意蕴,提高运用泰语的能力、跨文化能力和思辨能力。	跨文化比较视野

(续表)

章节/ 周主题	知识点	思政元素(结合专业 知识解读)	所属 思政维度
第12课:学问知识	1. 生词与短语 2. 句型及词的用法: 1) ไม่ว่าจะ....(ก็)....(ทั้งนั้น); 2) (จะ)....ก็ตาม....;3) แม้....ก็.... 3. 课文:学问知识(泰国散文) 4. 补充阅读:剧本《可怜的父亲》节选一	这是一篇短小精悍的散文,讨论何为真正的学问知识,除了书本知识,还要通过实践得真知,此外还要不断学习,更新知识,切勿眼高手低、自大狂妄。 引导学生寻找中国文化中如何表达类似观念,如"纸上得来终觉浅,绝知此行要躬行""知行合一"等,并比较二者在表达方式和强调重点上的异同,思考造成差异背后的文化原因。	价值观培养,跨文化比较
第13课:我来晚了,老师	1. 生词与短语 2. 句型及词的用法: 1) เป็นส่วนมาก;2) ....เท่านั้น ที่.... 3. 课文:"我来晚了,老师"(小说节选) 4. 补充阅读:剧本《可怜的父亲》节选二	课文是一篇现实主义的超短篇小说,描写了泰国偏远乡村学校生活,既刻画了当地村民贫困的生活,同时也展现了他们对知识的渴求和坚韧的生活态度。	价值观培养
第14课:动物座谈会	1. 生词与短语 2. 课文:动物座谈会(讽刺故事) 3. 补充阅读:剧本《可怜的父亲》节选三(完)	这是一篇讽刺小品文,动物们齐聚一堂,抗议人类将其价值观念和刻板偏见强加于自己身上,并编成泰式的熟语和比喻散布,如称"像猴子一般调皮""笨得像牛""癞皮狗"等。一方面要求学生熟悉并学会使用这些泰国人常用的熟语和比喻,另一方面也要引导学生反思这种将自己主观感受强加于人的做法,可能会冒犯他人,让人不快,我们需要有同理之心。	价值观培养

4.3 评价体系

课程的评价体系需以学生为中心,坚持立德树人的原则,突出素质培养的要求,建立起教师和学生两级评价体系。

教师需对教学资源进行评估,教师之间互相听课,实现教学资源共享和互评交流,相互学习,及时总结教学经验与教训,促进教学法的改进。

加强对学生的教学管理,重视学生的课程评估,规范教学过程、教学内容、作业布置、课堂互动、考试测评等方面,有机融入思政元素。坚持设立教师的"Office Hour"制度,通过定期答疑、纠音和思想交流,及时聆听学生反馈,对于学生在学习过程中的知识习得、情感培养、价值观塑造等进行评价,不断动态调整。

5. 参考书目

1. 潘德鼎:《泰语教程(修订本)》(第1—4册),北京:北京大学出版社,2011年。
2. 裴晓睿、薄文泽:《泰语语法(第2版)》,北京:北京大学出版社,2022年。

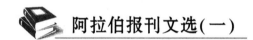
阿拉伯报刊文选(一)

1. 课程总览

【课程名称】阿拉伯报刊文选(一)

【课程类型】专业选修课

【教学对象】本科三年级学生

【课程学时】32学时(2学时*16周)

【课程目标】

本课程为阿拉伯语专业的选修课。本课程主要通过大量的报刊选读,使学生了解阿拉伯国家主要报刊、主要通讯社,了解世界各国及其首都、主要城市及政府机构、政府首脑的阿文名称;选读阿拉伯语报刊中的新闻、广告、新闻述评、体育消息及政治、经济、社会、文化等专栏文章,掌握新闻、报刊文章的常用术语、常用词汇及不同写作风格,使学生能读懂一般的阿拉伯语报刊文章,并通过所学内容引导学生理解我国的对外政策(特别是对阿拉伯国家的外交政策),建立起中华文化自信,树立正确的人生观、世界观和价值观。配合阿拉伯语专业的其他课程,本课程力图培养精通阿拉伯语,又了解中东文化的复合型高端人才,既能胜任翻译的工作,还能从事各种与外交、外事、外贸、国际传播等相关领域的工作。

2. 课程思政目标

高等教育的根本任务是立德树人。作为高校教师,不仅要教给学生知识,教会学生如何思考,同时还要帮助学生学会正确看待世界的观点,因此在课程教学的过程中对学生进行思想的引导就显得尤为重要。阿拉伯报刊文选课主要是通过对各种报刊文章进行阅读来提高学生的理解能力、分析能力,同时由于报刊所承载的内容涵盖政治、经济、社会、文化等各个方面,于是在选材方面就具有了很大的空间,可以有意识地多选取具有思政因素的阅读素材,适当选取阿拉伯报刊中的涉华报道,人民网、中国网、新华社等媒体呈现中国立场的阿拉伯文文章,并在阅读、讲解的过程中对学生进行引导,帮助学生树立正确的世界观、人生观和价值观。

3. 课程思政教学重点和难点

阿拉伯报刊文选课程作为一门外语课程,与文史哲和政经管等普通的文科课程有很大的不同。因此本课程在课程思政上也同样要有所侧重,针对课程的特点更多地从国际视野和家国情怀等思政元素上入手,从教材的选材上就要考虑思政因素,在充分考虑课程体系的基础上,多选取与中国有关的新闻报道,以便于对学生进行思政的引导。

课程思政教学重点包括:第一,帮助学生理解中国特色话语体系,坚定学生的"四个自信"。第二,向学生介绍中国与阿拉伯国家在政治、经济、社会、文化领域交往的历史与现实,提供体现中国立场、中国文化、中国理论和中国实践的语言材料。第三,培养学生用中国理论解读中国实践、向阿拉伯世界讲好中国故事的责任感、使命感和能力。

课程思政教学难点包括:第一,帮助学生理解习近平新时代中国特色大国外交丰富而深刻的内涵,包括:始终不渝走和平发展道路,促进"一带一路"国际合作,推动建设相互尊重、公平正义、合作共赢的新型国际关系,积极参与引领全球治理体系改革和建设,建设持久和平、普遍安全、共同繁荣、开放包容、清洁美丽的世界。第二,帮助学生准确把握中国政府在中东地区热点问题上的立场。第三,在教学中兼顾学生语言输入(阅读)和语言输出(口语、写作、翻译)的能力培养,进而提升学生讲好中国故事、传播好中国声音的能力。

4. 本课课程思政教学方法和过程

4.1 教学方法

(1)讲解重点词汇、生词和表达

(2)讲解事件发生的背景

(3)概括段落或篇章中心思想(或请学生概括)

(4)引导学生准确理解重点、重要思想

(5)学生朗读

(6)学生现场翻译段落或句子

(7)师生互动、学生互动(小组讨论)

4.2 教学过程

【教学安排】

章节/周主题	知识点	思政元素(结合专业知识解读)	所属思政维度
第1讲 习近平与大国外交	1. 习近平在中非抗疫合作峰会上的讲话 2. 习近平在中阿合作论坛上的讲话 3. 习近平外交思想实践与研究 4. 习近平致信世界卫生组织,鼓励国际社会帮助医疗卫生系统较弱的国家	习近平总书记在国际峰会上的讲话体现了他的外交思想,阐明了中国的外交政策,加强了中外友好关系。	政治认同
第2讲 中美关系	1. 特朗普对中国的攻击 2. 中美关系40年后的新视野 3. 特朗普与拜登针对中国的立场 4. 中美关系的历史根源与不明前景	正确认识百年变局下的中美关系,既要认识到美国对我国态度的变化,又要认识到中美关系的重要性;既要认识到我们在一些关键技术上的不足,又要保持对中国文化的自信。	政治认同 家国情怀 全球视野
第3讲 中阿关系	1. 中国在中东的作用(中国驻巴勒斯坦大使郭伟在研讨会上的致辞) 2. 中国阿拉伯关系	中阿关系体现了中国政府和平共处、互利共赢的外交原则,也体现了习近平外交思想在中国对外交往中的实践。	政治认同 家国情怀 全球视野
第4讲 巴勒斯坦问题	1. 巴勒斯坦问题的重要性及其历史渊源 2. 中国对巴勒斯坦问题的立场	中国对巴勒斯坦的立场,其重点是支持巴勒斯坦人民的正义事业,坚持以联合国决议为依据,支持两国方案,主张和平、公正、永久地解决巴勒斯坦问题,这些原则体现了中国政府的公正道义和对国际法的遵守与尊重。	家国情怀 全球视野 法治意识

(续表)

章节/周主题	知识点	思政元素（结合专业知识解读）	所属思政维度
第5讲 阿拉伯之春	1. 阿拉伯之春的结果 2. 中国政府对阿拉伯之春的立场	中国官方在阿拉伯之春问题上，回避"革命"的说法，倾向于"动荡"的判断，在外交政策上尊重阿拉伯人民的选择。	全球视野 家国情怀 （政治意识）
第6讲 叙利亚危机	1. 叙利亚危机的重大事件 2. 国际社会对待叙利亚危机的现实主义态度 3. 叙利亚重建 4. 中国对叙利亚危机的态度	中国政府反对外来势力对叙利亚内政的干预，在道义上支持叙利亚人民和政府，同情叙利亚难民，积极参与叙利亚的战后重建，体现了中国作为大国的担当。	全球视野 家国情怀 法治意识
第7讲 阿拉伯经济	1. 阿拉伯经济状况与数字经济转型 2. 中阿贸易发展成就 3. 中阿经济交流与合作	中国与阿拉伯国家贸易额持续增长，中国对阿拉伯国家石油和天然气的进口促进了中阿友好关系，也促进了文化的交流与合作。	国际视野 家国情怀
第8讲 中美贸易战	1. 美国特别是特朗普政府挑起对中国的贸易战。 2. 美国对华为、抖音、微信等的限制和惩罚	美国挑起贸易战，对中国进行科技封锁，体现了美国的霸凌行径。同时中国政府理性应对美国的挑战和打压，不惹事但也不怕事，展现了大国的自信。	家国情怀 国际视野
第9讲 经济全球化与中阿经贸关系	1. 经济全球化 2. "一带一路"与再全球化 3. 中阿经贸关系	中国政府认识到在加大对外开放的过程中中国经济得到了长足的发展，"一带一路"的建设有助于经济的再全球化。	家国情怀 国际视野
第10讲 阿拉伯文化遗产	阿拉伯文化遗产及人们对待文化遗产的态度	它山之石可以攻玉，阿拉伯各国对文化遗产的重视，值得我们借鉴。	文化素养 家国情怀 国际视野
第11讲 文化复兴运动	从近代开始阿拉伯文化复兴运动，方兴未艾，在新的时代也焕发新的光辉	借鉴阿拉伯文化复兴运动的经验与教训，开展文明互鉴，振兴中华文化。	文化素养 家国情怀 国际视野

(续表)

章节/周主题	知识点	思政元素(结合专业知识解读)	所属思政维度
第12讲 中阿文化交流	1. 中阿文化交流历史源远流长 2. 中国电影参与阿拉伯国际电影节取得好成绩 3. 中国艺术家参与埃及国际艺术展览 4. 阿拉伯国家的汉语教学	加强中阿文化交流既有助于我们学习世界优秀的文化,也有助于我们展现中国文化的自信。	文化素养 家国情怀 国际视野
第13讲 文学奖项与动态信息	1. 阿拉伯文学重要奖项与获奖作品的关注 2. 文坛动态	阿拉伯资本推动文学发展的经验值得借鉴,丰富人民的精神生活也是新时代的重要内涵。	文化素养 国际视野

【教学思维导图】

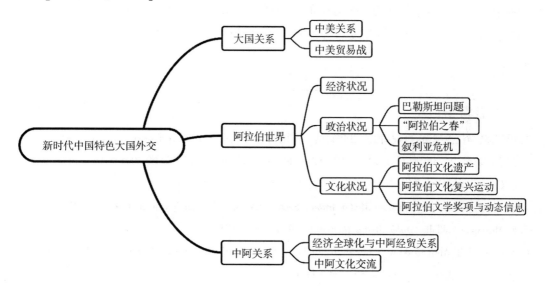

4.3 评价体系

4.3.1 课程思政教学目标

贯彻落实阿拉伯语语言文学专业课程思政教学目标,遵循外语类教育教学规律,注重本专业课程与思想政治理论课同频共振。

4.3.2 课程思政教学内容

根据课程教学大纲,紧扣外国语言文学类专业课程思政教学重点,有效挖掘思政元素,将专业课程与思政元素有机融合,将专业知识传授、解决问题能力培养与思想政治教育紧密结合。

4.3.3 课程思政教学设计

结合上述目标与内容,开展系统化的课程思政教学设计。包括明确课程思政目标、提炼思政元素、融合思政元素与课程内容,创新教学方法和评价机制,提高课程思政教学效果。

4.3.4 课程思政教学评价

以阿拉伯语语言文学专业课程思政目标为导向,以课程思政评价指标体系为依据,运用教师自评、学生评价、同行评价、督导专家评价等多种方式,以评促教,以评促学,全面评价课程思政教学效果。

4.3.5 课程思政教学资源

整合各类优质专业教育教学资源,支撑本专业课程思政目标的实现;优先选用马工程重点教材、《理解当代中国》多语种系列教材或其他适合开展课程思政的教材。邀请知名专家,利用课堂时间举办北京大学阿语系课程集群思政进课堂系列讲座,内容包括:《〈习近平谈治国理政〉的阿拉伯文翻译》《谈翻译的素养——以中央文献的阿拉伯文翻译为例》《外交部新闻发布会的阿拉伯语翻译》《中国与阿拉伯国家关系回顾与展望》等。

5. 参考书目

1. 侯宇翔、李仁龙编著:《阿拉伯语报刊阅读与实用句型》,北京:旅游教育出版社,2015年。
2. 张志祥主编:《汉语阿拉伯语政治外交词典》,北京:外语教学与研究出版社,2005年。
3. 《汉阿时事词典》编译组:《汉阿时事词典》,北京:外文出版社,2000年。
4. El Mustapha Lahlali. *Advanced Media Arabic*, Second Edition, Edinburgh University Press, 2017.
5. El Mustapha Lahlali. *Arabic Media Dictionary*, Routledge, 2019.
6. Nariman Naili Al-Warraki & Nadia Harb. *Building Arabic Vocabulary through Reading for Advanced Students of MSA*, The American University in Cairo Press, 2013.
7. Elisabeth Kendall, *Media Arabic*, Second Edition, Edinburgh University Press, 2012.

美国短篇小说与电影

1. 课程总览

【**课程名称**】美国短篇小说与电影

【**课程类型**】大学英语 B 模块课程;文学类跨文化交际课程

【**教学对象**】非英语专业本科学生

【**课程学时**】32 学时(2 学时 * 16 周)

【**教学资源**】《美国短篇小说与电影》(马乃强编,北京大学出版社,2016 年);教学课件、电影视频、推荐阅读等在线资源详见北大教学网。

【**课程目标**】

本课程结合短篇小说与电影两种文本,通过文学作品阅读和多媒体视听双重形式进行大学英语教学。课程以美国文学简史为基本结构框架,以时代背景和故事主题为主线,选取知名作家的经典短篇小说,辅以根据短篇小说改编的电影视频,跨越美国文学最为辉煌灿烂的 19 世纪和 20 世纪,涵盖浪漫主义、现实主义、自然主义、现代主义和战后等各个文学时代,兼顾社会历史、时代思想和学术品位,以细致的语言文字、句法结构和文体修辞分析,锻炼学生的英语语言敏感性和文化思维能力;以文学批评和影视鉴赏为引介,提高学生的文化意识、文学修养和跨文化交际能力。

2. 课程思政目标

本课程作为文学类的跨文化交际英语课程,主要通过跨文化教育落实思政教学目标,培养学生的跨文化意识,提高学生社会语言能力和跨文化交际能力,增进学生对不同文化的理解,提升学生的综合人文素养。具体而言,课程通过文学作品揭示人类共通情感和全人类共同价值,如对和平、发展、公平、正义、民主、自由以及真善美的追求,启发学生洞察文学作品蕴含的思想价值和精神内涵,用马克思主义世界观和方法论评析外国文学作品,开展跨文化比较,坚定文化自信。

本课程在教学目标中明确立德树人的教育方向,在教学内容中梳理、挖掘、添加可直接或间接运用于思政教学的核心故事情节,将社会主义核心价值观有机地融入课程口语、阅读和写作任务,引导学生进行多维度自我反思,更加清醒地认识自我;在教学中坚持以学生为中心、以产出为导向,持续改进、不断提升学生的学习体验与学习效果;将价值塑造、知识传授和能力培养三者融为一体,寓价值观引导于知识传授和能力培养之中,帮助学生塑造正确的世界观、人生观、价值观。

3. 课程思政教学重点和难点

本课程选课学生是本科生，正处于世界观、人生观和价值观形成的关键时期，因此课程思政教学重点是帮助学生成长成人，厚植家国情怀，拓展国际视野。学生来自北大各个院系各个年级，学科多元、兴趣多元，本课程在教学材料的选择方面充分考虑非英语专业本科学生的特点，满足学生多样化与个性化的学习需求。课程依托7部美国文学史上的经典短篇小说及其改编电影，以时代背景和故事主题为导引，以"成长"为关键词，重点突出"成长"话题，涵盖青少年长大成人的诸多方面，揭示人类共通情感和全人类共同价值。

本课程通过教学启发学生洞察文学作品蕴含的思想价值和精神内涵，围绕政治认同、家国情怀、文化素养、法治意识、道德修养等重点内容，探讨青少年成长过程中必经的世界观、人生观和价值观形成，并引入爱国、敬业、诚信、友善、公正、法治等社会主义核心价值观进行比对，从而帮助学生提高道德品质、人文素质、科学精神和思辨能力。

4. 课程思政教学方法和过程

4.1 教学方法

本课程以"知晓英语文化，讲好中国故事，培养国际视野"为主线，主动融入北京大学课程思政教学体系，挖掘小说与电影故事中蕴含的思政教育元素，重视教学过程中的言传身教和价值观念引导。本课程采用课堂讲授与课堂讨论相结合的教学方式，学生课下阅读小说原文并观看电影，教师课上讲授提问并组织即时讨论，打破教师"一言堂"的授课方式，实施以学生为主体、以教师为主导的课堂教学模式，逐步实现课堂教学与网络教学相结合的混合式教学，从而提升教学效果。课堂讲授与课堂讨论大致各占50%。

(1)课前：要求学生阅读短篇小说原文，观看根据短篇小说改编的原版电影，知晓把握故事的基本情节(时间、地点、人物；起因、经过、结果)，探索小说与电影中蕴含的诸多思政要素，对故事中主要人物的世界观、人生观和价值观进行初步发掘并尝试换位思考，从而准备课堂讨论。

(2)课中：以学生为中心组织丰富的课堂活动，教师在教学过程中时刻注意言传身教和价值导向。课堂教学活动以短篇小说评述为重心，辅以相关电影分析，将小说与电影两种文本进行比较，开展师生问答、小组讨论、代表发言、课堂报告等多种教学活动。课程教学充分利用教学网、网盘云盘、微信群等多媒体教学平台和资源，打破课堂教学时限性，拓展师生课内外互动空间，使课程思政教学得以贯穿始终。

（3）课后：学生需在书面作业中分析故事人物性格与经历，回答拓展问题；在传达事实、表述思想、文学陶冶和审美娱乐之外，引导同学进行换位思考，进一步探讨小说与电影中人物经历对当代青少年的教育意义，从而寓价值观引导于知识传授和能力培养之中。

4.2 教学过程

本课程教学过程包括文学背景知识介绍、作家作品介绍、短篇小说分析与评论、课后问题讨论和问答、电影改编与赏析等。课程借助现代信息技术和多媒体教学手段，致力于提高学生听说读写多方面的英语综合水平，引导学生体悟文学作品中人类共通情感和全人类共同价值，实现英语教学工具性与人文性的有机结合。课程采用启发式教学、探究式教学，把英语语言技能和知识纳入具体的文化影音文本之中，以教师为主导，以学生为主体，促进学生自主学习与深入学习，有效提升大学英语课程的教学质量和育人效果。

本课程以小说和电影精读内化为基础，引导学生亲身体验故事中人物所处环境，探索小说与电影中蕴含的诸多现实要素，启发学生洞察故事中蕴含的思想价值和精神内涵并进行换位思考；要求学生就核心故事情节进行场景模拟甚至实景拍摄，运用所学电影术语再现核心情节故事场景，以身临其境的方式置身故事背景之中，体验沉浸式学习；在同故事主要人物换位思考中完成课堂报告展示，积极准备课堂讨论与分享，在潜移默化中形成正确的世界观、人生观、价值观。

本课程对所讲授的7部短篇小说/电影课程的思政要素与核心情节进行挖掘与梳理，两周为一个教学单元，单周重点讲述小说，双周重点讲述电影，将思政元素有机融入具体的教学方案，具体分布如下：

（1）薇拉·凯瑟（Willa Cather）的《少年保罗》（"Paul's Case"）：艺术少年保罗（Paul）因行为不端受老师谴责，被学校开除，不得已去父亲介绍的公司工作；面对阶层的固化和资本的重压，保罗不满足于自身中产阶级家庭出身，利用偷来的金钱奔赴纽约，实现梦寐以求的上流社会生活；但东窗事发之后保罗并未浪子回头，反而选择卧轨自杀来结束短暂而迷惘的一生。

教育学生要以保罗为鉴，抱有美好的梦想，拒绝不切实际的幻想，热爱生活，追求艺术，尊重生命，树立正确的金钱观。

Key Plot: The sound of an approaching train awoke him, and he started to his feet, remembering only his resolution, and afraid lest he should be too late. He stood watching the approaching locomotive, his teeth chattering, his lips drawn away from them in a frightened smile; once or twice he glanced nervously sidewise, as though he were being watched. When the right moment came, he jumped. As he fell, the folly of his haste occurred to him with merciless clearness, the vastness of what he had left undone. There flashed through his brain, clearer than ever before, the blue of Adriati)c water, the yellow of Algerian sands. (P. 77)

(2) 弗·斯科特·菲茨杰拉德(F. Scott Fitzgerald)的《伯尼丝剪头发》("Bernice Bobs Her Hair"):贵族小姐伯尼丝(Bernice)应邀来姨妈家里做客小住,她漂亮但沉闷,不受男孩子青睐,无奈求助于表姐玛乔丽(Marjorie)。在社交达人玛乔丽指教下,伯尼丝的社交魅力突飞猛进,甚至撬走了表姐的仰慕者沃伦(Warren)。玛乔丽迫使伯尼丝剪成短发作为报复,伯尼丝则亲自操起剪刀,趁着夜色剪断了表姐的长发后扬长而去。

以伯尼丝为例,引导学生欣赏她身上的优雅和美德,但需要理性地看待青年男女的交往,避免互相嫉妒与报复,树立正确的恋爱观。

Key Plot: She went stealthily to the bureau, picked up an article that lay there, and turning out all the lights stood quietly until her eyes became accustomed to the darkness. Softly she pushed open the door to Marjorie's room. She heard the quiet, even breathing of an untroubled conscience asleep.

She was by the bedside now, very deliberate and calm. She acted swiftly. Bending over she found one of the braids of Marjorie's hair, followed it up with her hand to the point nearest the head, and then holding it a little slack so that the sleeper would feel no pull, she reached down with the shears and severed it. With the pigtail in her hand she held her breath. Marjorie had muttered something in her sleep. Bernice deftly amputated the other braid, paused for an instant, and then flitted swiftly and silently back to her own room. (P. 106)

(3) 舍伍德·安德森(Sherwood Anderson)的《我是傻子》("I'm a Fool"):年轻而贫穷的安迪(Andy)是位驯马师,在赛马场遇到前来观看赛马的富家女露西(Lucy)。不想错过接近女神的机会却耻于自己的出身,安迪撒谎说来自大富之家。谎言一个接着一个,露西喜欢上了安迪,却因他的谎言而无法继续交往;多年以后,安迪讲述当年的往事,悔恨无比。

以安迪为鉴,教育学生人穷但不应志短,爱情可以跨越阶层,青年男女之间的交往首要在于诚信,撒谎可以瞒一时,但后悔却会是一世。

Key Plot: First of all I went downtown and walked about with the dudes. I've always thought to myself, "put up a good front" and so I did it. I had forty dollars in my pocket and so I went into the West House, a big hotel, and walked up to the cigar stand. "Give me three twenty-five cent cigars," I said. There was a lot of horsemen and strangers and dressed-up people from other towns standing around in the lobby and in the bar, and I mingled amongst them. In the bar there was a fellow with a cane and a Windsor tie on, that it made me sick to look at him. I like a man to be a man and dress up, but not to go put on that kind of airs. So I pushed him aside, kind of rough, and had me a drink of whisky. And then he looked at me, as though he thought maybe he'd get gay, but he changed his mind and didn't say anything. And then I had another drink of whisky, just to show him something, and went out and had a hack out to the races, all to myself, and when I got there I bought myself the best seat I could get up in the grandstand, but didn't go in for any of these boxes. That's putting on too many airs. (P. 118 – 119)

(4)欧内斯特·海明威(Ernest Hemingway)的《士兵之家》("Soldier's Home"):战争结束以后,饱受创伤的哈罗德(Harold)从战场回到家中,却发现无法适应当地的生活。残酷的战争让哈罗德失去了爱情、信仰、理想、雄心、方向与希望,成为迷惘的一代。面对父母的期望和同辈的压力,哈罗德无奈选择离开家乡去往新的城市,期待开辟新的生活。

以哈罗德为例,教育学生面对期望和压力不要逃避而是勇敢地去面对;同时,也要给予周围经受心理创伤的家人和朋友以足够的关爱,帮助他们早日走出困境,实现心中的抱负。

Key Plot: Nothing was changed in the town except that the young girls had grown up. But they lived in such a complicated world of already defined alliances and shifting feuds that Krebs did not feel the energy or the courage to break into it. He liked to look at them, though. There were so many good-looking young girls. Most of them had their hair cut short. When he went away only little girls wore their hair like that or girls that were fast. They all wore sweaters and shirt waists with round Dutch collars. It was a pattern. He liked to look at them from the front porch as they walked on the other side of the street. He liked to watch them walking under the shade of the trees. He liked the round Dutch collars above their sweaters. He liked their silk stockings and flat shoes. He liked their bobbed hair and the way they walked. (P. 155)

(5)詹姆斯·瑟伯(James Thurber)的《世上最伟大的人》("The Greatest Man in the World"):飞行员杰克(Jacky)出身底层,一身痞气、满嘴脏话,却独自完成驾驶飞机环绕地球一周的壮举,成为当时世上最伟大的人,民族和国家的英雄。英雄凯旋,杰克本应享受鲜花和掌声,但他却傲慢狂妄。面对一众高官,他满嘴叫嚣的都是派对、姑娘和票子。政府当局自然容不下如此另类的民族英雄,等待他的只有因"故"身亡。

以杰克为鉴,教育学生伟大的事迹与健全的人格不可或缺;无论哪个行业,爱国主义教育都应当先行。

Key Plot: Smurch stood up and walked over to an open window, where he stood staring down into the street, nine floors below. The faint shouting of newsboys floated up to him. He made out his name. "Hot dog!" he cried, grinning, ecstatic. He leaned out over the sill. "You tell 'em, babies!" he shouted down. "Hot diggity dog!" In the tense little knot of men standing behind him, a quick, mad impulse flared up. An unspoken word of appeal, of command, seemed to ring through the room. Yet it was deadly silent. Charles K. L. Brand, secretary to the Mayor of New York City, happened to be standing nearest Smurch; he looked inquiringly at the President of the United States. The President, pale, grim, nodded shortly. Brand, a tall, powerfully built man, once a tackle at Rutgers, stepped forward, seized the greatest man in the world by his left shoulder and the seat of his pants, and pushed him out the window. (P. 188-189)

(6)威廉·福克纳(William Faulkner)的《烧马棚》("Barn Burning"):少年萨尔蒂(Sarty)来自南方白人佃农家庭,父亲阿伯纳(Abner)脾气暴躁,习惯用烧马棚的方式解决同雇主的冲突与矛盾。萨尔蒂在忠实于家族血统和坚持公平正义的抉择中痛苦挣扎。当父亲又一次不顾劝阻执意要去烧毁雇主少校家的马棚,萨尔蒂遵从内心的选择跑到少校家去报信。因背叛父亲,萨尔蒂无家可归,只能孤身一人去寻找新的生活。

以萨尔蒂为例,教育学生要在家庭观念、血缘关系和仁义、公道、正派等处世之规的冲突中作出正确的道德抉择,完成少年从懵懂走向成熟的心路历程。

Key Plot: His father had not spoken again. He did not speak again. He did not even look at her. He just stood stiff in the center of the rug, in his hat, the shaggy iron-gray brows twitching slightly above the pebble-colored eyes as he appeared to examine the house with brief deliberation. Then with the same deliberation he turned; the boy watched him pivot on the good leg and saw the stiff foot drag round the arc of the turning, leaving a final long and fading smear. His father never looked at it, he never once looked down at the rug. The Negro held the door. It closed behind them, upon the hysteric and indistinguishable woman-wail. His father stopped at the top of

the steps and scraped his boot clean on the edge of it. At the gate he stopped again. He stood for a moment, planted stiffly on the stiff foot, looking back at the house. "Pretty and white, ain't it?" he said. "That's sweat. Nigger sweat. Maybe it ain't white enough yet to suit him. Maybe he wants to mix some white sweat with it."
(P. 204)

(7) 理查德·赖特(Richard Wright)的《即将成人》("Almos' a Man"):黑人少年戴夫(Dave)即将成年,仍被父母和长者看作孩子。为证明自己已经长大成人,戴夫买了一把枪,却阴差阳错失手打死了雇主的骡子。面对父亲的鞭打、母亲的责骂以及长达两年的工作还债,仍然幼稚的戴夫选择一走了之,带着手枪,爬上火车,奔向未知的远方,把债务和痛苦留给父母与年幼的弟弟。

以戴夫为鉴,教育学生敢做就要敢当,枪支并不能让人从幼稚无知走向成熟,敢于承担责任才是童年和成年的分界线。

Key Plot: He started down the road, toward the tracks. Yeah, here she comes! He stood beside the track and held himself stiffly. Here she comes, erroun the ben. … C mon, yuh slow poke! C mon! He had his hand on his gun; something quivered in his stomach. Then the train thundered past, the gray and brown box cars rumbling and clinking. He gripped the gun tightly; then he jerked his hand out of his pocket. Ah betcha Bill wouldn't do it! Ah betcha. … The cars slid past, steel grinding upon steel. Ahm ridin yuh ternight, so hep me Gawd! He was hot all over. He hesitated just a moment; then he grabbed, pulled atop of a car, and lay flat. He felt his pocket; the gun was still there. Ahead the long rails were glinting in the moonlight, stretching away, away to somewhere, somewhere where he could be a man …
(P. 230)

4.3 评价体系

本课程紧扣大学英语课程思政教学重点,有效挖掘思政元素,并有机融入课程的教学内容、教学过程与教学评价,将知识传授、能力培养与思想政治教育紧密结合。

本课程注重过程性评价,课程思政教学评价体现在各个教学环节中,如思考讨论、自编自导自演的小组视频课堂报告、课堂小测、期中小论文等。在学生成绩评定中平时成绩占40%,期末考试(闭卷)占60%,具体分布如下:

Attendance and Performance: 6%
Group Presentation: 6%

Class Quizzes：16%

Mid-Term Paper：12%

Final Examination：60%

在大学英语课程体系中,每门课程均蕴含诸多思政元素,通过教师的精心挖掘与设计,通过教师的言传身教与引导,可以在潜移默化中帮助学生增长知识见识、加强品德修养、坚定理想信念、培养奋斗精神、提升综合素质,引导学生思考自己在新时代的历史使命和责任担当,努力成为兼具家国情怀和国际视野的优秀人才。

5. 参考书目

1. 教育部高等学校大学外语教学指导委员会:《大学英语教学指南(2020版)》,北京:高等教育出版社,2020年。
2. 马乃强:《美国短篇小说与电影》,北京:北京大学出版社,2016年。
3. Bendixen, Alfred & Nagel, James. *A Companion to the American Short Story*. Wiley-Blackwell, 2010.
4. Bordwell, David & Thompson, Kristin. *Film Art: An Introduction* (7th edition). McGraw-Hill, 2004.
5. Cassill, R. V. *The Norton Anthology of Short Fiction* (7th edition). Norton, 2006.
6. Harrison, Stephanie. *Adaptations: From Short Story to Big Screen*. Three Rivers Press, 2005.
7. Scofield, Martin. *The Cambridge Introduction to the American Short Story*. Cambridge University Press, 2006.
8. Skaggs, Calvin. *The American Short Story*. Dell Publishing, 1980.

乌尔都语文学史与文学作品选读(下)

1. 课程总览

【课程名称】乌尔都语文学史与文学作品选读(下)

【课程类型】专业选修

【教学对象】乌尔都语本科专业三/四年级学生

【课程学时】32学时(2学时*16周)

【课程目标】

本课程是乌尔都语专业本科生高年级的专业选修课。通过先修课"基础乌尔都语(1—5)"和"乌尔都语文学史与文学作品选读(上)"等课程的学习,学生已基本了解乌尔都语产生和发展的主要线索和 19 世纪中期以前乌尔都语古典文学的主要特征。在此基础上,本课程在马克思主义文艺观的指导下,着重讲解现代乌尔都语文学的发展脉络、主要文学形式与相应特点,选取有代表性的文学作品,引导学生进行文本精读与内容阐释,结合相应文学理论、文学评论帮助学生熟悉现代乌尔都语的重要作家和经典作品,分析其艺术特点,达到认知乌尔都语文学的发展逻辑、整体特点以及相应历史背景和时代特征的目的。在阅读中学生可以进一步练习乌尔都语,掌握更多的词汇、习惯用法和习语,提升乌尔都语阅读和语言实际应用能力。同时加强学生学术资料检索、文献整理归纳、论文写作规范等方面的学术训练,结合世界文学和比较文学理论,提升学生的学术敏感度和问题意识,增进对南亚语言文学文化的理解和认知。

2. 课程思政目标

本课程主要帮助学生培养用马克思主义世界观和方法论评析南亚乌尔都语文学作品的能力,着重人文性和思想性,启发学生洞察文学作品蕴含的思想价值和精神内涵。一方面帮助学生通过文学认识历史,认识社会,通过文学发展中所关注问题和内容的变化,特别是近现代历史进程中文学理论的发展和文学内容的变化,以及文学在争取民族独立、反映社会生活中针砭时事、启发思考、推进思想和社会变革中的重要作用,使学生认识到乌尔都语文学以至东方文学在现代化进程之中具有的反帝、反封建、反殖民之共性,以及乌尔都语文学所独具的特性。引导学生尊重民族和文化的多样性,客观认知语言文学所承载的文化和意识,深入理解个人与国家、民族的关系。另一方面,引入文学与文化的比较视域,帮助学生树立国际意识,引导学生用辩证的眼光和正确的世界观看待他国文学文化,认清哪些是有利于自身发展和进步的,哪些是需要摒弃和批判的,达到文化自觉、文化自信,增强政治认同和爱国意识的目的。同时培养学生的人文认知,启发他们对大到人类命运共同体、小到学习生活中的正念、自律、自强等精神的思考,客观分辨美丑善恶和落后先进,坚定对和平、发展、公平、正义、法制以及政治经济体制的拥护和支持。通过在教学中的思想政治引导,使学生增进对社会主义先进性的认同,爱国爱党,树立正向的人生理想,巩固社会主义核心价值观。

3. 课程思政教学重点和难点

本课程思政教学的重点是引导学生建立正确的马克思主义历史观和文艺观,认识创作和阅读文学作品的意义,正确认识文学作品蕴含的思想价值和精神内涵,树立正确的历史观、国家观、民族观和文化观。乌尔都语作为巴基斯坦的国语,作为印度宪法承认的表列语言之一,是我国沟通实施"一带一路"倡议的重要媒介。语言对象国巴基斯坦是

"一带一路"旗舰项目"中巴经济走廊"的重要参与国。语言和文学承载着历史文化的深厚内涵,文学是展现文化和生活的重要途径,阅读和理解文学为我们实现"民心相通"提供了非常重要的路径。"学史明理、学史增信、学史崇德、学史力行",历史书写也是一种文本,在文学中也体现出相应的历史书写的维度。理解乌尔都语文学中的历史书写,特别是长篇小说对于时代的反映,有助于我们了解历史、社会和文化,以史为鉴,从历史与现实、理论与实践等多维度对中国和南亚之间的文化进行对比,深入理解中国与南亚地区在跨文化交流中一贯坚持的求同存异和兼容并蓄理念,进一步提升学生的历史认知和历史自信,做到中国特色社会主义道路自信、理论自信、制度自信和文化自信。

本课程思政教学的难点包括选取什么样的代表作家和作品,以及如何使学生们认识到,在信息爆炸的时代阅读文学经典的意义,也就是如何引导学生认识文学与社会与人的关系。习近平总书记多次指出"源于人民,为了人民,属于人民,是社会主义文艺的根本立场","文学艺术的成长离不开人民的滋养,人民中有着一切文学艺术取之不尽、用之不竭的丰沛源泉",任何一个时代的文艺,只有同国家和民族紧紧维系、休戚与共,才能发出振聋发聩的声音。乌尔都语部分优秀的现代文学正符合了文艺以人民为中心的发展思想。总书记也说过,优秀作品并不拘于一格、不形于一态、不定于一尊。"只要有正能量、有感染力,能够温润心灵、启迪心智,传得开、留得下,为人民群众所喜爱,这就是优秀作品",这为我们选取作品进一步提供了路径,我们需要重视蕴含于文学作品中的人文精神和伦理道德,选取展现人类共同价值的优秀文学作品,助力学生的价值观塑造,包括对真善美、和平、正义、自由、发展等美好品质和幸福生活的追求等。除此之外,同学们受到信息时代大量异质文化的冲击,因此,课程需要寻找合适的切入点,使经典作品在新时代焕发新的吸引力,促使同学们理解和产生共识,同时审视本国文化,更深入地理解、认识不同文学文化的交流和关系,这是我们文学课程的思政建设中进一步需要努力的方向。

4. 本课课程思政教学方法和过程

4.1 教学方法

外国文学的教学本质上是两种或多种文化之间的对话,要坚持以马克思主义思想为指导,结合讲授、讨论等教学方法,引入文学文化的比较视域,结合文学文化交流的文献史料,注重对人文精神的探讨,通过"引导—认可—巩固—确立—维护"等认知的几个阶段,助力学生的价值观塑造,包括对真善美、和平、正义、自由、发展等美好品质和幸福生活的追求,提升道德修养,培养学生文化自觉与文化自信,在全球化视野下,增强民族自豪感,树牢人类命运共同体意识。

本课程在教学形式上,以学生为中心,问题为导向,将学生课下预习、泛读与课上老师讲解解惑有机结合。采用翻转课堂、融合课堂等形式,如学生在课前需要针对思考题对文本和作家进行自主调查研究;课上请同学先行回答对所给题目的思考,就该主题进行一定讨论和讲解,老师补充并导入主题,理解时代背景、发展特点,选取重要作家和经典作品进行精读和重点讲授,结合世界文学和比较文学的方法和概念,强调民族和文化的多样性和语言文学所承载的文化和意识。最后是课堂检查,要求学生能用乌尔都语复述作品内容、发表自己的看法,能将所学文学作品翻译成汉语,并最后结合相应理论对文学相关问题做出自己合理的解读和分析。教学中辅助音视频、电影电视、纪录片等相应改编素材,对比理解文本改编的意义,发挥各自价值观和文化传播的属性与优势,启发学生思考,调动学生的学习积极性。

4.2 教学过程

【教学安排】

为与本专业其他文学课程做出较好区分,课程在把握乌尔都语文学所有文学样式整体发展逻辑的基础上,重点介绍与分析诗歌与小说等现代乌尔都语文学的重要体裁,基本以时间为序,按照专题有逻辑地进行。具体内容如下:

引言:乌尔都语现代文学的开端、背景与发展综述(第1周)

第一部分:现代乌尔都语文学启蒙:古典到现代的承上启下(19世纪)(在我专业开设的文学史课程"上"部分以及"乌尔都语文章选读"课程中均涉及各具侧重点的相关内容。因此在本课程中,将这一具有承接作用的阶段择重点进行综述性讲解。总体在第一周内完成。)

(1)从威廉堡学院到德里学院:乌尔都语散文的新发展与米尔阿门的《花园与春天》

(2)赛义德·艾哈迈德·汗领导的穆斯林启蒙运动与《道德与修养》杂志

(3)赫瓦加·阿尔塔夫·侯赛因·哈利和诗集《伊斯兰的兴衰》

第二部分:现代乌尔都语文学的产生与发展(始于19世纪末)

(1)浪漫主义的延续与现实主义的激发:

a.民族诗人阿拉玛·穆罕默德·伊克巴尔诗歌中的民族与国家(第2周)

b.乌尔都语小说的产生和迅猛发展:

长篇小说的出现:从《新娘的明镜》到《乌姆拉奥·江·阿达》(第3周)

短篇小说的出现:早期短篇小说的浪漫主义特征与现实主义萌芽(第4周)

(2)进步主义与现实主义的蓬勃发展与长青:

a.进步文学初期代表作品集《火花》的意义与重点作品分析(第5周)

普列姆昌德和短篇小说《裹尸布》(第6周)

克里山·钱达尔和中篇小说《慈善家》节选(第7周)

萨达特·哈桑·闵都和短篇小说《打开》:印巴分治促发的伤痕文学(第8周)

艾哈迈德·纳迪姆·卡斯米和短篇小说《你好》《母爱》:世界大战后的反战文学(第9周)

b.乌尔都语三大长篇小说:

《悲哀世代》《真主的大地》《火河》——不同时代中的命运悲歌(第10周)

c.革命诗人乔什·马利哈巴迪和印度次大陆的独立(第11周)

d.进步诗人菲兹·艾哈迈德·费兹和他的诗歌创作(第11周)

(3)女性主义的萌发与文学实践:

a.女性作家伊斯玛德·玖达依和短篇小说《被子》(第12周)

b.女性作家艾达·贾弗里的乌尔都语新诗(第13周)

(4)现代主义呈现的社会荒诞与真相:

a.英迪扎尔·侯赛因和短篇小说《遗憾的城市》(第14周)

b.莫兹赫尔·伊斯拉姆和短篇小说《马城孤独人》(第15周)

第三部分:现代乌尔都语文学的新主题与新形势:

"9.11"后乌尔都语反恐文学中穆斯林知识分子对社会与自我身份的反思(第16周)

本课程教学具体以马克思主义文艺理论和习近平文化思想为理论基础,以南亚乌尔都语语言和文学产生和发展的历史为背景,主要选取具有时代、思潮代表性和开拓性的乌尔都语文学作品。针对性地加入我国或世界同时期或有关联性的文学的对比和分析,增加课程的人文性和思想性。

一是将相似的作家和作品进行对比。在介绍赛义德·艾哈迈德·汗的穆斯林启蒙运动中,将其开办杂志,为开民智撰写发表大量的社论文章,希望当时落后的穆斯林不再故步自封,吸收西方的科学文化知识等行为,与晚清时期以康有为、梁启超为代表的维新派人士倡导学习西方,通过办报等途径提倡学习科学文化、政治革新、教育制度改革等做法进行对比。学生需要搜集相关资料进行总结分析,这些运动和倡导的特征以及其进步性和局限性在哪里,包括资产阶级改良运动在中国为何不能成功的历史原因和社会原因等。帮助同学通过辨析文学的发展带动对历史的分析,通过非虚构文学的阅读理解社会问题。又如讲解普列姆昌德和他的短篇小说《裹尸布》中,基于乌尔都语进步文学中带有的社会批判性,普列姆昌德和鲁迅在创作中展现出很多相似的特质。二人都怀揣朴实并热烈的爱国情怀和民族责任,希望用文学揭示甚至改造国民性,普列姆昌德在《裹尸布》

中批判的低种姓小人物的穷困、懒惰、无耻和内心的挣扎,和鲁迅《阿Q正传》中展现的阿Q一样的小人物形成了对照和呼应,体现了当时东方作家对社会的关切。

二是观察乌尔都语现代文学作品中显现出的中国人和中国形象。在介绍乌尔都语作品中出现的反战主题中,在英国的殖民统治下,大量印度青年被派遣到第一次世界大战和第二次世界大战的战场,牺牲在遥远的异国他乡。第二次世界大战期间,中国也处于半殖民地半封建社会时期,国家内外交困,特别是日寇侵华,为中国人民带来了难以磨灭的痛苦。乌尔都语作家克里山·钱达尔的多个短篇小说作品提到了中国共产党党员的英勇抗战行为,艾哈迈德·纳迪姆·卡斯米的短篇小说作品《母爱》中,被日军俘虏的印度青年饱受日军的残暴对待,但在香港小渔村一个普通的老妇人身上感受到了如远在旁遮普家乡的母亲一般的关爱。还有人民诗人费兹跟随作家代表团到中国访问后创作的《北京》《新疆》等振奋人心、慷慨激昂的诗歌。这些乌尔都语作品表现了乌尔都语作家对中国的关切,对善良又历经苦难的中国人民的关爱,对中国获得的成就的认可。由此同学们可以进一步认识到,历史和文化是相容的,文学是相通的。以南亚和中国为代表的东方近现代文学中基于历史命运的相似点,具有反帝反封建反殖民的共同特质。由此可以提炼文学作品中蕴含的共同的文化和价值,在知识学习中融入理想信念层面的精神指引,将其转化为社会主义核心价值观。对外国文学文化的学习,激发学生寻找中国历史、文学文化的定位,探寻自身优秀传统文化的渴望,帮助其逐渐成为兼具国际视野和家国情怀的爱国青年。

在着重输入性学习的同时,通过文学的启发和对比,积极鼓励文化输出,鼓励学生通过翻译、推介等方式将经典中国作品介绍到巴基斯坦等国家,树立承担弘扬中华民族传统文化和社会主义先进文化的自豪和自觉,主动向世界讲好中国故事,传播好中国声音,提升文化传播交流的使命感和责任感。

4.3 评价体系

本课程成绩评定包括平时作业和学期论文两部分,分别占50%。平时作业包括翻译部分文学作品、用乌尔都语评论所学文学作品,也包括相关社会历史、文学思潮和作家、作品的调研、讨论和课堂展示等;学期论文要求针对本学期所学内容转化为文学相关5000字以内的中文文学评论一篇,要求具有问题意识,掌握学术研究的基本方法和能力,以马克思主义世界观和方法论为指导,展现对乌尔都语文学的理解,以及对历史、社会和不同种族、民族、持不同语言者的文学和文化的正确理解。课程思政内容评估则结合课程设置与思政教学目标,重视学生课堂反馈与表现,定期开展讨论交流,及时听取反馈意见,开展教学内容和形式的常态化修订调整,确保发挥较好的教育效果。

5. 参考书目

本课程使用自编讲义,经典文学作品选自各作家的作品集及相关网络和数据库,根据不同班级同学的学习情况有所调整,在此不一一列举。文学史相关参考文献如下:

1. 山蕴编译:《乌尔都语文学史》,北京:中国社会科学出版社,1993 年。
2. 李宗华:《乌尔都语文学史》,北京大学资料,1991 年。
3. مختصر تاریخ ادب اردو ، پروفیسر ڈاکٹر سیدا سیدا عجاز حسین ، اردو کتاب گھر ، ۱۹٦۳ء ؛
4. تاریخ ادب اردو ، پروفسر نورالحسن نقوی ، ۲۰۱۵ء ؛
5. Ram Babu Saksena, *A History of URDU LITERATURE*, Sang-e-Meel Publication, 1996.

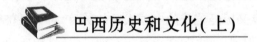

巴西历史和文化(上)

1. 课程总览

【课程名称】巴西历史和文化(上)

【课程类型】专业方向课程(专业必修)

【教学对象】葡萄牙语专业本科二年级学生

【课程学时】32 学时(2 学时 * 16 周)

【课程目标】

本课程旨在对巴西殖民及帝国时期(1500—1889)的历史进行系统性梳理,清晰呈现巴西政治、经济、文化与社会生活等方面的发展脉络。在全球史的视域之下,突出巴西各个历史阶段所遭遇的重大问题与解决方案,在与中国历史经验的对比之中,引导学生对民族独立、国家发展、文化建设等关键问题进行思考,实现知识、能力与素质的全面提升。

知识目标:对巴西殖民时期及帝国时期的历史有全面认识,掌握各阶段巴西政治、经济、文化、社会的主要特点,熟悉对于巴西国家发展及民族建设具有重要意义的历史事件与文化思潮,了解巴西在世界历史进程中所扮演的角色及所处的地位。

能力目标:学会独立搜集查找参考资料,能够借助词典进行初步的葡语史料及研究材料阅读;能够发掘具有一定学术及社会价值的选题;掌握基本的论证方法与技巧;了解论文写作要点与注释规范。

素质目标:具备全球视野与整体意识,能够以马克思主义的历史观与方法论为指导,全面辩证地看待历史与现状、理论与实际、民族与世界之间的关系,培养以中国视角进行学术研究的内驱力,坚定"四个自信"。

2. 课程思政目标

(1) 帮助学生树立牢固的唯物史观。无论是巴西的"发现"、独立、废除奴隶制还是帝国体制覆灭,巴西历史上的各大事件都不是孤立的,而是经济、技术发展与国内外形势变化共同促成的结果。通过对历史发展内在逻辑的强调,教导学生以全面、辩证的方式看待历史,将普遍性与特殊性、必然性与偶然性相统一,正确理解历史的主线与支线,以客观的态度评价历史事件与历史人物。

(2) 培养学生的国际视野与家国情怀。三百多年的殖民历史给巴西留下了难以磨灭的印记,也是如今许多社会问题的根源所在,当巴西在政治上从葡萄牙独立之后,又在经济上陷入英美等国的控制,文化上则对法德亦步亦趋。通过分析不同历史时期西方强国对于巴西的剥削与压迫,让学生充分意识到经济、文化殖民的隐蔽性与民族独立的重要性,自觉弘扬中国反帝反殖的先进经验与革命文化。

(3) 让学生深入理解"人类命运共同体"理念。巴西与中国相距甚远,但并不缺乏联系,在文化上也具有一定的相似性,社会学家吉尔贝托·弗雷雷甚至将巴西称为"热带中国"。通过强调两国在反帝反殖过程中的共同遭遇,结合中巴的交往历史,让学生意识到不同社会制度、不同文明特点的国家拥有对于平等协作、和平发展的共同诉求,构建"人类命运共同体"是众望所归。

3. 课程思政教学重点和难点

本课程思政教学的重点在于以马克思主义的世界观与方法论为指导,全面辩证地解读巴西的历史和文化:一是突出巴西国内经济、政治、文化、社会生活等不同领域的相互影响,强调经济基础对于上层建筑的决定性作用以及后者对前者的反作用;二是将西方列强对于巴西的殖民掠夺史与巴西民族意识萌芽之后的抗争历史相结合,明确民族独立与反帝反殖的重要性;三是建立民族历史与社会现状之间的联系,揭示巴西当前结构性问题的历史根源,重点展示其从抵抗殖民主义到抵抗新殖民主义的种种尝试,明确构建"人类命运共同体"对于推动世界多极化、国际关系民主化和公正合理国际政治经济新秩序的重要意义。

本课程思政教学的难点在于如何最大限度地激发学生的内驱力,将历史与现实、理论与实践、课堂学习与课后思考相结合,使其能够在教师的指导之下,通过自主阅读葡萄牙语的一手史料与巴西学者的相关研究,深入真实的历史文化情境之中,探查历史细节,感知文化温度,发自内心地意识到在西方视角巴西历史文化研究中的片面性,自觉运用马克思主义的世界观与方法论进行思考判断,培养学生坚持中国立场、增进文明互鉴的使命感,使之将知识内化为能力,真正达到润物无声、成风化人的效果。

4. 本课课程思政教学方法和过程

4.1 教学方法

为落实立德树人的根本任务,将价值塑造、知识传授和能力培养有机融合,在潜移默化中完成育人工作,本课程坚持以学生为中心、以成果为导向,采用讲授式、启发式、探究式并行的教学理念,结合多媒体教学、网络教学等多种手段,打通线上与线下、课内与课外,不断提升学生的课程学习体验和学习效果。在具体教学策略上:

(1)注重在课堂上使用一手史料,并利用图片、视频、AR 技术、虚拟博物馆等资源,将学生带入巴西历史的第一现场,激发学生的学习兴趣。

(2)通过提前录制微课、布置课前任务等方式,实现翻转课堂,在保证知识传授不降质不减量的前提下,将一部分课堂时间用于学生自主展示、讨论,充分发挥学生的主观能动性。

(3)设定短期(每周)、中期(每月)、长期(学期)的分阶段学习目标,加强过程性管理,保证知识传授、能力培养与价值引领的延续性与持久性。

(4)有意识地促进师生互动与生生交流,针对每项任务,给予学生充分的前期指导与及时反馈,总结优点以备参考比对,指出不足以便思考完善,同时把控好思考与讨论的方向,敦促引导学生不断进步。

(5)加强科研精神与学术伦理的教育,鼓励学生在保证期末论文翔实准确、言之有物的基础上,敢于善于将课堂中的所思所想转化为对公众有用的成果。

4.2 教学过程

【教学安排】

第一周 葡萄牙海上扩张与"发现"巴西

要点:

(1)促成葡萄牙海上扩张的制度、经济、宗教与技术因素。

(2)教皇子午线、托德西利亚斯条约与西葡瓜分世界的殖民野心。

任务:阅读葡萄牙"发现"巴西时随航书记官写给葡王曼努埃尔一世的信件,辨析其平实描述之下的殖民企图。

第二周 葡萄牙在巴西的殖民(国家与宗教)

要点:

(1)葡萄牙为实现对巴西的有效占领而施行了分封领地(Capitanias)制度,失败后又设立殖民地政府与主教辖区,以加强对新大陆的压迫、奴役与掠夺。

(2)殖民者在实行强权统治的同时,将被压迫者定义为"野蛮"人,以合理化对他们的奴役与操控。

任务:选读 16 世纪耶稣会士的信件,讨论宗教如何与王权联合,在精神与物质层面对殖民地实行全面统治。

第三周 葡萄牙在巴西的殖民(社会制度)

要点:

(1)巴西奴隶制的形成(从以物易物到奴役印第安人,再到引入黑人奴隶)。

(2)葡萄牙在巴西建立起基于种族、信仰、职业的社会等级划分。

(3)早期印第安人与黑人奴隶的反抗尝试、逃奴堡的形成与覆灭。

任务:查阅相关资料,了解大西洋奴隶贸易的血腥历史。

第四周 葡萄牙在巴西的殖民(经济发展)

要点:

(1)巴西早期经济活动(巴西木、蔗糖、烟草、畜牧业)及其生产方式。

(2)以蔗糖种植业为代表的大庄园制对于巴西社会关系及思维模式的塑造。

(3)黄金与钻石的发现对巴西以及欧洲的影响。

讨论:葡萄牙对巴西的殖民帮助欧洲完成了资本的原始积累,但为何最终扩大生产力的是英国与荷兰,而非葡萄牙?

第五周 葡萄牙在巴西的殖民(外来入侵与领土扩张)

要点:

(1)殖民时期巴西领土的扩张过程。

(2)西方列强在瓜分世界时产生的冲突:大量的走私活动、英国皇家海盗、法国与荷兰对巴西的入侵。

(3)作为反抗外国侵略、扩展国家领土主体的"巴西人"。

任务:阅读《巴西富饶对话录》(*Diálogos da Grandezas do Brasil*)节选,思考国家建设中土地与人的深厚联系,体悟"人民是历史创造者"的真谛。

第六周 变革年代

要点:

(1)旧制度危机:王权的衰落与资产阶级的崛起。

(2)庞巴尔侯爵新政:以改革的方式进一步加强对巴西的控制,以应对葡萄牙本国的危机。

(3)巴西民族意识萌芽,地方反抗活动与殖民地独立运动兴起。

任务:阅读《调查之调查》(*A Devassa da Devassa*)一书节选,从个人主义与精英主义的角度分析巴西独立运动"米纳斯密谋"失败的原因。

第七周 王室到来

要点：

（1）1808 年，葡萄牙王室为躲避拿破仑，在英国护送之下前往巴西。

（2）王室到来之后巴西的变化：政治上，巴西从殖民地上升为联合王国的一部分；经济上，开放港口并建立工业；文化上，开启印刷业，筹建博物馆与图书馆，邀请欧洲艺术使团。

任务：阅读 1808 年《向友好国家开放港口的法令》（*Decreto de Abertura dos Portos às Nações Amigas*）以及 1810 年《商业与航海条约》（*Tratado de Comércio e Navegação*），分析为何说巴西已经从葡萄牙殖民地逐渐变成英国殖民地。

第八周 巴西独立

要点：

（1）和平过渡与国际承认：美国为推进门罗主义、加强对美洲控制而率先承认巴西独立；英国为对独立后巴西施加更大的影响力而出面调停其与葡萄牙关系。

（2）独立的遗留问题：巴西承诺给予葡萄牙巨额赔偿；在商业贸易中不断让利于美国；在经济上依附于英国。

讨论：为什么原本更加富裕的巴西会被美国超越？

第九周 佩德罗一世时期

要点：

（1）"矛盾"的 1824 年宪法：名义上的君主立宪与实质上的权力集中、名义上的宗教自由与实质上的天主教特权、名义上的民主选举与实质上的种族、性别与阶级歧视。

（2）赤道联盟革命：共和主义与分离主义。

（3）佩德罗一世逊位：不被信任的"葡萄牙人"。

任务：阅读《父辈的祝福》（"*Benção Paterna*"），了解巴西知识分子在建构巴西民族身份方面的尝试，体悟民族独立与文化自主的重要性。

第十周 摄政时期

要点：由于佩德罗二世年幼，巴西在 1831—1840 年间由多位摄政王联合、轮流执政，导致政治斗争加剧，地方起义频发，频繁的政策变动造成巴西社会严重内耗。

任务：阅读《摄政时期》（*O Período das Regências* 1831—1840）一书节选，了解巴西摄政时期不同派别间的斗争与反复无常的政策，以及将国家作为"社会政治构想与实践的大型实验室"的弊端。

第十一周 佩德罗二世时期（政治格局）

要点：

（1）佩德罗二世加冕：权力再度集中，社会趋于稳定。

(2)名义上的两党制:巴西名义上分为"自由派"和"保守派",但这两个党派均受制于佩德罗二世,且都拥护"大地主制度""精英寡头制度""帝国制度"与"奴隶制度",本质上相差无几。

讨论:为何西语美洲最终分裂成不同国家,而巴西却能够在独立后保持国家统一?

第十二周 佩德罗二世时期(社会与文化)

要点:

(1)19世纪下半叶,巴西在各方面都致力于模仿欧洲,缺少对于本国文化的自信与认同,尽管实现了一定程度的现代化,但真正的受益者却仅为外来移民以及与外国利益紧密捆绑的精英阶层。

(2)这一时期,中国在巴西进行了最早的移民尝试,但由于互相缺少了解而遭遇困难。

任务:阅读傅云龙《游历巴西图经》、康有为《我史》,了解中国与巴西交往的历史,从中国视角出发观察分析巴西社会,充分认识构建对外话语传播体系、促进文明交流互鉴的重要性。

第十三周 佩德罗二世时期(经济结构变动与奴隶制)

要点:

(1)以马乌阿子爵为代表,巴西民族企业家着手进行工业化尝试,却因缺少政府支持、无力与外国资本竞争而宣告失败。

(2)巴西在西方国家与国内资产阶级的压力下废除奴隶制度,却并未给予底层人民必要的保障。

任务:阅读《何为废奴主义》(*O que é abolicionismo?*)节选,思考宣传话语(宗教慈善、人道主义)与经济逻辑(资本主义对自由劳工的需求)对于废奴主义运动的影响。

第十四周 佩德罗二世时期(帝国危机)

要点:

(1)国家与教会的冲突使佩德罗二世失去了教会的支持。

(2)随着巴西国力增强,民族自尊心逐渐提高,对于英国的剥削与控制日渐不满,双方关系恶化。

(3)巴拉圭战争导致巴拉圭半数人口丧生,割让大片领土,沦为初级产品出口国;而巴西作为战胜国,同样伤亡惨重,并向英国举借了大量外债;最终唯有未参战的英国获利——这场战争也间接促成了巴西帝国倒台。

任务:通过研读不同时期巴西、巴拉圭及其他国家对于巴拉圭战争的分析,仔细分辨历史研究中的意识形态立场,避免对于西方理论的偏听偏信。

第十五周 口试

以口试的形式对课程进行总结,让学生清楚认识到巴西的现实问题——如不平衡的经济结构、奴隶制度、种族问题、政府赤字、巨额外债等——都与其被殖民的历史密不可分;由于西方强国的压制与国内革命力量的不足,上述情况在巴西独立后也未能得到彻底改变。

第十六周 期末论文思路交流

引导学生以唯物辩证的方式进行研究;鼓励学生阅读不同国家、不同时代的材料,从中国的视角和立场出发进行辨析;要求学生严格遵守学术伦理与学术规范,努力提升研究的学理性、主体性、创新性。

【教学思维导图】

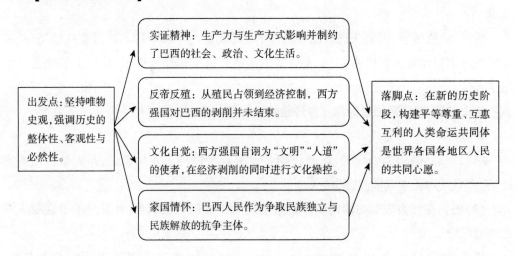

4.3 评价体系

(1)在每堂课之前观看课前视频,依据指导进行课前阅读或查阅相关资料,准备课堂发言,积极参与讨论:30%。

(2)在口试阶段,随机抽取两个问题并进行约5分钟的论述:10%。

(3)在教师指导下提前构思论文选题,并在最后一堂课上就选题的主旨、意义、论证思路及主要结论与其他同学展开交流:10%。

(4)撰写论文,要求材料全面翔实、论证有理有据、符合学术规范,尽可能提高论文的原创性与学术价值:50%。

5. 参考书目

1. 塞尔吉奥·布瓦尔克·德·奥兰达:《巴西之根》,喻慧娟、蔚玲译,北京:巴西驻中国大使馆,1996年。
2. 塞尔索·富尔塔多:《巴西经济的形成》,徐亦行、张维琪译,北京:社会科学文献出版社,2002年。

3. 鲍里斯·福斯托、塞尔吉奥·福斯托：《巴西史》，郭存海译，上海：东方出版中心，2018年。
4. 劳伦蒂诺·戈麦斯：《1808：航向巴西》，李武陶文译，上海：上海人民出版社，2022年。
5. 玛丽·德尔·普里奥里、雷纳托·韦南西奥：《巴西小史》，褚孝睿译，北京：商务印书馆，2022年。
6. 周世秀主编：《巴西历史与现代化研究》，石家庄：河北人民出版社，2001年。
7. 林被甸、董经胜：《拉丁美洲史》，北京：人民出版社，2010年。

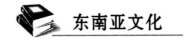

东南亚文化

1. 课程总览

【课程名称】东南亚文化

【课程类型】通选课

【教学对象】东南亚系四年级本科生

【课程学时】32学时（2学时*16周）

【课程目标】

东南亚地区是中国的近邻，在历史上曾经和中国有着千丝万缕的联系。东南亚的文化形式，既有本土文化的传统，也有来自中国、印度、阿拉伯与西方各种外来文化的影响。本课程在系统梳理东南亚文化发展进程的基础上，兼顾东南亚传统文化与现代文化的特点，以具体的文化现象为中心，讲授东南亚宗教、民俗、服饰、饮食、建筑等方面的文化表现形式，在本课程授课过程中融入海上丝绸之路、郑和下西洋、海外华侨华人的贡献、中国文学和流行文化对东南亚的影响等内容，为学生呈现中国文化在东南亚文化发展过程中的积极作用。在充分展示文明交流互鉴的过程中，使学生对东南亚文化的共性与各国文化的特殊性有所了解，扩大学生的国际视野；使学生对东南亚与中国文化的联系有直接的体会，提升讲好中国故事、传播好中国声音的能力。本课程注重培养学生的思辨能力和鉴别能力，鼓励学生发现、思考和理解中国与东南亚文化差异，克服文化的偏见和陋见，潜移默化地坚定学生的理想信念，厚植爱国主义情怀，增强文化自信。通过课程学习，希望学生掌握东南亚文化的基本特征、历史分期和对外交流的基本情况，提升理解多元文化的能力、文化传播理论与对具体文化现象进行比较分析的能力，引导学生树立主流价值观，坚持正确政治方向。

2. 课程思政目标

本课程以东南亚地区的文化作为主要授课内容，既重视知识传授，也注重价值的引领。本课程遵循教书育人和学生成长的规律，将思想政治与跨文化交流育人元素融入课堂教学全过程，聚焦培养学生传播中国文化和理解外国文化的能力。本课程通过分析东南亚不同类型的文化现象，引导学生学会如何以习近平新时代中国特色社会主义理论为依据，理解和掌握中国优秀文化在东南亚传播的重要意义。本课程鼓励学生辩证地学习、讨论东南亚文化现象，坚定价值立场，正确理解、讨论中国文化国际传播的影响和面临的困难，使热爱民族文化、传播中华文化的意识在学生心中牢牢扎根，成为学生坚定的理想信念、精神力量和自觉行动。

3. 课程思政教学重点和难点

本课程中的思政元素聚焦中国文化在东南亚的影响。历史上，中国的语言、文学、儒家思想、生活方式都对东南亚产生了深刻的影响，中国元素成为当地传统文化的重要组成部分。因此，教师需要带领学生突破语言的障碍，运用启发式、体验式的教学形式，营造教学情境，结合案例讲解。

本课程思政教学的难点在于以下三个方面：第一，要把中国文化在东南亚不同国家和语境的影响力讲深讲透，具有很大的挑战性。第二，需要授课教师充分掌握文化发展的脉络和在现实世界的表现形式，并充分了解中国的对外文化政策，才能充分揭示中国文化的世界意义。第三，把继承传统优秀文化又弘扬时代精神、立足本国又面向世界的当代中国文化创新成果传播出去，是现在中国文化国际传播正在探索的内容，这对文化教学活动提出了更高的要求，需要授课教师更加深入地学习中国文化的精髓，并充分了解东南亚的社会环境和文化现象的特点。

4. 本课课程思政教学方法和过程

4.1 教学方法

（1）本课程通过对地区文化和国别文化的讲解，将价值理念及精神追求融入授课内容，潜移默化地塑造学生的思想意识和行为方式，实现知识传授、价值塑造和能力培养的多元统一。

（2）将外国文化的讲授与中国优秀传统文化相融合，彰显中国文化的思政魅力，增强学生的文化自信，发掘具体历史人物、文化现象的时代价值，打通中国文化对外传播与当代思想教育的精神联结。

（3）通过设计作业任务、专题讨论、情景重演、文化体验等多样化的教学方法激发学生探索文化价值的热情，在学习中华文化国际传播的同时，积累国际传播经验，感受文化传播成就。

（4）建设课程作业题库、讨论题库，将思政教育的内容融入课后的思考和讨论中，建立课程思政的常态化和系统化机制，整体提高学生的学习兴趣和思政教育效果。

4.2 教学过程

本课程一共分为四个单元。

第一单元"东南亚概况"，包括两个主题：

第1—3周：东南亚文化概况

第4—5周：中外学者对于东南亚的研究

第二单元"东南亚古代文化"，包括2个主题：

第6—7周：东南亚古代文化——岩画、铜鼓、万物有灵、瓮葬

第8—9周：东南亚民族的源流：以语言学为视角

第三单元"东南亚现当代文化"，包括2个主题：

第10周：东南亚民俗——节日、民间文学

第11—12周：东南亚建筑艺术——高脚屋、宗教建筑、雕像

第四单元"外来文化在东南亚的影响"，包括4个主题：

第13周：中国流行文化在东南亚的传播与影响

第14周：印度文化在东南亚的影响——林伽、那加、两大史诗

第15周：伊斯兰教文化在东南亚的影响——制度、艺术、文学

第16周：西方文化在东南亚的影响——宗教传播、现代艺术

中国文化元素和中国影响贯穿四个单元的不同主题。

第一单元突出中国在地理、历史和文化上与东南亚的紧密联系。在东南亚概况方面，强调中国与东南亚山水相连，在地理上有不可分割的关系。中国的西南地区与"东南亚陆桥"连成一片，许多高山和大河向南伸延到中南半岛，形成山河纵列、峻岭与平原交错的地形，并伸入海洋形成许多岛屿。奔流在这些山间的河流，大都发源于我国西南地区，如流经缅甸、老挝、泰国、柬埔寨、越南的湄公河上游为我国的澜沧江，是中国通往东南亚的天然水道。在关于东南亚的研究主题中，突出中国古籍关于东南亚的记载。我国历代王朝的史书均有关于东南亚邻国的记载，多见于"外国卷"和"地理志"中，描述了东南亚古代国家的自然环境、政治、经济、社会、民族、宗教、风俗以及双方交往等。

第二单元突出古代中国语言、文学和文字对东南亚地区的影响，特别是越南地区。中国文学在两个方面直接影响到东南亚文学：其一是对中国作品的翻译；其二是当地出现的用汉语直接进行写作的汉语文学或华语文学。某些中国文学故事早在17世纪下半叶就已经开始通过戏曲演出传入东南亚一带。到了19世纪下半叶，中国一些古典和通俗小说的译本在东南亚广大地区风行一时，其中影响最大的是我国古典名著《三国演义》

和《水浒传》。20世纪50年代至80年代，我国港台武侠小说译本又在东南亚盛行起来。

第三单元以郑和七下西洋和海上丝绸之路之路作为观察民俗文化传播的视角，通过郑和下西洋和海上丝绸之路所建立的文化联系，增进了中国民众对东南亚各国的认识和了解。中国商船和使船所到之处，以金银钱钞、上等丝织品、瓷器和其他手工业产品来换取当地土产象牙、犀角、明珠、异香之类，促进了中国与东南亚的贸易往来。一部分郑和船队的随从以及大批的海上留居东南亚，他们在饮食、服饰、风俗等方面对东南亚地区的文化多样性产生了积极影响。

第四单元在总结前三单元关于中国文化影响的基础上，系统梳理和归纳中国文化在东南亚地区的影响。这是本课程聚焦中国文化与东南亚文化交流互鉴的部分，从历史和当代两个维度系统全面地讲解中国文化对东南亚影响的授课环节。最早受到古代中国物质文化影响的国家是越南。早在公元前3世纪到公元前2世纪，中原的铁制农具、牛耕技术和手工艺，就开始传入这一地区。公元3世纪时，造纸技术传到越南后，越南人用密香树皮等，制造出"交趾密香纸"，质量很高且带有香味，很受中国文人墨客的欢迎。唐宋时期，中国向真腊（柬埔寨）出口金银、瓷器、锦缎、凉伞、皮鼓、酒、糖等，这些物品丰富了当地居民的物质生活，极受欢迎，以至在后来几个世纪中，追逐"唐货"（中国货）成为一时风尚。

除了传统文化的传播，当代中国流行文化也在东南亚地区进行了广泛传播，并产生了深刻的社会影响。在东南亚地区，越南是中国网络文学最为盛行的国家。国内知名网络文学网站晋江文学城自2011年就开始向外国输出版权，自签订了第一份越南文版权合同以来，至今已向越南输出二百多部作品的版权。2014年在泰国书展上，泰语版《花千骨》成为吸引泰国青少年的主力。晋江文学城已先后同二十余家越南出版社、两家泰国出版社、一家日本合作方开展合作。这些作品在中国国内都有较好口碑，国外出版社敏锐察觉到它们的市场潜力，甚至有翻译网站与原作同步更新。网络小说热还带动了东南亚受众对中国电视剧、电影乃至电子游戏的热爱，是新时期中国文化对外传播的生动体现。

4.3 评价体系

本课程将立德树人落脚在"中国文化自信"上，用教学实践回答"培养什么人，怎样培养人，为谁培养人"这三个根本问题。本课程通过优化的思政内容，引导和鼓舞学生用自己的行动推动中国文化的国际传播，在文化自觉中不断提升文化自信。在教学过程中，教师注重"课前、课中、课后"三个教学节点齐头并进、互相衔接的整体教学设计，通过多种形式考察课程思政的育人效果。上课之前，提前给学生布置阅读任务，并在课上用十分钟左右的时间，向学生进行提问，检查课前学习的情况，引入课堂教学内容。授课过程中,积极调动课堂气氛,引导学生发挥独立思考能力、积极投身于课堂讨论的环节。授课结束后,通过形式多样的课后作业,联系具体的文化现象,通过网络讨论,交流学习心得。本课程围绕中国文化在东南亚传播的主题,形成系统的作业题库,针对不同的时代主题,向学生布置契合社会关切的课程作业。在完成作业的过程中激发学生的爱国主义情怀,引导其深入了解中华民族的悠久历史和灿烂文化,从历史中汲取营养和智慧,自觉延续文化基因,增强民族自尊心、自信心和自豪感。在完成课程作业和开展课程讨论的过程中,评估课程思政的育人效果,并有针对性地改进教学内容和教学方法。

5. 参考书目

1. 贺圣达:《东南亚文化发展史》,昆明:云南人民出版社,1996年。
2. D. G. E. 霍尔:《东南亚史》,中山大学东南亚历史研究所译,北京:商务印书馆,1982年。
3. 梁立基、李谋主编:《世界四大文化与东南亚文学》,北京:经济日报出版社,2000年。
4. 梁志明主编:《殖民主义史·东南亚卷》,北京:北京大学出版社,1999年。
5. 尼古拉斯·塔林:《剑桥东南亚史》,贺圣达等译,昆明:云南人民出版社,2003年。
6. 吴虚领:《东南亚美术》,北京:中国人民大学出版社,2004年。
7. 谢小英:《神灵的故事——东南亚宗教建筑》,南京:东南大学出版社,2008年。
8. 约翰·芬斯顿主编:《东南亚政府与政治》,张锡镇等译,北京:北京大学出版社,2007年。
9. 张英:《东南亚佛教与文化》,北京:中央民族大学出版社,1999年。
10. 张玉安、裴晓睿:《印度的罗摩故事与东南亚文学》,北京:昆仑出版社,2005年。

西班牙语世界文化研究

1. 课程总览

【课程名称】西班牙语世界文化研究

【课程类型】通识与自主选修课程

【教学对象】西班牙语三、四年级本科生

【课程学时】32学时(2学时 * 16周)

【课程目标】

"西班牙语世界文化研究"是北京大学为西班牙语专业三、四年级学生开设的研究理论与方法实践课程,属于西班牙语本科专业培养方向课程(比较文学与跨文化研究类),

教学语言为西班牙语和中文，并根据具体课题使用部分英文参考资料。本课程从文化和文化研究的基本概念入手，通过理论讲解、专题阅读、课堂讨论、个案研究，引导学生系统学习文化和文化研究的定义，明晰文化研究产生、发展的学术背景和社会历史因素，了解文化研究的发展沿革、流派、现状、最新热点和动态，掌握文化研究的基本理论和研究方法，辩证认识文化研究的优势与局限性。本课程希望创造一个跨文化学习平台，鼓励学生妥善应用文化研究的基本理论和研究方法，独立开展西班牙语世界文化和跨文化现象个案研究，全面认识并深入理解西班牙语世界文化特征，培养学生的探索精神、思辨能力、跨文化意识与能力，推动学生自主发现、反思和理解中西文化差异，领会文化因素在外语学习和应用中的重要作用，引导他们在文化冲突与交汇中排除文化误解，克服文化偏见、陋见和定势观念，塑造品格，增强文化自信，逐步成长为具备中国立场和全球视野的外语人，在多语言、跨文化交流中真正实现公正平等开放。

2. 课程思政目标

文化可以被视为"一种整体生活方式"。文化研究则是对这一整体生活方式的完整过程的描述。文化研究有着开阔的跨学科、多领域、学科间活动空间，其研究领域和研究对象更贴近日常生活，学生易于接近、理解和应用。西班牙语世界文化研究课程充分利用文化研究的可能性和可行性，将思想政治教育有机融入课程活动的各个环节，通过丰富的个案研究和文化研究自主实践，引导学生全面认识文化研究的理论和方法，形成正确文化观，构建全科育人格局。本课程注重内化课程思政内容，以学生为中心，从小切口讲大思政，将价值塑造、知识传授和能力培养融为一体，通过"学习中心，产出导向"教学模式，实施内容与语言融合式教学理念，重视问题意识、理性思辨、跨文化和文化间、自主学习、科研实践、团队合作等多元能力培育，引导学生通过文化研究和跨文化实践了解世情国情党情民情，理解"文化交流互鉴"内涵，掌握事物发展规律，丰富学识，增长见识，帮助学生塑造正确的世界观、人生观、价值观，使社会主义核心价值观内化为精神追求、外化为自觉行动，在多语言文化交流中自觉讲好中国故事、传播好中国声音，努力成长为德智体美劳全面发展的社会主义建设者和接班人，担负起构建人类命运共同体的历史使命。

3. 课程思政教学重点和难点

00后学生朝气蓬勃，国家民族自豪感强烈，有着讲好中国故事、传播好中国声音的自发诉求。他们高度认同中国话语和中国叙事体系构建，积极支持提升国家的国际传播效能，形成同我国综合国力和国际地位相匹配的国际话语权。在日常生活、学习和对外交流中他们也遇到了不少文化隔膜、文化侵蚀问题，迫切希望在课程内容中更加深入探讨文化冲突、文化挪用、"四个自信"等课题,提高跨文化意识和行为能力,更好地建构、维护文化交流的公正平等开放。文化研究的理论和方法涉及经验、情感、主体、身份、权力关系等诸多因素,与价值观塑造息息相关,蕴含丰富的课程思政育人因素,与学生学习需求形成了双向奔赴,为课程思政教育无缝、有机纳入课程教学各个环节创造了有利条件和广阔空间。有鉴于此,本课程强调课程建设紧紧契合学生兴趣和关切,以问题为导向,坚定"四个自信",坚守中国文化立场,立德树人,润物细无声。

西班牙语世界文化研究课程思政的难点是要把课程思政因素与具体情景结合,防止"贴标签""两张皮",要坚持"八个统一",准确把握课程思政路径,潜移默化,使课程思政成为教学活动的有机组成部分,鼓励他们深入了解语言对象国的历史、文化、政治、经济,尊重世界文明多样性,强化学生的家国情怀、全球视野和跨文化意识,在比较、分析和评价中理解文明交流互鉴,培养学生人文精神与科学素养。

4. 本课课程思政教学方法和过程

4.1 教学方法

习近平总书记在中共二十大报告中指出:"培养什么人、怎样培养人、为谁培养人是教育的根本问题。育人的根本在于立德。"落实立德树人的根本任务,必须将价值塑造、知识传授和能力培养三者融为一体、不可割裂,使学科资源、学术资源转化为育人资源,回归教育本真的需要。西班牙语世界文化研究课程旨在构建以学生为中心的课程组织形式,引入混合教学模式,实践"翻转课堂",尝试以"互联网+"和"+互联网"双向路径扩充课程教育的维度和深度,构建线上线下、课内课外相结合的课程思政教学体系。在文化研究理论讲解部分主动引入中国和发展中国家的学术成果,采用项目式、启发式、讨论式、探究式等多种教学手段,培养学生的理论思维能力、分析问题与解决问题能力,引导学生坚持中国立场与全球视角、宏大叙事与个案解析、理论思辨与实践观照相融合,以马克思主义世界观和方法论为指导,以社会主义核心价值观为参照,深刻理解语言文学、文化现象的价值属性和语言使用作为社会文化实践的本质,坚持从中国立场和全球视野进行中外对比,帮助学生发掘中外文化现象、文化活动、文化观念中的人类共同情感和全人类共同价值,学会欣赏世界文化多样性,树立跨文化意识,开展跨文化比较,坚定文化自信。鼓励学生全程参与课程建设和课程考核评价,不断提升他们的课程学习体验,增进学习效能。

4.2 教学过程

党的十八大以来,习近平总书记在多个国际场合和国际会议上,倡导性提出应在世界上努力构建人类命运共同体。党的二十大报告提出加快构建中国话语和中国叙事体系,加强国际传播能力建设,全面提升国际传播效能,形成同我国综合国力和国际地位相匹配的国际话语权。西班牙和西班牙语美洲国家是丝绸之路和海上丝绸之路的自然延伸，这为西班牙语专业学生提供了前所未有的机遇，也使跨文化能力培养显得愈发迫切和关键。西班牙语世界文化研究课程应用北京大学课程教学安排模板和课程思政元素对应表模板在教学全过程中内嵌课程思政内容，根据融入、全面、适度的原则选择载体，以学生为中心精心设计教学方法、以学生为主体组织教学活动，精确构建课程思政通道，从学生关注的现象、问题入手，调动学生积极思考，创造思辨性、探究型课堂氛围，鼓励学生全程、全面参与课程活动，增强他们的文化研究应用能力和跨文化行为意识与能力，促进师生砥砺思想，实现课程思政教育与专业学习的有机融合。

【教学安排】

联合国教科文组织指出"理解不同文化是一种新的文化素养，与书面扫盲和数字扫盲同等重要"。外国语言教学是一个复杂的文化综合体，了解一个民族或国家的文化是实现沟通与交流的前提条件和基本出发点。为了做到公正平等开放的文化交流和跨文化交际，外语学习者不仅要学习外国语言和文化，还要深入了解本国文化，熟练使用所学外语对外传递本国文化和价值观念。有鉴于此，跨文化多语言行为意识与能力日渐成为外语人的核心素养之一。本课程以文化为抓手，引导学生自主学习文化研究理论，辩证认识文化研究的可能性与可行性，同时利用文化研究的跨学科、多领域空间，建构开放的课程平台，培养学生的问题意识、思辨意识、自主学习能力，鼓励学生开展跨文化实践，在活动中应用、检验、反思文化研究的理论与方法，锻炼学生的国际传播能力，提高"讲好中国故事，传播好中国声音"的实干精神和专业本领。

课程内容：

西班牙语世界文化研究课程包含文化研究理论、个案研究、跨文化实践三个板块：

板块一：文化研究理论

第一周：什么是文化？文化的定义、概念辨析

第二周：什么是文化研究（上）？文化研究的定义、范畴和沿革

第三周：什么是文化研究（下）？文化研究的基本理论

第四周：怎么做文化研究？文化研究的方法、应用

第五周：文化研究往何处去？文化研究理论方法的优势、弊端、困境、展望

教学目标：从文化的概念辨析入手，回顾文化研究的发展沿革，分析、思考文化研究理论和方法的特质、困境和成果，探讨如何利用文化研究方法助力"讲好中国故事，传播好中国声音"。

教学方法：混合教学模式、问题导向教学法、翻转课堂、教师讲授、课堂讨论。

课程思政目标：

(1) 马克思主义的文化观念和文化研究理论。

(2)文化研究视角与中国问题研究。

(3)文明交流互鉴和文化研究观念。

(4)"四个自信"和文化研究。

(5)文化研究方法在构建中国话语和中国叙事体系中的应用。

板块二:个案研究

基于学生兴趣和关切确定个案研究课题。学生自愿结成课题小组,抽取个案研究课题,完成课堂发表。教师应制作课题清单、课题基本内容资源列表、核心参考文献名录,跟进课题小组准备过程,为学生提供科研指导。

课题一:殖民和记忆

第六周:世界地图上的西班牙语美洲

第七周:战败者的目光

第八周:"最后的菲律宾人"

课题二:东方主义

第九周:西班牙语世界的中国旅行笔记(上):20世纪50—70年代

第十周:西班牙语世界的中国旅行笔记(下):20世纪80年代至今

课题三:妇女的半边天

第十一周:马林切的迷宫

第十二周:"不戴帽子的女人们"

课题四:是你给了我眼睛给了我视力

第十三周:《在延安文艺座谈会上的讲话》与西班牙语世界

第十四周:"另一种情感"——西班牙20世纪80年代的一次马克思主义诗歌实践

课题五:山海不为远

第十五周:人类命运共同体与西班牙语美洲的后现代构想

教学目标:

指导学生应用文化研究方法进行个案研究实践,引导学生以文化为切入点认识西班牙语世界,了解真实、立体、全面的中国,打破文化定式观念,克服文化偏见,警惕文化挪用和文化侵蚀,强化思辨、研究、合作、语言运用等多元能力培养。实施内容与语言融合式外语教学理念,帮助学生在探究知识的过程中不断提高外语学习效能,为提高国际传播能力奠定知识基础、做好能力储备。

教学方法:混合教学模式、翻转课堂、问题导向教学法、任务导向教学法、课堂讨论。

课程思政目标:

(1)马克思主义唯物史观。

(2)马克思主义文艺观。

(3) 反思殖民和后殖民。

(4) 反思现代和后现代。

(5) 马克思主义妇女解放思想。

(6) 女权主义/女性主义面面观。

(7) 反思东方主义与"中国形象"的建构。

(8) "红色中国"意象。历史虚无主义的面目。

(9) 中国话语和中国叙事体系的构建。国际话语权。

(10) 坚守中华文化立场,深化文明交流互鉴。

板块三:跨文化实践

第十六周:"中国叙事"视频

教学目标:

结合文化研究的理论和方法,要求学生制作时长5—7分钟的西班牙语视频作品,呈现中国文化、当下中国的文化特征、中国和西班牙语世界的文明交流互鉴等。

学生可以以个人或组成小组进行创作,并尝试将作品发布到国内外主要视频网站和社交媒体上,进行跟踪观察,反思"讲好中国故事,传播好中国声音"的策略和方法。

实施跨文化思辨外语教学理念。鼓励学生开展跨文化实践活动,帮助学生从跨文化视角考察中国文化、分析中国实践、探究中国理论,坚定"四个自信",努力成长为有家国情怀、有全球视野、有过硬专业本领的复合型外语人才。

教学方法:

任务导向教学法、问题导向教学法。

课程思政目标:

(1) 讲好中国故事,传播好中国声音,展现可信、可爱、可敬的中国形象。

(2) 中国立场全球视野,构建中国话语和中国叙事体系。

(3) 中华文明传播力影响力,国际传播能力建设,国际话语权。

(4) 深化文明交流互鉴,推动中华文化更好走向世界。

课程考核方式:

西班牙语世界文化研究课程实行"全流程+全参与"的考核方式,邀请学生参与课程考核评价,课程考核方式和课程总评成绩构成:

(1) 个案研究课堂发表(30%)

(2) 课程论文(40%)

(3) "中国叙事"视频(30%)

【教学思维导图】

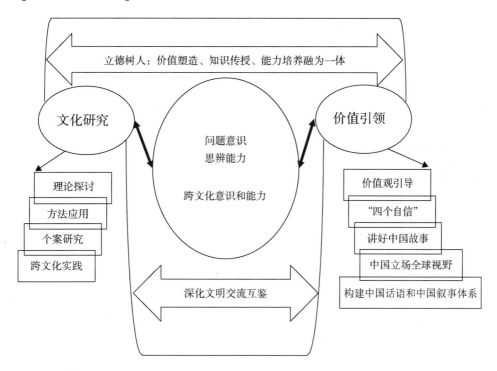

4.3 评价体系

学生学习评估：过程评估和成果评价、教师评价和学生评价、学生自评和互评相互配合补充，构成全课全局全过程评价体系。教师跟进学生的课程学习过程，随时予以答疑、指导。由学生制定个案研究课堂发表和"中国叙事"视频评分标准，组织打分，教师参与评分，发表点评意见。尊重学生的评分结果并在课程总评成绩中予以体现。

教师教学评估：自我评估与学生评价相结合。教师及时征求、收集选课学生意见，不断总结经验教训，根据学生兴趣和需求适时调整、改进课程安排。

5. 参考书目

本课程使用自编讲义，推荐参考文献如下：

1. 汪民安主编：《文化研究关键词（修订版）》，南京：江苏人民出版社，2020年。
2. Mattelart, A., Neveu, É. *Introdcción a los estudios culturales*. Barcelona: Ediciones Paidós Ibérica, 2004.
3. Szurmuk, M., Mckee Irwin, R. *Diccionario de estudios culturales latinoamericanos*. México, D. F.: Siglo XXI Editores, 2009.
4. Rodman, G. B. *Why Cultural Studies*. Malden (MA): Wiley Blackwell, 2015.
5. Sardar, Z. *Introducing Cultural Studies*. Cambridge: Icon Books, 1999.

伊朗历史文明概论

1. 课程总览

【课程名称】伊朗历史文明概论

【课程类型】必修课程

【教学对象】一年级波斯语本科生

【课程学时】32学时（2学时*16周）

【课程目标】

"伊朗历史文明概论"课程的目标是通过深入研究和探索伊朗的历史与文化，培养学生对伊朗文明有全面的了解和认识。首先，课程将涵盖伊朗从古代到现代的历史进程，包括各个时期的政治、经济、文化和社会发展，使学生了解伊朗的历史演变和社会变革。其次，课程将深入探讨伊朗的宗教、艺术、建筑和文学等文化领域，揭示伊朗文化的独特性和影响力，以及其在世界文化中的地位。通过学习伊朗的艺术作品和文学作品，学生将理解伊朗人民的精神世界和价值观。此外，课程还将注重培养学生的比较分析能力，将伊朗历史文明与其他文明进行比较，以揭示伊朗文明的独特性和与其他文明的相互影响。通过这种方式，学生将更好地理解伊朗文明在人类历史和文化遗产中的重要地位。最后，课程还将强调伊朗历史文明对社会、政治、经济和文化等方面的影响，及其对当今社会的影响。学生将理解伊朗历史文明对现代社会的重要性，以及它对人类历史和文化的贡献。"伊朗历史文明概论"课程的总体目标是让学生全面了解和认识伊朗的历史和文化，理解伊朗文明的独特性和价值，培养对多元文化的尊重和理解，并为他们在未来的学术研究和职业生涯中提供有力的支持。

2. 课程思政目标

"伊朗历史文明概论"课程以习近平新时代中国特色社会主义思想为指导，紧紧围绕立德树人的根本任务，主要教授现代波斯语言和伊朗的文学、历史、文化，旨在以理想信念教育为核心，以社会主义核心价值观为引领，以全面提高人才培养能力为关键。跨文化能力是外国语言文学学科的核心能力素养，学习者不仅要学习外国语言和文化，还要深入了解本国文化，完成本国文化和价值观的对外传递。本课程将有助于唤醒本国文化记忆，激发文化自觉，促发加强本国文化素养的需求，凸显文化自觉和文化自信问题，培养具有丰富伊朗文化知识、具有全球视野、中国立场和家国情怀的应用型、学术型人才，以服务于新时代国家战略和各项事业的需求。

3. 课程思政教学重点和难点

习近平总书记指出："高校立身之本在于立德树人。"教育部《高等学校课程思政建设指导纲要（2020）》明确提出培养什么人、怎样培养人、为谁培养人是教育的根本问题，立德树人成效是检验高校一切工作的根本标准。思政教学是人文学科不断发展的产物，是思想政治教育和新文科教学的主要表现形式。在实际授课过程中，文科涉及大量政治思想和人文科学理论，涵盖世界观、人生观、价值观、中外文化等内容。思政教学设计要把价值取向统一在知识的传递上，实现德育与专业技能发展目标的充分结合。

"伊朗历史文明概论"课程的思政教学重点主要包括以下三个方面：

1. 通过课程学习，学生能够理解和尊重伊朗历史文明，正确看待伊朗的宗教、文化和社会制度，避免片面或偏见的解读。

2. 学生能够明确伊朗历史文明在人类历史和世界文化中的重要地位和影响，理解其在政治、经济、文化等各个领域的独特性。

3. 通过对伊朗历史文明的深入研究，培养学生的比较分析能力，提升其对历史和文化的敏感度和判断力。

难点主要包括以下三个方面：

1. 由于历史的复杂性和文化的多样性，学生对伊朗历史文明的理解可能存在一定难度，需要教师在课程中深入浅出地进行讲解。

2. 如何使学生克服对伊朗的固有印象和偏见，正确看待和接纳伊朗的历史和文化，也是课程思政教学中的难点之一。

3. 在涉及政治、宗教等敏感话题时，需要教师正确引导，避免学生产生过度解读或误解。

本专业课程通过有效的思政教学，教师可以帮助学生全面、客观、深入地理解伊朗历史文明，提升其人文素养和综合素质。此外，本课程不仅要向学生传授相关知识和技能，还应使学生深入了解中国优秀的传统文化，充分理解时代精神，建立文明互鉴理念，不断鼓励学生继承和发扬优秀的中国传统文化，同时，借鉴对象国的优秀传统文化，通过自身的努力，为建设人类命运共同体，实现祖国长远发展、民族复兴，并为世界和平做出贡献。

4. 本课课程思政教学方法和过程

4.1 教学方法

"伊朗历史文明概论"以讲授和讨论的混合教学模式,实践"翻转课堂"教学法,鼓励学生参与,构建以学生为中心的授课形式。学生参与课程考核评价,不断提升学生的课程学习体验、学习效果。教学内容力求囊括伊朗社会和历史的各层面和角度,因此在教学方法上尝试以最直观和多元的形式呈现给学生。除上课常用的 PPT 讲授外,本课程针对不同的社会文化问题也采用了视频观看、实践体验等方式,如邀请中央音乐学院的世界音乐专家走进课堂,现场演示伊朗乐器;邀请国际关系方向的一线校友为同学们讲授最前沿的伊朗问题等。

作为专业必修课,本专业人数一般在十人规模。小班教学为本课程提供了学生课堂发挥的时间和空间。除教学讲授,本课程还安排了学生课堂演讲和课堂辩论环节。课堂演讲设定为读书分享,即要求每位同学在大学伊始即选择一本自己感兴趣,且和本专业相关的专业书籍,精读并撰写读书笔记。在演讲中,学生们即以该文本为基础,结合自己的读书心得向大家介绍相关的专业内容。这一针对大一新生的安排,让学生们在学习阅读专业书籍的同时,提升归纳总结和批判能力,并练习读书报告的写作。经过磨炼,该课程学生逐步学习和掌握了学术阅读技能,并通过课堂交流和教师点评,取长补短。既扩大了全班同学的知识面,也促进了学生们对伊朗学各领域知识的了解,把专业教学和思政教学有机结合起来,在教学过程中完成思想政治教育,鼓励学生分享思想,发展价值观,实现思维品质、思想情感、学习态度和专业技能的协同成长。

4.2 教学过程

本课程时刻围绕增强学生文化自信心和民族自豪感的主题,引导学生坚定拥护中国共产党领导的政治认同,培养学生爱祖国、爱人民、爱家乡的家国情怀,将专业学习中掌握的对事物发展规律的认识、对中华优秀传统文化的情感、对社会主义核心价值观的践行、对社会主义法治的遵守、对职业理想和职业道德的共识,转化为成长成才的能力;同时培养学生的创新能力、独立思考能力,进而实现学生专业素养与核心道德素养的共同提升,以使他们更好承担起青年一代的责任。因此,在每个教学单元中均融入思政元素和内容,培养学生的家国情怀并开阔其国际视野。

对于每一节课而言,"伊朗历史文明概论"课程的教学过程主要包括课前准备、课堂讲解、课堂互动、课后作业和教学互动五个环节。第一,教师在课前需要准备充分的教学资料,包括历史文献、图片、视频等,以便在课堂上生动形象地展示伊朗历史文明的不同方面。第二,教师在课堂上通过讲解历史事件、人物和文化现象,引导学生全面了解伊朗历史文明的发展过程。同时,教师还要注重培养学生的比较分析能力和批判性思维,避免片面或偏见的解读。第三,教师通过课堂互动鼓励学生提问和参与讨论,加深学生对伊朗历史文明的理解和认识。同时,教师还可以通过小组讨论、案例分析等方式,提高学生的课堂参与度和学习效果。第四,教师在课后布置相关作业,包括阅读文献、撰写论文等,帮助学生巩固课堂所学知识,提高他们的独立思考和研究能力。第五,教师通过考试、论文、课堂表现等多种方式对学生的学习成果进行评估,以便及时发现问题和改进教学方法。通过以上教学过程,教师可以有效地传授伊朗历史文明的知识,培养学生的综合素质和比较分析能力,为他们的学术研究和职业生涯打下坚实的基础。

在对学年的教学过程总体安排上,则分为三大板块。

在第一板块导论中,针对大学一年级新生对学习波斯语提出的终极问题"为什么学习波斯语",本课程在大一第一学期从北大波斯语专业学科史的介绍开始,首先让学生们了解专业的发展方向、学科带头人,及学科专业刊物等。通过学科史介绍,学生们在入学之初就明白了本专业并非语言教学,而是针对该语言对象国的区域研究,且研究领域极为广阔。这一认知增强了学生们的专业认同感和自豪感,极大促进了学习热情。其次,课堂讲授如何收集伊朗学相关资料,以及如何利用这些资料。在资料收集和挖掘中,教师不仅要关注教材内容,还应注意历史事件、科学发展、社会时事等多学科资源的整合与拓展,有选择有计划地引入课堂,带领学生走入真实社会,使学生的知识技能与思想品德发展结合起来,充分激发学生学习兴趣,让学生掌握事物发展规律,成为有德行、有学识、有担当的时代新人。

在课程的第二板块,教师对波斯语使用的主要对象国伊朗的地理、人口、民族、宗教、经济、艺术、美食等进行横向且多角度的介绍。通过对伊朗社会各方面的介绍,该课程为学生们构建了活灵活现的伊朗社会百态,以从多角度了解了对象国社会,极大促进了后辈学人对中国与波斯语对象国之间文化交流的深入了解和研究,进而助力为我国社会主义现代化建设事业营造良好国际环境的各项工作。这既提高了学生们学习的兴趣,也使其更全面地了解伊朗文化。

在对伊朗具备全面综合的教学后,课程第三板块以时间为顺序,纵向梳理伊朗几千年的历史发展。将伊朗历史专题设置为第三部分,是基于在对伊朗当今社会文化有了生动感受后,纵向追溯这些文化现象的成因和发展。这一安排让学生们将历史发展与现实社会相结合,积极思考伊朗民族性的根源和本质,激发学生们深层次的学术思考,同时,也能够使学生更深入地体会对象国的语言、历史、文化、政治、科技等方方面面,加强对中外文化异同和交流互鉴的认知,认识世界文化多样性,树立正确的文化观,产生自己对"中国的伊朗学"的独到见解。

在课堂教学中,除上述课堂演讲设定的读书分享,即要求每位同学在大学伊始即选择一本自己感兴趣且和本专业相关的专业书籍,精读并撰写读书笔记,本课程还设计了两次辩论环节,主题分别为伊朗妇女问题和美伊核问题。这些问题是学术界争论焦点,资料和角度丰富。针对这些问题所做的课前资料准备,课堂辩论,及教师引导和评论,极大地启发了学生们的辩证思维。

在上述三大板块内容的思政教学中,教师深入挖掘专业思政教育资源,精心组织和探索思政元素的丰富概念,渗透学生的心灵,培养学生的情感,影响学生的思想观念,提高学生对思政教学的接受程度,以达到事半功倍的教育效果,使其在语言技能、思想观念、价值取向、道德品质等方面得到全面发展,这不但有利于教育目标的逐步实现,还能更好地提升课程的意识形态价值。在历史文化教学内容中,通过对中国和伊朗两大文明古国的历史发展脉络和典型经历结合比对,融入中国发展成就、中国发展故事等案例,全方位激发学生的自信,将四史教育巧妙融会贯通于教学课堂中,从而增强学生的政治认同、思想认同和情感认同,帮助学生树立正确的政治观、国家观、民族观和历史观,铸牢中华民族共同体意识,以推动"一带一路"的建设和人类命运共同体的构建。

具体教学大纲如下:

		章节/周主题	知识点	思政元素（结合专业知识解读）	所属思政维度
第一周	导论	什么是伊朗？什么是波斯？	概念辨析,文化的历史定义	马克思主义如何理解文化的作用。	国家意识/政治认同
第二周	中国波斯语言文学学科史	北大引领的波斯语言文化学科史	学科史	文化研究视角,与世界其他国家波斯语言文化专业发展的比较,中国波斯语学科的特色。	如何思考/国家意识
第三周	中国伊朗学学科史	什么是伊朗学？中国伊朗学的学科史	伊朗学的定义、学科发展	中国伊朗学的学科史,伊朗学的中国视角和中国声音。	如何思考/国家意识
第四周	伊朗学材料及研究方法	如何收集、鉴别和利用材料？如何做文化研究？	材料的收集和利用、研究方法	材料和研究方法如何结合利用,"四个自信"与文化研究方法。	如何思考

(续表)

	章节/周主题	知识点	思政元素（结合专业知识解读）	所属思政维度
第五周	自然地理与行政区划	怎么做文化研究？	文化研究的方法、应用	加强对中外文化异同和交流互鉴的认知,认识世界文化多样性,树立正确的文化观。	如何思考
第六周	人口、民族;语言文字	文化研究往何处去？	文化研究的理论方法优势、弊端、困境、展望	加强对中外文化异同和交流互鉴的认知,认识世界文化多样性,树立正确的文化观。	如何思考
第七周	宗教:伊斯兰教	伊斯兰教史与伊朗伊斯兰教特点	伊斯兰教各派别,什叶派特点	唯物宗教观。从历史与现实、理论与实践等维度认识宗教问题。	国家意识/政治认同
第八周	宗教:其他	除伊斯兰教外曾流行于伊朗的宗教概述和特点	琐罗亚斯德教,景教等	唯物宗教观。从历史与现实、理论与实践等维度认识宗教问题。	国家意识/家国情怀
第九周	伊朗妇女	多元维度下的伊斯兰世界妇女问题	马克思主义妇女解放的基本观念	马克思主义妇女解放的基本观念。	如何做人/道德素养
第十周	美食与生活	伊朗美食介绍、品鉴,以及相关的生活习惯和方式	"一带一路"美食传统,以美食发散开的伊朗民族特点	加强对中外文化异同和交流互鉴的认知,认识世界文化多样性,树立正确的文化观。	国家意识/家国情怀
第十一周	历史:伊斯兰前	伊斯兰前伊朗历史,包括波斯帝国、安息和萨珊王朝	伊斯兰前伊朗的语言、民族与文化	通过对中国和伊朗两大文明古国历史发展脉络和典型经历结合比对,帮助学生梳理正确的政治观、国家观、民族观和历史观。	国家意识/家国情怀

(续表)

	章节/周主题	知识点	思政元素（结合专业知识解读）	所属思政维度
第十二周	历史：伊斯兰教创立—蒙古入侵	萨曼王朝，新波斯语的诞生与传播	伊斯兰教传入伊朗后波斯文化的复兴	通过对中国和伊朗两大文明古国历史发展脉络和典型经历结合比对，帮助学生梳理正确的政治观、国家观、民族观和历史观。	国家意识/家国情怀
第十三周	历史：蒙古帝国—帖木儿帝国	蒙古帝国，帖木儿帝国历史与文化	外族统治下伊朗民族和文化的发展和影响	通过对中国和伊朗两大文明古国历史发展脉络和典型经历结合比对，帮助学生梳理正确的政治观、国家观、民族观和历史观。	国家意识/文化素养
第十四周	历史：萨法维王朝—巴列维王朝	萨法维王朝，恺加王朝，巴列维王朝历史与文化	立什叶派为国教，近代科学技术交流，伊朗民族国家的建立	通过对中国和伊朗两大文明古国历史发展脉络和典型经历结合比对，帮助学生梳理正确的政治观、国家观、民族观和历史观。	国家意识/文化素养
第十五周	历史：当代伊朗政治经济	西方媒体中"伊朗意象"的多元维度	伊朗伊斯兰共和国的建立和发展	伊朗的发展理念和伊朗形象，融入中国发展成就，中国发展故事等案例，全方位激发"四个自信"。	国家意识/政治认同
第十六周	总结	以史为鉴，讲好中国故事的要素	"四个自信"和讲好中国故事	"四个自信"和讲好中国故事。	国家意识/家国情怀

4.3 评价体系

"伊朗历史文明概论"课程实行多元的教学考核方式。充分结合大一学生能力，循序渐进地安排学生的考核方式。演讲和期中着重于对一本书的精读，将学术视野扩展至某一专属领域，对该领域的学科发展史和学术史进行梳理。期末考试为闭卷考试，考查学生们对伊朗地理人文概况，伊朗学专有名词等核心知识的掌握；

课程总评成绩构成：

演讲(20%)：介绍精读的一本书及其相关内容，时间15分钟内，每周1—2人

作业(20%):书评,1000—1500 字

期末考试(50%):闭卷

平时(10%)

5. 参考书目

本课程使用自编讲义,推荐参考文献如下:

1. 劳费尔:《中国伊朗编》,林筠因译,北京:商务印书馆,1964 年。
2. 刘慧:《当代伊朗社会与文化》,上海:上海外语教育出版社,2007 年。
3. 叶奕良编:《伊朗学在中国论文集》,北京:北京大学出版社,1993 年。
4. 叶奕良编:《伊朗学在中国论文集》(第二集),北京:北京大学出版社,1998 年。
5. 叶奕良编:《伊朗学在中国论文集》(第三集),北京:北京大学出版社,2003 年。
6. 北京大学伊朗文化研究所:《伊朗学在中国论文集》(第四辑),上海:中西书局,2021 年。
7. 北京大学伊朗文化研究所:《伊朗学在中国论文集》(第五辑),上海:中西书局,2021 年。
8. 李铁匠:《伊朗现代史》,北京:中国戏剧出版社,2006 年。
9. 王宇洁:《伊朗伊斯兰教史》,银川:宁夏人民出版社,2006 年。
10. 王新中、冀开运:《中东国家通史·伊朗卷》,北京:商务印书馆,2004 年。
11. 玛丽·博伊斯:《伊朗琐罗亚斯德教村落》,张小贵、殷小平译,北京:中华书局,2005 年。
12. 金宜久主编:《伊斯兰教史》,北京:中国社会科学出版社,1990 年。
13. 阿宝斯·艾克巴尔·奥希梯扬尼:《伊朗通史》,叶奕良译,北京:经济日报出版社,1997 年。
14. 鲁迪·马特、尼基·凯迪主编:《伊朗学在欧洲和东亚》,姚继德译校,银川:宁夏人民出版社,2008 年。
15. *Encyclopædia Iranica*. Costa Mesa, Cal:Mazda.
16. *The Cambridge History of Iran*. Cambridge:CUP, 1968.

以色列社会

1. 课程总览

【课程名称】以色列社会

【课程类型】希伯来语专业本科生专业必修课

【教学对象】本科生 2—3 年级

【课程学时】32 学时(2 学时 * 16 周)

【课程目标】

"以色列社会"是为希伯来语专业二、三年级本科生开设的文化课程,由以色列概况课程发展而来。教学语言为中文,阅读和教学材料包括中文、英文和希伯来语资料。通过兼具知识性、思想性和教育性的教学内容,让学生对以色列国家基本情况有较为全面的了解。教学内容涉及的知识领域较多,从气候、地理、人口、族群,到政治体制、经济概况、教育情况和宗教文化等。授课教师在传授专业知识的同时,注重学生自主思考和思辨能力的培养及价值观的塑造。

知识目标:通过课程学习,帮助学生了解以色列国家及以色列社会的基本情况,对以色列主要族群的特点、宗教习俗和身份认同有基本了解;对存在于以色列社会的主要矛盾有初步认知,探讨在不同历史时期这些矛盾如何推动以色列社会和政治的发展。

能力目标:开阔学生的文化视野和学术视野,增强学生对以以色列为代表的西方文化和西方制度的了解,培养学生的思辨能力、自主学习能力。在教学中鼓励学生去发现并考察中外差异,进行中外比较和跨文化分析,在提升学生对文化差异和制度差异的理解力和宽容度的同时,提高学生进行跨文化交流和对话的能力。

2. 课程思政目标

教育部《高等学校课程思政建设指导纲要(2020)》明确提出培养什么人、怎样培养人、为谁培养人是教育的根本问题,并把立德树人成效作为检验高校一切工作的根本标准。由于外语学科的特殊性,学生在日常学习和对外交流中难免遇到文化隔膜,甚至文化侵蚀问题,在教学中更要注重落实立德树人的根本任务,将价值塑造、知识传授和能力培养三者融为一体。"以色列社会"课程内容涉及范围广泛,本身就具有跨学科和跨文化的特点,在教学中要结合课程内容,在传授知识的同时,从培养学生跨文化能力、思辨能力、自主学习能力和实践能力的角度,将学术资源转化为育人资源。在教学过程中,注重引导学生以辩证唯物主义和历史唯物主义的原理,看待并分析以色列国家的历史和社会发展,掌握事物发展的客观规律,认清历史演进和社会进步的本质,正确理解和分析各种社会和政治现象。在丰富学识、开启全球视野的同时,加强对本国文化、制度和相关政策的学习和理解,树立文化自信和制度自信,以爱国主义精神厚植家国情怀,成长为合格的社会主义建设者和接班人。

3. 课程思政教学重点和难点

"文明因交流而多彩,文明因互鉴而丰富",习近平主席于2014年3月27日在联合国教科文组织总部发表演讲时提出"文明互鉴"的重要主张。文明互鉴,意味着不同文明之间加强交流，相互借鉴。而要实现良好沟通交流与互鉴，了解对象国家的语言、文化和基本国情，既是必要条件也是加分项。"以色列社会"这门课程思政教学的重点是让学生在了解以色列国家的基本情况、以色列社会的重要参数、文化特点和习俗等知识的同时，加强对本国文化、制度和相关知识点的了解和认同。文明之间的交流是双向的，要了解对方也要帮助对方了解自己，因此在"知彼"的同时要做到"知己"，通过"知彼"促进"知己"，也通过"知己"更客观全面地"知彼"。

新时代的学生朝气蓬勃，国家民族自豪感强烈，在探索外面世界的同时也有对外宣传和讲好中国故事的诉求与责任，但在实际操作中常常遇到无的放矢或有劲使不出来的情况，或找不到恰当的切入点，或无法用交流对象"听得懂"的话语来进行表述。因此，在本课程的教学中，不仅要让学生熟悉对象国的体制、政策和文化，还要了解其思维方式和话语。在学习过程中，要注重培养学生从辩证的角度看问题，避免简单化和绝对化，尤其是对于以色列这样一个外部争议非常大，内部又深度分化、多种社会矛盾并存的国家。希望学生通过本课程相关知识的学习和对比，可以充分认识到，在每个国家每个社会，大到制度抉择、重大政策的制定和执行，社会和经济的重大转型，小到某项法律条文的变更，某个社会或文化现象的出现及衰退，都有其独特的历史、社会和文化背景。引导学生深刻理解习近平主席于2021年1月25日在世界经济论坛"达沃斯议程"对话会上的特别致辞——"各国历史文化和社会制度各有千秋，没有高低优劣之分，关键在于是否符合本国国情，能否获得人民拥护和支持，能否带来政治稳定、社会进步、民生改善，能否为人类进步事业作出贡献。"在加强学生对本国文化和制度的理解和认同感的时候，还要教导学生摒弃刻板印象、克服偏见，维护文化交流的公正平等，真正地践行文明互鉴。

4. 本课课程思政教学方法和过程

4.1 教学方法

本课程将以立德树人为根本任务，将价值观引领寓于知识传授与能力培养中。基于具体教学内容和教学进度，选取扩展材料，遵循"紧密性"和"启发性"两大原则，将思政元素融入教学。不生搬不硬套，而是"润物细无声"地增进学生对本国文化和制度的认知和认同感，实现知识传授、能力培养与价值观塑造的有机统一。

在教学过程中坚持以学生为中心，积极互动，调动学生回答问题、自主思考的积极性，重视学生的课堂参与和即时反馈。在教学中重视新媒体技术的应用，使知识通过应用文字、图片、声音、视频等多种形式呈现，既可拉近与学生的距离，加深学生对关键知识点的记忆，也有助于激发学生的学习兴趣和求知欲。

4.2 教学过程

【教学安排】

本课程教学分 16 周进行。具体安排如下：

教学周	主题	知识点	思政元素 (结合专业知识解读)	所属 思政维度
第1周	国家概况	人口、民族、气候、地理、邻国、自然资源、主要城市和行政区划。	加入中以对比元素，不仅让学生有更直观的感知，也可以培育学生的家国情怀。	全球视野/ 家国情怀
第2周	建国指导思想——犹太复国主义	犹太复国主义的诞生、主要派别及其主张、后犹太复国主义思潮（20世纪80—90年代）、21世纪新犹太复国主义的特点。	犹太复国主义是犹太民族在面对危机时的应对措施之一，之前的犹太教改革甚至同化，都未能解决犹太问题。从这一角度加入与中国的对比元素，让学生认识到每条成功道路的选择都绝非偶然——只有共产党，只有社会主义才能拯救中华民族于危亡之际。	全球视野/ 家国情怀/ 制度自信
第3周	反犹太复国主义的思潮及发展变化	来自犹太人内部的反对及其原因、来自外界的反对（以色列建国前及建国后有所变化）。	"甲之蜜糖，乙之砒霜"。通过对反犹太复国主义者的观点及其原因的解析，培养学生从辩证角度看问题的习惯，避免片面看待问题，提高学生思辨能力。	全球视野/ 辩证唯物主义
第4周	以色列国家的基本性质	以色列是一个犹太国家（标识及表现），同时也是一个民主国家。但以色列并非单一民族国家。占人口20%的以色列阿拉伯公民并没有被赋予与犹太公民完全平等的权利。因此以色列并非一个完全的民主国家，而是族裔民主。	通过介绍以色列与通常定义的西方民主国家的异同，让学生对西方民主尤其是以色列的民主制度有更深刻的认识。通过中外比较，加深学生对社会主义核心价值观中民主的理解。	全球视野/ 他山之石/ 制度自信

(续表)

教学周	主题	知识点	思政元素（结合专业知识解读）	所属思政维度
第5周	以色列是一个犹太移民国家	以色列是一个由犹太移民建立的国家、"犹太家园"与《回归法》、不同时期的移民政策与安置等。	《回归法》是以色列最受诟病的法律之一，因其按民族属性而非公民属性赋予特殊权利，而犹太属性的认定，又与犹太教有紧密的联系。现代以色列尽管是个世俗国家但政教分离不彻底，引发了诸多问题。通过与中国相关历史时期宗教与政权关系进行对比，让学生加深对本国历史和传统政治文化的了解。	全球视野/他山之石/文化自信
第6周	国家制度	三权分立——国会、政府和司法机关各自的职责、功能及相互关系；20世纪90年代之后以色列高等法院"宪法革命"，对立法机关——国会出台的部分法律行使了"违宪裁决"，让其失效，但近年来在国会中占优势的右翼保守势力与犹太宗教势力合力，试图立法对最高法院的权力进行反限制。	以色列没有宪法，原因是宗教人士坚决反对在神圣的犹太律法之外还有至高法。在个人身份事务方面（如结婚离婚），以色列至今没有相关的世俗（民事）法律，犹太法庭（及其他被以色列承认的宗教法庭）有唯一管辖权。通过对相关事例的学习，让学生了解宗教过度干预政治与社会生活会造成的问题，以及信仰自由，不仅指信仰宗教的自由，也应包括不信仰宗教的自由。	全球视野/他山之石/文化自信/制度自信
第7周	选举制度与多党制	国会选举的方式及特点；以色列的多党制度和执政联盟制度的特点及弊端。	以色列国会选举本应4年举行一次，但2019—2022四年内已举行五次大选。通过对大选频繁的原因的分析，让学生了解西方选举制度中存在的弊端。而政府频繁更迭也反映出以色列由多党组成执政联盟制度具有不稳定性。通过对比，坚定学生对中国共产党领导的多党合作与政治协商制度的认同和拥护。	全球视野/他山之石/制度自信

(续表)

教学周	主题	知识点	思政元素 (结合专业知识解读)	所属思政维度
第8周	以色列的经济	经济制度、经济政策及发展概况。	通过对以色列"创业创新国度"美誉的由来进行分析和解读,让学生认识到创新和创造性思维的重要性。深刻理解习近平总书记在党的二十大报告中所强调的——必须坚持科技是第一生产力、人才是第一资源、创新是第一动力的重要观点。	全球视野/ 他山之石/ 制度自信
第9周	以色列的教育	教育相关制度与立法;基础教育中四个并行体制;高等教育的特点。	犹太人是"书的民族",在历史上就非常重视教育,这一点与中国人非常相似,可以引导学生进行对比,加强学生对本国历史和文化的了解,加强其中华文化身份的认同。	全球视野/ 他山之石/ 文化自信
第10周	以色列的军事与国防	以色列国防军被称为"人民军队",其特点与发展概况;以色列兵役制的特点。	以色列实行全民义务兵役制,所以叫"人民军队";中国军队也被称为人民军队,可引导学生进行对比,激发学生的家国情怀和爱国热情。	全球视野/ 家国情怀
第11周	以色列的外交	对以色列的外交史进行简要梳理;以色列与联合国的"恩怨"。	通过讲解中以两国交往的历史,让学生了解中国对以色列(及中东)的相关外交政策。	全球视野/ 家国情怀/ 制度自信
第12周	以色列的阿拉伯少数民族	阿拉伯少数民族在以色列的身份地位与生存状况;以色列国家的少数民族政策。	通过对中以少数民族政策进行对比,让学生更多地了解我国的相关政策及其优越性。	全球视野/ 家国情怀/ 政策理解/ 政策自信

（续表）

教学周	主题	知识点	思政元素（结合专业知识解读）	所属思政维度
第13周	犹太人内部的族群划分	简要介绍西方犹太人、东方犹太人、俄语犹太人和其他特殊族群（如埃塞俄比亚犹太人）各自来源、特点及相互关系。	犹太人从世界各地来到以色列，语言、服饰、习俗甚至肤色都不同，因共同的历史文化认同汇聚在一起，同呼吸共命运。可与中华民族的多元性和同质性相对比，加强学生中华民族身份认同和自豪感。	全球视野/家国情怀/中华民族文化身份认同
第14周	国中之国——哈瑞迪社团	人口已超百万的哈瑞迪社团是以色列社会一个极为特殊的存在，拥有独立的教育体系和价值体系，形成"学者社团"，绝大多数人是非犹太复国主义者或反犹太复国主义者，甚至不承认以色列国家的合法性。本课将介绍哈瑞迪社团的由来、特点、对现代以色列国家的态度，及其与国家的关系。	低就业率、不服兵役，却享受着大量国家资源的哈瑞迪社团引发世俗群体的强烈不满。权利与义务平等是社会公正的体现。通过对比，可加深学生对我国宪法规定的"中华人民共和国公民在法律面前一律平等"的理解，任何公民平等地履行宪法和法律规定的义务；任何公民在适用法律上一律平等。	全球视野/家国情怀/政策理解/政策自信
第15周	以色列与世界犹太人	以色列作为"犹太家园"与流散地犹太人的关系；美国犹太人对以色列的态度及其对美国中东相关政策的影响。	通过将以色列与流散地犹太人的关系跟中国与海外华人华侨的关系进行对比，让学生深刻认识到中华民族精神是海内外中华儿女的永久精神家园，华人华侨也是中华民族精神的重要载体，对于建构和彰显中华民族精神，凝聚同心共筑中国梦的磅礴力量，实现中华民族伟大复兴具有重要意义。	全球视野/家国情怀/认同并弘扬中华民族精神

(续表)

教学周	主题	知识点	思政元素 (结合专业知识解读)	所属 思政维度
第16周	总结:以色列社会的思想支柱	犹太宗教(传统文化) 对大屠杀的记忆 犹太复国主义	犹太民族和中华民族在近现代都遭受过巨大的苦难,也经历过伤痛。在教学过程中加入对比元素,激发学生的同理心和爱国热情,加强学生对中华民族文化身份的认同。	全球视野/ 家国情怀/ 认同并弘扬中华民族精神

4.3 评价体系

"以色列社会"课程实行"全流程+全参与"考核方式,邀请学生参与课程考核评价。

课程的考核方式是——选取本课程中任一主题相关的社会现象及事件,进行研究和分析,在课堂展示研究成果并听取老师和同学的评价和建议,之后将研究成果转化为课程论文。

成绩构成:课堂发表:30%;参与课堂讨论和评议:20%;课程论文:50%。

5. 参考书目

本课程使用自编讲义,推荐参考文献如下:

1. 艾兰·佩普:《现代巴勒斯坦史(第二版)》,王健、秦颖、罗锐译,上海:上海人民出版社,2010年。
2. 丹·赛诺、索尔·辛格:《创业的国度:以色列经济奇迹的启示》,北京:中信出版社,2010年。
3. 冯基华:《犹太文化与以色列社会政治发展》,北京:社会科学文献出版社,2010年。
4. 李洁宇:《论以美特殊关系的根源:以色列总理决策的"理性"成因》,上海:上海交通大学出版社,2012年。
5. 施罗默·桑德:《虚构的犹太民族》,王崇兴、张蓉译,上海:上海三联书店,2012年。
6. 施罗默·桑德:《虚构的以色列地:从圣地到祖国》,杨军译,南京:南京大学出版社,2019年。
7. 宋立宏主编:《犹太流散中的表征与认同》,北京:社会科学文献出版社,2018年。
8. 王宇:《以色列阿拉伯人:身份地位与生存状况》,北京:社会科学文献出版社,2018年。
9. 沃尔特·拉克:《犹太复国主义史》,徐方、阎瑞松译,上海:生活·读书·新知上海三联书店,1992年。
10. 杨阳:《以色列与美国犹太人关系研究》,上海:中西书局,2016年。
11. 虞卫东:《当代以色列社会与文化》,上海:上海外语教育出版社,2006年。
12. 张俊华主编:《以色列政治经济发展报告》,北京:中国社会科学出版社,2017年。
13. 张倩红主编:《以色列蓝皮书:以色列发展报告(2017—2022)》,北京:社会科学文献出版社,2017—2022年。

14. Elazar Leshem & Judith T. Shuval, *Immigration to Israel: Sociological Perspectives Studies of Israeli Society*, Routledge, 2017.
15. Itzhak Galnoor & Dana Blander, *The Handbook of Israel's Political System*, Cambridge University Press, 2018.
16. Majid al-Haj, *The Russians in Israel: A New Ethnic Group in a Tribal Society*, Routledge, 2019.
17. Reuven Y. Hazan, Alan Dowty, Menachem Hofnung, and Gideon Rahat (eds.), *The Oxford Handbook of Israeli Politics and Society*, Oxford University Press, 2021.
18. Sammy Smooha, *Arabs and Jews in Israel: Conflicting and Shared Attitudes in a Divided Society*, Routledge, 2019.

常用网页链接
1. 以色列国会官网 https://main.knesset.gov.il/EN/Pages/default.aspx（2024.5.10 登录）
2. 以色列中央统计局 https://www.cbs.gov.il/EN/Pages/default.aspx（2024.5.10 登录）

外交口译

1. 课程总览

【课程名称】外交口译

【课程类型】通识与自主选修课程

【教学对象】英语专业大三、大四学生为主,以及其他院系英语基础较好的学生

【课程学时】32 学时(2 学时 * 16 周)

【课程目标】

本课程旨在培养学生在深入学习习近平新时代中国特色社会主义思想,特别是习近平外交思想的基础上,运用所掌握的外交政策知识和语汇,进行外交领域的口译实践,使学生有能力成长为立场坚定、熟悉政策、专业过硬的外交翻译人才,为讲好中国故事、促进中外交流做出贡献。

具体课程目标包括：

知识目标:在政策学习方面,领悟习近平新时代中国特色社会主义思想,特别是习近平外交思想的精神和要义;熟悉中国外交政策,包括双边和多边外交政策,把握外交政策的核心内涵;了解中国外交工作的重要使命与作用;了解中国外交政策与党和国家其他大政方针的关系;了解当前的国际与地区形势。在翻译学习方面,掌握外交翻译工作应坚持的原则和立场,掌握重要外交政策的英文表述,熟悉不同外交场合所使用的英文语汇。

能力目标:使学生掌握外交口译的基本策略和方法,以及外交话语尤其是中国特色外交话语的翻译特点;具备初步的外交场合交替传译能力,提高学生的政策理解力、中英文表达能力、跨文化交际能力和临场应变能力;培养学生长期自我学习和训练的能力。

素质目标:培养学生的爱国主义情怀与大局观,促使其塑造正确的人生观、价值观与世界观,提高学生的政治觉悟与理论素养,拓宽学生的全球视野,锤炼学生的历史眼光。引导学生自觉将理论学习与能力训练、素养提升相结合,深化其捍卫国家利益、提高对外话语权、讲好中国故事的意识,并具备承担基础外事工作的译员素养。

2. 课程思政目标

在汉英交传教学方面,通过对习近平外交思想原典的学习,使学生深刻领会习近平外交思想的精神和要义,并以其为纲领,进一步学习习近平等党和国家领导人以及中国外交官员重要对外讲话原文,了解新时期中国的对外政策,包括双边与多边外交政策,了解中国外交工作的基本原则和立场,了解中国外交话语体系的建立和外交政策的对外宣介工作,了解中国在国际和地区的地位与发挥的作用,了解外交工作人员尤其是外交译员的使命、责任与所应具备的素养。在此基础上,引导学生认识外交口译中应把握的原则和立场,以及应注意的策略和方法,促其树立掌握政策、站稳立场的强烈意识,以及在翻译过程中忠实传达我方政策的重要观念。

在英汉交传教学方面,通过对外国国家元首和政府首脑以及国际和地区组织领导人所发表的双边或多边场合中的演讲、讲话、致辞中有关中国发展成就和对国际社会贡献等方面的论述,进一步激发学生的爱国热情和对中国外交工作的热忱,以及对外交翻译工作重要性的认识。通过对上述论述中有关中国外交话语,尤其是中国外交政策中重要概念的再表述与中国官方译文的比较,使学生更加深刻地理解中国外交立场与政策表述的关键点,并初步认识中国外交话语体系形成的历程。

3. 课程思政教学重点和难点

思政教学重点:(1)习近平外交思想,包括习近平关于构建人类命运共同体,推动构建相互尊重、公平正义、合作共赢的新型国际关系,"一带一路"倡议等重要论述。(2)在习近平外交思想指引下的中国总体外交政策,包括推动构建相互尊重、和平共处、合作共赢的中美关系,打造中欧和平、增长、改革、文明四大伙伴关系;按照亲诚惠容理念和与邻为善、以邻为伴的周边外交方针深化同周边国家关系,稳定周边战略依托,推动构建周边命运共同体。(3)中国在国际社会中的地位与作用,包括中国在与国际社会一道合作应对人类面临的共同挑战、在促进人类文明的交流互鉴方面所做的贡献。(4)中国外交工作与其他党和国家重要工作的联系,以及中国外交事业对中国综合国力提升所做的贡献。

思政教学难点:(1)引导学生在口译实践中领会习近平外交思想的丰富内涵、理解中国外交政策,尤其是中国政府为了妥善应对国际和地区形势的变化以及适应国内发展的需要,而如何制定并宣介外交政策。(2)引导学生把握中国外交话语与发展需要之间的共变关系。(3)深化学生通过政策学习不断夯实外交口译水平的意识,增强学生通过外交口译工作服务中国特色大国外交的决心。(4)指导学生以准确、生动、地道的译文传递中文原文的要旨,并运用恰当的语气和节奏传递中文原文的精神。

4. 课程思政教学方法和过程

4.1 教学方法

本课程教学形式包括教师讲授、课堂练习指导、课堂模拟口译活动、课堂发言、课后作业等多种丰富形式。

教师讲授内容可侧重于阐释课程思政方面的重点和难点,讲解具体文本翻译中的注意点,包括对政策立场的把握、语言转换技巧、口译笔记方法、临场应对策略,以使学生对外交口译形成较为系统的认知。教师可对学生进行启发式教学,引导学生通过课前和课后的阅读、练习逐渐加深对政策和参考译文的理解;同时注重综合讲授思政知识和口译技能,使学生认识到融通二者的重要性。

在课堂练习指导中,教师可对学生译文的准确性、完整性、地道性以及语音、语调、声音、节奏、停顿、仪态等进行指导,并尤其注重引导学生关注译文对政策、立场等的准确表述。教师可在此过程中发现共性问题,并在下一阶段的教学中着重帮助学生改进。

课堂模拟口译活动是对前两种主要教学形式的有益补充,有助于学生综合运用所学知识和技能,通过在模拟情景中扮演口译员或者发言者,检验自身所学。该活动能够提升课堂教学的参与度和趣味性,加强学生的团队协作意识。教师可全程观察、记录,并就学生的个人表现和整体活动效果做出评价。

教师可对学生课堂发言的内容进行规划,安排一部分学生负责追踪国际时政热点,一部分学生负责追踪国内时政热点。教师可通过对学生发言的点评,帮助其树立跟踪时事的意识,指导其掌握搜集资料、整理中英文表述的方法。

教师需定期布置课后作业,以适当督促学生通过自我训练实现进步。在前半学期,教师可就练习方法与练习材料给出总体指导,在学生提交自我练习的音频文件后,教师进行总体或一对一反馈。在后半学期,教师可引导学生根据自身情况调整练习方法和安排。

4.2 教学过程

【教学安排】

本课程教学分16周进行,具体安排如下:

	每周教学主题	知识点	思政元素	所属思政维度
第一周	外交口译(交替传译)简介	了解外交口译的性质、类型、特点、要求等	在口译中站稳立场,掌握政策,讲好中国故事	国家意识/政治认同/全球视野/道德素养/文化素养
第二、三周	外交口译笔记方法(上)(下)	外交话语的特点、口译笔记中的注意点	理解中国的国家核心利益;准确、全面地传递立场、政策	国家意识/政治认同
第四、五周	汉英、英汉口译练习:中美关系专题	了解中美关系的历史与现状;掌握中美关系相关重要英文表述	理解中国特色大国外交与构建新型大国关系的内涵	国家意识/全球视野/文化素养
第六、七周	汉英、英汉口译练习:中英关系专题	了解中英关系的历史与现状;掌握中英关系相关重要英文表述	理解主权与领土完整问题在双边关系中的重要性	国家意识/全球视野/文化素养
第八周	模拟口译活动(一):建交招待会致辞口译;欢迎宴会致辞口译	了解双边外交关系的主要类型,掌握相关英文表述;了解两国交流合作的主要领域;掌握仪式致辞的常用英文表述	了解中国与他国建立的双边关系与业已开展的多层次、宽领域双边合作	国家意识/全球视野/道德素养/文化素养
第九、十周	汉英、英汉口译练习:中国—欧盟关系专题	了解中欧关系的历史与现状;掌握中欧关系相关重要英文表述	了解中国与地区组织的关系以及中国开展多边外交的情况	国家意识/全球视野/文化素养

(续表)

每周教学主题	知识点	思政元素	所属思政维度
第十一、十二周	汉英、英汉口译练习：中国—东盟关系专题	了解中国—东盟关系的历史与现状；掌握中国—东盟关系相关重要英文表述	了解中国与周边国家的关系以及中国开展多边外交的情况	国家意识/全球视野/文化素养
第十三、十四周	汉英、英汉口译练习：中国在国际社会中的作用专题	了解中国与国际组织的关系；掌握国际组织相关重要英文表述	理解中国在国际社会中发挥的重要作用；理解讲好中国故事的重要性	国家意识/政治认同/全球视野
第十五周	模拟口译活动（二）：会见会谈口译；记者会答问口译	了解主要国际与地区问题；掌握会见会谈、记者会答问的常用英文表述	理解提高国际话语权的重要性；理解外交之于国家发展的重要性	国家意识/全球视野/道德素养/文化素养
第十六周	外交口译（交替传译）总结	外交口译场合应对策略与外交译员能力素养总结	理解外交人员的责任与使命；为实现中国梦不懈努力	国家意识/政治认同/全球视野/道德素养/文化素养

关于教学安排的说明：

(1)教师课堂讲授内容包括四个部分：阐释党和国家领导人与外交官员对外讲话以及外方领导人相关讲话的原文文本，以使学生在充分理解原文含义的基础上进行翻译；讲解外交口译（交替传译）方面的基本原则、方法和技巧；讲解译员在不同外交场合进行交替传译时所应注意的具体问题和应对策略；介绍自我训练的方法。

(2)学生课堂发言：学生须从可靠来源搜集外交文本原文和译文，介绍其中涉及的外交知识，并阐述自己对翻译的理解。课堂发言主要培养学生跟踪时事、搜索调查和批判性思维能力。

(3)课堂模拟口译活动：以班级为单位进行组织，一部分学生担任发言者，另一部分学生担任译员。课前，教师选定主题，并指导学生搜集、整理发言材料，为活动做准备。

(4)课后作业：学生的课后作业以音频形式提交。根据每周教学主题，学生从老师推荐的练习材料中选取适合自己练习的材料，每天练习半小时到一小时。学生每月向老师提交20段音频，每段音频20分钟。鼓励学生对自己的练习进行总结，并与老师讨论练习中遇到的问题。

【教学思维导图】

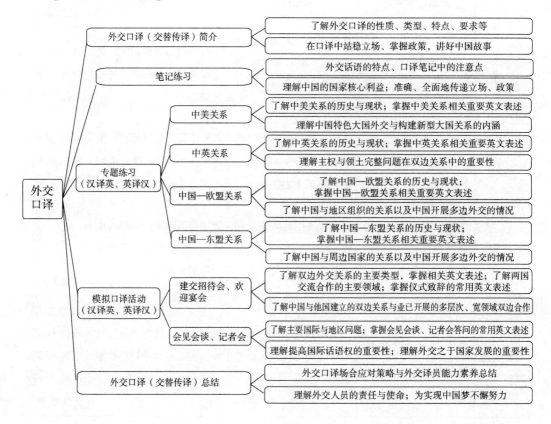

4.3 评价体系

课程成绩构成：

出勤与课堂表现：20%

课堂发言：10%

课后作业：30%

期末考试（口试）：40%

关于评价体系的说明：

（1）本课程将每次课堂表现与期末考试考核相结合，一方面，鼓励学生通过在课堂上踊跃发言，获得老师有针对性的指导，也促其发现自身的优势与劣势，并相互学习；另一方面，激励学生通过一学期坚持不懈的努力，在占比相对较重的期末考试中取得好成绩。

（2）传统的口译课程评估以课堂表现和期末考试为主，很少设置课堂发言环节，并对其进行考核。本课程专设10%的课堂发言成绩，旨在鼓励学生及时学习最新政策及其英文表述，并跟踪国际国内时事。

（3）本课程重视对学生日常练习的考核，课后作业占比30%，旨在引导学生进行自我训练、总结有效的训练方法，并使其认识到日积月累的训练是提高口译水平的基本途径。

（4）本课程期末考试采取一对一、面对面的口试形式，有别于传统方式，即全体考生在语音教室通过同时录音的方式参加考试。其有助于教师观察学生在口译时的表情、举止、仪态等，因上述方面也是译员综合素质，尤其是外交译员综合素质的体现。

5. 参考书目

政策文本

1.《习近平谈治国理政》（第一卷）.北京:外文出版社,2014年。
2.《习近平谈治国理政》（第二卷）.北京:外文出版社,2017年。
3.《习近平谈治国理政》（第三卷）.北京:外文出版社,2020年。
4.《习近平谈治国理政》（第四卷）.北京:外文出版社,2022年。
5. Xi Jinping. *The Governance of China I*. Beijing：Foreign Languages Press, 2014.
6. Xi Jinping. *The Governance of China II*. Beijing：Foreign Languages Press, 2017.
7. Xi Jinping. *The Governance of China III*. Beijing：Foreign Languages Press, 2020.
8. Xi Jinping. *The Governance of China IV*. Beijing：Foreign Languages Press, 2022.

口译指导用书

1. D. 塞莱斯科维奇、M. 勒代雷:《口译训练指南》,北京:中译出版社,2011年。
2. 何群、李春怡编著:《外交口译》,北京:外语教学与研究出版社,2011年。
3. 李长栓:《理解与表达:英汉口译案例讲评》,北京:外语教学与研究出版社,2013年。

外国语言文学学科课程思政课程样例
研究生课程

 研究生写作规范

1. 课程总览

【课程名称】研究生写作规范

【课程类型】专业必修课

【教学对象】外国语学院硕博研究生

【课程学时】32学时(2学时*16周)

【课程目标】

"研究生写作规范"课程是外国语学院面向学院各专业硕士及博士研究生开设的论文写作指导课程。课程内容分为五大模块:学术论文写作的总体知识、语言学研究论文写作、文学研究论文写作、历史学研究论文写作以及国别和区域研究论文写作,并结合分组研讨和课堂报告巩固学习成果。

课程旨在结合新时代外国语言文学一级学科人才培养需要,深化学生对外国语言文学学科各主要研究方向的认识,培养学生对学科的专业认同、学术规范意识和学术创新意识,提升学生独立设计、规划并开展原创性研究的能力和产出高水平学术成果的能力。

2. 课程思政目标

授课教师团队在准备课程的过程中认真学习习近平总书记就青年工作、高等教育、哲学社会科学工作的重要讲话精神,结合《教育部办公厅关于进一步规范和加强研究生培养管理的通知》等文件对论文写作指导课程的要求,挖掘本课程之于立德树人这一根本任务的多方面内涵,多层次多角度地将思政要素与课程内容教学相结合。

第一,培养学生求真务实、勇于创新的学术精神。硕博研究生是我国教育和科研工作者队伍的后备军,在其入学之初结合课程教学树立求真务实,勇于创新的正确价值观,扣好学术研究的第一颗扣子,对未来学术成长有重要意义。

第二,培养学生对外国语言文学学科的认同,引导学生将个人学习研究与构建中国自主的外国语言文学知识体系和中国特色哲学社会科学事业相结合。外国语言文学一级学科涉及多个不同学科领域。作为少数面向全院学生开设的课程,本课程的不同模块设计帮助学生了解一级学科各主要学科方向,增进对学科的认同,进而培育对投身中国特色哲学社会科学事业的信念。

第三,知行结合,在实践中培养学生解决实际问题的能力。论文写作和学术规范最终需要落实到学生的具体研究实践,并在实践中切实解决可能出现的各类问题,形成自主研究写作的能力。

第四,通过具体历史事件的讲解坚定学生的理想信念,塑造正确的世界观、人生观、价值观。讲解论文写作必然需要结合具体的研究案例。在研究案例的选择上,结合思政教育的要求选取兼具学术训练和价值观塑造功能的案例。

3. 课程思政教学重点和难点

课程思政教学重点包括:

第一,从科学研究之于人类文明发展的意义的宏观视角出发讲解为何学术研究需要追求创新,各类学术规范如何服务于学术研究的这一基本使命。

第二,通过穿插学科史和动态前沿的教学内容帮助学生了解外国语言文学学科立足中国、借鉴国外的发展历程,以此提升学生对所属专业和构建中国特色哲学社会科学的认识。例如,在讲解语言学论文写作时,授课教师以自身研究经历介绍如何将外国语言学理论与中国语言研究的实际问题相结合,从而提出具有主体性、原创性的观点,打造适合中国实际情况的学科知识体系。

第三,在讲解过程中穿插兼具学术训练和价值观塑造功能的案例。如授课教师以亚非拉国家民族独立运动为案例,在教授历史档案研究方法的同时讲解马克思主义如何与各殖民地国家的实际情况相结合;选取中国古代海交史籍为例,在介绍中国古代如何开展周边地区研究的同时讲解古代史籍所体现出的多元文明价值观和丝路精神。

课程思政难点包括:

第一,帮助学生克服浮躁风气对学术观的负面影响。例如,受部分外在错误引导,少数同学误认为学术论文仅仅是获得学位、奖励的工具,个别同学将学术原创性简单等同于通过论文查重审查。对此,需要加强学术价值观塑造,并结合具体案例详细讲解学术规范的价值根源和具体要求。

第二,帮助学生树立对外国语言文学学科中国主体性的认识,从马克思主义和中国学术传统出发,在与国外优秀学术成果的对话中产出高质量原创研究。

4. 本课课程思政教学方法和过程

4.1 教学方法

课程采用课堂讲授、分组研讨、课堂报告与辅导等多种教学方式。就课程思政内容,授课教师具体采取了下述举措。

第一,从科学研究之于人类文明发展的意义的宏观视角出发讲解为何学术研究需要追求创新,各类学术规范如何服务于学术研究的这一基本使命,进而根据不同学科方向特点结合具体案例讲解何为学术创新,如何通过充分搜集、占有研究资料,全面、详实地回顾前人研究的科学方法,发现尚未解决的新问题,从源头确保学术研究的原创性和创新性,杜绝抄袭等学术不端行为。

第二,挖掘学科史、研究成果和自身学术实践中适合思政教育的实例。例如,在讲解国别和区域研究学科发展史时,授课教师介绍了学界前辈如何积极吸收各国学科资源,并与中国传统文化和现实需要相结合,打造适合中国实际情况的学科知识体系;在教授历史档案研究方法的同时,讲解海外华人华侨在这个过程中如何弘扬中国传统文化,发扬爱国主义精神的实例。

第三,以期末作业的具体目标为导向,在课程讲授之外设置小组研讨模块,由授课教师和助教帮助学生细化论文写作的各个环节,逐一完成选题、资料搜集与整理、研究综述写作、制订研究计划等步骤,在实际的研究写作中及时发现问题、解决问题,将抽象的理论知识与具体的写作实践相结合,培养学生独立自主开展学术研究的能力。

4.2 教学过程

第一周 课程导论

模块一 学术论文写作的总体知识

第二周 学术论文写作的基础知识

第三周 重要学术参考资源及其综合利用(1)

第四周 重要学术参考资源及其综合利用(2)

第一模块分为两个单元,分别是《学术论文写作的基础知识》和《重要学术参考资源及其综合利用》。其中,《基础知识》从学术论文的文类特征入手,全面梳理了论文选题、资料搜集、资料整理、起草提纲、论文写作、论文修改的流程,并结合授课教师的研究经验分析了各个环节的重点和难点。《重要学术参考资源及其综合利用》的教学内容主要分为理论基础知识和基本技能两部分。基础理论知识部分主要介绍各类学术资源概念、类型、功能特点。基本技能部分即学术资源的实际利用。即通过不同案例的实际检索过程,让学生了解课题学习研究检索的方法和步骤。该单元实践性强,可以帮助学生在学习文献组织和信息交流的基本规律过程中,通过实际检索和利用与专业有关的文献资源,掌握国内外本专业主要检索工具、电子数据库使用方法以及互联网信息查找和利用的方法。课程培养学生的信息意识,即在何种情况下需要何种类型的信息,以及如何有效地整合、处理并利用这些信息。此外,通过对课程的学习,还能够提高学生面对现代复杂信息时的甄别能力和应变能力,培养学生对信息运用的自觉性和独立性,使学生能够主动地、有预见性地收集信息、获取知识。

模块二 语言学学术论文写作

第五周 语言学学术论文写作(1)

第六周 语言学学术论文写作(2)

第二模块主要教授如何撰写语言学论文。课程首先教授如何规划一篇语言学论文的导言、理论框架、分析假设、结论等各组成部分和篇章。课程结合具体的课题和论文案例逐一分析如何在选取并综述前人研究成果的基础上,形成自己的研究问题意识并规划开展研究。如何搭建自己的理论框架,并以实证案例加以检验。并且,课程还指导学生如何尽可能通过在写作过程中与同行的交流不断对自己的写作思路提出正反两方面观点,并在后续论文写作中回应论文读者可能提出的质疑,不断打磨论述,使其扎实可靠。此外,课程也结合不同的论文案例和实践练习指导学生如何提炼论文摘要并打磨文字表述。

课程还专门教授如何向同行评议学术期刊投稿,包括一般的投稿、审稿流程,投稿后可能会面对的主要反馈情况类型,并结合授课教师和同行的经验讲授如何有理有据地回应评阅人的问题,最大程度地提高沟通效果,进而通过论文撰写、投稿和发表,逐渐融入与学术共同体的对话和合作创新,为学科研究事业的发展贡献力量。

模块三 文学学术论文写作

第七周 文学研究论文写作(1)

第八周 文学研究论文写作(2)

第三模块文学研究论文写作结合理论与实践,向学生展示了文学论文从构思到写作的全过程。课程首先从概念上定义了文学研究的对象,以德语文学研究为例,梳理了学科史建构,并探讨了文学研究的科学性所在。之后,课程介绍了文学研究的三大门类,即文本批评(文献与训诂)、文本阐释与文学史,并指出,在研究中文本具有艺术品与历史文献的双重维度,因此文学研究既需顾及文本的语言艺术形式,亦需考量文本在特定时代历史背景中的地位,即结合文本内在性研究与更为广义的文学史与思想史研究,将文学作品视为非孤立文本,并置于互文性的网络之中加以考察。因此,课程着重介绍了阐释学方法,强调文学研究中的多重"视域融合",以增加文本阐释的深度与广度。

本模块强调一手文献与研究文献相互支撑,并在此之上提出研究者的合理论点。第一,文学研究必须依赖扎实的语文学基础,掌握文本的生成过程、流传线索等基本要素。第二,文学研究可通过建构"作家""时代""文学史"三轴坐标,以比较的方式确立研究问题。研究问题应以小见大,借助单一文本实现理论升华。第三,文学研究应充分掌握既有研究文献,熟悉研究话语,并在此基础上发现可进一步深挖的点,尤其是现有研究之不足、异议或未尽之处,由此实现学术创新。第四,文学研究论文在写作前应制定明确的大纲,一般以"导言—综述—正文—扩展—结论"为逻辑顺序。在导言部分,论者通过叙述背景性信息确定研究对象、提出研究问题、论证研究的必要性;在综述部分,论文应避免简单罗列,而是通过概述研究文献的核心观点完成破题,凸显自身研究的独特性;在正文部分,可采用"定义核心概念—梳理文本表现—陈述文学史与思想史背景—分析文本内在逻辑—研究反思"等步骤展开,应当避免谈及论者主观阅读感受,而是以文本为支撑,强调语言的客观中立、段落间的逻辑接续、论述的思辨追求论述的主体间性与可理解性;在扩展部分,应将结论拓展至其他作家、作品或时代上,以小见大;在结论部分,应当简要重述论证过程,并指出下一步研究的可能方面。

模块四 历史学学术论文写作

第九周 历史学学术论文写作(1)

第十周 历史学学术论文写作(2)

第四模块历史学学术论文写作部分分为上下两讲,第一讲以撰写研究计划和文献综述为例,探讨如何阐述研究问题;第二讲则结合授课教师亲身经历,以历史学中的档案研究为例,讨论研究中需要使用怎样的一手资料。虽然这两讲中所介绍的方法和案例主要以历史学研究为主,但其中所涉及的研究问题阐述、文献综述、查找一手资料和二手文献等话题对外国语学院各方向的研究生具有普遍适用性,对其在学术生涯初始阶段打牢学术基础、养成良好的问题意识、严格遵守学术规范具有重要的意义。历史学学术论文写作上下两讲注重理论与实践相结合,选课学生在上课前需要按要求完成作业,提交研究摘要和一手资料列表,授课教师则会基于经典学术写作教程中的相关内容对学生作业进行具有针对性的点评,帮助学生在写作实践中尽早发现、理解并解决常见错误与相关问题。

模块五 国别和区域研究学术论文写作

第十一周 国别和区域研究学术论文写作(1)

第十二周 国别和区域研究学术论文写作(2)

第五模块教授国别和区域研究论文写作,分为两个单元"国别和区域研究学科史"和"国别和区域研究论文写作"。"学科史"单元梳理了这一新设的二级学科方向的学术渊源和特点,重点介绍了构成了古代中国的史地知识、近代欧洲的东方学、现代美国的地区研究以及当代中国的国别和区域研究四个既有关联,又有差异的知识传统。分析了这四个知识传统的代表人物、代表成果以及这四者之间的承继关系和差异。在梳理学科史和研究前沿的基础上,本课程提出了衡量国别和区域研究论文选题的三个指标:1. 选题是否有助于增进对特定国别和区域的认知? 2. 选题是否具有鲜明的学科理论关切,对学科理论的发展有所贡献? 3. 选题是否能回应国家和社会的现实需求? 在此基础上,课程区分了兼顾理论和现实意义的研究、理论研究、应用研究、国别和区域知识积累和其他有助于知识积累,但不符合学术论文要求的写作类型,以帮助学生明确国别和区域研究学术论文写作的定位。

"论文写作"单元首先根据国别和区域研究的学科特点,深入讲解了如何搜集各类必要的研究资料,课程重点讲解了同学们可以利用的各类电子资源。此外,该单元结合数篇不同类型的写作,深入辨析了学术论文与时评文章、政策报告等不同类型文章的差别和特点,并通过对范文的深入剖析,帮助学生理解如何提出兼顾地区知识、理论意义、现实关怀的研究问题,并围绕研究论点组织材料、搭建论述逻辑,并最终形成环环相扣的论述文字。

第十三周 分组讨论和写作辅导(1)

第十四周 分组讨论和写作辅导(2)

第十五周 分组讨论和写作辅导(3)

三次讨论课由学生在助教的带领下分组讨论各自的研究计划。三次课分段讨论研究题目、研究对象、研究内容、研究意义、文献综述、论文框架等方面的内容,在陈述、提问和讨论中重点考察研究计划是否有效回顾了重要的研究成果,是否提出了有创新性的"真问题",研究对象和内容是否具有较高的学术意义或应用价值,论文的框架设计是否合理等问题。每一次讨论后,学生需根据讨论所收到的反馈,进一步完善自己的研究设计。

第十六周 期末课堂展示报告

期末课堂展示报告通过"学生报名与老师筛选"双向结合,选择若干代表不同学科方向的同学报告各自的研究方案。授课教师团队一方面对报告案例提出进一步完善的修改建议,另一方面也以报告案例向其他同学讲解规划研究、撰写研究计划过程中需要注意的问题。课程也进一步解答学生对文献资料收集与整理、文本材料分析、论文章节规划、论文撰写等方面可能依然存在的问题。

4.3 评价体系

学生的成绩包含以下部分：

1. 随堂作业：10%＊4＝40%

四次随堂作业由授课教师根据各模块定位和内容布置，旨在通过具体案例的学习帮助学生巩固课程所学知识和学术规范意识，培养学生独立研究能力。

第一，厘清论文写作规范相关基本概念，从研究资料的根源上确保学术研究的原创意识。获取并深挖文学文本和各类史料档案等一手资料是开展原创性研究，而通过前期调研，教师团队发现许多学术不规范现象在于研究者从一开始便对何为一手资料认识模糊。因此，课程的一项随堂作业要求学生结合自己的研究方向阐述何为"一手资料"，并设计获取一手资料的路径，并将是否能有效区分不同类别资料并合理规划资料获取方法作为重要考核标准。

第二，学习细读并分析文本的方法。深入剖析文本是本学科研究的基础训练之一，也是在前人成果基础上进一步深化研究的必由之路。因此，课程的一项随堂作业要求学生从自己的视角分析一篇文学作品，并在课堂上结合学生的反馈分析剖析文本的不同路径和视角，提升学生深挖文本材料的能力。

第三，区分不同写作文类，培养学生的学术论文规范意识。学术论文是常见写作文类中对规范性、原创性和科学性要求最高的文类。如果不能有效区分学术论文与其他文类，很容易无形中降低了写作规范要求。课程的一项随堂作业结合具体案例讲解新闻通讯、时事评论、政策报告和学术论文等几种不同文类在价值和功能、内容和主题、写作逻辑、行文风格与规范性要求方面的差异，帮助学生进一步理解学术论文的特殊性和相关学术规范要求的意义。

第四，培养学生独立规划论文研究的能力。课程的随堂作业之一要求学生撰写论文导论，考查学生是否能清晰阐明研究话题、研究对象、研究问题、研究价值等内容。这项作业的内容也将在之后的分组研讨和期末作业中进一步强化、完善。

2. 研讨报告：20%

这部分基于学生参与分组讨论和课堂展示报告的情况打分，旨在培养学生规划并陈述研究计划的能力，为独立开展完整的论文写作夯实基础。讨论和报告重点考查学生是否有效回顾了重要的研究成果，是否提出了有创新性的"真问题"，研究对象和内容是否具有较高的学术意义或应用价值，论文的框架设计是否合理等问题。

3. 期末作业:40%

期末作业要求学生根据自己的学科定位,提交一篇五千字左右的原创性研究设计。作业旨在检验学生的学术规范意识和独立研究能力,重点考察选题的创新性,研究内容的原创性和格式体例的规范性等几个方面。研究设计的格式体例要求参考了国家社会科学基金和教育部人文社科研究项目的申报书以及北京大学外国语学院的硕博研究生论文开题要求,要求包括研究问题陈述、文献综述、研究内容、研究创新点、研究计划、参考文献等方面的内容。

5. 参考书目

1. 斯莱德、佩林:《如何写研究论文与学术报告》,北京:外语教学与研究出版社,2011年。
2. 肖珑主编:《数字信息资源的检索与利用(第二版)》,北京:北京大学出版社,2013年。
3. 朱青生:《十九札:一个北大教授给学生的信》,桂林:广西师范大学出版社,2013年。
4. 托马斯·福斯特:《如何阅读一本文学书》,海口:南海出版公司,2016年。
5. Pzreworski, Adam and Salomon, Frank, *On the Art of Writing Proposals*, Social Science Research Council, 1995 rev., 1988.
6. Stoler, Ann Laura. "The Pulse of the Archive." In *Along the Archival Grain*: *Epistemic Anxieties and Colonial Common Sense*, 17–54. Princeton University Press, 2009.

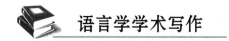
语言学学术写作

1. 课程总览

【课程名称】语言学学术写作

【课程类型】必修

【教学对象】硕士生,博士生

【课程学时】32学时(2学时*16周)

【课程目标】

学位论文的写作及学术论文发表是研究生的"必经之路"。"语言学学术写作"课程是一门科学方法课,以写作中学术道德修养和写作规范两个方面为基本准则,集理论、实践于一体。教学目标是培养学生遵纪守法、达成学术严谨性、正确表达学术内容、更好地完成被学科领域及社会认可的高水平学术成果。本课程期望帮助研究生树立学术规范意识,培育学术诚信素养,敬畏学术规则,遵循学术道德规范,掌握论文写作要求,熟知论文写作流程,远离学术不端行为,营造风清气正的学术气氛,为研究生顺利毕业和成长成才服务。

课程目标为:

知识目标:学术论文的写作方法与规范。

能力目标:培养学生的创新意识及独立思考能力、科学探索的能力,锻炼学生的思维组织能力,训练学生的语言运用能力。

思政目标:端正学生科研态度,遵循实事求是的科学精神和严谨认真的治学态度,恪守学术诚信,遵循学术准则,培养学生持之以恒的毅力、吃苦耐劳的精神,让学生具有深刻的洞察力和批判式思维。

2. 课程思政目标

本课程的思政目标是规范学生的学术写作习惯和科研方法,尤其培养学生正确的学术道德观念。通过学术规范与论文写作的知识介绍,有机融入社会主义核心价值观、中华优秀传统文化、社会主义先进文化,有机融入学术道德、学术诚信、学术严谨、学术原创、学术攻关以及家国情怀、责任担当、创新意识、工匠精神等思政元素,特别是习近平新时代中国特色社会主义思想以及《习近平总书记教育重要论述讲义》等内容。

第一,培养学生发现问题的思辨能力和社会责任感。科研论文应该具有鲜明的问题导向性,科研论文的作者需要具备很强的发现问题的能力。从某种程度上来说,科研论文写作培养的是一种很强的敬业精神和社会责任感,是为了解决问题从事研究,它更需要忘我的投入和认真负责的态度以及精湛的技术和高度的责任感去从事自己的工作。

第二,培养学生的学术规范和伦理道德。比如,在写作中不抄袭或剽窃;在科研中杜绝学术造假,不伪造或篡改实验数据和结论等。有了正确的科研态度,学生才能客观地认识事物,获得真实、详细、全面的科研数据和材料;树立了正确的学术写作态度,才能在符合规范的情况下客观地汇报研究成果。

第三,培养学生沟通交流和团队合作的能力。很多科研成果是多名合作者之间合作的结果,是团队的力量。这要求学生必须提高团队合作能力,培养人与人之间真诚相对和谦虚礼貌等沟通能力,如研究工作分配、论文发表署名等方面。另外,学术论文发表要面向某一学科专业共同体的所有成员,学位论文面对的主要是学生本人的导师和答辩委员会的成员,期刊论文面对的是期刊编辑和同行匿名审稿人。他们都会对稿件进行严格把关,在审稿中会提出很多不留情面的意见,学生必须具备与审稿人交流和沟通的能力。

3. 课程思政教学重点和难点

本课程的思政教学重点是要求学生遵循国际学术写作规范,通过恰当的学术语言、合理的篇章结构,科学、系统地呈现研究成果;在学术写作过程中,学生经历着从知识总结、描述转为提出问题、做出判断、深入分析、归纳讨论等多层次的思维发展过程;在强化研究生科学研究方法和能力训练的同时,科学融入研究生学术道德、学术诚信等思政元素,引导研究生践行学术诚信要求。

本课程的思政教学难点为:

第一,低年级研究生还没有完全进入实质性科研阶段,对学术规范、论文写作、学术诚信等认识不深刻,所学知识与科研实践对接效果不明显。

第二,后续跟踪和指导性有待进一步加强。一般来说,课程的结束即宣告任课教师与研究生的教学关系结束,任课教师对研究生的跟踪不够,现实中的科研指导关系弱化。后续的科学道德、学术规范和学术诚信等教育主要来自研究生培养部门和导师等。

第三,课程效果评价较难。写作课程评价本身就是一件困难的事情,很难用短期内受教研究生的学术诚信、写作规范或论文发表情况进行评价,若再对课程的思政教育效果进行评价就是更困难的一件事。该课程成绩并没有采用闭卷考试的形式就是基于此考虑,本课程的开设旨在尝试营造风清气正的学术氛围,引导树立正确的科学道德、科学精神和学术规范。

4. 本课课程思政教学方法和过程

4.1 教学方法

本课程教学方法的核心指导思想是"过程写作法",即强调写作是一个过程,注重写作过程的指导。课堂包括课堂教学环节和实践环节:课堂教学环节主要内容有学术研究规范、学术不端案例分析、学术交流规范与技巧、学术论文写作技巧等。实践环节包括日常的论文写作、投稿、发表环节;日常的实验、学习、学术交流等科研环节;论文开题和答辩环节等。

第一,依托团队合作学习模式。社会互动中的协助学习将在学生认知的发展中发挥重要作用。在完成初稿后,教师组织学生进行组内的讨论、互评、总结和反思。通过小组间的互评等活动很好地调动学生的积极性和参与度,学生之间取长补短,相互促进,培养他们的独立学习能力和团队精神;通过阅读其他成员的文章,帮助他们拓宽写作思路和想法;学生还将学会换位思考,对观点不一致的地方要进行深入探讨,以理服人;有利于形成动态的集体教学模式。

第二,增加同伴互评和教师评价的反馈方式。本课程的中心思想是写作是一个过程,学生的学习取决于是否完全参与进该过程。在该过程中,反馈极其重要,主要分为三类,即教师反馈、同伴反馈和学生自我反馈。其中,同伴反馈通过组内互评和讨论实现,同伴之间互相阅读对方的文章,并在阅读过程中提出有价值的反馈和建议,就像一个期刊的审稿人那样阅读评审作者的投稿。教师反馈包括会谈式反馈和批语式反馈。自我反馈是作者对自己的写作进行反思和修改的过程。

4.2 教学过程

	章节/周主题	思政元素	所属思政维度
第1周	课程介绍 英语学术写作规范1	学术诚信与规范;作风学风建设	道德修养/科学精神/法治意识
第2周	英语学术写作规范2	学术诚信与规范;作风学风建设	道德修养/科学精神/法治意识
第3周	科研:从主题到问题	学术诚信与规范;问题意识;国际化视野	道德修养/科学精神
第4周	科研:从问题到文献	学术诚信与规范;问题意识;国际化视野	道德修养/科学精神
第5周	论文写作:引用文献	学术诚信与规范;科学家精神	道德修养/科学精神
第6周	论文写作:文献回顾	学术诚信与规范	道德修养/科学精神
第7周	论文写作:文献回顾	学术诚信与规范	道德修养/科学精神
第8周	论文写作:文献回顾	学术诚信与规范	道德修养/科学精神
第9周	论文写作:方法和结果	学术诚信与规范	道德修养/科学精神
第10周	论文写作:讨论和结论	学术诚信与规范	道德修养/科学精神
第11周	论文写作:前言	学术诚信与规范	道德修养/科学精神
第12周	学术会议汇报	学术诚信与规范	职业素养/科学精神
第13周	写作工作坊(初稿)	团结合作	职业素养/科学精神
第14周	论文写作:摘要	学术诚信与规范	道德修养/科学精神
第15周	写作工作坊(摘要)	团结合作	职业素养/科学精神
第16周	论文投稿和修改	学术诚信与规范;作风学风建设;科学家精神;国际化视野	职业素养/全球视野

4.3 评价体系

本课程使用"档案袋式"评价体系,即每位学生在期末时提交自己的写作档案,内容包括一篇"作者备忘录"、每个阶段的草稿、收到的同伴反馈、终稿和其他任何能够体现创作过程的文件(比如读书笔记、论文思维导图、提纲等)。在"写作是一个过程"的指导思想下,写作档案袋记录了学生批判性、创造性思维成果以及问题解决的过程,它具有连续性(材料覆盖整个学期)、民主性(除了规定内容外,学生决定将什么放入档案袋)、跟踪性(记录每个阶段的写作,从而提供学生写作进步的证据)和客观性(综合反映学生的写作过程和成果)的优势和特点。"档案袋式"评价尊重学生的主体意识,充分调动其学习的积极性和主动性,做到了评价与教学内容紧密相连。"档案袋式"评价体系削弱了"一稿定胜负"的传统理念,要求学生在不同的创作阶段保持全程投入,因此能够更加全面地反映出学生在创作过程中的提高和成长,从而形成更加合理的评价和反馈。

5. 参考书目

1. Alice Oshima. *Writing Academic English* (4th Edition), Pearson & Longman, 2006.
2. Ann Hogue and Alice Oshima. *Introduction to Academic Writing*, Addison-Wesley Longman (2nd Edition), Incorporated, 1988.
3. Stephen Bailey. *Academic Writing-A Handbook for International Students* (3rd Edition), Routledge, 2011.
4. Carolyn Madden and John Swales. *Academic Writing for Graduate Students*, The University of Michigan Press, 2001.

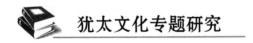

犹太文化专题研究

1. 课程总览

【课程名称】犹太文化专题研究

【课程类型】希伯来语专业硕士研究生必修课

【教学对象】希伯来语专业硕士研究生

【课程学时】32 学时(2 学时 * 16 周)

【课程目标】

古代以色列文化既是古代西亚北非文明的一员,又是后世犹太文化和基督教文化的源头之一。纵观其近三千年的历史,古代以色列和犹太文化的发展离不开它们与西亚北非本土文明以及欧洲、伊斯兰等文化的交融。文明的交汇也赋予了古以色列—犹太文化无与伦比的魅力。

当人们在日常话语中将所谓"两希"(希腊、希伯来)文明看作现代西方文明的起源时,我们往往忽略了希伯来传统根深蒂固的非西方属性。在本课程中,我们会关注古以色列人以后来者的身份登上历史舞台的过程。在每一个相关主题中,我们都会尽量列举古以色列经典文献与卷帙浩繁的古代西亚文献传统之间的异同,以领略古以色列文化对西亚北非传统的继承与发展。在此基础上,犹太文化这个带有不同文化背景和历史渊源的族群和宗教文化逐步走上历史舞台,并继续与其他文明、文化互动、交融,形成了自己独特的风格。

本课程的教学目标如下:首先,希望学生了解犹太文化的一个重要阶段,即早期古代以色列文化向犹太文化的过渡期。这个话题涉及古代西亚北非文明、波斯文明、希腊化文明的交汇,以及拉比犹太教和基督教的产生。其次,为了兼顾不同历史时期犹太文化的特点,照顾不同学生的需要,将在聚焦于授课人专业领域(古代)的基础上,力图挖掘这一时期与现当代话题的共性。我们将这个共性定位为"犹太文化的普遍性和特殊性",通过一学期的授课和讨论,使学生能更全面、客观地认识犹太文化形成期及当代与周边文化的互动以及对周边文化、其他文化的继承和改变。最后,希望学生能在充分调查和研究的基础上,针对自选话题,作报告、带领大家讨论,并完成相关题目的论文一篇。通过这个过程,来帮助学生建立规范、可行的研究习惯。

2. 课程思政目标

外语学科不仅仅涉及语言,也涉及对象国的文化和历史。在当今"百年未有之大变局"的历史背景下,我们需要培养的外语人才,要具有全球视野,更要有正确的世界观和价值观。在接触域外文化的过程中,外语学科学生和所有人一样,有可能受到媒体舆论、境外宣传的影响,对不同的文化(特别是对象国)文化产生刻板印象。这些印象有些是负面的,有些表面上似乎是正面的,但本质上都是失真的,无助于我们全面、客观认识域外文化,更无助于我们培养为国家各领域服务的优秀人才。因此,外语专业的课程需要承担起协助同学们尽量客观、全面、理性并为我所用地认识对象国文化、历史、社会现状的责任。

具体而言,犹太文化自古以来就是世界上(特别是西方世界)极具影响力的文化。在宗教、政治、经济等各方面,长期与西方及西亚其他文化互相影响,并在各地的主体文化上留下了持久的烙印。在西方舆论中,对犹太文化长期有不同角度的异化倾向。而在我国,近些年来也有对犹太文化的过分美化或丑化的言论在网络上流行。面对这种情况,本课程将坚持以辩证唯物主义和历史唯物主义为指导,培养学生以辩证的眼光看待犹太文化的产生、发展,尤其是要把握好犹太文化的普遍性和特殊性,摒弃片面的眼光,做到对域外文化"祛魅"。在此基础上,希望学生将来能在中国和犹太民族的文化交流、文明互鉴中发挥积极的作用。

3. 课程思政教学重点和难点

外语专业的学生,特别是研究生,因为长期学习某一门语言,并对对象国文化有所了解,乃至曾有在对象国学习和生活的经历,因而可能会在长期的学习过程中形成一定的思维定式。此外关于某一门语言(特别是小语种)的学习,特别是当对象国擅长文化宣传时,可能会让学习者形成一种特殊的认同感和亲近感,形成一种学某门语言就可能喜欢某个国家的对应关系。诚然,如习近平主席出席"一带一路"国际合作高峰论坛开幕式并发表主旨演讲时所说,"国之交在于民相亲,民相亲在于心相通。"了解一国语言,对其文化具有亲近感,对于我国与域外文化交往、与外国友人交流而言,无疑是有积极意义的。然而,对于语言和文化的学习者,特别是将来可能从事研究、外事、媒体工作的研究生同学而言,建设人类命运共同体需要长时间的努力,也需要全世界人民一起调整对世界、对人类文明、对人民群众根本利益的认识。这个远大的理想,当然不是一朝一夕能够达成的。鉴于此,我们要认识到当今的文化交往、国际交流仍然或多或少地受到文化差异、政治立场和价值观、刻板印象、地缘政治的影响。我们与西方文明(包括现当代犹太文化)之间的交流,应该做到互相了解、知己知彼、平等互利。

而为了达到这个目的,就需要相关专业在培养人才时注重学生的思想政治教育,让学生们认识到域外文化的复杂性。因此,这门课在课程思政教学方面的难点和重点,主要体现在以下方面:一、要坚持以中国视角去观察犹太文化。我们要站在自己的立场上,为我所用地学习和了解犹太文化,特别是其早期的发展脉络,重新评估人们的一些"常识"。二、要坚持人民的视角。犹太文化是犹太人民缔造的,但在古代这个阶段,我们了解到的声音,只是部分精英的声音,我们并不知道犹太人民如何看待周边文化和自身的身份。众所周知,犹太文化有宗教背景,而宗教背景中强调自身与周边的区分,实际上这条原则真的一直被践行吗?并非如此。此外,和各个民族一样,犹太民族内部在其历史发展的各个阶段,都存在不同群体和阶级。虽然存在在经济领域、政治领域占据主导地位的犹太人,但也有很多普通的犹太百姓,和各民族的普通人一样面临着生活的重担。他们的生活、信仰、理念也是犹太文化的一部分。由此,我们才能避免片面的崇犹和反犹错误观点。三、要坚持唯物论和辩证法,认识到经济基础决定上层建筑。西方对犹太人的丑化、异化、神化,往往有经济背景。而且,很多与犹太有关的问题,其经济属性远大于民族和文化属性。四、要特别关注普遍性和特殊性的辩证关系。犹太文化从其前身古代以色列文化开始,就一直受到不同文化的交织和互鉴的影响。《希伯来圣经》《塔木德》固然是犹太文化的结晶,但这并不是说其内部的原则、观念全都是犹太人的独创。有些"犹太智慧",本质上是西亚北非的传统智慧和世界观,是人类共有的智慧。我们要感谢犹太人民对西亚北非传统的保存、继承和发扬,毕竟许多西亚北非本土文化传统已经消失在了历史的长河中;但我们也要认识到犹太文化并不因此而独一无二。《圣经》中对犹太民族特殊性的宣传具有特定的历史语境,我们不能从字面上去理解。另一方面,不能因为犹太文化与西亚北非、中世纪欧洲和阿拉伯文化的相似性,就忽视或淡化犹太民族在历史上的特殊文化贡献。五、要坚持实事求是的原则。我们对犹太文化的了解和评价,需要有文献和其他史料的支撑。

4. 本课课程思政教学方法和过程

4.1 教学方法

本课程采用授课与讨论相结合的方法。在整个学期当中,会选定若干主题,请选课同学分别做主讲人,并由授课人与主讲人带领选课同学讨论相关话题。在思政教育方面,我们坚持将思政相关内容与教学内容相结合的原则,争取做到润物细无声地鼓励大家思考相关问题。此外,除了授课人主动在讲课过程中提及相关话题、原则外,更需要在课堂讨论和互动中积极鼓励选课同学独立、自发地从课程思政角度出发去讨论犹太文化在不同时期的特点及其他相关问题。这样,才能让课程思政真正地入脑、入心,而不是只停留在授课人的灌输上。

具体而言,我们在教学上主要采用以文献为基础,围绕文献来理解历史、理解犹太文化的方式。很多文献的解读,都需要结合其创作时期的历史背景去解读,从而培养学生们认识事物之间普遍联系的能力。任何一份文献和一个现象,都不能孤立地去理解和评价。只有将文献及其体现的原则和观点放到大的历史背景下,并考虑作者可能持有的立场,才能让学生们理解犹太文化的不同特征之间往往是有关联的,而且与早期以色列族群和早期犹太人在地中海沿岸地区产生和发展过程息息相关,从而让学生们可以尽量客观全面地评价早期犹太文化的不同元素和特征。

4.2 教学过程

【教学安排】

本课程教学分16周进行。具体安排如下:

教学周	主题	知识点	思政元素（结合专业知识解读）	所属思政维度
第1周	以色列出现之前的叙利亚—巴勒斯坦地区：两河和埃及之间（一）	1. 作为犹太文化前身的古代以色列文化； 2. 作为古代西亚和北非文化分支的古代叙利亚—巴勒斯坦文化及古代以色列文化； 3. 古代西亚文化的历史脉络及特征（苏美尔、阿卡德、亚述、巴比伦）。	通过简要介绍西亚考古史、"近东"研究在西方的学术史以及"近东""中东"等术语，启发学生们反思相关学科的欧洲中心、西方中心和东方主义弊病。所谓近东和中东，实际上位于我国西面。带有"东"字的命名体现了欧洲人的视角。我们要反思西方人利用话语霸权对本土文化的异化。	文化自信/他山之石/中国视角
第2周	以色列出现之前的叙利亚—巴勒斯坦地区：两河和埃及之间（二）	1. 古代埃及文明的历史和特征简述； 2. 古代安纳托利亚； 3. 以色列出现之前的叙利亚—巴勒斯坦地区、乌加里特、迦南； 4. 青铜时代晚期西亚北非的国际秩序和文化特征。	鼓励学生充分认识古代西亚北非不同文明和文化之间的相互影响。鼓励学生思考不同西亚北非文化之间的共性和个性。	文明互鉴/事物的普遍联系
第3周	古代以色列/犹大的历史和文化（一）	1. 青铜时代晚期西亚北非国际秩序的瓦解和新族群的产生； 2. 以色列人与周边的其他新族群：非利士人、亚扪、摩押、以东、亚兰人； 3. 从部落到统一王国：传说还是史实？ 4. 以色列和犹大对峙时期：一族两国与跨政治边界的古代希伯来文化。	通过关于以色列古代"统一王国"的相关话题，讨论古史研究的方法论问题，并由此探讨国内外学术界关于中国和西方"信史"问题的争论。某些西方学者对中国早期历史是不是信史的标准相当严格。然而，当讨论古代以色列的起源时，有些学者则将《圣经》这一带有明显宗教和政治色彩的资料（或至少其大体框架）看作古代以色列早期历史的主要史料。这个问题值得学生讨论和反思。	中国视角/历史唯物主义

(续表)

教学周	主题	知识点	思政元素 (结合专业知识解读)	所属 思政维度
第4周	古代以色列/犹大的历史和文化（二）	1. 以色列和犹大王国的覆亡； 2. 巴比伦之囚与巴比伦犹大遗民的"回归"； 3. 波斯帝国统治时期的犹大地区：从犹大到犹太；以色列概念的扩展。	巴比伦之囚的"回归"是圣经中的重要情节，也是犹太历史叙述中的重要篇章。回归的犹太精英将当时的耶路撒冷描述为一片荒芜并被其他族群占据的破败之城。根据考古信息来看，此时的巴勒斯坦和耶路撒冷并非如此荒凉，而"回归"本身也未迅速带来繁荣。可见，回归的文化和宗教精英掌控了话语权，讲述了一段未必与历史完全相符的历史，并使之成了犹太文化传统中的金科玉律。	他山之石/历史话语权
第5周	了解古代以色列文化的窗口：《希伯来圣经》《次经》和其他以色列/犹太文献（一）	1. 授课教师简要介绍文献学和犹太文化研究的关系； 2. 授课教师简要介绍希伯来圣经研究作为一门学科的发展历史和基本特点； 3. 根据课前分配和授课教师分发的资料，选课学生每人介绍一部分文献。注重以下几点：首先，要介绍文献内容；其次，要从现代读者角度出发，介绍文献可能的成书时间、可能的作者、不同的版本、可能的流传方式、对犹太文化和宗教的影响等。	通过圣经研究学科的产生和发展，向学生展示宗教研究从神学向文献学、历史学、考古学综合学科发展的变化。宗教文献慢慢演变为研究古代历史、文化和社会的文献依据，而读者也可以采用批判性视角去研读文献。这体现了科学发展对传统信仰群体的影响。	他山之石/文明互鉴/马克思主义宗教观/中国特色社会主义宗教理论/历史唯物主义

(续表)

教学周	主题	知识点	思政元素 (结合专业知识解读)	所属 思政维度
第6周	了解古代以色列文化的窗口:《希伯来圣经》《次经》和其他以色列/犹太文献(二)	1. 由授课教师介绍古代西亚和希伯来圣经中"先知预言"现象; 2. 比较先知预言与萨满通灵现象; 3. 继续由学生介绍希伯来圣经中的先知书。	在犹太教和基督教群体看来,"先知预言"是一个非常特殊的现象,体现了某一位神灵与特定群体之间的特殊关系。实际上,从人类学和宗教学的观点来看,这种沟通超自然力量和人类社会的宗教人士实际上广泛存在于不同传统之中。我们需要对特定宗教传统的观点去神秘化。	马克思主义宗教观/中国特色社会主义宗教理论/历史唯物主义
第7周	了解古代以色列文化的窗口:《希伯来圣经》《次经》和其他以色列/犹太文献(三)	1. 授课教师介绍希伯来圣经中的文集部分概况; 2. 继续请选课同学介绍《传道书》《约伯记》《雅歌》《诗篇》等。	《传道书》中较少提及神和律法,而更多的是对人生的感悟。《传道书》有些地方感叹人生的意义虚无,可以激发学生对从唯物主义的角度出发思考人生的意义和价值。	树立积极的人生观、价值观/文化自信
第8周	了解古代以色列文化的窗口:《希伯来圣经》《次经》和其他以色列/犹太文献(四)	1. 授课教师介绍次经和死海古卷的概况; 2. 请选课同学继续介绍《次经》及其他第二圣殿时期的犹太文献; 3. 请选课同学介绍死海古卷里的重点篇章,如圣经评注(Pesharim)、《社区守则》等。	死海古卷与以色列建国前后在死海地区的山洞中被约旦贝都因牧羊人发现。在此后的四五十年间,围绕其真伪、归属和公开性,不同背景的学者一直争论不休。学生可以借此话题了解政治和宗教对西方学术生态的影响。	制度自信/文化之间的平等交流/全球视野

(续表)

教学周	主题	知识点	思政元素（结合专业知识解读）	所属思政维度
第9周	《希伯来圣经》相关主题（1）：创世与大洪水故事	1. 古代埃及和两河的创世故事； 2. 古代埃及和两河的大洪水故事； 3. 创世和大洪水文学主题之间的关系：大洪水与秩序的缺失；创世与人类所熟悉的秩序的建立； 4. 希伯来圣经和犹太文化对西亚北非创世和大洪水神话的继承和改写。	《圣经》和犹太传统对创世和大洪水故事的改写，既体现了他们对西亚北非传统的继承，也体现了他们对西亚文明的特殊贡献。犹太文化具有其特定的西亚、北非文明背景，我们对它的认识和评价不能脱离其时代和地域特性。	文明互鉴/全球视野/普遍性与特殊性/辩证唯物主义
第10周	《希伯来圣经》相关主题（2）：律法与正义	1. 古代西亚和埃及的法律传统（如乌尔纳姆法典、汉谟拉比法典）； 2. 古代以色列的律法传统（民事、刑事、宗教律法）； 3. 二者的异同；《希伯来圣经》和犹太律法对古代西亚北非乃至罗马法传统的继承和发展。	通过介绍研究古代法律的基本方法，引导学生了解中国古代的法律文献，包括法典、律令、法学著作、宣法文献等。中国和地中海地区一样具有悠久的法律思想史。	全球视野/文明互鉴/法治观念/文化自信
第11周	古代以色列/犹大的宗教文化（1）：古代以色列之前的西亚北非的宗教环境	1. 简述古代埃及的宗教传统（神谱、神话传统）； 2. 简述古代两河流域的宗教传统（神谱、神话传统）； 3. 简述叙利亚—巴勒斯坦地区在以色列出现之前的宗教传统（神谱、神话传统；乌加里特与迦南宗教）。	再次引导学生思考犹太文化和古代以色列文化的西亚北非属性。任何文化都不可能凭空出现，而不同文化的互相交流是产生新文化、新传统的基础。	文明互鉴/全球视野

(续表)

教学周	主题	知识点	思政元素 (结合专业知识解读)	所属 思政维度
第12周	古代以色列/犹大的宗教文化（2）：耶和华与一神教	1. 埃及历史上的独尊一神传统：埃赫那吞法老的阿玛尔纳改革； 2. 西亚北非历史上某些神灵地位的擢升：创世神话中的马尔杜克神； 3. 公元前一千纪初期，叙利亚—巴勒斯坦地区的新族群与新神：族群神的兴起； 4. 以色列一神教的形成过程：埃及传统与约旦河两岸的影响。	犹太文化及其后的基督教文化因其一神教传统而被西方传统赋予特殊的地位。实际上，一神信仰传统也在一定程度上存在于三千多年前的埃及乃至两千多年前以色列周边国家和族群中。这再次体现了犹太文化的特殊性与西亚北非文明普遍性之间的辩证关系。	文明互鉴/辩证唯物主义
第13周	古代以色列/犹大的宗教文化（3）：神圣的器物与空间——神庙与圣殿	1. 古代西亚北非的神庙与神像； 2. 古代以色列的神像——无形之神与希伯来圣经中对神灵的人格化描述； 3. 古代以色列的圣殿——从会账到圣殿； 4. 神的居所在犹太神秘主义传统中的人格化； 5. 圣殿被毁、西墙与犹太会堂的产生。	西墙是传说中第二圣殿基座西侧的墙壁，据称在罗马人摧毁圣殿时得以保留，并留存至今。自中世纪开始，西墙开始具有一定的神圣地位。第三次中东战争后，以色列推平了西墙前的部分阿拉伯居民区并建设了西墙广场。西墙周边开始成为承载犹太身份的符号。通过西墙地位的变迁，学生可以了解巴以双方对领土和文化符号解释权的争夺，并分析西方话语霸权对历史与现状的影响。	全球视野/历史话语权

(续表)

教学周	主题	知识点	思政元素（结合专业知识解读）	所属思政维度
第14周	古代以色列/犹大的宗教文化（4）：从以色列、犹大到犹太——西亚北非背景下古代以色列和犹太族群文化身份的形成	1. 两河流域及叙利亚—巴勒斯坦的亚兰化（新亚述至波斯阿黑美尼德帝国时期）； 2. 希腊化时期和罗马时期：犹太文化与"希腊化/西化"； 3. 拉比犹太教与犹太身份的形成（接下一讲）。	犹太族群身份的形成，是在多族群、多文化的帝国统治背景之下逐步完成的。其中，希腊化时期尤为重要。在部分犹太人士的领导下，犹太文化经历了"希腊化""西化"但未被"同化"的重要过程。这个话题有助于学生理解我们如何在深入开放的今天处理好外来文化和本土文化的关系这一重要问题。	文明互鉴/文化自信/他山之石
第15周	基督教与犹太教的诞生——公元前后古代以色列传统的新发展	1. 希腊化和罗马时期的"共同犹太教"与其他犹太教派别；诸派别的神学理念与社会经济差异； 2. 犹太宗派运动背景下的早期基督教组织——作为犹太社会分支的基督教； 3. 早期基督教运动和其他犹太人对传统以色列文化的继承和改变（以律法和耶稣地位为例）； 4. 基督教和犹太教的分裂与拉比犹太教的诞生； 5. 拉比犹太教与犹太人身份的变化。	虽然基督教和拉比犹太教在两千多年的历史进程中经常处于矛盾和对立的状态，但实际上二者都是古代以色列传统的继承者。理解这一段历史，需要我们透过现象看本质，从更深的层次理解犹太文化的历史发展脉络。	历史唯物主义/文明互鉴

(续表)

教学周	主题	知识点	思政元素 (结合专业知识解读)	所属 思政维度
第16周	西亚北非与以色列/犹太文化的特殊性:"以色列特殊论"与"泛巴比伦主义"	1.《希伯来圣经》中关于古代以色列人"选民"地位的讨论; 2. 希腊化、罗马和基督教作家对犹太人特殊性的负面解读; 3. 19世纪末20世纪初欧洲的东方学家对巴比伦和古代犹太文化的比较和评价; 4. 犹太复国主义早期思想家和作家关于犹太人特殊性的重新解读:犹太人是否有特殊性?其特殊性是否代表西方犹太人对巴勒斯坦的土地有天然的声索权?犹太人的特殊性是否造成犹太人对外界或外界对犹太人的种族主义观点? 5. 认识犹太人和任何族群内部的文化和阶级多样性,拒绝崇犹和反犹思想。	通过对犹太内部文化和阶级多样性的描述,引导学生思考"犹太"这个民族标签的真实意义。民族和文化属性只能在一定程度上影响个体,个人的境遇与经济基础、时代大势关系密切。不能在分析问题的时候盲目地用民族和文化视角代替阶级和经济视角。	辩证唯物主义/他山之石/世界人民大团结/人类命运共同体

4.3 评价体系

本课程的评价体系由课堂报告和期末论文两部分组成。在学期中期的犹太文献介绍环节,授课人将依据选课人数,合理分配犹太的古以色列和早期犹太文献,每人负责若干篇章。在接下来的几个课时,学生将在授课人对话题进行整体介绍后,针对相应话题做时长为20—30分钟的课堂报告。在后半学期,鼓励学生尽早选择某一个与犹太文化相关的题目(可以是本课程选取的主题之一,也可以与上半学期的课堂报告有关),构思并完成一篇不少于五千字的课程论文。鼓励学生在专业公众号或其他平台发表论文,并为进一步的修改、扩充乃至未来投稿做准备。

5. 参考书目

本课程使用自编讲义,推荐参考文献如下:

1. Coogan, Michael David. *God's Favorites: Judaism, Christianity, and the Myth of Divine Chosenness*, Bos-

ton: Beacon Press, 2019.

2. Grabbe, Lester L. *A History of the Jews and Judaism in the Second Temple Period*, London; New York: T. & T. Clark, 2004—2021.

3. Grabbe, Lester L. ed. *The Hebrew Bible and History: Critical Readings*, London; New York: T & T Clark, 2019.

4. Hoffmeier, James Karl. *Akhenaten and the Origins of Monotheism*, Oxford; New York: Oxford University Press, 2015.

5. Lewis, Theodore J. *The Origin and Character of God: Ancient Israelite Religion through the Lens of Divinity*, New York, NY: Oxford University Press, 2020.

6. Liverani, Mario. *Israel's History and the History of Israel*, London, Oakville, CT: Equinox Pub, 2005.

7. Solomon, Norman. 2014 *Judaism: a Very Short Introduction*. Second edition. Oxford: Oxford University Press.

8. Van de Mieroop, Marc. *A History of the Ancient Near East, ca. 3000 – 323 BC (2nd Edition)*, Malden, MA: Blackwell Pub, 2007.

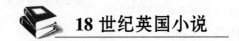

18 世纪英国小说

1. 课程总览

【课程名称】 18 世纪英国小说

【课程类型】 研究生专业选修课(英语语言文学专业)

【教学对象】 硕士研究生,以英语语言文学专业硕士生为主

【课程学时】 32 学时(2 学时 * 16 周)

【课程目标】

本课程主要学习的是创作和出版于17世纪末至18世纪末的7部在英国历史和文学发展中具有代表性的小说,包括《奥鲁诺克》(阿芙拉·贝恩)、《鲁滨孙漂流记》(丹尼尔·笛福)、《过度的爱》(伊莱莎·海伍德)、《帕梅拉》(塞缪尔·理查逊)、《约瑟夫·安德鲁传》(亨利·菲尔丁)、《多情客游记》(劳伦斯·斯特恩)和《伊夫莱娜》(弗朗西斯·伯尼)。课程的重点是结合(1)原著文本的学习、(2)作者生活时代的英国社会、文化、历史背景的学习、(3)自18世纪以来的相关一手及二手文献梳理,来探讨18世纪英国小说对"小说"这一文学体裁发展的推动和深化,并分析不同作者对于小说传统的接受与背离。

学习目标：

(1) 系统学习以上 7 部小说，深刻感悟作者对外部世界和人性本质的观察、对情感的思考。

(2) 基本掌握作者写作时代的英国社会与文化背景知识。

(3) 熟悉英国小说的发展历程。

(4) 梳理自 18 世纪至今相关文学评论的主要观点。

(5) 提高文本细读、文献研读的能力；有效进行文学批评的分析与写作。

(6) 在专业教学的基础上，融合课程思政要素，做好中国新时代背景下的外国文学教育。

2. 课程思政目标

18 世纪是英国小说从兴起至普及的重要过渡时期，也见证了从个人至社会不同层面的、不同思想的碰撞，例如家庭生活与公共生活的对立、社会风尚与个人自由的冲突、理性与感性的相互作用等。这个时期的英国作家作品中，也饱含作者和人物对自身民族身份、文化身份、性别身份等问题的剖析与反思。例如，贝恩在 1688 年出版的《奥鲁诺克》是较早揭露英国帝国主义侵略所造成的殖民创伤的英国文学作品；笛福通过对《鲁滨孙漂流记》中人物多重身份的塑造来透视其背后的英国革命精神与殖民文化色彩；在《过度的爱》和《伊夫莱娜》中，海伍德和伯尼通过书写女性的压迫、欲望和潜力，微妙地反思了女性的社会状态和社会局限。

通过学习和探讨例如以上列举的研究话题，教师充分引导学生发散思维，将 18 世纪英国小说中所呈现的个人、社会、国际层面的问题和其历史发展脉络与学生自身的民族文化处境相结合。例如，通过英国小说中帝国主义侵略的主题，重温中国共产党的社会主义革命、中国人民的反帝国主义侵略历程；通过 18 世纪英国女性与社会关系的思考，梳理中国不同时代的人民为女性解放、性别平等作出的努力。基于例如以上内容的探讨，教师和学生可以共同通过历史和文化事实思考当下中国在新时代的伟大变革、中华民族的复兴之路、中国人民的文化身份自信等重要思政议题。

3. 课程思政教学重点和难点

教师和学生需要跨越我们自身与 18 世纪英国作家作品之间的文化和时代差异，探究所学习的作品对人格与价值观塑造的持续性启发和影响。虽然本课程学习的是创作于 3 个世纪前的英国小说，但是小说的现实性书写突出了时代表达和人性的共通性，从而使身处不同时代和文化背景的读者跨越差异，达到情感上和思想上的关联和思考。所以，跨文化和跨时代因素的处理，既是这门课思政教学的重点，也是它的难点。

4. 本课课程思政教学方法和过程

4.1 教学方法

18世纪不只是英国小说发展的关键时期,也是中英文化交际的历史性起步时期。在学习英国本土小说的基础上,课程会适时融入中英比较文学的学习。例如,英国作家托马斯·珀西编译的中国小说《好逑传》出版于1761年,作为编译者之一,珀西希望通过一个真正源自中国的故事来介绍中国;他在小说的引言中写道:"让中国为自己发声"(出自18世纪欧洲的历史学家杜赫德于1735年编著的《中华帝国志》)。然而,事实上,珀西在这部小说中插入了诸多的脚注,用来补充说明他本人对中国文化的认知和态度。这些注释往往缺乏确凿的考证并抱有偏见。珀西对《好逑传》的处理方式代表了18世纪英国对中国文化的矛盾心态:一面渴望了解,一面抱有怀疑。通过这个例子,我们联想到在当今世界质疑中国的一些国家、群体、个人对待中国文化和中国发展持自我蒙蔽态度。其中,西方资本主义列强以自由为名的利己主义与中华文化的兼收并蓄形成鲜明的对比。中国式现代化建设强调的是国家间的共同发展、共同富裕,而霸权主义国家凭借自己经济军事的优势打压其他国家的发展。中国正在成功推进的"一带一路"倡议,延续自两千多年前古丝绸之路的和平合作、开放包容的精神。这既是中国推动与不同国家之间在政策、贸易、设施、民心等方面的互利共赢倡议,也是实现中华民族在思想文化、科学、政治、经济等领域复兴的重要一步。自中共十八大提出的"人类命运共同体",也强调在经济全球化背景下各国之间的相互依存,以及人与自然环境和谐共生的生态文明。

如今,一些国家、群体、个人对中国文化和发展蓄意诋毁和挑衅,犹如18世纪的一些英国作者对中国充满无知与偏见。通过18世纪英国文学中呈现的中英文化相遇问题,教师引导学生关注在当今世界中国与外部世界的联系。在面对来自不同文化的不同声音时,中国人民要加强民族自信和文化自信:中国文明是世界上最古老的文明之一,中国是四大文明古国中唯一没有消亡的文明。中国的文化包容、民族稳定是其五千年绵延不绝的重要原因;在当前中华民族伟大复兴的正确道路上,中国人民要增强自己的志气与底气、忠实于自己的国家,将个人的命运和国家民族的命运连在一起。

4.2 教学过程

【教学安排】

第1—2周:课程介绍、学习《奥鲁诺克》(原著文本细读、相关文献参考)

思政要素:通过小说帝国主义的殖民压迫主题,讨论中国及世界人民反对帝国主义、保卫世界和平的斗争历程。

第3—4周:学习《鲁滨孙漂流记》(原著文本细读、相关文献参考)

思政要素:通过小说中英国的殖民文化,联系同时期(18、19世纪)英国资本主义对中国的入侵,反思近代资本主义列强的侵华史;重温中国共产党带领中国人民的反抗帝国主义侵略的历程,弘扬爱国主义精神。

第5—6周:《过度的爱》(原著文本细读、相关文献参考)

思政要素:女性的社会地位变迁、情感和理性的平衡运用。

第7—8周:《帕梅拉》(原著文本细读、相关文献参考)

思政要素:两性关系与社会文明发展的紧密关联。

第9—10周:《约瑟夫·安德鲁传》(原著文本细读、相关文献参考)

思政要素:小说通过主人公在一系列奇遇中所展现的真诚与坦率,揭露了他人的虚伪和做作。课程通过文本学习,进一步讨论个人德行与社会道德观的建设,同时重温当代中国特色社会主义核心价值观的相关内容(例:诚信、友善的价值观)。

第11—12周:《多情客游记》(原著文本细读、相关文献参考)

思政要素:不同于寻常的游记,这部感伤主义游记强调个人的情感和状态,重视自我情感和道德的审视。课程通过文本学习,进一步讨论个人德行与社会道德观的建设,同时重温当代中国特色社会主义核心价值观的相关内容(例:诚信、友善的价值观)。

第13—15周:《伊夫莱娜》(原著文本细读、相关文献参考)、课程总结

思政要素:女性的社会地位变迁、情感和理性的平衡运用、两性关系与社会文明发展的紧密关联;本学期课程思政总结(从个人和国家双重维度来讲)。

【教学思维导图】

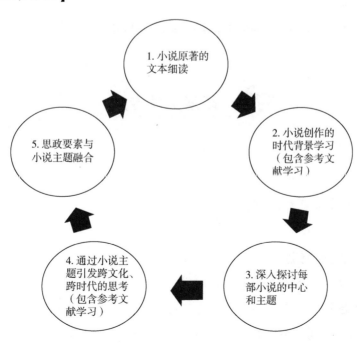

4.3 评价体系

本课程的考核设计以培养学生的专业写作能力、提高专业话题的表达和交流能力为主。在论文写作上,教师为学生提供论文题目选择的同时,也邀请学生申请自主命题,最大限度地给予学生培养专业兴趣和拓展思维的空间。

评分结构如下:

期中论文:30%

期末论文:50%

课程参与:20%(课上或课下的观点交流、课堂演讲、考勤)

5. 参考书目

部分参考材料:

1. 习近平:《高举中国特色社会主义伟大旗帜　为全国建设社会主义现代化国家而团结奋斗——在中国共产党第二十次全国代表大会上的报告(2022年10月16日)》,北京:人民出版社2022年版。
2. 习近平在二十国集团领导人第十七次峰会第一阶段会议上的讲话,2022.11.15。
3. 金一南:《正道沧桑》,北京:人民出版社,2022年。
4. Alexander, Michael. *A History of English Literature*, London: Palgrave, 2013.
5. Kitson, Peter J. *Forging Romantic China: Sino-British Cultural Exchange 1760—1840*, Cambridge: Cambridge University Press, 2013.
6. Richetti, John. ed. *The Cambridge companion to the Eighteenth-century Novel*, Cambridge: Cambridge University Press, 1996.
7. Rogers, Pat ed. *The Eighteenth Century*, London: Methuen, 1978.

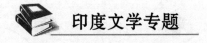

印度文学专题

1. 课程总览

【课程名称】印度文学专题

【课程类型】必修

【教学对象】研究生

【课程学时】32学时(2学时*16周)

【课程目标】

印度是一个多民族、多宗教、多语言的国家,历史悠久,文学丰富多彩、高度发达。梵语和巴利语是印度古代文献使用的两种主要语言,印地语是当今印度的国语,孟加拉语是当今孟加拉国的国语和印度的邦级语言之一,乌尔都语是当今巴基斯坦的国语和印度的邦级语言之一。根据语种来划分,印度有梵语文学、印地语文学、孟加拉语文学与乌尔都语文学等。根据时代来划分,则有古代文学、中世纪文学、现当代文学等。此外,中国与印度是近邻,自古以来就有密切的文学、文化交流。本课程集中了南亚学系上述方向的主要教员,讲授各部分的经典作品,提炼出十余个专题,目的在于向南亚系硕士研究生尽可能全面地介绍印度文学的各种知识,并引导他们进入相关的专题研究。

除了介绍基本知识与研究方法之外,课程还致力于培养学生通过文学认识历史、认识社会的能力。引导学生观察文学发展中所关注的问题和内容的变化,例如近现代文学在争取民族独立、推进思想和社会变革中的重要作用,使学生认识到印度文学乃至包括中国文学在内的亚洲文学、东方文学的共性,启发他们尊重民族和文化的多样性,客观认知语言文学所承载的文化和意识,深入理解个人与国家、民族的关系,建立国际意识,增强文化自信。

2. 课程思政目标

在授课过程中,坚持以马克思主义文艺理论和习近平文化思想为指导,结合印度各阶段、各语种文学产生和发展的历史背景,以专题的形式讲解印度文学的重要发展脉络和特点,并鼓励学生积极参与课堂讨论,反思印度文学发展过程中的得与失。将印度文学置于世界文学的范围内考察,比较其与中国文学等其他国别文学发展的不同历程。

教师秉持"以文化人""以文育人"的中华优良教育传统,在社会主义核心价值观的引领下,深入浅出地引导学生辩证地理解印度文学内涵,扩大学生的审美与知识视野,陶冶学生情操,实现思政德育目标,主要分为以下四点:

(1) 帮助学生开阔眼界、了解世界,通过对文本的细读与分析,把握中印两国文学的异同,形成全球化视野,铸牢人类命运共同体意识。

(2) 以润物细无声的方式,将思政元素融入课堂。比如在课程教学中,对比印地语诗歌和中国诗歌中"以动喻静"的相似表达,增强学生在多元文化背景下的文化自信。

(3) 破除历史虚无主义,在辩证唯物主义和马克思主义文艺观的指导下,引导学生正确认识殖民统治对于印度的多重影响、文学与社会的关系等重要议题。

(4) 全面提高学生的综合素养和人文修养,使其成为既有"各美其美"文化自信与家国情怀,又有"美美与共"开阔胸襟与国际视野的能担当时代重任的新青年。

3. 课程思政教学重点和难点

(1) 在阅读文学文本时,充分运用马克思主义的唯物史观,引导学生注意作品的时代背景与社会经济因素、作者的阶级立场等，以期培养学生的批判思维，认识到经济基础决定上层建筑的道理，并提升学生使用理论工具分析经典作品的能力，从而更深入地理解作品，以纠正将文学研究抽象化的倾向。

（2）在印度社会，宗教占据着至关重要的地位，这一现象也反映在各种文学经典中。在选读宗教性比较强的文学作品时，介绍自宗教学诞生以来的各种分析宗教的理论流派，其中重点是马克思主义宗教观，引导学生进行辩证思维，以深化他们对宗教、对宗教文本的批判性认识，从而更好地认识印度乃至我国的宗教现状，思考宗教与文学的关系。

（3）运用问题导向法，引导学生思考作为"国别文学"的"印度文学"是如何在"世界文学"与"东方主义"的理论框架下产生的。从印度语言的多样性和复杂性，印度现代各语种文学的差异性和统一性的角度，启发学生总体认识和把握印度文学的特点。通过对具体作品的分析，使学生认识到"国别文学"在建构民族国家、凝聚集体记忆、反抗殖民统治中的重要作用。在关注文学内部研究的同时，也要着眼于外部研究，培养政治敏锐性和独立思考的能力。

4. 本课课程思政教学方法和过程

4.1 教学方法

本课程采用以教师讲授为主、以学生课前阅读参考文献与课堂积极参与讨论为辅的教学方法。在讲授过程中，教师以文学史发展为线索，梳理、解释各时期具有代表性的文学流派、作家作品等文学现象，将印度文学作为"他者"和镜鉴，引导学生更深刻全面地理解中国经典文学与优秀文化的本质，培养学生正确理解印度文学文化现象的能力，从而更好地观察、认识中国与这位近邻的复杂悠久的关系。

带领学生通过文学史书写的角度，运用马克思主义世界观和方法论，用辩证的眼光分析印度文学史的书写特征。了解早期东方学家对印度文献的译介史以及东方主义的知识范式（东方主义植根于殖民权力的结构之中，特别是18世纪末到19世纪初由东方语文学所开启的在知识实践与人文文化方面的革命），考察歌德的"世界文学"概念的提出与创作实践，结合马克思、恩格斯在《共产党宣言》对世界文学的论述："资产阶级，由于开拓了世界市场，使一切国家的生产和消费都成为世界性的了……物质的生产是如此，精神的生产也是如此。各民族的精神产品成了公共的财产。民族的片面性和局限性日益成为不可能，于是由许多种民族的和地方的文学形成了一种世界的文学"，从而更全面地理解"印度文学"作为国别文学的建构过程。

4.2 教学过程

【教学安排】

课程第一部分是古代印度梵语文学部分,涵盖六讲。讲授、讨论的主要专题分为:① 东方学、世界文学与印度文学,②《梨俱吠陀》——"问题之书",③《摩诃婆罗多》——"第五吠陀",④ 梵语叙事诗——从《罗摩衍那》到迦梨陀娑,⑤ 梵语戏剧——《沙恭达罗》《优哩婆湿》,⑥ 从《舞论》到《诗庄严论》。第一讲主要介绍欧洲对印度的认识理解过程,引导学生关注一些相关的理论和方法问题:例如古典作家 Pliny、Strabo、Ptolemy 等关于印度与波斯的知识是真假相混,而中世纪的百科学者如 Solinus、Cassiodorus、Isidorus 等主要是猎奇、泛泛而谈,关注城市与河流、宝石与金属、香料与丝绸、奇闻轶事,代表作是东方故事与寓言集 Gesta Romanorum。随着资产阶级在对世界市场的开拓,印度文学才作为现代的知识对象而出现。文学史伪装成客观的科学,但实际上权力的运作无处不在。文学史是为何目的、在何种情况下、由谁汇集?选择、编目、组织原则如何?谁有使用权?主要语言为何?属于谁?这是在阅读任何一种文学史或一种文学选集时都必须事先考虑的问题。尤其是在印度这样一个多语言、地区文化又丰富多样的国家,更是要对上述方面保持警觉。在接下来的五讲中,选取梵语文学中的一些有代表性的经典文本,与学生一起进行阅读分析。每一文本都集中探讨一个主要问题,兼及其余。例如,在讨论《佛所行赞》时,与学生一起考察其中描述的佛教正法对婆罗门教正法的批评与反拨。

第二部分是乌尔都语文学部分,涵盖两讲。讲授、讨论的主要专题是:① 乌尔都语文学的概念以及古典文学分期问题,② 乌尔都语当代文学关键词:暴力、失根、爱与救赎等。这两讲主要介绍乌尔都语文学的产生及其现代化、中世纪(古典)乌尔都语文学和现当代乌尔都语文学中的重要议题等。课程重视人文性和思想性,如在讲授乌尔都语中世纪文学板块时,同被认为是同一种语言之不同文字书写形式的印地语的中世纪文学史书写进行对比研究,发现其差异主要体现在不同文字对相应宗教文化的对应选择上,由历史上不同主体对乌尔都语和印地语在历史语境中的不同理解所导致。

第三部分是印度中世纪文学部分,涵盖两讲。印度中世纪文学专题内容涵盖从 12 世纪前后至 18 世纪前后的印度文学。在印度中世纪文学的具体教学方法中,坚持以马克思主义思想为理论指导,引导学生批判性思考印度中世纪文学创作中的社会伦理思想与文学的审美观念,该时期文学作品所反映的"人性"范畴以及当时印度社会对"人性"的认可程度和社会伦理规范对人的约束,使学生深入理解印度虔诚文学和世俗文化的关系,帮助学生正确认识印度中世纪文化中的信仰与理性,提高学生的综合素养和人文修养,培养学生的国际视野和家国情怀。

第四部分是孟加拉语文学部分,涵盖一讲。在专题讲授中,以马克思主义立场、观点和方法为指导,选取注重思想性和知识性的教学材料,对孟加拉语文学不同发展阶段的经典文献及相关文学评论进行仔细研读,启发学生利用中文和其他语种资料,了解孟加拉国文学史的发展及其在不同阶段的特征。坚持知识传授与价值引领相统一,挖掘课程中的思政教育元素。在学习与研究印度文学中孟加拉国文学及其语言文化的同时,增强学生对南亚文学思想内涵和时代价值的理解,践行社会主义核心价值观,培养家国情怀与文化修养。

第五部分是印地语现代文学部分,涵盖两讲。第一讲主要介绍印地语文学中的"边区文学"潮流,尤其是"边区小说"流派,对"边区小说"产生的时代背景、发展状况及重要作家作品进行概括性讲解,使学生对这一小说流派有基本的认识和了解,激发学生深入研究的兴趣。教学内容包括:1. 对独立前后的印地语小说流派进行梳理。2. 介绍"边区小说"广义和狭义的定义。3. 概述"边区小说"的主要作家作品。4. 介绍边区小说代表作家纳加尔琼和雷努。5. 对雷努的两部边区长篇小说《肮脏的边区》和《荒土地的故事》进行重点讲解。6. 总结雷努长篇边区小说的创作特色。7. 根据课堂讲授内容组织学生进行讨论。第二讲以印地语现代诗歌发展为切入点,讨论印度现代文学发展及其特征。立足于文本分析,以印地语诗歌为解析对象,从印地语现代诗歌的发展折射印度现代文学发展的轨迹。分析民族主义诗歌、阴影主义诗歌、实验主义诗歌等重要诗歌流派的作品,对比"现代"与"古典""传统"与"西方",以历史、社会、观念等多维度视角引导学生深入思考印度现代文学和印地语现代诗歌的发展问题。结合教学流程,全方位融入思政教学元素。

第六部分是中印文学交流部分,涵盖两讲。这两讲旨在帮助学生了解两国建交以来文学交流的背景、内容、历时演变和阶段性特征。这两讲从"作家接触""文本接触""读者接触"三个层面讲授20世纪下半叶中印两国的文学关系,第一讲聚焦20世纪五六十年代,第二讲聚焦20世纪八九十年代。其中,"作家接触"涉及双边和多边框架下中印作家的互访和对话,以及由此产生的游记书写及两国作家笔下的对方形象。"文本接触"涉及两国文学作品的互译,以及基于翻译的作品传播、改写和接受。"读者接触"涉及两国知识分子对彼此文学作品的解读和评价,例如印度左翼作家对鲁迅小说的再诠释和中国文学界对泰戈尔的"进步化"再呈现。通过展示1950年之后中印两国文学交流的内容、形式、趋势、特征、影响、发生动力学,在佛教文学和泰戈尔文学之外,提供新的讨论对象和研究框架;揭示当代印度文学与域外文学(特别是非西方文学)的互动关系,推动比较文学、世界文学、译介学等领域的去西方中心化进程;以中国为参照或镜像,深化对当代印度文学界(作家、作品、思潮、组织)的理解和反思。

在该课程的讲授过程中,教师重视双向考察法,着力帮助学生在文化比较和文明互鉴的框架下,理解现当代中印两国民间交好的深厚传统,感受文学在沟通民心、增进互信等方面的独特价值,了解中国文化走出去的既往成就和丰厚经验,领悟人类命运共同体的深层意涵。注重课堂互动性,有意识地通过讨论激发同学们对具体文本、作家和事件的反思,以提升学生的批判性思维。从文学视角出发,在人文层面重新审视中印关系的内涵,揭示文学关系与政治关系的同构异质性;增进中华文化自豪感的同时,提升亚洲文明互鉴和人类命运共同体意识。

4.3 评价体系

对学生的评价考核主要集中于两个方面,比重分别是30%与70%。一是参与课堂讨论的情况,占比30%。通过学生在课堂上的表现、参与课堂讨论的积极程度、发言的逻辑条理与思考深度,可以看出他们在课下阅读原始文本与研究成果的用功程度。二是期末所提交的论文,占比70%。这也是课程设置的初衷,希望以专题讲授的形式,向南亚系的硕士研究生介绍印度文学各个领域的基本经典与研究史,发掘学生的学术兴趣所在,并引导他们进入相关领域的研究。

5. 参考书目

1. 季羡林主编:《印度古代文学史》,北京:北京大学出版社,1991年。
2. 金克木:《梵语文学史》,南昌:江西教育出版社,1999年。
3. 许地山:《印度文学》,长沙:岳麓书社,2011年。
4. 薛克翘、唐孟生、姜景奎、Dr. Rakesh Vats:《印度中世纪宗教文学》(上、下册),北京:昆仑出版社,2011年。
5. 刘安武:《印度印地语文学史》,北京:人民文学出版社,1987年。
6. 薛克翘等:《印度近现代文学》,北京:昆仑出版社,2014年。
7. 石海峻:《20世纪印度文学史》,青岛:青岛出版社,1998年。
8. 姜景奎:《印地语戏剧文学》,北京:中国对外翻译出版公司,2002年。
9. 阿布赖司·西迪基:《乌尔都语文学史》,山蕴编译,北京:中国社会科学出版社,1993年。
10. 金克木编译:《天竺诗文》,南昌:江西教育出版社,1999年。
11. 《五十奥义书》,徐梵澄译,北京:中国社会科学出版社,1995年。
12. 《摩诃婆罗多》,黄宝生等译,北京:中国社会科学出版社,2005年。
13. 蚁垤:《罗摩衍那》,季羡林译,北京:人民文学出版社,1984年。
14. 迦梨陀娑:《沙恭达罗》,季羡林译,北京:人民文学出版社,1959年。
15. 迦梨陀娑:《优哩婆湿》,季羡林译,北京:人民文学出版社,1962年。
16. 首陀罗迦:《小泥车》,吴晓铃译,北京:人民文学出版社,1959年。
17. 《五卷书》,季羡林译,北京:人民文学出版社,1959年。
18. 月天:《故事海选》,黄宝生等译,北京:人民文学出版社,2001年。

19.《伐致呵利三百咏》,金克木译,北京:人民文学出版社,1982 年。
20. M. Winternitz, *A History of Indian Literature*, Motilal, 1927/1985.
21. Ali Jawad Zaidi, *A History of Urdu Literature*, Sahitya Akademi, 1993.
22. J. C. Ghosh, *Bengali Literature*, Oxford University Press, 1948.
23. Sukumar Sen, *Bāṅglā Sāhityer Itihās*, Ananda Publishers, 1999.

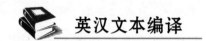

英汉文本编译

1. 课程总览

【课程名称】英汉文本编译

【课程类型】专业必修

【教学对象】英语笔译专业硕士生

【课程学时】32 学时(2 学时 * 16 周)

【课程目标】

本课程涉及"文本编译"是指通过对单一文本或多个文本进行缩编、增删、重新编排和翻译之后形成新的中文文本(如原文为英文)或英文文本(如原文为中文)的一种特殊翻译。编译在媒体、影视、出版、教育、新闻及商业上有广泛的应用,在跨文化交流、产业本地化及国际化、国际商贸往来等方面发挥着重要作用。本课程旨在训练和提高学生的编译意识和编译能力,重点训练时政、人文社科及新闻方面的编译能力,提升学生在编译题目的选择、文献及信息的检索、信息编排和综合等方面的能力。具体的训练内容包括单个文本的缩编(剪辑)、摘要(梗概)写作、多文本信息的综合和编排、新闻编译的主要方法。"英汉文本编译"是一门技能训练课程,强调精讲多练,通过练习及案例的分析、归纳、讨论和总结,使学生逐步掌握英汉文本编译的基本方法。

本课程要求学生除了听课之外还要参与课堂讨论,并按时完成每周的编译作业。课程对学生的双语阅读和写作要求较高,期待学生通过大量编译练习,加强双语的阅读理解能力及写作能力。除每周的编译作业之外,学生还需完成一篇小组编译习作,并在课堂上展示编译成果,与其他同学分享编译心得。此外,每位学生在期末提交一篇独立完成的编译习作。

2. 课程思政目标

这门课程的思政目标在于训练研究生正确的编译意识和熟练的编译技巧,课程的总体设计将被置于思政教育的整体框架之内,强调在编译方法和策略上与中国国策和政治诉求保持一致及编译为国家、为人民服务的宗旨。

课程的具体思政内容体现在教学过程中使学生熟悉和了解我国国情,拓宽学生的全球视野,熟练掌握编译技能,掌握中国特色话语体系,提高跨文化交流能力,及时了解国内外动态,掌握通过编译讲好中国故事,传播好中国声音,构建对外话语体系,做了解国际规则且能把中国介绍给世界的高素质国际化外语人才。

正确的编译意识的培养离不开对中国特色社会主义在教育、外交、中外学术及文化交流、文明互鉴等方面的实践和理念的掌握。课程将引导学生学习相关文献,树立正确的编译观,在具体的文本编译实践中遵循国家关于独立自主、文化多样性、共同繁荣及建立人类命运共同体的理念和政策,强调编译服务于国家文化及外交战略,增强研究生家国情怀,激发他们实现民族复兴中国梦过程中的正能量,增强创新能力、跨文化交际能力、职业道德及服务国家和社会的意识,为成为引领行业未来、德才兼备的高素质复合型翻译人才打下良好基础。

3. 课程思政教学重点和难点

课程思政方面的主要难点在于文本编译意识如何与思想政治觉悟结合起来。我们知道,传统的翻译/编译方法主要是要考虑如何对原文信息及内容进行忠实的传达,离开原文太远便超出翻译或编译的范围,属于独立写作。鉴于英文作者在历史文化背景及思想意识方面跟我们有较大区别,如何使编译文既忠实于原文又契合中国的政治文化理念是一个较大的难点。本课程将吸纳翻译理论家安德烈·勒弗维尔(André Lefevere)关于"翻译、重写和操纵"观念的合理成分,重点强调编译选题、文献筛选和内容摘录、文本重编和组合等方面编译者主体性的发挥,这涉及如何在编译过程中把中国文化及政治元素考虑进去,如何在编译选题及编译文章做法方面找到能契合译入语国家国情及文化诉求的编译方法和编译策略。确定这个大方向之后,本课程的思政重点将集中于具体的编译选题和编辑过程中选择与中国话语体系能形成互补或相互支撑的内容,如何通过过滤、删减或改写等编辑手段来处理外文文本与中国话语体系相悖的地方。

4. 本课课程思政教学方法和过程

4.1 教学方法

本课程为英语笔译专业技能型课程,主要采用启发式讨论方法来安排课堂教学活动,强调师生之间的互动,突出学生主动学习、调动学习积极性,提高学生探索问题解决问题的能力。

思政内容主要是通过课下研读和课上讨论的方式来加深理解和熟练掌握。每周的课外作业包括思政文献的阅读及文本编译技能训练。突出习近平新时代中国特色话语体系架构下的文本编译及新闻编译的选题、缩编、梗概写作、语篇结构、语言风格等方面的训练。

课堂活动包括老师集中讲解编译理论及方法要点及作业难点、课堂讨论及学生做报告。鼓励学生表达观点和疑问,激发他们的创造性思维,通过集思广益探索适合中国国情的文本编译和新闻编译的方法和策略,提高编译意识和编译能力。

4.2 教学过程

【教学安排】

第一周 课程简介(编译的界定、适用行业、编译过程及主要方法简介)

思政重点:在思考编译的界定、适用范围及作用时,要弄清楚编译与构建中国特色话语体系之间的联系,突出编译在加强我国国际传播,讲好中国故事,传播好中国声音,构建中国负责任的大国形象的作用。同时,让研究生意识到编译在推进"一带一路"合作,促进文明互鉴,推进中国特色外交,推进全球合作共赢和生态文明建设,构建创新、活力、联动、包容的世界经济,共促全球发展的作用和意义。

思政思考题(课堂讨论):提高编译意识与提高思想境界、信念/信仰及职业态度的关联。

第二周 编译的标准

思政重点:讨论编译的四个等值说,即主题价值等值、信息价值等值、篇章结构等值、语言风格等值。首先要思考四个等值说在传统编译理论(抑或是传统翻译理论)语境下的考量和价值。新时代编译标准是否应该考虑在四个等值的基础上增加编译的整体目的这个维度?增加这个维度之后,四个等值该如何限定和调整?结合第一周的思政重点,这周的思政重点在于编译的标准与构建中国特色话语体系之间的适配性问题。引入编译目的论,可以把编译标准讲得更清晰,更有据可循。尤其是在选题标准方面,严格按照党对意识形态及媒体的舆论导向来执行,使我们的编译工作能为国家推进构建人类命运共同体添砖加瓦。

第三周 文本缩编方法及训练 I

第四周 文本缩编方法及训练 II

思政重点:缩编练习是编译基本功。第三周第四周涉及的缩编方法主要是对较长的单一文本进行缩减。缩编的目的不仅是要裁减篇幅,而且要保留原文基本信息。这两周的训练将从方法论上以马克思辩证唯物主义为指导原则,重点考虑删除一些背景介绍、重复性的内容,保留原文主要论题和支撑性论述,辩证地处理篇幅剪裁和保留原文基本思想之间的矛盾。此外,在缩编外文文本时,从宏观上把握原文在文化及政治上是否会有损于中国特色话语体系及中国在国际上的正面形象,特别注意删除西方对中国的偏见及与中国意识形态相左的内容。

思考题:学习习近平关于"两个结合"的重要论述,即"坚持把马克思主义基本原理同中国具体实际相结合、同中华优秀传统文化相结合"。以编译为例,思考如何把马克思主义的基本原理与中国特色社会主义新时代的实际情况相结合。

第五周 摘要写作 I

第六周 摘要写作 II

思政重点:写摘要跟处理复杂事物有异曲同工之妙,学会抓大放小才能事半功倍,提高工作效率。我们在编译方面同样要克服教条主义和官僚主义,学会抓重点,提高自己从纷繁的现象中抓住事情本质的能力,通过实践不断提高自己解决实际问题的能力和效率。在写摘要方面,我们强调对学生的阅读理解和分析能力的训练,特别是训练他们从繁复的叙事细节中厘清文章思维脉络的能力,并学会用简洁明白的语言概括文章的主旨。要写好摘要,就必须在自己语言的表达能力、综合能力和概括能力方面下功夫。

思考题:写好摘要跟工作作风有没有关联?提示:克服教条主义和官僚主义,作风建设永远在路上。

第七周 摘译和节译:编译的摘取法及合并法

思政重点:结合中国特色社会主义的实践需求,确定摘译和节译选文和选段。结合党中央关于"四个全面"战略布局(即全面建设社会主义现代化国家、全面深化改革、全面依法治国、全面从严治党。马克思主义中国化时代化大众化),在确定摘译和节译的选文和合并方面,做到有的放矢,有所为有所不为。坚定立场和信念,确保编译文能正确引导舆论。

第八周 多文本的编译过程和方法:编译的选题、信息搜索

思政重点:多文本编译涉及确定主题、信息搜索和综合。这是介乎于写作和翻译之间的一种文本编辑及翻译方式,目的在于通过多文本的编译,对某个话题提供一个概况性的介绍或综述。在选题方面要践行以人民为中心的编译思想,深刻理解习近平关于"人民就是江山,江山就是人民"的政治理念,选择老百姓喜闻乐见的话题。党的工作重点在于解决人民的实际需求,编译工作也一样,人民的需要就是我们努力的方向。

第九周 多文本信息的归纳、综合、编排

第十周 文章结构与多文本编译的连贯问题

思政重点:编译构思要结合国家文化战略需求,背后的大构思是构建中国话语和中国叙事体系,打造融通中外的新概念、新范畴、新表述;向世界阐释推介更多具有中国特色、体现中国精神、蕴藏中国智慧的优秀文化,努力塑造可信、可爱、可敬的中国形象;广泛宣介中国主张、中国智慧、中国方案;深入开展各种形式的人文交流活动,通过多种途径推动我国同各国的人文交流。

第十一周 新闻编译概述

思政重点：新闻编译在加强国际传播能力方面的重要性毋庸置疑，要把握新闻的客观性和新闻选择和编译的主观能动性之间的辩证关系，课程将强调新闻编译在构建中国特色话语体系方面的功能和作用，强调党对意识形态工作的领导，党对新闻舆论传播力、导向力和影响力方面的重要作用以及以人民为中心的编译原则。

第十二周 新闻结构：中英文新闻内容编排方式的异同及编译方法

思政重点：注意引导学生熟悉中英文新闻写作的异同，在学习新闻编译方法的过程中体验编译在弘扬社会主义核心价值观，明辨是非善恶，追求健康情趣方面的关键作用。强调党对新闻编译工作的引领，坚持理论联系实际，发挥新闻编译在增强文化自信、深入改革开放和社会主义现代化建设中的积极作用。

第十三周 新闻导语：中英文新闻导语写作的异同及编译方法

第十四周 新闻标题：中英文新闻标题的异同及编译方法

第十五周 多条新闻的编译方法

思政重点：引导学生思考新闻编译如何助力于推进中国特色大国外交及提高我国参与全球治理的能力。编译工作需密切跟踪全球社会、文化及科技的发展和趋势，为国家提供有参考价值的信息、新闻、社会动态、科技及文化进展方面的资料。鉴于中英文在新闻写作的异同，我们在新闻编译的方法论上要走理论和实践相结合的道路，深刻理解"把马克思主义基本原理同中国具体实际相结合、同中华优秀传统文化相结合"对新闻编译的指导意义。

4.3 评价体系

课程成绩的评定除专业技能的考核之外，把思政内容纳入考评范围。编译作业、小组编译习作及个人的期末编译习作的成绩评定均把思政因素考虑进去。

本课程的总成绩由四部分组成：

（1）课堂讨论及习作展示：15%

（2）编译练习及编译习作：30%

（3）个人编译习作：30%

（4）单元测验及期末测验：25%

5. 参考书目

1.《习近平谈治国理政》（第一卷），北京：外文出版社，2014年。

2.《习近平谈治国理政》（第二卷），北京：外文出版社，2017年。

3.《习近平谈治国理政》(第三卷),北京:外文出版社,2020年。

4.《习近平谈治国理政》(第四卷),北京:外文出版社,2022年。

5. XiJinping. *The Governance of China I*,Beijing:Foreign Languages Press,2014.

6. XiJinping. *The Governance of China II*,Beijing:Foreign Languages Press,2017.

7. XiJinping. *The Governance of China II*,Beijing:Foreign Languages Press,2020.

8. XiJinping. *The Governance of China IV*,Beijing:Foreign Languages Press,2022.

9. 习近平:《习近平总书记教育重要论述讲义》(英文版),北京:外语教学与研究出版社、高等教育出版社,2022年。

10. 任文、李长栓主编:《高级汉英笔译教程》,北京:外语教学与研究出版社,2022年。

11. 陈树培:《英汉报刊翻译常见错误》,北京:外文出版社,2007年。

12. 黄忠廉:《变译理论》,北京:中国对外翻译出版公司,2002年。

13. 姜加林主编:《境外涉华经济报道实例点译》,北京:外文局对外传播研究中心,2008年。

14. 陈燕、刘东平主编:《危机事件报道案例分析》,北京:外文出版社,2007年。

15. 刘其中:《汉英新闻编译》,北京:清华大学出版社,2009年。

16. 刘其中:《英汉新闻翻译》,北京:清华大学出版社,2009年。

17. 张振玉:《翻译学概论》,南京:译林出版社,1992年。

18. 张彩霞等编著:《自由派翻译传统研究》,北京:外语教学与研究出版社,2008年。

19. André Lefevere. *Translation*,*Rewriting and the Manipulation of Literary Fame*,London and New York:Routledge,1992;Shanghai:Shanghai Foreign Language Education Press,2004.

20. André Lefevere ed. *Translation/History/Culture*:*A Sourcebook*,London:Routledge,1992;Shanghai:Shanghai Foreign Language Education Press,2004.

21. Eugene A. Nida. *Language and Culture*:*Contexts in Translation*,Shanghai:Shanghai Foreign Language Education Press,2001.

22. Peter Newmark. *Approaches to Translation*,Oxford,New York:Pergamon Press,1982;Shanghai:Shanghai Foreign Language Education Press,2004.

阿拉伯语高级口译训练

1. 课程总览

【课程名称】阿拉伯语高级口译训练

【课程类型】专业选修课

【教学对象】研究生一年级学生

【课程学时】 32 学时（2 学时 * 16 周）

【课程目标】

本课程为阿拉伯语专业选修课。本课程讲授口译的工作程序和基本原理及训练的原则和方法，以翻译任务为导向，从政府工作报告、中阿合作论坛发言和阿拉伯国家政治事件言论三个方面设计场景式即席翻译任务，重在训练学生的各项口译基本技能：记忆、笔记、综述、信息的快速分析、数字转换、连贯的表达等等，以及掌握不同口译场合所需的应对策略。本课程期望学生掌握口译的基本理论和连续传译的技能，学会口译记忆方法、口译笔记、口头概述、公众演讲等技巧和口译基本策略。同时，培养学生关心时事的信息意识，提高学生的综合人文素质和政治素养。本课程力图培养既能胜任阿拉伯语的翻译工作，又极具全球视野和政治素养的高端人才，在口译工作中讲好中国故事、传播好中国声音。

2. 课程思政目标

本课程以翻译任务为导向，培养学生关心时事的信息意识，提高学生的综合人文素质和政治素养，加强学生对中国特色社会主义理论和思想的知识积累，培养中国术语阿语化的表达能力和语言组织能力。通过强化学生在翻译过程中的家国情怀、全球视野和跨文化意识，培养学生用对象国受众易于听懂的语言、乐于接受的方式讲好中国故事、传播好中国声音的能力。

3. 课程思政教学重点和难点

本课程思政教学的重点主要有三个方面：一是从历年中国政府工作报告入手，教育学生更加全面和深刻地理解到改革开放以来中国的巨大变化和党的伟大成就，学习历年全国人民代表大会的精神，认识到新时代中国共产党的历史担当，认识到当代青年的历史使命；二是从中阿合作论坛入手，促使学生更加全面了解中国和阿拉伯各国家的战略合作，领略中国大国外交下的自信底蕴，增强战略自信；三是从阿拉伯国家的政治事件入手，促使学生更加全面了解到中国在阿拉伯世界的立场和态度，培养学生的全球视野，坚定中国立场。

教学难点方面，一是在于如何寓教于乐，激发学生的探索求知兴趣，将中国故事、中国术语通透解释，同时教授学生灵活使用对应的阿拉伯语译文，在教学中兼顾学生翻译能力的培养，进而提升学生讲好中国故事、传播好中国声音的能力；二是如何在知识传授中引导学生塑造正确的价值观念，帮助学生准确把握中国政府在中东地区热点问题上的立场。

4. 本课课程思政教学方法和过程

4.1 教学方法

1. 讲解重点词汇(术语、熟语、同义词)、生词和表达。
2. 讲解事件发生的背景。
3. 锻炼学生复述源语言内容的能力。
4. 让学生掌握快速记笔记的能力。
5. 重点、重要思想给予学生引导。
6. 学生翻译。
7. 现场分析学生的翻译,并总结普遍性和个性的翻译问题。
8. 引导学生使用阿拉伯人常用的表达方式。
9. 师生互动、生生互动。

4.2 教学过程

【教学安排】

章节/周主题	知识点	思政元素 (结合专业知识解读)	所属 思政维度
第1讲 中国政府工作报告	1. 政府工作报告中的时政和经济的常用的词汇和表达方式 2. 中国政府往年的成就以及新一年的规划	1. 教育学生更加全面和深刻地了解到过去数年前中国的巨大变化和党的伟大变革。 2. 学习历年全国人民代表大会的精神。 3. 认识到新时代中国共产党的历史担当,认识到当代青年的历史使命。	使命担当
第2讲 领导讲话翻译技巧(汉阿)	1. 习近平在首届中阿峰会利雅得宣言上讲话 2. 习近平外交思想实践与研究 3. 习近平致信世界卫生组织,鼓励国际社会帮助医疗卫生系统较弱的国家	促使学生更加全面了解中国和阿拉伯各国家的战略合作,领略中国特色大国外交下的自信底蕴,增强战略自信。	中国特色 大国外交、 战略自信
第3讲 领导讲话翻译技巧(阿汉)	埃及总统塞西祝贺中国共产党成立100周年的电视讲话	促使学生更加全面了解中国和阿拉伯各国家的战略合作,领略中国特色大国外交下的自信底蕴,增强战略自信。	中国特色 大国外交

(续表)

章节/周主题	知识点	思政元素 (结合专业知识解读)	所属 思政维度
第4讲 中阿关系(1)	中国在中东的作用 中国阿拉伯关系	中阿关系体现了中国政府和平共处、互利共赢的外交原则。促使学生学习习近平外交思想在中国对外交往中的实践。	中国特色 大国外交
第5讲 中阿关系(2)	习近平在中阿合作论坛上的讲话	中阿关系体现了中国政府和平共处、互利共赢的外交原则。促使学生学习习近平外交思想在中国对外交往中的实践。	中国特色 大国外交
第6讲 中国和国际组织的关系	1. 中国在联合国所付出的努力 2. 中国境内成立的国际组织(上海合作组织)	促使学生学习习近平外交思想在中国对外交往中的实践,领略中国特色大国外交下的自信底蕴,增强战略自信。	中国特色 大国外交、 战略自信
第7讲 "一带一路"倡议	1. 经济全球化 2. "一带一路"与再全球化 3. 中阿经贸关系 4. 中阿贸易发展成就 5. 中阿经济交流与合作	促使学生更加认识到在加大对外开放的过程中中国经济得到了长足的发展,"一带一路"的建设有助于经济的再全球化。	中国特色 大国外交、 战略自信
第8讲 构建人类命运共同体	1. 构建人类命运共同体 2. 建构面向新时代的中阿命运共同体	除了两国在"一带一路"倡议框架下所开展的密切合作,中国还在中阿峰会期间就构建中阿命运共同体提出了以下路径:即坚持独立自主,维护共同利益;聚焦经济发展,促进合作共赢;维护地区和平,实现共同安全;加强文明交流,增进理解信任。	中国特色 大国外交、 战略自信
第9讲 中国特色大国外交	1. 开创中国特色大国外交新局面 2. 坚持以习近平新时代中国特色社会主义外交思想为指导	10年来,中国大力构建全方位、多层次、立体化的外交布局。截至目前,中国建交国总数增至181个,同110多个国家和地区组织建立伙伴关系,"朋友圈"扩大,伙伴关系网络覆盖全球。	中国特色 大国外交、 战略自信

(续表)

章节/周主题	知识点	思政元素 (结合专业知识解读)	所属思政维度
第10讲 埃及2030愿景	中国在埃及新行政首都的贡献	在埃及新行政首都中央商务区项目建设过程中,中埃参建单位共同努力,响应绿色环保、节能减排的倡导,在项目规划、建筑设计、施工等环节采取了多项措施,积极为应对全球气候变化贡献一份力量。	中国特色大国外交、构建人类命运共同体
第11讲 沙特2030愿景	中国在沙特新城的贡献	neom新城是中国"一带一路"倡议和沙特"2030愿景"的一个结合点。中国企业目前参与了这座宏伟工程的"地基"项目,为当地提供中国技术、中国标准、中国装备和中国方案,在推动属地化经营管理、提供就业岗位、保护生态环境等方面卓有成效,为谱写中阿构建人类命运共同体新篇章做出了重要贡献。	中国特色大国外交、构建人类命运共同体
第12讲 中东问题(1)	埃及与埃塞俄比亚的复兴大坝争端	中国积极帮助埃及解决与埃塞俄比亚的复兴大坝危机。	中国特色大国外交、构建人类命运共同体
第13讲 中东问题(2)	1.叙利亚危机的重大事件 2.国际社会对待叙利亚危机的现实主义态度 3.中国对叙利亚危机的态度	中国政府反对外来势力对叙利亚内政的干预,在道义上支持叙利亚人民和政府,同情叙利亚难民,积极参与叙利亚的战后重建,体现了中国作为大国的担当。	中国特色大国外交、构建人类命运共同体
第14讲 中东问题(3)	1.巴勒斯坦问题的重要性及其历史渊源 2.中国对巴勒斯坦问题的立场	中国对巴勒斯坦的立场,其重点是支持巴勒斯坦人民的正义事业,坚持以联合国决议为依据,支持两国方案,主张和平、公正、永久地解决巴勒斯坦问题,这些原则体现了中国政府的公正道义和对国际法的遵守与尊重。	中国特色大国外交、构建人类命运共同体

【教学思维导图】

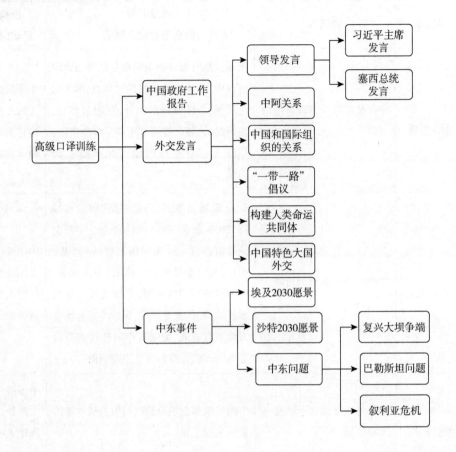

4.3 评价体系

以阿拉伯语语言文学专业课程思政目标为导向,以课程思政评价指标体系为依据,运用教师自评、学生评价、同行评价、督导专家评价等多种方式,以评促教,以评促学,全面评价课程思政教学效果。

4. 参考书目

1. 杨承淑:《口译教学研究:理论与实践》,北京:中国对外翻译出版公司,2005年。
2. 姚斌:《案例教学法在MTI口译教学中的应用:理论、实践与反思》,北京:中译出版社,2022年。
3. 魏启荣主编:《高级汉阿翻译教程》,北京:外语教学与研究出版社,2022年。
4. 张志祥主编:《汉语阿拉伯语政治外交词典》,北京:外语教学与研究出版社,2005年。
5. El Mustapha Lahlali. *Advanced Media Arabic* (2nd Edition), Edinburgh:Edinburgh University Press, 2017.
6. Elisabeth Kendall. *Media Arabic* (2nd Edition), Edinburgh:Edinburgh University Press, 2012.

高级汉法翻译

1. 课程总览

【课程名称】高级汉法翻译

【课程类型】专业选修

【教学对象】硕士一、二年级

【课程学时】32学时(2学时*16周)

【课程目标】

"高级汉法翻译"(主要为汉译法)是一门语言训练实践课,目的在于提高学生实际应用所学法语知识的能力,掌握由中文到法文进行笔译的基本规律和主要特点,培养学生独立从事笔译工作的能力。本课程总学时共计32学时(每周2学时),教学语言为法语和中文,旨在通过理论讲解、专题阅读、翻译实践及译本赏析,使学生明确翻译的内涵,掌握基本的翻译理论原则,理解翻译是一种处于"得与失"之间的文字实践。在此基础上,指导学生进行基本的笔译操作,掌握篇章层面下可能采用的词语、表达法、句式和段落的翻译技巧,具备基本的翻译素养。课程的基本目标可分为以下三点:

知识目标:帮助学生掌握翻译学的基本流派,了解入门性的翻译常识,对释意派、"文字翻译"、功能理论、多元系统理论、后殖民理论等代表性流派及其中的典型人物有一般性的了解。

能力目标:通过文献阅读和翻译实践,提高学生的语言水平,扩充相关领域专业词汇,提升对用法文表达的话语,尤其是我国外宣话语的理解,能在某一个具体语境下灵活运用相关翻译技巧。

素质目标:借由我国外宣话语中体现的积极价值取向培养学生正确的价值观,并通过翻译实践中的挑战和机遇进一步树立跨文化意识,明确讲好中国故事是新时代中国高等外语教育的新使命。

2. 课程思政目标

本课依托的教材为高等学校外国语言文学类专业"理解当代中国"系列教材中的《高级汉法翻译教程》。教材编排合理,主要文本摘取自《习近平谈治国理政》法语版本,是当代法语专业学习者理解当代中国、讲好中国故事的权威读本。主要思政目标如下:

以"理解当代中国"为前提。当代中国丰富多彩、气象万千,《习近平谈治国理政》的文本包括政治、经济、社会、文化、教育、国防等多方面的内容,对当代中国的现实有着精准的把控及深刻的理解。通过对其选摘的阅读和研习,可以帮助学生更好地树立家国意识,更深刻地爱祖国、爱人民、爱家乡。

以"讲好中国故事"为核心。着重对学生进行翻译能力的培养,学会用法文分析和表达当代中国的发展与成就;引导学生了解中国时政文体的特点,掌握翻译此类文献的基本原则、技巧和策略;激发学生的主观能动性,通过翻译实践、译本批评和翻译质量分析,让学生主动表达,成长为跨语言、跨文化行为者。

以阐扬"人类命运共同体"为旨归。引导学生理解把中国介绍给世界的重要性,使学生明白在世界思想文化交流交锋日趋频繁的今天,必须同时具备家国情怀和跨文化视角,才能服务国家对新时代外语人才的战略要求,为中国参与到全球治理中贡献自己的一份力量。

3. 课程思政教学重点和难点

本课的最终目标是将社会主义核心价值观的学习与汉译法翻译能力的培养有机融合起来,实施价值塑造、知识传授和能力培养三位一体的课程思政理念,使三者融为一体、互为依凭。在这一原则的指导之下,本课聚焦于以下重点和难点:

重点是要将课前、课中、课后有机贯穿起来,最大程度优化学习效果。课前要积极引导学生进行预习,自主学习核心概念和关键表达,构建初步的语料库;可适度进行试译,并独立或合作完成试译反思。课中教师要先带领学生明确学习目标,理解本堂课的重要性;讲解核心概念和关键语句,帮助学生理解其基本意涵,掌握法文表达;结合官方译文和学生译文进行课堂讲解,组织课堂讨论,同步提升理论素养与实践技能;课后要布置课后练习,巩固课堂习得,并提升学生自主进行篇章分析和语言翻译的能力。

难点在于让学生较好地"传播中国声音"。法语专业一、二年级的硕士生已经掌握了基本的语言知识,但尚不具备可以独立进行翻译工作的语言能力和职业素养,且对译入语读者的接受习惯缺乏了解。教师要充分利用课前、课中和课后,通过学生独立或合作翻译、点评、互评和讨论等方式,从国际传播规律和受众接受效果等角度出发,帮助学生兼顾文化表达和对外传播,达成更好的接受效果。

4. 本课课程思政教学方法和过程

4.1 教学方法

本课程力图践行教育部《高等学校课程思政建设指导纲要(2020)》中"立德树人"的根本任务,将价值观引领寓于知识传授与能力培养中。施教过程依从"紧密性"和"启发性"两大原则:思政教学要密切融入,扣合教学流程,激发学生思考、翻译和讨论的自主性；教师讲授、学生实践、师生互动、讨论探究等步骤须循序渐进，让学生不断提高中国时政文献翻译能力和国际传播能力。

课程综合运用多媒体课件、板书、纸质材料、网络资源等多种演示手段，具体方法如下：

以理论讲授法向学生讲述翻译的意涵、原则和作用，使其理解翻译在中国话语传播中的关键性角色；明确何为语篇翻译策略，不要拘泥于若干段落中的特定字词，而是要注重国际传播效果，从实践中汲取经验。

立足语言分析法，课程前半段讲述核心概念和关键语句；试译完成后要进行细致的译文评析，也要引导学生进行点评练习；课后练习也要充分进行讨论，思考翻译重点与难点，分析译文中使用的翻译技巧及方法。

善用课程讨论法。课上要加强学生的参与，促进学生参与小组互动，进行合作翻译、讨论、互评等活动；课下充分利用"北大教学网"等平台向学生提供补充阅读材料，借助微信、邮件等手段与学生互动，延伸课堂教学维度，深化对课堂所学的认识。

4.2 教学过程

【教学安排】

周数	周主题	内容	思政要点	所属思政维度
第一周	翻译理论入门	翻译的定义和基本原则	翻译应以"讲好中国故事"为旨归	如何思考
第二周	文体理论入门	政治文本的特点和翻译中可能存在的关键问题	政治文本的特殊性	如何思考
第三周	教材第一单元	党政军民学、东西南北中，党是领导一切的	中国特色社会主义最本质的特征和中国特色社会主义制度的最大优势	政治认同、价值观传授
第四周	教材第二单元	千磨万击还坚劲，任尔东西南北风	坚持和发展中国特色社会主义总任务	政治认同、价值观传授
第五周	教材第三单元	江山就是人民，人民就是江山	坚持以人民为中心的发展思想	政治认同、价值观传授
第六周	教材第四单元	既要注重整体谋划，又要注重牵住"牛鼻子"	中国特色社会主义事业总体布局和战略布局	政治认同、价值观传授
第七周	教材第五单元	改革只有进行时，没有完成时	全面深化改革总目标	政治认同、价值观传授

（续表）

周数	周主题	内容	思政要点	所属思政维度
第八周	翻译练习	选取《习近平谈治国理政》中与一至五单元主题契合的相关段落	带领学生进行翻译实践和讲评	实践能力、全球视野
第九周	期中测验	要求学生翻译相关文本	促进学生自主进行翻译实践	实践能力、全球视野
第十周	教材第六单元	改革与法治如鸟之两翼、车之两轮	全面推进依法治国总目标	政治认同、价值观传授
第十一周	教材第七单元	高质量发展，就是从"有没有"转向"好不好"	必须坚持和完善社会主义基本经济制度	政治认同、价值观传授
第十二周	教材第八单元	强国必须强军，军强才能国安	党在新时代的强军目标	政治认同、价值观传授
第十三周	教材第九单元	世界好，中国才能好；中国好，世界才更好	中国特色大国外交	政治认同、价值观传授
第十四周	教材第十单元	打铁必须自身硬	全面从严治党的战略方针	政治认同、价值观传授
第十五周	翻译练习	选取《习近平谈治国理政》中与六至十单元主题契合的相关段落	带领学生进行翻译实践和讲评	实践能力、全球视野
第十六周	期末测验	要求学生翻译相关文本	促进学生自主进行翻译实践	

【教学思维导图】

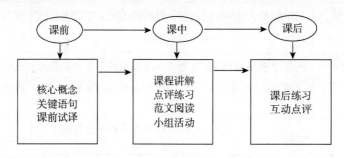

4.3 评价体系

本课采用"全流程+全参与"考核方式,具体的考核方式为:

1. 每堂课的课前试译和课后练习均计入平时分数,监督学生的学习效果和学习状态,进行跟踪观察,反思讲好"中国故事"的策略和方法。

2. 组织期中考试和期末考试,考核学生的自主翻译能力,提升学生的终身学习能力。

课堂总评成绩构成:

平时分数:30%

期中考试:30%

期末考试:40%

5. 参考书目

1. 郑立华等编:《高级汉法翻译教程》,北京:外语教学与研究出版社,2022年。
2. GUIDERE, Mathieu. *Introduction à la traducologie*, Bruxelles: De boeck, 2010.
3. XI, Jinping. *La Gouvernance de la Chine*, tomes I, II et III, Beijing: Mille fleurs, 2015.

时政翻译

1. 课程总览

【课程名称】时政翻译

【课程类型】专业必修

【教学对象】日语专业翻译硕士研究生一年级

【课程学时】32学时(2学时*16周)

【课程目标】

根据教育部《高等学校课程思政建设指导纲要(2020)》的精神,将"理解当代中国"系列教材《高级汉日翻译教程》有机融入课堂,理解习近平新时代中国特色社会主义思想的内涵,把握时政文献的文体特色,结合相关翻译理论与技巧,提高硕士研究生阶段汉日翻译实践水平和翻译研究能力。引导学生树立胸怀天下、心系国家的政治情怀,在充分了解我国当前时政热点和国家战略的基础上,用规范的日文翻译领导人著作讲话、经典政治文件和相关政论文章,用日文讲好中国故事,以外译工作服务中国文化走出去和构建融通中日话语体系的战略目标。

知识目标:熟悉领导人著作讲话、党和国家的重要理论和政治文件,抓住核心概念和政治术语,了解我国在新时期取得的伟大成就和面临的重要课题。从跨文化的角度出发,了解中日两国的文化习俗、审美习惯、语言修辞等方面的共性和差异。

能力目标:在翻译实践训练上注重学生对背景知识、专业术语和规范表达的积累,要求对文本的翻译做到全面把握、深刻理解、精准翻译,既符合日方读者的阅读习惯、又能体现中国特色。

素质目标:以马克思主义世界观和方法论为引领,以习近平总书记提出的"文明互鉴"为指导方针,在批判性研读与文本分析的基础上,让学生充分掌握时政文献汉译日的方法,初步具备从事中日时政问题翻译工作的基本素质。

2. 课程思政目标

本课程旨在将习近平新时代中国特色社会主义思想的深刻内涵与翻译课程有机结合,引导学生在翻译实践的过程中深刻领会习近平新时代中国特色社会主义思想的核心要义,全面了解当代中国取得的发展与成就,坚定"四个自信",掌握中国对外话语体系的表达方式,能够从跨文化的角度阐释中国特色社会主义道路和中国智慧。在专业学习的过程中进一步夯实日语语言能力和中日互译基本功,重点掌握时政话语特别是中国特色话语的语篇特点和规律,培养时政文献阅读与翻译能力,提高思辨能力、跨文化能力和国际传播能力,使学生成为有家国情怀、全球视野和专业素质的社会主义建设者和接班人。结合以上总体目标,拟制定以下目标:

基本前提:树立"文化自信",坚定"中国道路"

培养学生对本国制度、文化和道路的认同感是开展本课程教学的基本前提。本课程立足于这一基本前提,在素材选用上坚持正确的政治导向,通过领导人的经典著作和党的权威政治文献来引导学生关心了解国家大事,体会其中凝结的思想精华和开创性、独创性见解,领悟中华民族文化的博大精深,从整体上把握新时期中国特色社会主义建设道路的理论体系。

学习方法:夯实翻译基础,培养受众意识

了解基本的翻译理论,灵活运用各种翻译技巧,既要精准把握再现原文的风貌,又要尊重对象国读者的语言文化习惯。做到忠实原文与灵活多样相结合,兼具政治文本的严肃性与语言文化的丰富性。

最终目的:探索构建"对外话语体系"

外语学习、翻译实践的最终目的要落脚到构建对外话语体系上。对外话语体系的构建不是简单的生搬硬套、强行灌输,而是要在实践中注重策略,讲究技巧。本课程牢牢抓住"融通中外"这一核心要素,旨在从内容和形式上探索能够为对象国受众接受和理解的话语体系。要让对方像理解本民族语言一样去理解我们的译文,领会我们最想传递的、最核心的思想,从而真正实现用外语讲述中国故事、传递中国声音、弘扬中国文化的目的。

3. 课程思政教学重点和难点

思政教学重点:时政文献主要包括党和国家领导人的著作讲话、党和政府的文件报告等。在内容上既有郑重严肃的国是方针,又有贴近生活的百姓家常;在文体上既有平铺直叙的娓娓道来,又有生动形象的文学修辞。其中还包含大量术语概念,彰显了中国政治和语言文化的特色。本课程的重点是引导和培养学生从内容、文体、概念三个方面熟悉时政文献的语言特点和表述习惯,在翻译实践中吃透原文的思想,在翻译上做到有的放矢。

思政教学难点:①时政文献中的领导人著作尤其是讲话内涵深刻,语言风格极为丰富多样,不乏引经据典,也有很多"接地气"的生活化语言,其背后反映的是中华民族文化和语言的博大精深。此类内容是时政翻译乃至一切翻译当中的"疑难杂症"。②核心概念、名言警句不仅具有深刻的内涵,且多具有复杂的形成背景和曲折的来龙去脉,不对这些问题进行探究和把握,翻译难免流于表面和形式。

4. 本课课程思政教学方法和过程

4.1 教学方法

本课程力求践行《高等学校课程思政建设指导纲要(2020)》规定的"立德树人"根本任务,将价值观的传递和引领寓于知识传授和能力培养当中。

在课程推进上,坚持"课前布置任务""课上精讲多练""课后巩固提高"的三段式教学。每次课前发放阅读材料,请学生提前阅读,了解大致内容,就其中知识点查阅相关背景资料。课上秉持精讲多练的原则,灵活运用经典段落赏析、范文示例、常见误译错译批评与分析、课堂翻译实践训练、小组合作发表等方式,对课程各板块内容逐一进行细致训练,保证学生充分的课堂参与度。

在授课方式上,兼顾线上线下的混合教学法,充分利用北大教学网、腾讯会议、微信、邮件等方式与学生保持沟通,拓展课程教学。鼓励并监督学生通过自主学习、合作探究、互评互学等方式开展延伸学习和过程反思。

4.2 教学过程

【教学安排】

板块主题	周次	章节主题	思政元素	所属思政维度
第一部分：加强对习近平新时代中国特色社会主义思想的全面理论学习	第一周	党的领导、中国特色社会主义	明确理解中国特色社会主义的本质特征、中国特色社会主义制度的优势、全面加强"四个自信"和"两个维护"、中国特色社会主义的总任务、中国特色社会主义进入新时代、"两个一百年"奋斗目标、中华民族伟大复兴等核心概念和关键语句的含义，并运用到实际翻译活动中。	政治认同、家国情怀、文化素养
	第二周	新时代我国社会主要矛盾、中国特色社会主义事业	明确新时代我国社会主要矛盾的变化，理解以人民为中心、坚持人民至上等核心概念和关键语句的含义。理解中国特色社会主义事业"五位一体"总体布局、"四个全面"战略布局的含义，并运用到实际翻译活动中。	政治认同、家国情怀
	第三周	全面深化改革总目标、社会主义基本经济制度、高质量发展	明确全面深化改革总目标，理解增强经济社会发展活力、实现社会公平正义、社会主义基本经济制度、高质量发展、新发展阶段等核心概念和关键语句的含义，并运用到实际翻译活动中。	家国情怀
	第四周	全面依法治国、新时代强军	明确全面推进依法治国总目标、中国特色社会主义法治体系和法治道路、新时代的强军目标、党对人民军队的绝对领导、全面推进国防和军队现代化等核心概念和关键语句的含义，并运用到实际翻译活动中。	法治意识、家国情怀
	第五周	全面从严治党、中国特色大国外交	明确全面从严治党的战略方针和全面推进党的建设的总体部署。理解党的长期执政能力建设、先进性和纯洁性建设、政治建设、思想建设等核心概念和关键语句的含义，并运用到实际翻译活动中。明确中国特色大国外交的总体目标，理解独立自主和平外交政策、和平发展道路、新型国际关系等核心概念和关键语句的含义，并运用到实际翻译活动中。	政治认同、全球视野

(续表)

板块主题	周次	章节主题	思政元素	所属思政维度
第二部分：《习近平谈治国理政》（1、2、3卷）经典研读与翻译	第六周	核心概念的精讲与翻译	总结《习近平谈治国理政》中提出的核心概念，通过关键概念以点带面，全面了解领导人的执政理念和我国社会状况。	政治认同、家国情怀、文化素养
	第七周	经典金句的精讲与翻译	总结《习近平谈治国理政》中使用的经典金句，深入学习体会领导人的执政思想。	政治认同、家国情怀、文化素养
	第八周	难句的精讲与翻译	对《习近平谈治国理政》中较为复杂的难句长句，从句子结构、逻辑关系、衔接手段等角度进行全面学习，体会理解领导人讲话中内含的深刻政治智慧。	政治认同、家国情怀、文化素养
	第九周	篇章段落的精讲与翻译	节选《习近平谈治国理政》中的名篇和段落，通过对篇章的学习带动加强对我国社会主义事业各方面的进一步理解和认同。	政治认同、家国情怀、文化素养
	第十周	文化负载词的精讲与翻译	以《习近平谈治国理政》为例，理解领导人使用的成语、谚语、俗语等与文化关联紧密的文化负载词的深刻内涵，体会领导人将政治与历史、文化相结合的执政艺术和文化底蕴。	政治认同、家国情怀、文化素养
第三部分：经典政治文献的研读与翻译	第十一周	《二十大报告》(1)	以关键句的形式，总结《二十大报告》要点，全面了解我国当前面临的国内外形势和社会主义新时代总体目标和任务。	政治认同、家国情怀
	第十二周	《二十大报告》(2)	通篇研读《二十大报告》原文，对关键内容进行理论学习和翻译实践。	职业素养
	第十三周	《政府工作报告》(1)	以关键句的形式，总结《政府工作报告》要点，全面了解我社会主义事业建设布局、经济形势、改革发展总体状况。	家国情怀
	第十四周	《政府工作报告》(2)	通篇研读《政府工作报告》原文，对关键内容进行理论学习和翻译实践。	职业素养

(续表)

板块主题	周次	章节主题	思政元素	所属思政维度
	第十五周	《共建"一带一路"倡议：进展、贡献与展望》(1)	以关键句的形式，总结《共建"一带一路"倡议：进展、贡献与展望》要点，全面了解中国的国际地位和外交状况，以及在世界发展格局中的地位和作用。	家国情怀
	第十六周	《共建"一带一路"倡议：进展、贡献与展望》(2)	通篇研读《共建"一带一路"倡议：进展、贡献与展望》原文，对关键内容进行理论学习和翻译实践。	职业素养

4.3 评价体系

本课程注重精讲多练，以讲促练，注重以学生为主体，充分确保学生在全过程的参与度，使得学生真正实现学有所得、学有所用、学有所成。灵活运用课前的资料查阅、译前准备，课上的小组协作、课堂发表，课后的拓展练习，对学生的学习成果和课程表现进行综合评价。

课程总评成绩构成：

课前准备：20%

课堂练习、发表、作业：40%

期末翻译报告：40%

5. 参考书目

1.《习近平谈治国理政》(第一卷)，北京：外文出版社，2014年。

2.《习近平谈治国理政》(第二卷)，北京：外文出版社，2017年。

3.《习近平谈治国理政》(第三卷)，北京：外文出版社，2020年。

4. 习近平：《高举中国特色社会主义伟大旗帜 为全面建设社会主义现代化国家而团结奋斗——在中国共产党第二十次全国代表大会上的报告（2022年10月16日）》，北京：代民出版社，2022年。

5. 李克强：《政府工作报告——2022年3月5日在第十三届全国人民代表大会第五次会议上》，2022年。

6. 推进"一带一路"建设工作领导小组办公室：《共建"一带一路"倡议：进展、贡献与展望》，2019年。

7. 修刚主编：《高级汉日翻译教程》，北京：外语教学与研究出版社，2022年。

国别和区域研究:理论与方法

1. 课程总览

【课程名称】国别和区域研究:理论与方法

【课程类型】专业必修课

【教学对象】硕博士研究生

【课程学时】48学时(3学时*16周)

【课程目标】

"国别和区域研究:理论与方法"是北京大学外国语学院国别和区域研究专业的核心课程之一。外国语言文学(国别和区域研究)旨在以第一手原文资料和国际前沿学术成果为基础,通过系统地收集特定区域(尤其是亚非拉地区发展中国家)的政治、经济、社会、文化、历史、地理等领域的信息,从政治经济制度、社会思想文化、历史源流和文明传统等角度研究对象国别和区域的政治态势。在百年未有之大变局下,为推进"一带一路"倡议、全球安全倡议和全球发展倡议,我国需要对世界各国尤其是一段时期以来关注相对较少的亚非拉国家开展更加全面而深入的研究。本课程旨在介绍国别和区域研究在西方国家的发展历程、主要理论观点和研究方法,并探讨新时代中国国别和区域研究的目标与范式。

2. 课程思政目标

本课程以习近平新时代中国特色社会主义思想为指导。授课教师团队深入学习领会习近平总书记关于高等教育、哲学社会科学工作和外交工作的重要讲话精神,落实立德树人根本任务。本课程预期达成如下课程思政目标:

第一,培养硕博士研究生的中国情怀和国际视野,树立人类命运共同体意识。国别和区域研究实质上是中西对比视野下的域外研究。课程通过以学术史和研究方法为纲,呈现古今中外的历史经验,引导学生历史地、辩证地思考问题,理解特定问题的普遍性与特殊性。

第二,培养学生爱国敬业、团结友善、诚信正义、积极向上的价值观。通过讲解当前国际秩序的形成过程、我国外交工作所面临的复杂局面和取得的成就,帮助学生深化对中国式现代化尤其是中国外交工作方针的理解,塑造学生的世界观、人生观和价值观。

第三，培养学生严谨求实的科学精神。通过课前文献阅读、读书札记、课堂讨论和课程论文等学习任务，课程旨在引导学生掌握学术研究工作的基本规范，理解科研工作的目标和旨趣，将科研伦理内化于心、外化于行。

3. 课程思政教学重点和难点

本课程的课程思政教学重点包括：

第一，以习近平总书记关于高等教育和哲学社会科学的相关重要讲话精神为指导，通过经典文献阅读、课堂讨论和读书札记写作，指导学生系统掌握近代以来国别和区域研究在西方学术界的发展脉络和主要研究范式，深入理解各类研究范式与特定历史语境之间的联系及其利弊优劣，培养学生构建中国特色哲学社会科学学科体系的自主意识和文化自觉。

第二，以习近平总书记关于中国特色外交的相关重要讲话精神为指导，通过一系列区域国别专题课程讲解，引导学生思考我国当下所面临的国际政治经济秩序和外交方针政策，培养学生的家国情怀和政策视野。

第三，授课团队选取各自熟悉的国别区域前沿研究案例，针对特定议题展示研究方法，同时引导学生思考周边国家以及亚非拉国家所面临问题的普遍性和特殊性，以古今中外的对比凸显中国式现代化的巨大成就和历史意义，培养学生的文明互鉴视角和人类命运共同体意识。

课程思政难点包括：

第一，克服学科过度细分发展带来的弊病，帮助学生建立系统的学科观、历史观、世界观。受语种专业划分方式的影响，外国语言文学存在学科精细化发展带来的理论区隔化和知识碎片化等倾向。这些倾向不利于打通专业学习和思政教育。国别和区域研究具有跨学科属性。因此，本课程适于帮助外国语言文学学科的硕博士研究生建立对哲学社会科学知识体系的认知框架，深化对近代以来国际秩序变迁的理解，巩固以马克思主义为基础的世界观。

第二，修正传统学科忽略亚非拉国别区域的倾向，引导学生树立人类命运共同体理念。受近代以来学术传统和现实工作需求影响，多数学生对亚非拉地区的重要性缺乏认知。本课程适于帮助学生梳理近代以来亚非拉各区域的形塑过程和当下处境，理解当下中国与亚非拉地区在国际秩序中的地位和关系，进而深入领会人类命运共同体理念的时代意义和"文明互鉴"倡议的深刻内涵。

4. 本课课程思政教学方法和过程

4.1 教学方法

课程采用课堂讲授、读书札记、课堂报告和课程论文等多种教学方式。各类教学方法环环相扣,最终服务于课程知识和思政内容的有效传达。具体方法如下:

第一,根据每次课时的讲授主题,授课教师团队精选阅读材料,要求硕博士研究生在课前根据导读问题完成阅读任务。课堂讲授环节一般采取主题与阅读文献讨论相结合的形式。讲授内容的主干围绕每次课的主题展开,阅读文献则往往勾勒了研讨主题相关的学术脉络。因此,围绕阅读文献展开的讨论一方面旨在帮助学生深化对相关议题的认识,另一方面意在培养其学术文献阅读的兴趣,训练文本细读的技巧,进而逐渐锻炼批判性思考的能力。

第二,本课程要求选课学生在课前阅读的基础上选择完成7篇读书札记(每篇约五百字),要求以简洁精练的语言归纳阅读文献的核心观点和论述框架。在此基础上,可选择对一些分支论点进行阐发、辨析或批判。读书札记是督促学生完成课前阅读、培养学生日常学术写作习惯的有效措施。任课教师会从观点呈现、论述逻辑、书面表达和引注格式等角度对札记进行及时的书面反馈。设定500字的字数标准意在避免占用学生过多课余时间,鼓励其在有限的篇幅内以尽可能凝练的文字表述作品主旨和论述逻辑。为此,授课团队编写《读书札记写作指南》并从学生习作中选择范例,供历届学生参考。

第三,本课程要求选课学生完成一篇4000字以上的课程论文,并在课程第十一周提交课程论文的写作提纲。写作提纲须包含选题理由介绍、具体的研究问题、议题的学术意义、研究的数据或材料来源、简要的研究文献综述、参考文献列表和工作日程规划等方面。任课教师会及时把关学生的论文选题,以书面反馈形式提供详尽的研究和写作建议。任课教师也会以期刊匿名审稿人的学术标准,对课程论文进行细致的批阅,向学生反馈深化研究或优化写作的建议和意见。为此,授课团队编写《课程论文写作指南》,明确规定写作提纲所要包含的内容以及课程论文的注释体例,意在规范学生的学术写作,扣好科研道路上的"第一粒扣子"。

4.2 教学过程

课程内容分为两部分。第一部分(课时一至五)主要介绍国别和区域研究的定义、学术史与理论范式。这一部分通过引导学生研读和讨论代表性著作,熟悉国别和区域研究各发展阶段的特征。第二部分(课时六至十四)以介绍学科研究方法为纲,结合授课教师的研究对象区域或国别,展示包括国际关系分析、档案文献利用、田野调查等常见研究方法。该部分旨在引导学生熟悉某一种或若干种研究方法,并在后续学习阶段中有针对性地修习相关课程,强化研究技能。在上述两部分课程内容的基础上,课程总结探讨我国的国别和区域研究的学术传统,探索习近平新时代中国特色国别和区域研究学科的发展道路和人才培养路径。

第一部分 国别和区域研究的定义、学术史与理论范式

第一周 课程导论

导论课包含课程介绍、国别和区域研究的定义以及该领域专业人才所需要的学术训练三方内容。在介绍课程教学计划之后,任课教师从"国家""区域"和"研究"三个概念入手,介绍当代语境下这一领域所关注的研究议题,并提醒学生注意概念工具的变迁和多层次内涵,培养其从国际、区域和国别三个维度理解当下国际政治经济秩序。在厘清概念之后,课程提出"多语种、跨学科、在地化、国际化"的人才培养目标和"外语基础、在地知识、学科训练、政策视野"的学术训练维度,鼓励学生根据自身优势和定位构建个性化的知识体系。

第二周 了解对手:冷战期间美国的苏联研究

国别和区域研究旨在深入了解世界地区,尤其是广大亚非拉地区的政治、经济、社会和文化。作为一个现代学科,当前国别和区域研究的学术范式主要来源于近代欧美学术传统。其学术史可划分为近代欧洲列强的域外知识建构(16—20世纪初)、冷战时期美国的区域研究(20世纪中后期)以及20世纪70年代后殖民主义兴起后欧美区域研究的新形态。其中,20世纪中期美国区域研究的兴起一般被认为是这一领域成为独立学科的标志。本课时选取1946年乔治·凯南(George Kennan)的"长电报"为核心文本,配套冷战史和美国区域研究学术史相关阅读材料,以及这一时期的其他代表性著作,以一手文献还原区域研究生成初期的历史语境。通过细读长电报文本以及相关的历史背景研究文献,学生可以更加身临其境地体会冷战时期意识形态斗争的深度以及两大阵营交锋领域的广度。以凯南、罗斯托(W. W. Rostow)和阿尔蒙德(Gabriel A. Almond)等人的著作为代表,本课时旨在揭示冷战时期美国区域研究在追求建立整合的世界知识和服务于意识形态斗争的两方面特征,提示学生注意相关理论范式的时代背景及其局限性。

第三周 列强争霸:近代欧洲的域外知识与殖民地研究

美国区域研究在冷战之初的兴起与第二次世界大战后美国接棒英国成为新的霸权中心密切相关。而其知识体系承袭大航海时代以降至20世纪初欧洲的域外知识和殖民地研究。19世纪下半叶,第二次工业革命极大提升了欧洲列强的物质生产和暴力投射能力,而殖民地研究的学科体系为欧洲各国承担了信息搜集、殖民地官员培养和帝国普世文化塑造等方面的功能。本课时选择欧洲地理学家的考察笔记为核心文本,以一手文献向学生展示19世纪欧洲地理学(包括现代学科建制中的地理、生物、统计、民族志等知识

领域)所包含的殖民扩张和建构科学知识的双重属性,以及这一时期欧洲列强官僚和知识分子普遍持有的"文明等级论"观念。因此,这一学科的学术史本身就是观察世界近代史的一个窗口,而以经典文本阅读和讨论串联起来课程则可以结合具体专业知识"引导学生正确认识世界和中国发展大势"。

第四周 建构东方:欧美区域研究的后殖民转向

20世纪70年代,在冷战和亚非民族解放运动的影响下,欧美学界逐渐调整思想立场,部分吸纳左翼思想传统。区域研究领域也在后殖民主义思潮的影响下逐渐转型。本课时选取对当代欧美学界影响巨大的《东方学》一书为核心文本,引导学生熟悉萨义德(Edward W. Said)对近代欧洲域外知识的批判及其深远影响。与此相应,本课时选择另一份核心文本是罗荣渠教授的《现代化新论》,旨在介绍"现代"与"后现代"的基本概念,为深入探讨东方主义相关问题作理论铺垫。时至今日,后殖民主义俨然成为欧美区域研究的主流范式。因此,将经典文本情境化的阅读会帮助学生深入理解这一范式的利弊。在此基础上,本课时将讨论延伸到马克思主义与后殖民主义的比较、东方主义与"自我东方化"以及"中国式现代化"视角下东方主义论等议题,引导学生理解后殖民主义范式的局限。

第五周 深入田野:"本土性知识"与当代西方区域研究的范式

在后现代思潮的影响下,美国学者格尔茨(Clifford Geertz)提出的"本土性知识"(Local Knowledge)以及"深描说"(Thick Description)成为当代欧美区域研究,尤其是以微观尺度田野调查为基础的研究作品的主流范式。本课时选取了费孝通先生的经典著作《江村经济》和格尔茨的名篇《关于巴厘岛斗鸡的记述》作为核心文本,旨在呈现20世纪初和20世纪下半叶两种人类学田野调查研究范式的差异,将第四周课时讨论的主题从本体论和认识论延伸到更为具体的方法论层面,从而管窥20世纪西方哲学社会科学经历的主要范式转换。尽管两种范式在议题、研究视角乃至本体论层面均存在一定分歧,但对于学生而言,其占有和分析经验材料的方法和从微观到宏观问题的论述逻辑均具有重要的借鉴意义。

第二部分 研究方法与国别区域案例

第六周 国别区域案例一:比较政治经济:东北亚研究的经验与反思

从第六周开始,本课程进入第二部分,意在以国别区域案例呈现研究方法。东北亚地区在安全和经济方面对我国而言有着重要意义,在历史文化方面与我国联系紧密。日韩两国的发展经验往往成为我国国内政策辩论的重要参照。本课时选取比较政治经济学中的热门话题——20世纪70年代以来韩国经济的发展为例,从知识史的视角提出一个与第四周、第五周研讨议题密切相关的重要问题:是否存在纯粹的而客观的"本土性知识"?本课时选取国际政治和经济学领域一系列探讨韩国发展经验的论著,引导学生概括其论述框架和论点背后的观念,引申出韩国研究长期存在的一种对"本土性知识"的迷思。此种知识生产背后存在所谓的"内外双重权力下的复合建构"过程。此前学界较多关注的是欧美区域研究建构的他者话语,而本课时案例将表明,即便是内部视角的主位研究同样存在被国内外权力结构所塑造的问题。因此,研究者更应有意识地审视各类声称为"本土性知识"的生成情境,避免低估知识生产过程中相关主体的能动性。

第七周 国别区域案例二:蒙古学与20世纪的蒙古问题

蒙古国一般被纳入东北亚的框架下讨论,但相比其他东北亚国家,我国与蒙古国的关系中存在更复杂的历史文化维度。本课时主要介绍近代以来欧美、日本和中国的蒙古学学术史以及中蒙关系在20世纪的历程。近代以来蒙古学的发展历程是呈现欧美近代东方学与20世纪区域研究之间关系的经典学术史案例。蒙古学一度是东方学的主要分支学科之一,但进入冷战时期,欧亚大陆的地缘政治格局基本划定,蒙古学与其他相关的语文学分支一样,被现代学科建制分割入语言、文学、历史、比较政治等区块。在这一体系下,欧美学界成建制的跨学科蒙古学研究很难长期维系,学脉传承主要依赖个别学者的个人努力。

自13世纪以降,蒙古就是中国古代史上的重要角色。20世纪的蒙古问题与我国近代的命运交织在一起。这一问题既有19世纪末以降英国支持日本与沙皇俄国博弈的国际政治背景,也有清朝在内外压力之下效仿西欧向国族转型的因素,还包含社会主义发展史上充满悖谬的民族与革命关系问题。与其他原苏东国家相似,蒙古国在1991年独立后转向族裔民族主义,建构自匈奴以降的国族历史,并提出"第三邻国"外交政策。这些动向使20世纪90年代以来的中蒙关系与我国的边疆治理联系在一起。本课时旨在引导学生以蒙古国为例,理解我国对周边国家外交中存在的历史文化维度,思考如何求同存异,携手向前。

第八周 国别区域案例三:"转型理论迷思"与俄欧亚地区国家的发展

俄欧亚地区是20世纪90年代以来学界形成的对苏联解体后新独立国家的统称。一些学者也将东欧的华约成员国以及蒙古国纳入俄欧亚地区的概念范畴。1991年末苏联解体后,欧美学界长期以来以"转型"(Transition)范式评价这一地区新独立国家的发展道路,设定以政治民主化、经济私有化和社会文化与欧美接轨等一系列标准。本课时以政治人物传记和学术论文为阅读材料,意在引导学生反思转型范式的弊端和俄欧亚国家在独立之后所面临的诸多挑战。

以与我国接壤的中亚地区为例,尽管中亚五国在独立后均声称推动政治经济和社会文化领域的转型,但各自所掌握的资源和实际的发展道路大相径庭。哈萨克斯坦占据中亚地区一半以上的疆域面积,苏联时期综合实力排在全苏15个加盟共和国的第3位,拥有丰富的能矿资源、成体系的工业企业、规模位居世界前列的核力量和相对良好的基础设施。独立后,哈国以去核化、私有化和优质油田的开发吸引欧美资本大规模注入,以外部资源支持逐步消弭仓促独立导致的民族、地域和阶层矛盾。土库曼斯坦同样坐拥丰富的天然气资源,但因其国内人口规模小,可耕地面积有限,该国选择了尽可能减少对外联系的永久中立道路,以能源出口维持国内的民生,避免卷入亚欧大陆的大国博弈。乌兹别克斯坦尽管在苏联时期是整个中亚地区的政治、经济和文化中心,但独立后面临双重内陆国的地缘困境、尖锐的人地矛盾和政治伊斯兰的挑战。因此,乌国在独立后并没有实施大规模的市场化和私有化改革,反而有针对性地通过吸引日韩和欧洲资本强化"内循环",维持政权的稳定和经济的平稳过渡。吉尔吉斯斯坦和塔吉克斯坦则并没有顺利度过独立之后的难关。前者21世纪之初沦为美俄博弈的牺牲品;后者在1992—1997年间经历残酷的内战,至21世纪开始才进入重建阶段。从上述国家案例出发,本课时尝试呈现转型范式本身包含的国际政治议程,欧亚国家在1991年以来面临的诸多政治经济挑战,以及各国在约束条件之下展现的能动性。

第九周 国别区域案例四:东南亚现代国家的形成与华侨华人研究

东南亚地区与我国山水相连,自古以来有着密切的往来。"南洋"与"西域"同为中原王朝对外交往的孔道。本课时首先关注"南洋"如何在欧洲列强殖民和冷战对抗背景下转变为"东南亚",即东南亚各国独立的历程和区域秩序形成的过程。其次,以相关专题研究论著为引导,本课时向学生展现如何通过多语种档案文献研究,分析近代东南亚华人群体如何在英国和荷兰殖民当局下谋求生计,又如何在冷战的政治对抗背景下处理与新独立的各国政权的关系。通过这一案例,本课时意在引导学生理解如何在宏大历史叙事与微观历史事件分析建立联系,尤其以精准的档案文献研究支撑论述逻辑,提升知识生产的质量。

第十周 国别区域案例五:东南亚地区选举政治的文化学分析

承接前一周议题,本课时探讨当代东南亚地区文化形态。作为亚欧大陆文明过渡带的东南亚自古以来是各原生文明的熔炉。来自东亚、南亚和西亚的族裔和宗教在此交融,形成当前多元共存的局面。本课时还选取选举政治文化分析作为研究方法案例。无论政体为君主制还是共和制,当代东南亚国家大多采取选举制度产生行政部门首脑。外部的研究者也较多关注东南亚国家的选举政治。本课时以东南亚国家的选举政治为案例,探讨亚非拉国家在仿照欧美建立政治制度之后出现的政治现象。本课时选取的专题论文围绕菲律宾总统选举中的民间仪式展开。研究者认为,总统选举与菲律宾民间长期存在的斗鸡赌博习俗融合。严肃的全国性政治活动与民间文化融合在一起,而长期存在的传统借助新的全国性政治仪式而获得新生。在专题论文阅读的基础上,本课时将从田野调查的设计、访谈方法和论点陈述等角度引导学生批判思考研究者的观察和结论。

第十一周 国别区域案例六：印度民族主义研究

本课时选取20世纪70年代以来的一系列民族主义理论学者经典论著，引导学生熟悉英语学界定义民族主义的常见范式。在此基础上，本课时以印度民族主义为主要关注对象，借助前述诸多民族主义理论探讨近代以来印度民族主义的形成与演变。19世纪下半叶，在英国殖民统治之下，受过英国教育的印度知识分子逐渐萌生反抗英国殖民统治、争取殖民地独立的思想。但反抗英国殖民的共同目标并不意味着殖民地知识分子在如何缔造新国家的意识形态上存在足够的共识。当前印度执政党所推行的印度教民族主义同样发源于英殖时期。其倡导者更强调以印度教的思想体系为独立后印度的精神根基，且坚信宗教传统可以适应现代化。本课时涉及的议题实际上是亚非拉国家在20世纪寻求民族解放和发展过程中普遍遇到的现代与传统、本土与西方的关系问题。印度的案例则为学生呈现了这一问题上的一种回应方式。

第十二周 国别区域案例八：当代中东国际关系分析

本课时围绕"五海三洲之地"的中东地区，主要探讨两个问题：第一，"中东"这一概念及其地区秩序如何在近代形成？第二，以伊朗为例，中东国家如何探索适合本国生存和发展的道路？现代中东地区秩序的形成与"中东"(Middle East)一词成为国际政治通行术语同步展开。在经历一战、二战、五次中东战争以及冷战之后，当前中东地区的政治秩序基本形成。美国学界使用的Middle East逐渐取代近代英国使用的Near East，成为描述西亚北非地区地理空间的主流术语。当前，美国主导下的盟友体系以海湾阿拉伯国家为依托，与伊朗打造的什叶派网络形成对抗局面。这一局面形成的关键历史事件是1979年伊朗伊斯兰革命以及此后伊朗政权的独立自主发展。伊朗伊斯兰共和国秉持创始人霍梅尼的"教法学家治国"理念，将什叶派的信仰和组织体系与共和制政府制度相结合，开辟了一条依托本土传统的独立自主发展道路。在伊朗发展经验的刺激下，土耳其和阿拉伯国家均出现类似的思潮，即要求在西方政治形式中注入传统宗教信仰，在法律体系中体现宗教传统。最后，本课时引导学生思考，在当前中东地区阵营划分相对明晰、阵营对抗趋势加剧的背景下，我国应如何处理与不同阵营国家的关系。学生将在研究问题的引导下体会我国外交工作所面临的诸多束缚，感受国际事务的复杂性，理解我国外交政策方针背后的深刻考量。

第十三周 国别区域案例九：文化研究视角下的中国—非洲关系

在结束对中国周边各区域的讨论之后，第二部分的最后两次课程分别关注地理距离相对遥远、但战略地位同样重要的非洲和拉丁美洲。本课时主要从文化角度探讨中非关系。在世界范围内，关于非洲的知识供给都是相对贫乏的。其表征是一系列关于非洲的刻板印象，包括以音乐为中心的原始文化、饥饿与战争、动物与草原等。近代欧洲列强和当代欧美国家主导了全球范围内非洲形象的塑造,而一部分非洲的知识精英则尝试在批判上述路径的基础上重述非洲。但在缺乏"武器的批判"的前提下,仅依靠"批判的武器"很难重新定位自我。最终呈现的声音往往是能够为西方主流舆论所容忍的非洲知识分子的自我身份建构。

当下的中非关系不可避免需要面对为西方所主导的非洲形象舆论。欧美所塑造的关于中国和非洲的刻板印象通过各类大众传媒渠道渗入中非双方的公众舆论,形成双方深化交流的障碍。本课时提醒学生批判性地观察和思考各类域外知识中的刻板印象,通过学术训练获得自省和交流的能力。

第十四周 国别区域案例十:拉丁美洲研究的学术史考察

本课时旨在从各国学术史的角度探讨围绕拉丁美洲展开的知识生产。作为一个国际政治意义上的区域,拉丁美洲这一概念的形成与19世纪初反抗西班牙殖民统治的革命、法国对美洲知识分子的拉拢以及19世纪末以降美国对这一地区的霸权紧密相关。如果从近代的自然史算起,现代学科意义上的拉丁美洲研究至少可以上溯到18世纪。本课时主要从美国以及日本这几个主要的学术中心入手,论述其拉美研究的体系和主要成果。这一工作的落脚点在于思考新时代我国应如何建设拉丁美洲研究,产出何种关于拉丁美洲的知识。在深度全球化的今天,我国知识界关于拉美的写作已经呈现较为多元化的格局,既有传统学术界从人文学科和社会科学切入的拉丁美洲文学和政治经济研究著作,也有媒体人和自由撰稿人通过实地考察完成的学术行记,还有对拉美国家作者或美国学界作品的翻译著作。对照前述发达国家,我国的拉美研究尽管起步晚,积累相对较少,但经过几代学人的努力,逐渐探索出自己的学术传统。

第十五周 课程总结

在带领学生了解各区域的研究前沿和热点议题之后,课程最后落脚于探讨如何在新时代开展中国的国别和区域研究。本课时选取中华人民共和国宪法序言、社会主义建设时期的重要外交文献以及习近平总书记关于推动构建人类命运共同体的重要论述为阅读文献,梳理当下从事国别和区域研究所要学习领会的指导思想。在这些文献的基础上,本课时引导学生学习自秦汉以降中国的域外知识和国别区域研究传统,强调近代"古今之变"对于这一传统的巨大冲击,以及新中国成立后我国如何在不同的国际政治形势下利用国内国际资源,推动这一领域的发展。

整体而言,本课程主要探讨两个层面的问题:第一,亚非拉国家在独立后面临哪些国内和国际政治的挑战,如何谋求生存与发展。第二,西方区域研究范式如何变迁、有哪些长处和短板以及如何超越。两个层面的问题共同指向近代以来非西方国家所面临的共同困境:如何在西方主导的国际秩序下实现独立自主的现代化。因此,新时代中国特色的国别和区域研究需要反思西方学界既有范式在本体论、认识论和方法论上的弊病,依托中国式现代化的历史经验,从人类命运共同体理念出发,建构观察、描述和评价亚非拉各国近代以来发展道路的新知识体系。

4.3 评价体系

本课程的学生成绩评价体系如下:

(1)结合自身学术背景和研究兴趣,围绕历次课时的阅读材料,撰写七篇读书札记,每篇五百字左右。

(2)围绕本课程所学专题提交一篇4000字以上的学期论文,形式可以是读书报告或专题研究。

(3)学期成绩由平时成绩(出勤和课堂讨论)、读书札记和学期论文三部分构成,分别为10%、20%、70%。

5. 参考书目

1. 习近平:《论坚持推动构建人类命运共同体》,北京:中央文献出版社,2018年。
2. 费孝通:《江村经济》,北京:商务印书馆,2002年。
3. 罗荣渠:《现代化新论:世界与中国的现代化进程(增订本)》,北京:商务印书馆,2009年。
4. 爱德华·W·萨义德:《东方学》,北京:生活·读书·新知三联书店,2007年。
5. 克利福德·吉尔兹:《地方性知识:阐释人类学论文集》,北京:中央编译出版社,2000年。
6. 安东尼·史密斯:《民族主义:理论、意识形态、历史》,叶江译,上海:上海人民出版社,2006年。
7. Pitman, Lesley. *Supporting Research in Area Studies.* Chandos Publishing, 2015.
8. Szanton, David, ed. *The Politics of Knowledge Area Studies and the Disciplines.* CA:University of California Press, 2004.
9. 其他自编阅读材料

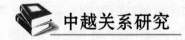

中越关系研究

1. 课程总览

【课程名称】中越关系研究

【课程类型】硕士生专业必修课

【教学对象】越南语言文化、东南亚文化、东南亚区域国别研究等方向的研究生

【课程学时】32学时(2学时*16周)

【课程目标】

本课程为北京大学外国语学院亚非语言文学专业越南语言文化方向的硕士生必修课,也可作为东南亚文化、东南亚区域国别研究等其他专业或方向的研究生选修课。课程旨在使学生进一步了解越南历史和中越关系史,在把握中越关系发展脉络的基础上,了解中越关系研究的主要问题,掌握中越关系研究的基本方法,接触学科前沿,以区域视野和跨学科方法看待和分析中越关系,从而对中越关系历史和现状的具体问题进行较为客观的判断分析并展开研究。

知识目标:较好掌握中越关系的发展脉络,了解主要研究问题,了解国内外学界有关中越关系主要问题的观点,熟知中越关系研究的主要文献资料来源,夯实专业知识基础,完善知识结构。在此基础上把握中越关系研究的最新成果及相关学科的研究方法和理论范式,了解学术前沿,打下扎实的理论知识基础。

能力目标:通过课程教学,熟悉有关中越关系研究的史料和文献,可以较为熟练地进行文献归纳整理、史料爬梳论证和观点对比分析,并能运用唯物史观和科学的研究方法,辩证看待中越关系研究中的不同观点和立场,培养思辨能力;运用前沿理论和方法对中越关系的研究材料进行分析研读,培养问题意识和创新思维,切实提升学术研究能力。

素质目标:培养严谨求实、科学辩证的学术素养,并充分吸收相关学科的知识,培养跨学科视野和人文精神,树立全球视野。在教学中融入思政元素,实现研究生学术能力培养与思政教育有机结合,塑造价值观,助力研究生全面成才。

2. 课程思政目标

习近平总书记指出,"研究生教育在培养创新人才、提高创新能力、服务经济社会发展、推进国家治理体系和治理能力现代化方面具有重要作用",本课程思政建设的目标紧紧围绕培养创新人才、提高创新能力、增强家国情怀、树立服务国家和社会的理想而展开。教学内容蕴含丰富的思政元素,在各个模块和专题的教学中,深入挖掘思政元素,实现专业教学与价值引领相结合,在潜移默化中实现对学生的思政教育。

具体而言,引导学生运用唯物史观对中越关系史和中越关系研究的主要问题进行客观科学的分析和判断,正确把握中越关系的发展脉络和影响因素,在区域视野和全球视野下,结合越南历史发展脉络和不同时期的国际形势去看清中越关系发展变化的深层原因;坚持正确的政治立场,辩证看待国内外学界关于中越关系的不同观点;理性看待中越关系历史和现状中存在的问题,深刻理解"中越关系超越了一般意义上的双边关系,具有十分重要的战略意义",理解构建中越命运共同体,从而进一步理解中国特色大国外交、"一带一路"倡议、构建人类命运共同体等方面的内容,坚定"四个自信",增强家国情怀。

在培养科研能力的同时,提高学生缘事析理、明辨是非的能力,助力学生成为德才兼备、满足国家需求的研究型人才。

3. 课程思政教学重点和难点

思政教学重点:以唯物史观、辩证思维、正确立场、"四个自信"、家国情怀为引领,展开本课程的思政教学。指导学生运用历史唯物主义的方法,厘清各个时期中越关系的性质,树立正确史观,坚持正确立场,确保学术研究的政治导向;回顾近代以来中越两国在争取民族独立的斗争中结下深厚友谊并建立社会主义制度的过程,以及现当代两国人民在两国共产党领导下携手进行社会主义现代化建设的经历,从历史与现实的维度深刻理解坚持社会主义制度、坚持党的领导,理解社会主义核心价值观,坚定制度自信、道路自信;了解中国悠久历史文化对越南文化的深刻影响,引导学生更深入地认识中华文明,坚定文化自信;客观理性看待当前中越关系中存在的问题,树立以学术研究服务国家战略的理想。

思政教学难点:思政元素贯穿教学全过程,传授专业知识、提升科研能力和学术素养与思政教育有机结合。指导学生把唯物史观、辩证法等马克思主义的基本原理作为方法论应用于学术研究,把思政元素融入教学内容,潜移默化中达到思政教育的效果。

4. 本课课程思政教学方法和过程

4.1 教学方法

本课程注重以科学的世界观和方法论为指导,提升研究生的学术研究能力,培养问题意识,实现价值塑造与知识传授、能力培养一体化推进的目标。课程采取学生报告、教师点评讲解、课堂研讨和专题讲座相结合的教学方式,以案例教学法、讨论法、任务驱动教学法为主,教师是课堂讨论的设计者和激励者,鼓励学生积极参与互动。课程要求学生阅读大量文献,课前布置阅读书目,学生在教师指导下自行选择文献进行阅读,根据教学知识点准备课堂报告,课堂讲解和研讨注重问题导向,专题讲座可拓展学生的研究视野,接触学术前沿。课程以学生为中心,各个环节紧密相关,师生之间、学生之间高效互动,提高学生发现问题、分析解决问题的能力。

研究生课程是知识传授与学术训练相结合的过程,通过文献阅读整理—课堂报告—点评讲解—课堂研讨—选题汇报讨论—论文撰写及教师反馈等环节,完成对研究生的学术训练和学术论文写作指导。思政教育融入教学全过程,从课前的文献阅读、材料分析到课堂研讨、观点对比,在各个环节都深入发掘思政元素,引导学生运用唯物史观和科学的方法论对中越关系研究的相关问题进行分析思考,学生在"知行合一"中接受润物无声的思政教育,由此实现专业教学和思政教育的有机结合。

4.2 教学过程

【教学安排】

本课程教学内容包括两个模块:一是中越关系发展脉络的梳理,二是中越关系专题研究。在各个模块内分专题展开教学,具体安排如下:

模块一:中越关系发展脉络。包括中越关系史分期、传疑时期两地关系、郡县时期两地的政治联系、越南自主时期的中越宗藩关系、近代中越政治关系等专题。

模块二:中越关系专题研究。包括:中越古代朝贡关系、中越文化交流、越南华人华侨问题、中越历史上的冲突与战争、当代中越关系热点问题等专题。

本课程强调纵向历史发展脉络与横向中越关系对比研究相结合。中越关系的发展脉络与中国和越南两国的历史发展进程、越南民族国家建构、越南史学史的发展紧密相关,而各个历史时期的中越关系研究也不能脱离东亚、东南亚区域史及全球史的背景,因此,本课程注重以唯物史观为引导,在区域史、全球史的视野下,综合运用历史学、国际政治等学科的理论范式,对中越关系的发展历程及中越关系研究的主要问题展开思考和分析。思政教育贯穿全部教学内容,引导学生培养科学的思维方法和实证精神、创新意识,巩固并提升政治认同、家国情怀,坚定"四个自信",坚持学术研究的正确立场和政治导向。

【教学大纲及思政元素对应表】

模块	章节主题	知识点	思政元素 (结合专业知识解读)	所属思政维度
模块一	绪论:课程介绍	中越关系研究文献梳理		
	中越关系史分期	中越两国学界对越南历史分期的不同观点对比	运用历史唯物主义的方法看待各个时期中越关系的特点和性质。	如何做事/科学精神;国家意识/政治认同
	传疑时期两地关系	从古代传说进入越南国家正史的过程看古代越南封建国家史学的建构	通过史料对比和文献研读厘清史籍记载的真伪,去伪存真。	如何做事/科学精神;国家意识/政治认同
	郡县时期两地的政治联系(两次)	越南社会形态的发展脉络;郡县时期两地关系的性质	运用唯物史观正确分析郡县时期两地关系的性质,辨析越南学界对古代中越关系的不实表述。	如何做事/科学精神;国家意识/政治认同

(续表)

模块	章节主题	知识点	思政元素（结合专业知识解读）	所属思政维度
	越南自主封建时期的中越宗藩关系（两次）	中越宗藩关系的发展历程和各个时期的主要研究问题和研究视角	运用唯物史观分析中越宗藩关系的实质，辨析越南学界和历史教科书中的不实记载。	如何做事/科学精神；国家意识/政治认同
	近代中越政治关系	越南逐步沦为法国殖民地的过程与中越宗藩关系的解体；近代以来中越两国面对殖民主义入侵互相扶助，在争取民族独立斗争中友好交往的过程	回顾近代以来中越两国人民和两党早期深厚友谊的形成过程，坚定道路自信、理论自信，增强政治认同。	国家意识/政治认同
模块二	中越古代朝贡关系	中越朝贡关系的演变发展历程；宗藩体系与威斯特伐利亚体系的对比；国内外有关朝贡体系的研究成果	运用唯物史观正确分析中越朝贡关系的实质，认识中越关系从古代到现代国家关系的变化；在区域史视野下分析中越宗藩关系的特点及朝贡体系的复杂性。	如何做事/科学精神、创新精神；国家意识/政治认同、全球视野
	中越文化交流（两次）	中国悠久历史文化对越南文化的深刻影响；越南文化的特点；区域视野下的中越文化交流	深入认识中华文化，坚定文化自信。	国家意识/文化自信、家国情怀、全球视野
	越南华人华侨问题	中国移民迁徙入越的历史；越南华人华侨政策的变迁及其对中越关系的影响	结合东南亚华侨史讨论中国国际地位的变迁，深入认识"一带一路"倡议所蕴含的历史传统和现实意义。	国家意识/政治认同、文化自信、全球视野
	中越历史上的冲突与战争	通过史料对比研读分析中越历史上冲突和矛盾产生的原因、真相及性质	了解我国在古代对外交往中"和为贵"的传统理念，辨明我方立场，深化对国家所奉行的和平外交政策的认识。	如何做事/科学精神；国家意识/政治认同、家国情怀

(续表)

模块	章节主题	知识点	思政元素 (结合专业知识解读)	所属思政维度
	当代中越关系热点问题	当前中越关系主要热点问题及发展趋势；了解两国之间分歧的由来及我方立场	了解中越两党交往历史，在国际共运背景下看待两国两党关系的走向和发展趋势，坚定道路自信、理论自信、制度自信、文化自信；在坚决维护国家主权的原则下理性看待两国分歧，深刻理解"中越命运共同体"的概念	如何做事/科学精神、创新精神；国家意识/政治认同、家国情怀、全球视野
	课程总结	课程论文选题汇报讨论		

【教学思维导图】

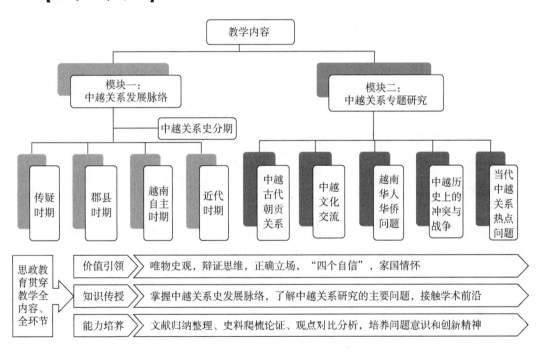

4.3 评价体系

本课程注重过程评价,学期成绩根据学生课堂报告、参与课堂讨论和课程论文综合评定。学生对课程的评价主要通过教学评估体现。授课教师通过学生在各个教学环节中的表现及课程论文所体现的价值观可评估思政教学效果,此前课程评估中亦有学生对课程思政效果的评价。在整体的课程思政层面,以本课程思政目标为导向,以课程思政评价指标体系为依据,通过教师自评、学生评估、同行评议、督导专家评价等多种方式,综合评价课程思政效果。

5. 参考书目

1. 费正清编:《中国的世界秩序:传统中国的对外关系》,杜继东译,北京:中国社会科学出版社,2010 年。
2. 山本达郎:《安南史研究 I:元明两朝的安南征略》,毕世鸿等译,北京:商务印书馆,2020 年。
3. 陈仲金:《越南通史》,戴可来译,北京:商务印书馆,2023 年。
4. 陈文源:《明代中越邦交关系研究》,北京:社会科学文献出版社,2019 年。
5. 陈玉龙等:《汉文化论纲——兼述中朝中日中越文化交流》,北京:北京大学出版社,1993 年。
6. 戴可来、杨保筠校注:《岭南摭怪等史料三种》,郑州:中州古籍出版社,1991 年。
7. 古小松、梁茂华、熊世平:《从交趾到越南》,北京:世界知识出版社,2022 年。
8. 郭振铎、张笑梅主编:《越南通史》,北京:中国人民大学出版社,2001 年。
9. 黄国安等:《中越关系史简编》,南宁:广西人民出版社,1986 年。
10. 梁志明等主编:《东南亚古代史》,北京:北京大学出版社,2013 年。
11. 刘志强:《中越文化交流史论》,北京:商务印书馆,2013 年。
12. 牛军凯:《王室后裔与叛乱者——越南莫氏家族与中国关系研究》,北京:世界图书出版公司,2012 年。
13. 潘金娥:《越南政治经济与中越关系前沿》,北京:社会科学文献出版社,2011 年。
14. 邵循正:《中法越南关系始末》,石家庄:河北教育出版社,2000 年。
15. 孙宏年:《清代中越关系研究(1644—1885)》,哈尔滨:黑龙江教育出版社,2014 年。
16. 文庄:《中越关系两千年》,北京:社会科学文献出版社,2013 年。
17. 向大有:《越南封建时期华侨华人研究》,北京:中国社会科学出版社,2016 年。
18. 徐方宇:《越南雄王信仰研究》,北京:世界图书出版公司,2014 年。
19. Brantly Womack. *China and Vietnam:The Politics of Asymmetry*, Cambridge University Press, 2006.
20. Christopher Goscha. *The Penguin History of Modern Vietnam*, Penguin Books, 2017.
21. Keith W. Taylor. *A History of the Vietnamese*, Cambridge University Press, 2013.

第三篇

外国语言文学学科课程思政课堂样例

外国语言文学学科课程思政课堂样例 本科生课程

 基础韩国(朝鲜)语(2)

单元主题:环境保护与可持续发展

1. 课程总览

【课程名称】基础韩国(朝鲜)语(2)

【课程类型】朝鲜语专业本科生专业核心课程

【教学对象】朝鲜语专业一年级本科生

【课程学时】160 学时(10 学时＊16 周)

【课程目标】

本课程旨在培养学生综合运用韩国(朝鲜)语语言知识和技能进行语言交际的基本能力。在传授语言知识和技能的同时,注重学生能力的培养和价值观的塑造,促进其知识、能力、素质的全方位发展。

知识目标:通过课程学习,帮助学生掌握约 1600 个单词、110 个语法项目的用法。通过组织兼具人文性、思想性、教育性的教学内容,帮助学生掌握韩国、朝鲜的语言知识、文学知识及国情文化知识,使其能够运用所学知识进行日常交流,能够围绕单元主题展开讨论。

能力目标:在掌握基本语言知识的基础上,利用课堂、课外资源,通过课上、课下训练,有效促进学生听、说、读、写、译等语言能力的综合运用与全方位发展。根据具体教学内容,灵活运用启发式、探究式、讨论式等多种教学方法,提高学生的语言表达能力、文学赏析能力、思辨能力和跨文化交际能力。

素质目标:将价值观塑造融入课堂教学全过程,有意识地引导学生进行中外比较和跨文化分析,努力提高学生的人文素养与思想素养,培养学生的中国情怀与国际视野,提升学生用外语讲好中国故事、构建中国话语的能力。

【在线资源】本课程所用教材为《新经典韩国语精读教程2》,相关音视频等配套资料可在外研社网站或 APP 上获取。

2. 教学目标

本单元主题为"环境保护与可持续发展",课程思政目标如下:

第一,通过讲解与环境污染、环境保护相关的课文,为学生提供与主题相关的单词、表达及韩文例句,帮助学生在学习语言知识的同时,正视人类所共同面临的环境问题与挑战,增强其环保意识,实现语言与内容的有机结合。

第二,通过设计有关环境问题的练习题,引导学生利用所学的单词、词组及与环境保护相关语句就环境保护问题阐述自己的观点,启发学生针对环境问题进行深入思考,帮助其树立尊重自然、顺应自然、保护自然的生态文明理念。

第三,通过"学文化·知天下"板块的学习,启发学生针对环保问题进行中韩、中外比较,开阔其国际视野,增强其对人类命运共同体理念的理解。通过"小故事·大智慧"板块的学习,帮助学生深入理解中国古代智慧对当代中国建设的启迪,增强其对伟大祖国、中华文化的认同感。

第四,通过给学生布置课后调研任务,鼓励学生自主调研我国及其他国家的环保政策、做法以及在治理环境污染方面所做出的贡献及取得的成就。引导学生正确认识"人与自然和谐共生"这一解决环境问题的根本原则,帮助学生用韩国语介绍我国环境治理的优秀经验,提升学生用韩国语讲好中国故事的能力,加强文化自信与制度自信。

3. 思政教学重点和难点

思政教学重点:从本单元环境保护这一主题切入,在帮助学生掌握相关单词与语法、理解课文内容的同时,启发学生结合课程主题深刻认识人类所面临的环境问题,了解减少使用一次性用品、实施垃圾计量收费等保护环境的做法,帮助学生树立环保理念,深入理解我国生态文明建设的重要性和必要性,鼓励其为实现生态环境领域国家治理体系和治理能力现代化、建成美丽中国而做出应有贡献。

思政教学难点:语言知识的传授与价值引领的自然、有机结合是思政教学的难点,要做到将语言知识点的讲解、语言技能的训练与思政教育有机融合,既进行系统深入的专业知识传授,又能深入挖掘知识点中所蕴含的思政元素,将生态文明这一社会主义核心价值观的基本要素巧妙地融入教学过程之中,让学生在潜移默化中接受生态文明建设理念,实现浸润式思政教育,于无声处润心育人。

4. 本课课程思政教学方法和过程

4.1 教学方法

本课程以立德树人作为根本任务,积极贯彻全人教育理念,在人本主义学习理论与建构主义学习理论指导下开展课程思政活动。以培养道德、知识、能力兼备的"全人"为目标,关注教育的思想性,关注学生的情感、态度与价值观,强调以学生为中心,激发和挖掘其潜能,引导其从原有的知识经验中,主动建构新的知识经验,促进其全面发展、整体发展、和谐发展,使其具有丰富的语言知识与专业知识、出色的语言技能与健全的人格。在教学过程中以思辨为导向,根据教学内容的特点,灵活运用内容依托教学法(CBI)、任务驱动教学法(TBL)与交际法(CLT)等教学方法,通过启发式教学、支架式教学、问题驱动以及探究学习、研究性学习及合作学习等教学手段,实现语言与内容学习的完美融合,实现知识、能力与价值观三维目标的有机统一。

4.2 教学过程

本课程思政教学的基本原则为"以文化人,润物无声",思政教学的基本路径可概括为"全方位融入,全过程渗透""无处不育人,无处不思政"。本课课程的思政教学过程可整理如下:

【课前】

本课为第9—10课时,此前已完成本单元4次共计8个课时的学习,学习掌握了课文1和课文2及相应语言知识点。课文1、2的主要教学内容与课程思政情况整理如下:

课文1的主要内容是对话双方通过谈论新闻报道相关内容引出环境话题,谈论环境污染的现象及其成因,以及切实可行的环保措施,得出要尽可能少用一次性用品的结论。在进行语言教学之后,引导学生讨论人与自然和谐共生的关系以及在推进新时代"五位一体"总体布局中生态文明建设的必要性。

课文2介绍韩国为保护环境而采取的垃圾计量收费制度,并由此谈及中国近年来实行的垃圾分类制度。语言学习之后,引导学生自主调研中韩两国采取不同垃圾分类制度的背景、原因及效果。

通过这两段对话的学习,在丰富学生环保相关单词词汇量、促进其掌握本单元出现的语法项目的同时,引导学生针对教学内容展开讨论,促成学生对语言的实践与运用,实现语言与主题的结合,为学生搭建语言知识和文化交际的脚手架。

为促进学生利用所学知识,将环境保护理念内化于心、外化于行,要求学生在本次课前每5人组成1组,通过合作学习方式,利用线上、线下资源,查阅在环保问题上有关中国立场、中国实践的语言材料,调查、了解我国或其他国家在环境治理方面的经验及环境保护政策,引导学生进行中外对比。通过调研活动,让学生们带着问题去思考和找寻答案,激发其主观能动性,提高学生的自主学习能力与思辨能力,培养学生的全球视野、团队意识、社会责任感及跨文化交际能力。

【课中】

环节一:调研情况检查与引语

要求各组派1—2名代表汇报调研情况,就调研结果进行口头报告。教师针对报告情况进行点评,肯定学生的调研成绩,鼓励学生在环保问题上建立对中国智慧和中国方案的自信。此后,针对本课的教学内容提出"你身边有哪些导致环境污染的现象?""为保护环境我们应该做些什么?"等思考题,要求学生根据自己的生活经验尝试回答,为课文3的学习做好铺垫。

环节二:课文内容学习与讨论

课文3是一篇题为"环境污染问题的解决"的短文,首先引导学生获取、整理文本信息,了解语篇展开方法与过程。在此基础上,帮助学生完成主题与语言的进一步实践与应用,促成思维层面的分析与语言层面的表达。引导学生深刻领悟人与自然和谐共生的重要性,从我做起,自觉践行环保理念。

在实现对课文内容的理解之后,让学生就与课文内容相关的三道思考题开展讨论,以课文中的语句为基础,进行语言产出和思维拓展训练。

环节三:语言知识学习与应用

为学生提供"保护优先""低碳发展""建设美丽中国""绿水青山就是金山银山"等有关生态、环境的重点单词、表达和重要语句,让学生了解中国话语的韩国语表达,为其利用韩国语讲好中国故事奠定基础。

在讲解语法的用法时,围绕单元主题,提供与环境问题、环境保护相关的例句,在进行语法练习时,设计既可以练习所学语法知识,又能启发学生就环境问题进行深入思考的练习形式取代机械的填空、替换练习,把语言作为学习内容的媒介,把内容作为学习语言的源泉,开展以内容为依托的有意义的语法教学。

环节四:思维拓展与语言表达

完成词汇语法学习之后,布置学生完成小型输出任务。以学生为主体,灵活运用启发式、讨论式、探究式等教学方法,实现语言与内容的进一步结合与应用。

综合练习1：先给学生展示4张环境污染的图片，再附以补充资料，通过组织讨论，帮助学生理解目前全球环境问题的严重性和深刻性，启发学生思考造成大气污染、土壤污染、水污染以及产生全球变暖现象的主要原因。设置学生主导型练习，让学生尝试以生态环境部代表团成员的身份在模拟联合国会议中介绍我国在环境治理方面的阶段性成果，分享中国智慧，引导学生使用韩国语表达中国的现象与事物，讲述当代中国的建设与成就，促进思政内容的外化。

综合练习2：结合我国垃圾分类制度实施的背景，引导学生结合生活实际，探讨目前施行垃圾分类制度的难点并提出有效的解决方案。并在此基础上引导学生就城市环保和农村环保的不同侧重点提出个人的理解。

环节五：文化学习与智慧领悟

"学文化·知天下"部分，让学生通过阅读相关材料了解韩国的生态标签制度，布置相关思考题，启发学生探究中韩环保制度互相借鉴的可能性。在此基础上，让学生站在人类命运共同体的高度上全面思考环境保护问题并就此发表个人观点。

"小故事·大智慧"部分，先让学生了解我国成语故事"涸泽而渔"的出处，将这一典故的古文对译成现代汉语，然后为学生提供这一典故的现代韩国语翻译版本，让其从中找到本课学到的单词、语法与表达形式，进而引导学生理解中国古代的环保理念和环保实践，古为今用，传承中华文脉，向世界讲好中国故事，传播好中国声音。同时，启发学生正确认识眼前利益与长远利益的关系，深刻认识保护我们赖以生存的地球、保护环境是人类生存与发展的基石，深刻理解"绿水青山就是金山银山"这句话所蕴含的深意，深化本课的主题。

结语：

总结本课及本单元学习内容，进一步引导学生结合所学内容进行深入思考，鼓励学生灵活运用所学知识，将之应用于环保实践，做到知行合一，实现思政教育的调节、转化、育人功能。

布置课后活动，要求学生利用线上资源进一步查漏补缺，巩固所学知识。绘制完成"环境保护"主题思维导图，完成调研报告，形成完整的学习闭环。

【课后】

要求学生以"环境保护"为主题词，结合本课所学内容绘制完成思维导图，对所掌握知识进行整体评价，帮助学生厘清思路，拓展思维，进而提高其自主学习能力。

要求学生继续搜集我国与其他国家在环境治理方面的经验与环境保护政策相关资料，以小组为单位形成完整的调查报告。

【教学思维导图】

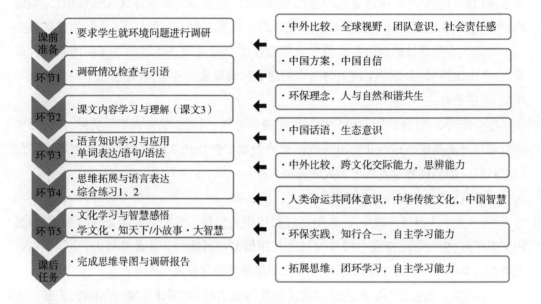

4.3 评价方法

教师结合本课的教学目标,从知识、能力、素养三个维度,结合学生课前、课中、课后表现综合考查学生的学习情况。课堂评价采用教评、生评、自评、互评等多种方式。

知识方面,重点考查学生对本课所学习的单词、语法及课文内容的理解与掌握程度。

能力方面,通过对学生听说读写译技能的考查,综合考查学生课前调研情况、课内相关问题的回答情况、课后调研报告的写作情况、思维导图的完成情况,对学生韩文表达能力、跨文化交际能力、思辨能力进行多维度评价。

素质方面,将对课程思政效果的评价融入课程评价指标中,关注学生对环境保护问题的看法,对中国优秀传统文化的理解、对中外文化差异的认识,增进课程思政教学效果。

5. 参考书目

1. 王丹总主编,高红姬主编:《新经典韩国语精读教程》(2),北京:外语教学与研究出版社,2020年。
2. 王丹:《大学韩国语语法》,北京:北京大学出版社,2012年。

附件：基础韩国（朝鲜）语（2）教学课件

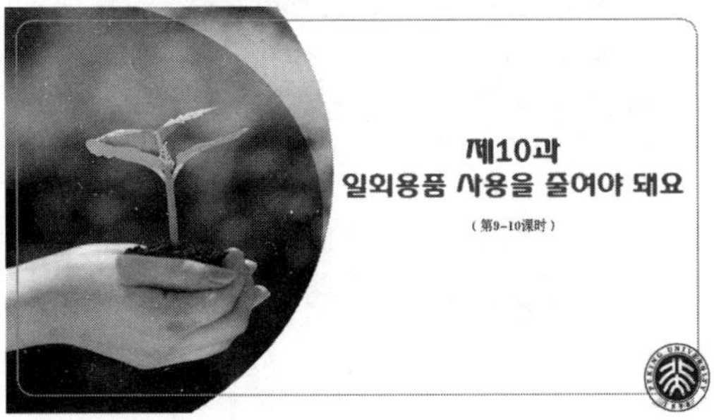

1

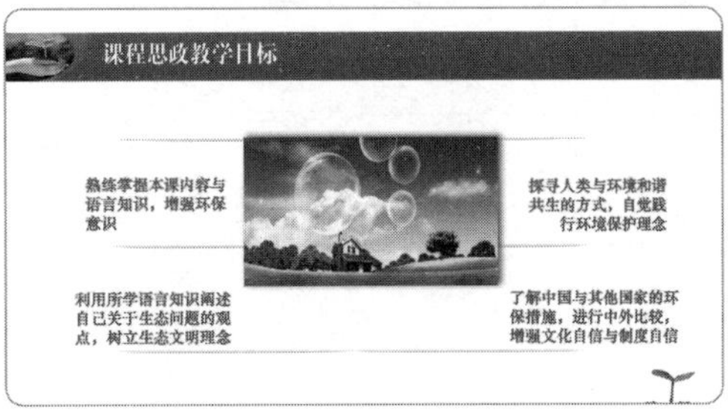

2

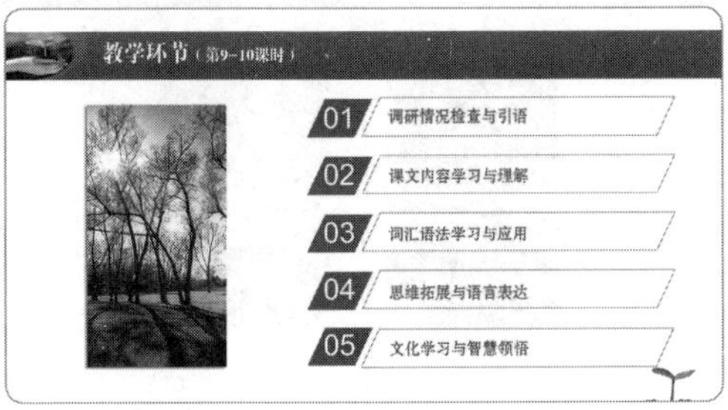

3

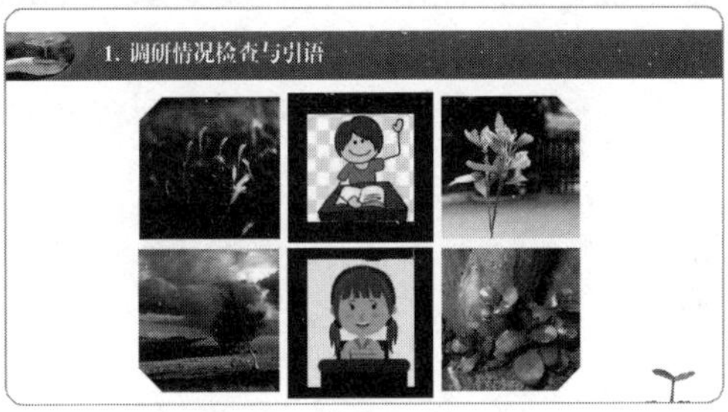

4

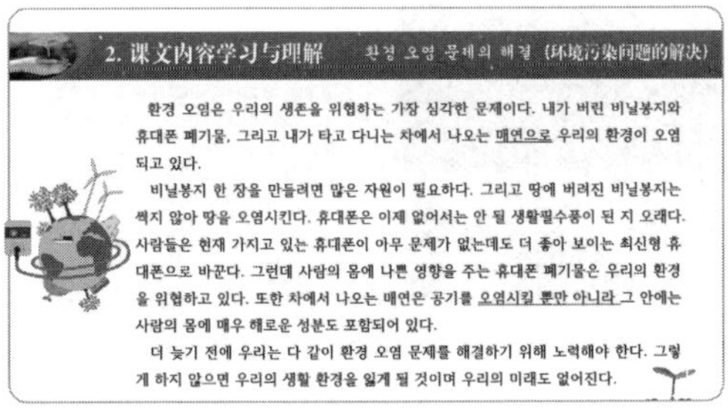

5

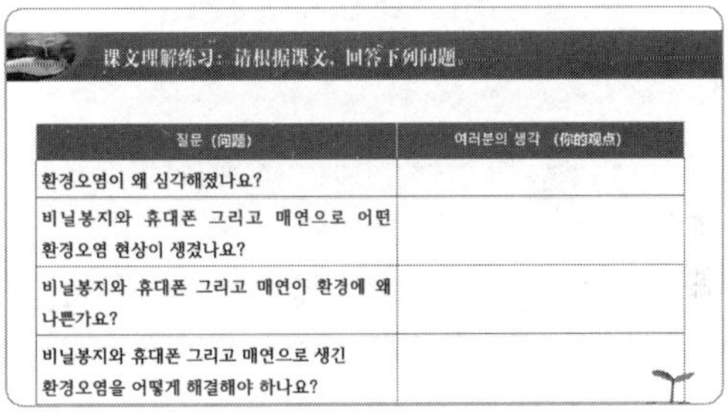

6

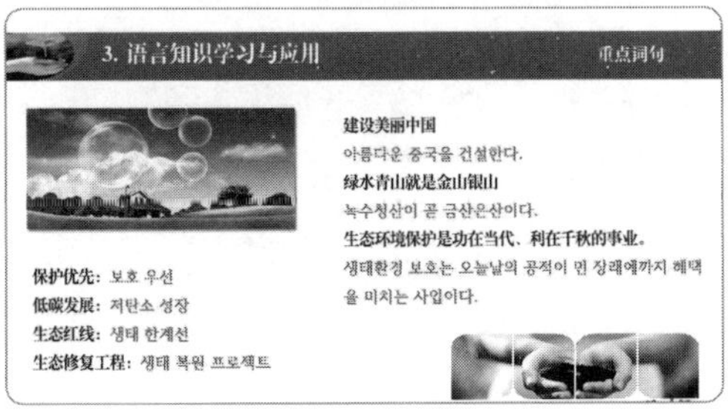

7

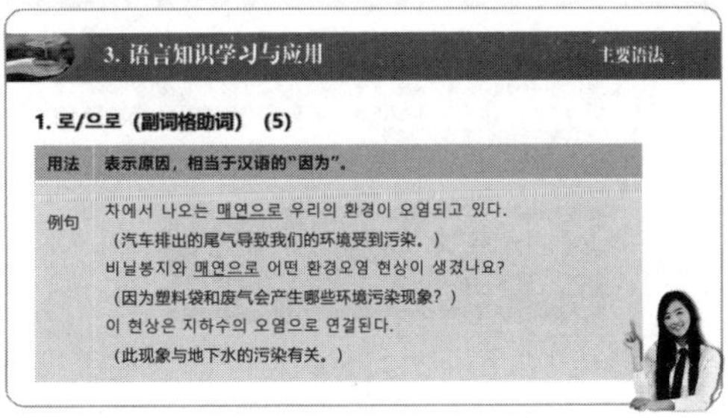

8

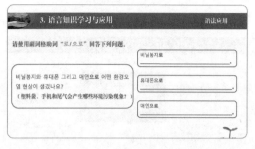
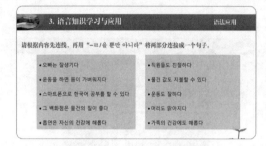

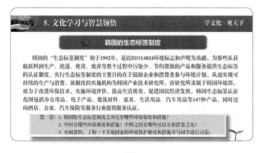

17

18

19

20

21

22

意大利语（一）

单元主题：在罗马学意大利语——现代意语中的拉丁文遗产

1. 课程总览

【课程名称】意大利语（一）

【课程类型】意大利语专业本科生专业核心课程

【教学对象】意大利语专业一年级本科生

【课程学时】128 学时（8 学时*16 周）

【课程目标】

课程目的在于让初次接触意大利语的学生对于该语言的历史文化来源、语法形态特色有基础的了解，并通过系统的语言学习，掌握该语言的基本表达方式，打好坚实的语言基础。

知识目标：通过对于意大利语词汇、语法及表达方式的学习，能够在一些具体的语境之下理解和使用基础的日常句子；可以用意大利语介绍自己与他人，就一些简单的问题进行提问与应答；在对话者放慢语速、发音清晰且愿意提供帮助时，可与对方开展简单对话。

能力目标：以线上、线下教学结合的方式开展教学，引导学生利用多种资源进行语言与专业学习，全方位培养学生积极运用语言解决实际场景问题，深层次探索对象国语言文化的能力。

素质目标：引导学生辩证理解意大利语的发音特色、词汇演变、语法屈折等特点，辨析该语言与中文母语在字音、形、意方面的显著差异，主动树立跨文化意识，更好领会语言所蕴含的思想和文化，做称职优秀的中华文明文化的传承与传播者。

【在线资源】

由课程主讲人录制的"意大利语语音"慕课在学习强国、中国大学慕课网等平台上线，学生可以查看相应的基础入门课程。课程所用教材为《新视线意大利语1》（修订版），相关音视频等配套资料可在北京语言大学出版社网站或APP上获取。

2. 课程思政目标

本单元主题为"在罗马学意大利语——现代意语中的拉丁文遗产"，是相对独立的教学课程单元，位于语音部分结束后的基础意大利语学习阶段，帮助学生了解意大利语的历史起源。与"意大利语语音"慕课中所进行的课程设置类似，教师注重在教学计划中插入特定专题，与教材使用进行有机结合，以丰富课程教学形式，扩展专业知识领域。

课程思政目标如下：

第一，以历史比较为视角进行思政教育：

通过数字化工具辅助，让学生直观地接触意大利文化遗址，进而了解古罗马的兴衰历史。通过中西方对比性学习，学生得以理解罗马文明的兴盛与衰亡的巨大警示意义，从而更加深刻地理解中华文明形成和演化的普遍性与独特性，建立民族自豪感，强化政治认同、思想认同、情感认同，更为坚定地投身于中华民族伟大复兴运动。

第二，以语言比较为视角进行思政教育：

以实际词源案例，帮助学生理解意大利语与拉丁文之间的传承演变关系，如在历史知识部分所述，这种关系也揭示出古罗马文明与当代西方文明之间的密切联系。与此同时,意大利语作为罗曼语族的重要语言,其发音、语法屈折变化规则等与中文皆有着明显差异。通过东西方对比性学习,学生可以更好理解本国语言的特点、优势及发展历史,认识到中华民族语言的魅力,更加坚定地传播好中国声音。

3. 本课课程思政教学重点和难点

思政教学重点:

本单元采用数字化工具辅助手段,以罗马"实地采风"为切入点,结合历史知识点与语言知识点两大内容进行教学,并在教学过程中积极加入中意对比讨论环节,帮助学生将所学的意大利历史及语言方面的专业知识及时内化,转而成为反思与理解自身文化优势的素材,进一步树立全球视野,建立文化自信。

思政教学难点:

如何有效引导学生开展对比性学习,将所学专业知识与个人对于自身文化的固有了解进行有机结合,探求共同价值,此为本课程思政教学探索中的难点。教师在向学生传授专业知识的同时,应主动加强对思政元素的挖掘与融合,增进学生对于本国文化知识的掌握与运用能力,结合中国立场、中国文化、中国理论和中国实践经验与素材,力求达到更好的思政教学效果。

4. 本课课程思政教学方法和过程

4.1 教学方法

本课程以探索式、启发式教学为主要渠道,借助数字化工具,以直观且身临其境的方式认识对象国的历史文化遗产,鼓励学生运用工具进行互动操作,进行实景游历式的探索学习。

在此前提下,教师的历史知识点与语言知识点讲授可以自然而有机地结合实地材料,并在教学中获得学生及时而有效的反馈。根据所讲授知识点涉及的历史文化特色,挖掘思政元素,以讨论的形式启发学生,鼓励其积极参与探讨与思辨,以"润物无声"的方式进行思政教育。

4.2 教学过程

【教学安排】

课前预习环节:

观看"意大利语语音"慕课中第二章第2、3、4节"Mediterraneo:罗马帝国与'我们的海'"视频,了解拉丁文与意大利语的历史关联,思考同"古汉语与现代汉语"关系的异同。

课堂教学环节：

环节一："Tutte le strade portano a Roma"（条条大路通罗马）

教师通过谷歌街景数字工具，展示罗马 Via Appia Antica（阿庇亚古道），引入"Tutte le strade portano a Roma"（条条大路通罗马）习语。

(1) 讨论：就所预习的"罗马帝国与'我们的海'"慕课内容，探讨如何从历史的角度理解该习语表达。与"普天之下，莫非王土"的表达进行对比讨论。

(2) 历史知识点：简要介绍古罗马帝国的历史，结合道路图，说明帝国的疆域及文化制度传播范围，引导学生理解拉丁语对于现代罗曼语言的巨大影响。

(3) 语言与语法知识点：（意）mare nostro（我们的海/地中海）＜（拉）mare nostrum。语法上复习强调之前所学的形容词、名词性数一致原则。

环节二：Via Appia Antica e la sua Pietra Miliare（阿庇亚古道及该路上的里程碑）

教师继续通过谷歌街景数字工具，展示罗马 Via Appia Antica（阿庇亚古道），并参观 Pietra Miliare（里程碑）遗迹。

(1) 语言与语法知识点：（意）antica（古老）＜（拉）antiqua

（意）mille（千）/mila（数千）＜（拉）mille/milia。

继续强调性数一致语法点，在这里形容词 antica 为阴性形式，mille 数词也有单复数等形式。

(2) 历史知识点：进一步阐述随着西罗马帝国的衰亡，拉丁文向现代意大利语演变的过程。简要结合但丁《论俗语》文本进行阐释。

(3) 讨论：结合上例所展示的意大利语与拉丁文词汇形态的密切关联，讨论古汉语/现代汉语间的关联，对比两种演变历史的异同，理解意大利语及汉语母语语言的深层规律。

环节三：Terme di Caracalla e il Colosseo（卡拉卡拉浴场与斗兽场）

继续向古罗马市中心"行走"，经卡拉卡拉浴场，抵古罗马斗兽场。

(1) 历史知识点：简要讲述尼禄与卡拉卡拉皇帝在诸如此类著名遗迹的建筑中扮演的角色，结合奥古斯都皇帝治下和平（pax romana）概念，重提古罗马文化对当代西方世界的影响。

(2) 语言文化知识点：（英）August ＜（意）Agosto（8月/奥古斯都）＜（拉）Augustus。简述当代西方历法源于古罗马历法，July 与 August 二词，实出自凯撒与奥古斯都二人名号。介绍9月以后月份名称与意大利文/拉丁文之关联，以及1月等月份名的拉丁文化词源。

环节四：Palatino，Foro Romano，Via Salaria（帕拉迪诺山、古罗马市集、萨拉利亚路/盐道）

继续在罗马进行"实地参观"，经帕拉迪诺山与皇宫遗迹、Via Salaria 盐道等古迹。

(1)语言文化知识点：

(英)palace <(意)palazzo(大楼、宫殿)<(拉)palatium，以指出现代英文 palace 一词，实源自古罗马政治中心所在的帕拉迪诺山。

(英)salary <(意)salario(薪酬)<(拉)salarium，古罗马时期亦有以盐(sale)的形式发放的军饷，今日 Via Salaria 是古罗马时重要的运盐道路，英文 salary 一词有此渊源。

(2)讨论：

由种种词源及文化上的案例，说明了拉丁文与现代意大利语，古罗马历史与现代西方文明之间的密切关联。与学生开展交流，在本国语言中是否有类似的案例，扩展学生的文化视野，讨论在对外宣传中国语言文化时，除象形形声等汉字特色外，还能够挖掘哪些其他文化要素，更好传播中国声音。

环节五：总结

沿阿庇亚古道一路进入罗马，亦象征学生入意大利语门而求学之经历。沿途经历帝国兴盛衰败，见历史变迁，当发昔日英人爱德华·吉本立于罗马废墟前之宏愿，立志求知向学，以史为鉴，为中华文明复兴而奋进。结合钱单士厘、康有为等人百年前游罗马之纪行，助学生感悟理解中华崛起历史，培养学生的爱国热情与世界视野。

课后环节：

要求学生继续搜索意大利语中的其他基础词词源，探索其揭示出的语言背后的思想文化底蕴，将词源查询的结果以作业形式提交。

鼓励学生以数字手段深入了解意大利重要文化遗产相关知识，积极进行课后自主研究，增进对意大利文化文明的理解，开展中西文明互鉴比较，坚定文化自信。

【教学思维导图】

阿庇亚古道 ⟶ 斗兽场 ⟶ 帕拉迪诺山 ⟶ 萨拉利亚路

"采风"之行自阿庇亚古道出发，由南至北入城。直观认识罗马历史与遗迹。

有机结合此路途经诸遗址，在历史知识点方面，简述古罗马帝国的历史，了解其文化对意大利乃至西方文明的影响，理解罗马文明的兴盛与衰亡的巨大警示意义。在语言文化与语法知识点方面，用实际意大利语词源案例说明拉丁文与现代意大利语间的关联，理解语言的深层规律，开展跨文化比较。

习语、遗迹、历法、术语等词语词源考据，强化专业知识训练。

深刻领会语言所蕴含的思想和文化，深入开展跨文化比较，坚定文化自信。

4.3 评价方法

后续课程中，通过对应语言语法练习，了解学生对于课程所涉及的语言知识点的掌握情况。

查收学生作业并针对学生课后所进行的研习开展进一步交流，了解其在进行跨文化比较过程中的心得体会，并针对可能的问题进行释答。

5. 参考书目

1. 马林编著：《新视线意大利语1》（修订版），北京：北京语言大学出版社，2020年。
2. 弗雷德里克·韦洛克：《韦洛克拉丁语教程》，张卜天译，北京：北京联合出版公司，2017年。
3. 刘津瑜著：《罗马史研究入门（第二版）》，北京：北京大学出版社，2021年。

附件：教学课件

1

2

3

4

5

6

7

8

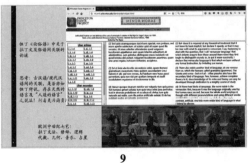

9

10

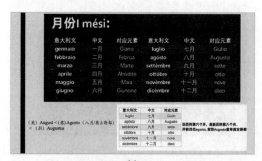
11

12

13

14

15

16

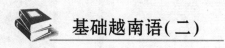

基础越南语（二）

单元主题：再回母校

1. 课程总览

【课程名称】基础越南语（二）

【课程类型】越南语专业本科生专业核心课程

【教学对象】越南语专业一年级本科生

【课程学时】160学时(10学时*16周)

【课程目标】

本课程旨在培养学生综合运用越南语知识和技能进行语言交际的能力。在传授语言知识的同时,尤其重视外语基本技能的训练,培养学生扎实的外语基本功,并塑造正确的价值观,促进其知识、能力、素质的全面发展。

知识目标:在第一学期完成越南语语音教学及基本句型和入门级会话教学的基础上,本学期课程以语法知识点配合课文教学,旨在帮助学生掌握越南语语法的基本框架,扩展基本词汇量。通过本课程的学习,学生掌握约1200个单词、50个语法点,并了解有关越南国情、历史、文化、民间文学等方面的基本知识,能就相关知识进行日常交流,展开主题讨论。

能力目标:通过课堂教学、课外资源学习和课下练习相结合的方式,培养学生的听、说、读、写、译等外语实践能力。通过任务驱动教学法和启发式、讨论式、体验式等教学方法的综合运用,培养学生运用外语进行表达和交流的能力,并提升文学赏析能力、思辨能力和跨文化交际能力。

素质目标:本册教材内容包括中国国情文化、越南国情和历史文化、区域和世界现状、环保、人与自然等主题,可以较好实现在语言教学中融入价值观引导,思政元素贯穿教学全过程。通过专业核心课程的教学引导学生树立正确的价值观,并进行中越文化比较,坚定文化自信和道路自信,培养全球视野,学习越南语语境下的中国话语表达,树立用外语讲好中国故事的信心和理想。

2. 本课课程思政教学目标

本课内容为精读课文《再回母校》,泛读文章《看望老师》,此外,练习内容有越南教师节探望老师的小故事,配套听力材料《给老师的信》也是表达感谢师恩的内容。本课内容蕴含丰富的文化元素和思政内容。课程思政目标主要如下:

第一,通过讲解以回母校探望老师为主题的精读课文,为学生讲授有关尊师、感恩等方面的词汇、常见表达及相关例句,帮助学生在学习语言知识点的同时,了解越南文化中的尊师重教和感恩的传统,并结合中国文化传统,在潜移默化中进行感恩教育,铭记师恩,实现语言教学和人文教育的有机结合。

第二,在课堂练习环节中,引导学生利用所学的单词、词组及相关语句就中越传统文化阐述自己的观点,启发学生对东西方文化和教育方式进行思考,对比异同,引导学生体会东方传统教育理念下教师和学校的爱与责任,学会理解、尊重、学会感恩,并从中获得克服困难的勇气,培养坚韧不拔的毅力,坚定信心,完善人格,逐步成长为健康和高尚的人。

第三,通过练习板块小故事《两束花》的阅读理解和扩展练习,了解越南尊师传统的传承。越南文化深受儒家思想影响,有着与中国一样的尊师重教的传统。故事体现了尊师重教代代相传,并强调老师以身作则、言传身教的重要作用。在教学中补充越南教师节的相关内容,引导学生进行中越尊师传统的对比,进一步了解越南对传统文化价值的坚守和传承,通过中越对比深入了解越南文化和社会。同时引导学生探究我国礼仪之邦的优良传统对周边国家的影响,了解中华传统文化,坚定文化自信,提升用越南语讲好中国故事的能力。

第四,课文中老师教导学生要努力学习,提高自身修养,长大成为对国家、对社会有益的人,在教学中组织学生改编课文进行角色表演,并布置课后作文回忆母校或老师,引导学生用越南语讲述师生故事,培养积极进取、友善向上的价值观,树立为国家、为社会、为人类命运共同体建设而努力的信念和理想。

3. 本课课程思政教学重点和难点

思政教学重点:结合本课课文和练习内容,在教学中融入感恩和尊师的价值观,引导学生学习了解越南语中有关感恩和尊师的常用词组和成语,并能结合自身经历,运用所学词汇表达对父母、老师和国家的感恩,表达对老师的尊重,表达对家乡和祖国的热爱之情。从中国传统道德价值观和儒家思想文化出发,引导学生进行中越文化对比,加深对本民族优秀传统和越南文化的认识。

思政教学难点:结合课文词汇和语法知识点,把思政元素融入教学的全过程,实现语言知识传授与价值引领有机结合。既要讲解语言知识点,训练学生语言技能,又要有机融合思政教育内容。要做到系统深入地传授专业知识,又能深入挖掘知识点中所蕴含的思政元素,将爱国、文明、和谐、友善等社会主义核心价值观巧妙融入教学之中,潜移默化地帮助学生塑造正确的人生观、价值观,达到润物无声地进行思政教育的目标。

4. 本课课程思政教学方法和过程

4.1 教学方法

本课程坚持立德树人,将思政教育贯穿到越南语知识的学习中,注意提升思政教育的亲和力和专业外语课程的正确价值导向,以培养道德素质、知识、能力兼备的人才为目标,培养学生的家国情怀和健全人格。课程以讲授法和案例教学法、讨论法、情景教学法、体验式教学法等多种教学方法相结合。例如运用任务驱动教学法和体验式教学法,组织学生自编或自选场景进行分组角色扮演,帮助学生充分理解学习内容,检验教学效果,在语言实践活动中体验、展现感恩、孝亲的优秀传统美德和友善、进取的价值观。教师在采用以上教学方法时,始终引导并培养学生的集体主义意识和团队协作精神,强调中越传统教育模式对于感恩之心和尊师道德的培养,以润物无声的方式浸润感恩教育,让学生始终做到心中有祖国、心中有集体、心中有师长,由此实现语言教学与思政教育的高度融合,实现知识传授、能力培养与价值观教育的有机统一。

4.2 教学过程

【教学安排】

本课程思政教学的核心内容是以人为本进行感恩和尊师的情感教育,在语言学习过程中了解并体验越南文化和中国传统道德价值观,引导学生培养积极进取、和谐友善的价值观以及家国情怀。党的二十大报告指出:"广泛践行社会主义核心价值观,弘扬以伟大建党精神为源头的中国共产党人精神谱系,深入开展社会主义核心价值观宣传教育,深化爱国主义、集体主义、社会主义教育,着力培养担当民族复兴大任的时代新人。"本课教学内容包含的思政元素与二十大报告提出的目标高度契合,思政元素贯穿教学全过程。

【课前】

本课为第7—8课时,此前已完成本周前3次共6课时的教学,完成课文词汇、语法点的讲解、课文翻译、课后练习、课堂句子口译等环节,学生已基本掌握语法点和词汇用法。本周课文的主要教学内容和课程思政安排如下:

课文讲述一位毕业多年的学生回到母校看望老师的故事,内容包括对家乡和校园环境、对课堂教学和老师形象的描写,以及师生间的对话。前6课时的教学中,把热爱家乡、热爱祖国、尊敬师长、不畏困难、积极进取等价值观融入重点词汇和语法点的讲解和练习中,并通过课文分析对学生进行情感教育,特别是感恩教育。例如,课文人物对话中,学生在自己的小学老师面前自称为"儿子(孩子)",体现了师生间的深厚情感和学生对老师的感恩,显示古代东方教育中"一日为师终身为父"的观念在越南的保持和传承,与西方更强调人人平等的称呼方式不同,也不同于现代汉语的称谓方式。而主人公回忆当年老师的谆谆教诲"你要努力学习,提高自身修养,老师希望你以后能成为对社会、对祖国有用的人",这些内容传递的热爱祖国、奉献社会、勇于进取的价值观,也可以融入到课堂教学和课内外学生的语言实践中,鼓励学生以深厚的爱国情感和社会责任感为动力,进一步树立为中华民族伟大复兴而学习的崇高理想。

本课时为综合练习环节。在之前课时教学的基础上,进一步围绕重点词汇和知识点展开扩展练习,阅读理解小故事《两束花》,进一步学习了解越南教师节以及"尊师重道(tôn sư trọng đạo)"的传统,之后组织学生以课文为基础进行分组角色表演"回母校"的小短剧。要求学生课前准备:

1. 请用几句简单的越南语描绘你的家乡、母校和老师。

2. 思考预留问题：越南师生之间的称谓词使用有何特点，显示了越南语称谓词的什么特点，越南语称谓词使用与中文相比有何不同？

3. 利用网络资源或图书文献，了解越南教师节（11月20日）的由来、越南"尊师重道"的传统、教师节的常见活动以及给老师的祝福语。

4. 分组进行表演准备：根据课文内容创作剧本并进行练习。

【教学安排】

环节一：重点词汇复习与运用（20分钟）

对课文重点词汇和知识点进行简单总结和复习练习，以重点词为线索，请学生介绍自己的家乡、母校或老师。通过复习练习，巩固已学词汇，提升学生的外语表达能力，在语言能力训练中融入尊敬师长、饮水思源等价值观元素。

环节二：语言学习与文化思考（10分钟）

越南语称谓词的使用是本课词汇难点之一。围绕课文对话中的称谓词使用展开分析和讨论，帮助学生进一步准确理解越南语称谓词背后体现的情感表达和社会关系，从文化语言学的角度了解越南语称谓词的文化内涵，并通过中越称谓词使用对比了解越南语称谓词使用的特点及其体现的民族文化传统，引导学生用所学称谓词、语气词和句型表达对老师的真挚情感，体悟并弘扬中华传统价值观。

环节三：理解表达与思维拓展（30分钟）

以小故事《两束花》的阅读理解为中心展开。故事情节：学生在教师节去探望老师并给老师送花，发现老师桌上摆着另一束花，学生以为是其他班级送给老师的，询问得知这是老师准备送给自己小学老师的鲜花，最后，学生们愉快地和老师一起去探望老教师。这个小故事体现了越南"尊师重道"的传统美德代代传承。其背后的越南文化元素：越南非常重视教师节，节日当天学校放假，师生盛装纪念节日，学生探望慰问老师并赠送鲜花，表达对老师的感恩之情，老师也对学生表达美好祝福。与中国相比，越南教师节节日气氛热烈，体现了浓厚的深受儒家文化影响的尊师传统以及重视教育的东方价值观。

本环节课堂教学采用文本阅读理解和语言输出训练相结合的方式。首先通过文本阅读，了解越南学生如何向老师表达感恩和祝福，了解越南教师节的基本情况；之后，以越南教师节为主题进行分组汇报，主题包括：（1）越南教师节的由来；（2）越南如何庆祝教师节；（3）越南学生如何向老师表达感恩和祝福；（4）越南教师节所体现的文化传统。通过课堂汇报交流，进一步了解越南教师节的由来以及越南尊师重教的传统。在了解越南的基础上，引导学生拓展思维，探究中国传统文化对越南的影响，以及中越传统文化中对修身、对教育的重视，发掘中华传统文化的价值，树立文化自信，用外语弘扬中华优秀文明,讲好中国故事,融通中外,向世界展示真实、立体、全面的中国。

环节四:分组表演与文化体验(25分钟)

按照课前布置的内容,学生3—5人一组模拟课文进行剧场式表演。学生可以对课文内容进行创造式改编,自由组合,自主选择角色。学生还可以增设课文内容之外的其他情景进行场景表演。扮演主人公(返校学生)和老师角色的学生要特别注意越南语的称谓词、语气词的准确使用以及肢体语言的表现力,沉浸式体会尊师传统。教师对表演者的语言表达及相关内容乃至表演效果进行评价,纠正越南语用法,并进行思政内容中的感恩教育。在对学生进行评价时,教师把学生当作伙伴,进行平等交流、真诚对话,尊重学生的个性化表达。该环节通过语言输出综合训练检验教学效果,通过模拟场景体验跨文化交流,通过语言实践体验越南语交际和越南文化的特点,对语言教学和思政教育的成效进行综合评估。

环节五:延伸阅读与智慧淬炼(15分钟)

学习讲解泛读文章《看望老师》。这篇短文讲述一位小学毕业二十年的学生回母校看望老师,描写了美好动人的师生关系:学生原以为老师忘了自己,没想到老师还能记得自己的小名;学生原本觉得毕业后在生活和工作中遇到太多困难,但回到老师身边,向老师汇报自己的成长经历,所有艰难险阻都似乎烟消云散。教师在采用讲解法、讨论法帮助学生理解文章扩展词汇的同时,复习精读课文中强调过的语气词、情态状语及称谓词的使用。通过故事内容进一步升华本课感恩和尊师的主题,进行感恩教育,领悟东方智慧;引导学生对中越教育传统乃至中西教育的异同进行对比分析和思考,培养全球视野,引导学生用科学辩证的思维方法去探索中外文化,看到东西文化、中外文化的不同,理解"他山之石,可为中用",坚定中华民族文化强国的信念,将理想信念、道德情感、品德修养和家国情怀的种子播种在学生的心中,实现以文化人、以文育人,把学生培养为德智体美劳全面发展的社会主义建设者和接班人。

结语

总结本节课内容,引导学生结合所学语言知识和文化元素进行深入思考,鼓励学生灵活运用所学的语言知识,提升用外语表达情感、讲好故事的能力。结合越南深受儒家思想文化影响的历史和社会文化现状,掌握越南语有关孝亲、尊师、感恩的常见表达,通过外语学习培养感恩之心;看到越南文化的优秀传统价值以及越南对传统的保持和传承,并了解中国文化对越南文化的影响,从中越对比中看到越南文化的特点,了解"大同"中的"小异",并了解中华文化优秀的传统价值观对周边国家的影响,坚定文化自信,树立为中越交流、为人类命运共同体建设努力学习的崇高理想。

【课后】

要求学生以"感恩"和"尊师"为主题,整理本课主要词汇和知识点及越南语中的有关常见表达和习语、成语,进一步了解越南文化,深化对中华传统文化价值观的认识和认同。

布置小作文,请学生回忆自己的母校或某一位老师。要求使用本课所学的词汇和语法知识点,表达对母校或老师的感恩。通过语言输出训练检验学生对语言知识的掌握,提升外语运用能力,并深化本课的主题。

【教学思维导图】

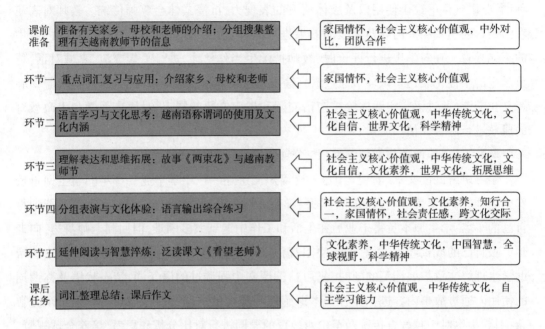

5. 参考书目

1. 越南中学教科书《语文》(六年级),河内:越南教育出版社,2020年。
2. 祁广谋:《越南文化语言学》,洛阳:解放军外语音像出版社,2006年。
3. 孙衍峰:《越南语人际称谓研究》,北京:外文出版社,2009年。

附件:基础越南语(二)教学课件

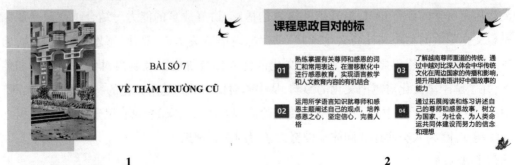

本节内容

- 01 重点词汇复习与运用
- 02 语言学习与文化思考
- 03 理解表达与思维拓展
- 04 分组表演与文化体验
- 05 延伸阅读与智慧淬炼

1. 重点词汇复习与运用

以本课重点词为线索，用几句简单的话介绍自己的家乡、母校或老师

I. Tả quê hương, đất nước （描写家乡和祖国）
- xa quê/xa cách, làng/xóm/xã/phường/khu/quận, ngắm/nhìn/xem, bao/bao nhiêu, kỉ niệm, tuổi thơ, yêu dấu/yêu, than quen/quen thuộc/gắn gũi, cảnh vật, thay đổi

II. Tả khuôn viên trường cũ （描写校园）
- sân/bãi, bóng mát/bóng cây/bóng tre, dãy nhà/ngôi nhà/mái nhà/gian phòng, giảng đường/ngôi nhà làm việc/khu kí túc xá/thư viện/vườn hoa/phòng học đa phương tiện, đồ sộ/rộng rãi/sáng sủa/im lặng, vang tiếng đọc bài

III. Tả thầy/cô giáo cũ （描写老师）
- già/trẻ/đứng tuổi, mái tóc bạc trắng/đen nhánh, mặc áo màu..., đeo kính, chăm chú chữa bài, ngẩng đầu lên, gỡ cặp kính, nắm lấy tay

IV. Tả tâm trạng （描写人物心理）
- nhớ, tha thiết, ngập ngừng, long dạ xốn xang, không nén nổi cảm xúc, hồi hộp, xúc động, ngỡ ngàng, mừng rỡ

2. 语言学习与文化思考

本课学习难点之一：越南语称谓词

课文例句：
- Thầy Long phải không ạ? **Con** chào **thầy**, thưa thầy, con là Lập, học sinh cũ của thầy đây ạ. Thầy còn nhớ con không?
- Lập đấy ư? **Thầy** nhớ ra rồi, nhớ rồi. **Em** về thăm quê đấy à?
- Thầy giới thiệu với **các em**, đây là **anh Lập**, học sinh cũ của thầy.
- **Các em** ạ, sở dĩ **anh** trưởng thành được như hôm nay, phần lớn là nhờ có công ơn dạy dỗ dìu dắt của thầy Long. **Thầy** luôn dạy **anh**: "Con hãy cố gắng học tập và tu dưỡng bản thân. Thầy mong con mai sau sẽ trở thành người công dân có ích cho xã hội, cho Tổ quốc".

2. 语言学习与文化思考

本课学习难点之一：越南语称谓词

Câu hỏi thảo luận （思考讨论）：

1. Cách xưng hô trong những câu trên đã thể hiện những gì về quan hệ thầy trò?
2. Những ví dụ trên đây thể hiện đặc điểm gì về từ xưng hô tiếng Việt?
3. Thử phân tích so sánh sự khác biệt giữa cách xưng hô trong tiếng Việt với tiếng Trung.
4. Cách thức xưng hô của người Việt đã ẩn chứa những thông tin gì về văn hoá giao tiếp người Việt nói riêng, cũng như văn hoá Việt Nam nói chung?
   - Những gợi ý: Cách xưng hô giữa thầy trò thể hiện quan hệ thân thiết như người thân trong gia đình; học trò giữ lễ phép với thầy giáo; cách xưng hô của người Việt tuân theo trật tự tôn ti trong xã hội, thể hiện quan hệ trên dưới, già trẻ, theo nguyên tắc "xưng khiêm hô tôn". Đặc điểm đó thể hiện sự ảnh hưởng sâu của Nho giáo đối với văn hoá Việt Nam.

3. 理解表达与思维拓展

3.1 Đọc hiểu câu chuyện: HAI BÓ HOA （阅读理解：小故事《两束花》）

Trả lời câu hỏi theo nội dung câu chuyện （回答问题）：

1. Các em học sinh đã trông thấy gì khi bước vào phòng cô giáo?
2. Trong tay em Mai có những gì? Và tại sao em Mai lúng túng?
3. Bó hoa không đặt trên bàn cô giáo có phải là ai tặng cho cô giáo không?
4. Cô giáo định làm gì nhân dịp ngày Nhà giáo? Và các em học sinh đã nói gì với cô giáo?
5. Hai bó hoa trong câu chuyện có ý nghĩa tượng trưng gì?

3. 理解表达与思维拓展

3.2 Trao đổi xung quanh chủ đề "Ngày Nhà giáo Việt Nam"
（输出练习：关于越南教师节，你了解多少？）

请自选以下主题完成课堂汇报交流：(bằng tiếng Việt)

1. 越南教师节的由来
2. 越南如何过教师节
3. 越南学生如何向老师表达感恩和祝福
4. 越南教师节所体现的文化传统

3. 理解表达与思维拓展

词汇扩展：**Những thành ngữ, tục ngữ liên quan** （相关越南语成语、俗语）

- Tôn sư trọng đạo. — 尊师重道。
- Tiên học lễ, hậu học văn. — 先学礼，后学文。
- Nhất tự vi sư, bán tự vi sư. — 一为师，半字为师。
- Không thầy đố mày làm nên. — 无师不成才。
- Ăn quả nhớ kẻ trồng cây. — 喝水不忘挖井人。
  Uống nước nhớ nguồn. — 饮水思源。
- Muốn sang thì bắc cầu kiều, muốn con hay chữ thì yêu lấy thầy.
- Cơm cha áo mẹ chữ thầy, nghĩ sao cho bõ những ngày ước ao.

4. 分组表演与文化体验

按照课前布置的内容，学生3-5人一组模拟课文进行剧场式表演。学生可以对课文内容进行创造式改编，自由组合，自主选择角色。学生还可以增设课文内容之外的其他情景进行场景表演。通过表演检查本课词汇的掌握情况，并沉浸式体验尊师传统。

要求：

1. 注意越南语称谓词、语气词的正确使用；
2. 尽可能使用本课学到的词汇和常用表达；
3. 注意通过肢体语言准确表达人物情感。

5. 延伸阅读与智慧淬炼

Bài đọc thêm: THĂM THẦY GIÁO CŨ（泛读课文：《看望老师》）
1. 难点词汇讲解
2. 复习精读课文中的语气词、情态状语和人称代词用法
3. 进一步凝练文章所蕴含的尊师和感恩的思想内涵。

结语

1. 运用所学的语言知识，介绍自己的家乡、母校以及自己喜欢的老师，提升用外语表达情感、讲好故事的能力。
2. 结合越南深受儒家思想文化影响的历史和社会文化现状，掌握越南语有关孝亲、尊师、感恩的常见表达。
3. 了解越南文化的优秀传统价值以及越南对传统的保持和传承，并思考中国文化对越南文化的影响，从中越对比中看到越南文化的特点，了解"大同"中的"小异"，看到中华文化优秀的传统价值观对周边国家文化的影响，树立文化自信。

11
12

课后任务

1. 以"感恩"和"尊师"为主题，整理本课主要词汇和知识点和越南语中的有关常见表达和习语、成语，进一步了解越南文化，深化对中国传统文化价值观的认识和认同。
2. 作文：回忆自己的母校或某一位老师。要求使用本课所学的词汇和语法知识，表达对母校或老师的感恩。

谢 谢！
Trân trọng cảm ơn

13
14

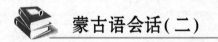

蒙古语会话（二）

单元主题：感谢师恩

1. 课程总览

【课程名称】蒙古语会话（二）

【课程类型】蒙古语专业核心课

【教学对象】蒙古语专业本科三年级学生

【课程学时】32学时（2学时*16周）

【先修课程】基础蒙古语（四）、蒙古语会话（一）

【课程目标】

本课程针对蒙古语专业高年级本科生开设。在已有蒙古语学习的基础上，通过课堂教学和练习，培养、提升学生综合运用蒙古语知识和技能进行口头交际的能力。同时，引导学生深入思考，做到言之有物、言之有理、言之有情。专业知识和思想引领相结合，注重引导学生树立正确的价值观。

知识目标:准备主题鲜明、内容丰富、形式多样的教学材料,通过课堂教学向学生传授蒙古语口语交际中的语音、语汇、表达习惯和文化知识。通过典型主题的会话练习,使学生熟练掌握蒙古语会话中的语流音变、典型主题会话交流的语汇和表达法、典型主题会话的理解和交流方法,提高蒙古语交际的水平和质量。

能力目标:通过课内外的学习与练习,从语音、语汇、表达习惯、思想感情等方面使学生掌握蒙古语会话交际能力。通过课堂学习掌握:(1)蒙古语会话中的语流音变;(2)不同主题的常用语汇、表达法;(3)典型主题会话的听、说能力;(4)典型主题核心思想和价值的理解、提炼和表达能力;(5)用蒙古语讲好中国故事的能力。

素质目标:在课程中通过典型话题相关语言知识的输入和输出,引导学生学习为学、为事、为人的方法,促进学生的全面发展。通过在具有启发性、思想性、涉我性的会话主题设计中融入思想引领和价值观塑造,有意识地引导学生在会话主题的阅读和听说过程中进行中蒙文化比较,体察思想文化的异同和文明互鉴的面向,深入理解当代中国,融通中外。

2. 本课课程思政目标

本课会话主题为"老师,谢谢您",课程思政目标如下:

第一,适逢教师节,引出会话主题:致敬老师,感念师恩。使学生掌握有关尊敬、爱戴老师的蒙古语谚语、格言,学习向老师表达节日祝福的语汇及表达法,并与汉语中的相关语汇、表达法进行比较。同时引导学生探究蒙古语和汉语对尊师重教这一共同观念在口语表达上的异同,并主动成为思想文化融通的交流之"桥"。

第二,在主题语汇学习和蒙古语对话练习中,引导学生用蒙古语介绍自己在求学过程中遇到的好老师以及老师们传授知识、传递大爱、育人铸魂的优秀事迹。在此基础上,引导学生常怀感念师恩之情。

第三,在"预习——提炼话题——输出展示"环节中,为学生提供篇幅适当、主题鲜明的蒙古文材料,供学生阅读,并提炼话题素材,使学生在蒙古文阅读和蒙古语讨论过程中自主提炼出"学高为师、身正为范"和新时代"四有"好老师等价值理念,以及如何向老师学习为学、为人、为事的方法,努力成为"四有"人才。

第四,在课下练习和作业环节,为学生提供同主题蒙古文材料,在基于材料进行分组对话过程中,引导学生有意识提炼和突出中蒙两国人民尊师重教的共同价值,思考中蒙文化的相通之处,体认文明之间的互通互鉴。

3. 本课课程思政教学的重点和难点

本讲思政教学的重点:感念师恩、尊师重教的思想观念与蒙古语会话中的问候、祝愿、感谢语汇及相关表达法的有机结合,做到专业语言知识、思想和价值观教育三位一体的自然融合。课程教学形式多样,内容丰富,主题集中,培养学生的自主学习能力、在口语交际中进行思维拓展和价值提炼的能力。

本讲思政教学的难点:如何将语言能力和思政能力培养自然、有机地结合起来,避免生硬说教和"假、大、空"。将学生作为课堂主体,发挥学生学习和思考的积极性和能动性,以语言表达思想价值,深刻体认好老师的高尚品格,做到由表及里、表里如一地展现学习成果,在课堂学习基础上,持续地提升思维拓展能力,塑成正确的世界观和价值观。

4. 本课课程思政教学方法和过程

4.1 教学方法

本课程以培养学生语言能力、认知能力和思考能力为总体教学目标,在具体课堂教学中采用灵活多样的方法促进学生能力的提升。

首先,在蒙古语会话语料的选取方面,紧紧围绕会话主题,选取篇幅、词汇量、难度适中的有关中国、蒙古国乃至国际上关于尊师重教题材的蒙古文资料和音视频学习材料供学生学习和使用,做到广输入,巧输出。

其次,课堂上运用启发式、互动式、探究式、翻转课堂等多种教学方法,使学生成为课堂的主体,让学生"操练"起来。输入过程中在教师的启发和引导下能动地探究主题语料的思想精髓和价值理念,并通过对话互动和翻转课堂的形式运用蒙古语正确、流畅、生动地表达出来,做到言之有物,言之有理,言之有情,实现专业语言知识技能、思维能力培养以及价值观塑造的有机结合。

4.2 教学过程

本讲以教师节为契机,引出"致敬老师""感念师恩"的会话主题,从课前准备、课堂讲授与练习以及课后作业等多环节引导学生进行会话输出,努力做到全过程融入思政教学元素,全方位实现价值引导的思政教学目标。

本讲的思政教学过程整理如下:

【课前准备】

提前布置阅读讨论材料的预习。本讲会话主题材料包括习近平:《老师们的人间大爱》蒙古文译文(*Багшийн аугаа хайр*)、蒙古国作家、学者 D. 策德布(Д. Цэдэв)的作品《世界上最好的人》(*Орчлонгийн сайхан хүн*)。要求学生熟读描写老师优秀事迹的内容,并为在课堂上分享做好准备。引导学生在预习阶段通过阅读主题材料,自主提炼优秀教师的专业精神和高尚品格,主动从优秀教师的先进事迹中学习为学、为事、为人之道,并尝试用蒙古语进行表达和交流。

【课堂教学与练习】

环节一：问候与话题导引(10分钟)

恰逢教师节，观看歌颂老师的蒙古语诗歌、歌曲视频，引导学生用蒙古语向老师表达节日问候和祝福。用蒙古语向学生介绍蒙古国教师节的具体时间、庆祝方式、相关风俗习惯等。通过师生相互问答的方式，引入致敬老师、感念师恩、向老师学习知识和品格的主题。

环节二：输入——学习问候、祝福、感谢语汇和表达法(25分钟)

讲授向老师致以问候、祝福和感谢的语汇和表达法。在此基础上拓展到一般的问候、祝福和感谢的语汇和表达法(语音、语调、语气、语速、节奏、表达习惯等)的学习。重点提示学生注意蒙古语口语交际中问候语、敬语的规范和使用场合。在学习会话交流等语言知识和技能的同时，懂得言为心声、言辞有度的道理，在口语交际中做到有礼有节，收放自如。

环节三：输出——语言应用和表达(30分钟)

在前两个学习环节基础上，通过问答方式，考查学生用蒙古语进行问候、祝福和感谢的熟练程度。之后将学生两两分组，进行情境对话练习。设定教师节、开学季、毕业季、传统节日和日常等情境，用蒙古语彼此问候，表达感谢和祝愿。强调针对对话者身份，使用恰当的敬语和表达法。在此过程中塑造尊师敬长、尊重他人、真诚友善的品格。

环节四：思维拓展与价值提炼(30分钟)

结合课前预习的阅读讨论资料，鼓励学生进行循序渐进的思维拓展，实现学生自主的深入思考和价值提炼。带领学生深入挖掘材料里老师们言行中感人至深、启迪人心的内容，深刻地认识到不仅要向老师学习科学文化知识和科学方法，更要向老师学习高尚的思想品格、道德情操和仁爱之心。通过思维拓展，深化本课主题，实现价值提炼，借助优秀教师榜样的力量，自然而然地产生见贤思齐的思政教学效果。

在会话练习过程中，请学生用蒙古语复述、提炼、归纳和总结《老师们的人间大爱》和《世界上最好的人》两篇文章展现和赞美了老师们的哪些方面。首先，将学生分成两组，一组同学复述《老师们的人间大爱》，另一组同学复述《世界上最好的人》，要求各组学生按照文章叙事顺序和情节进行分工，用蒙古语逐个分享老师们的感人事迹。之后，引导学生提炼和归纳中蒙两国对好老师评价标准具有的共同价值取向——有理想信念、有道德情操、有扎实学识、有仁爱之心，彰显中外文化的共通性和互鉴性。

结语(5分钟)

在语言学习层面，提纲挈领地总结会话交际中问候、祝愿和感谢语汇的正确使用和表达，要求学生在课下继续练习，达到熟练、地道的程度。在思政能力层面，结合课堂教学和练习内容，进一步深入思考如何向好老师学习，成为有学识、有理想、有道德、有纪律的"四有"人才。

【课后练习】

布置课后练习和作业,为会话练习课做准备。

1.话题的输入输出练习:为学生提供蒙古文样例材料《万世师表——孔子》(Хятадын түүхэнд хамгийн алдартай багш—Күнз,360 个词),请学生从孔子的生平、教书育人的特点、功绩及其影响等方面提取内容和思想。学生两两一组,以相互问答的对话形式,准备时长3分钟的简短展示。

2.话题主题思想的内化与输出练习:5 分钟小演讲《老师,谢谢您》(Багш аа,танд баярлалаа),按照样例材料的结构介绍一位好老师,要求恰当地使用蒙古语问候、祝愿、感谢的语汇和表达法,并凸显好老师的学识、品格和仁爱之心。

【教学思维导图】

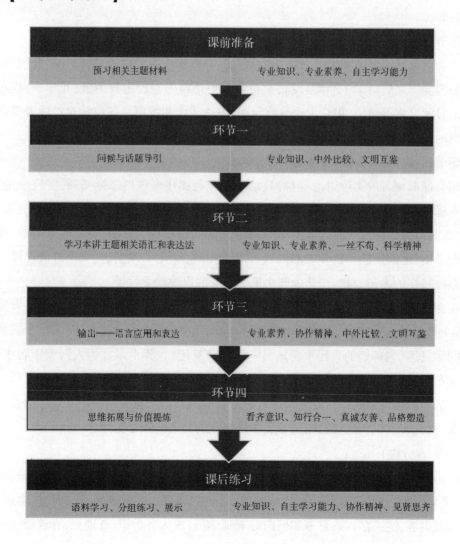

4.3 评价方法

本课从会话主题相关的语言知识技能和思政能力两个维度综合考查学生的学习情况,按照优秀、良好、合格和不合格四个等级进行评价。

语言知识技能方面,主要考查学生是否纯熟地掌握了蒙古语问候、祝福、感谢的语汇和表达法,以及根据场合情景正确使用上述语汇和表达法的情况。

思政能力方面,主要考查学生能否在话题交际中提取重要思想价值,突出重点,学以致用,做到词达意至、知行合一。

5. 参考书目

1.《习近平讲故事》(蒙古文译本),乌兰巴托:蒙古国 NEPKO 出版社,2022 年。
2. 侯万庄、王浩、刘迪南、袁琳:《现代蒙古语教程》(四),北京:北京大学出版社,2019 年。
3. Д. Баасанбат, Т. Эрдэнэ - Очир: *Монгол яриа*, УБ., 2011 он.

附件:教学课件

1

2

3

4

5

一、问候与话题导引

- Хятадын Багш нарын баяр
  - 9-р сарын 10-ны өдөр
- Монгол Улсын Багш нарын баяр
  - 10-р сарын 5-ны өдөр

← Монгол дуу: Багшийг дуулъя

6

二、学习问候、祝愿、感谢的语汇和表达法

- 问候 Мэндчилэх
- 祝愿 ероох
- 感谢 талархах

向老师致以问候、祝愿和感谢！
- Багш аа, танд багшийн баярын мэнд дэвшүүлье !
- Багш аа, танд хамгийн сайн сайхныг хүсэн ероө !
- Багш аа, танд гүн талархал илэрхийлье !

7

问候 Мэндчилэх

- 一般问候
  Ердийн (өдөр тутмын) мэндчилгээний үг, хэллэг
- 敬语问候
  Хүндэтгэлийн мэндчилгээний үг, хэллэг
- 节日问候
  Баяр ёслолын мэндчилгээний үг, хэллэг
- 季节问候
  Улирлын мэндчилгээний үг, хэллэг

8

Ердийн (өдөр тутмын) мэндчилгээний үг, хэллэг

- Та сайн байна уу?
- Та амар амгалан байна уу?
- Сонин сайхан юу байна?
- Сайхан амрав (унтав, нойрсов) уу?
- Өглөөний (Өдрийн, оройн) мэнд.
- Таны бие сайн уу?
- Аян замдаа сайн явж ирэв ??
- Та сайн сууж байна уу?
- Таны хүн сайн уу?
- Ажил төрөл ямар байна вэ?

Хар яриа:
- Сайн уу?
- Юу байна?
- Тавтай юу?
- Мэнд үү?
- Ажил тавлаг уу?

9

Хүндэтгэлийн мэндчилгээний үг, хэллэг

- Таны амар амгаланг айлтгая.
- Таны амгаланг айлтгая.
- Таны амгаланг эрье.
- Та бүхний амрыг айлтгая.
- Эрхэм хүндэт та өнөөдрийн амрыг эрье.
- Та манайд тавтай морилж ирэв үү?
- Ахмад настай хүнд : Таны лагшин тунгалаг уу?

10

Ердийн (өдөр тутмын) мэндчилгээний үг, хэллэг

- Та сайн байна уу?
- Та амар амгалан байна уу?
- Сонин сайхан юу байна?
- Сайхан амрав (унтав, нойрсов) уу?
- Өглөөний (Өдрийн, оройн) мэнд.
- Таны бие сайн уу?
- Аян замдаа сайн явж ирэв ??
- Та сайн сууж байна уу?
- Таны хүн сайн уу?
- Ажил төрөл ямар байна вэ?

Хар яриа:
- Сайн уу?
- Юу байна?
- Тавтай юу?
- Мэнд үү?
- Ажил тавлаг уу?

11

Улирлын мэндчилгээний үг, хэллэг

Хавар
- Тарган тавтай хаваржиж байна уу?
- Тол мэнд , сүрэг өсч байна уу?
- Бие амар сүрэг мэнд үү?

Зун
- Сайхан зусч байна уу?
- Зуншлага сайхан болж байна уу?
- Ногоо цагаа элбэг дэлбэг үү?
- Хур бороо элбэгшиж байна уу?
- Нохойгоо хорино уу?

Намар
- Аятай сайхан намаржиж байна уу?
- Мал сүрэг тарга сайн авав уу?
- Тарган тавтай намаржиж байна уу?
- Малын тарга хүч тогтож байна уу?
- Тариа ногооны гарц сайн уу?

Өвөл
- Өнтэй сайхан өвөлжиж байна уу?
- Тарган сайхан өвөлжиж байна уу?
- Өнтэй тарган орж байна уу?
- Цас тудгүй сайхан өвөлжиж байна уу?

12

祝愿 ероох

- Төрсөн өдрийн мэнд хүргэе.
- Төрсөн өдрийн баярын мэнд дэвшүүлье.
- Шинэ оны мэнд дэвшүүлье.
- Сар шинэдээ сайхан шинэлэээрэй.
- Шинэ оны баярын хүргэнэ хэлээ хүрэй ер.
- Та бидний талархлын хүсэн авна уу?
- Танд бүх/хамгийн сайн сайхныг хүсэн ероө.
- Танд из жаргал/эрүүл мэнд/ амжилт бүтээн хүсэн ероө.
- Чин сэтгэлээсээ баяр хүргэе.
- Таны ёсөн хусэн биелэх болтугай.
- Санасан бүхэн нь сэтгэлчлэн бүтэх болтугай.
- Айсуй/Ирэх бүл түүлай жилдүү хөлөөрөө амар амгалан, эрүүл энх, аз жаргалаар дүүрэн байхыг ероө.
- Энэ хүндэтгэх таны эмжилтээд /бидний найрамдлын/ бидний үерхлийн/хамтын ажиллагааны/ таны гэр бүлийн /манай зовдын/ манай найз нөхөд та нарын толгө өргөө.
- Алтан шар зам өлзийтэй байх болтугай.

感谢 талархах

- Баярлалаа.
- Гялайлаа.
- Таныг ...-д байралалаа.
- Танд гүн талархал илэрхийлье.

13

三、输出——语言应用和表达

14

四、思维拓展与价值提炼

- Багшийн аугаа хайр 《老师们的人间大爱》,选自《习近平讲故事》蒙古文版

Би бүгдгүй олон багшийн алдар гавьяаг харж байсан. Маш олон багш амьдралынхаа турш өөрийгөө умартаж, бүх л зүрх сэтгэл бие махбодоо сурагчдынхаа төлөө зориулдаг. Зарим багш өөрийнхөө багахан цалингаа хүнд хүчүү амьдралтай сурагчдаа сургууль завсардах вий хэмээн сэтгэл зовинч тэднд тэтгэмж болгон өгдөг. Мөн өөрийнхөө оролгоор сурагчдад сургалтын хэрэгсэл авч өгдөг. Зарим нь сурагчаа үүрүүд хичээлд нь хүргэж өгдөг, шавна хөтлөөд үертэй усаар туулан гардаг, хүчир замыг ягаан тууждаг, мөн хөгжлийн бэрхшээлтэй болон өөрийн ажлаа хийсээр байдаг. Үнэ мэтийн сэтгэл хөдөлгөм, нулимс урсгасан явдал өчнөөн бий. Үн э бол хүний өртөнцийн хайр юм. Бид үй олон багшийн ажил хэргийг нийтэмд танилцуулж, тэдний сайн үйл хэрэг болон эрхэм зан чанарыг мандуулах хэрэгтэй.

Нам болон ард түмний сайн багш байгаая - Бээжин багшийн их сургууль дахь багш сурагчдын төлөөлөлтэй хийсэн уулзалтын үеэр тавсан илтгэл

2014 оны есдүгээр сарын 9-ний өдөр

15

四、思维拓展与价值提炼

- Багшийн аугаа хайр 《老师们的人间大爱》 (选自《习近平讲故事》蒙古文版)

Би бүгдгүй олон багшийн алдар гавьяаг харж байсан. Маш олон багш амьдралынхаа турш өөрийгөө умартаж, бүх л зүрх сэтгэл бие махбодоо сурагчдынхаа төлөө зориулдаг. Зарим багш өөрийнхөө багахан цалингаа хүнд хүчүү амьдралтай сурагчдаа сургууль завсардах вий хэмээн сэтгэл зовинч тэднд тэтгэмж болгон өгдөг. Мөн өөрийнхөө оролгоор сурагчдад сургалтын хэрэгсэл авч өгдөг. Зарим нь сурагчаа үүрүүд хичээлд нь хүргэж өгдөг, шавна хөтлөөд үертэй усаар туулан гардаг, хүчир замыг ягаан тууждаг, мөн хөгжлийн бэрхшээлтэй болон өөрийн ажлаа хийсээр байдаг. Үнэ мэтийн сэтгэл хөдөлгөм, нулимс урсгасан явдал өчнөөн бий. Үн э бол хүний өртөнцийн хайр юм. Бид үй олон багшийн ажил хэргийг нийтэмд танилцуулж, тэдний сайн үйл хэрэг болон эрхэм зан чанарыг мандуулах хэрэгтэй.

Нам болон ард түмний сайн багш байгаая - Бээжин багшийн их сургууль дахь багш сурагчдын төлөөлөлтэй хийсэн уулзалтын үеэр тавсан илтгэл

2014 оны есдүгээр сарын 9-ний өдөр

16

Ярианы сэдэв

- 上述两篇文章中谈到了老师们的哪些事迹?
  Дээрх хоёр өгүүлэлд багш хүний гавьяа юу юу байна вэ?
- 老师如何教育和影响自己的学生?
  Багш хүн сурагч оюутнуудыг яаж хүмүүжүүлэх, яаж нөлөө үзүүлэх вэ?

17

四、思维拓展与价值提炼

- 师也者, 教之以事而喻诸德也。
  ——《礼记·文王世子》[汉] 戴圣
- 师者, 所以传道受业解惑者也。
  ——《师说》[唐] 韩愈

关于老师传授知识的蒙古语谚语

- Ангир үүргийн эзэгсээс
  А үсгийн бичгээс
- Шавийн эрдэм багшаас
  Зулын гэрэл тосноос

蒙古语歌词《歌颂老师》

18

四、思维拓展与价值提炼

新时代好老师的"四有"标准
Багш хүний эрхэм нандин чанар

- 有理想信念   Хүсэл мөрөөдөл, итгэл үнэмшилтэй
- 有道德情操   Ёс суртахуунтай
- 有扎实学识   Мэдлэг боловсролтой
- 有仁爱之心   Дүрэлдөө энэрэл хайртай

19

课后练习

1. **分组会话** Хоёр хүний хоорондын яриа (3 минут)
   - 阅读《万世师表——孔子》（Хятадын түүхэн зайлын ардатай багш—Күнз）；
   - 两两一组, 围绕孔子教书育人的特点功绩及其影响展开对话。

2. **小演讲** Таны хайртай багшийг танилцуулаарай (5 минут)
   - 按照样例材料的结构, 以《老师, өө таны багшаа》为题介绍一位好老师；
   - 要求恰当地使用蒙古语词候、祝福和感谢语汇和表达法, 才凸显好老师的学识、品格和仁爱之心。

20

21 印地语视听说（二）

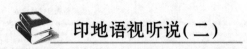

单元主题：印度的独立日

1. 课程总览

【课程名称】印地语视听说（二）

【课程类型】印地语本科生专业基础课程（专业必修）

【教学对象】印地语三年级本科生

【课程学时】32学时（2学时*16周）

【课程目标】

本课程旨在培养学生综合运用印地语语言知识和技能进行语言交际的能力，增强学生的跨文化交际意识和交际能力；通过语言知识和技能的传授，培养学生的自主学习能力，提高综合文化素养，使学生在学习和未来的工作中能够恰当有效地使用印地语；同时注重对学生价值观的塑造，促进其在知识、能力和素质等方面全方位发展。

知识目标：通过课程学习，帮助学生巩固和灵活运用印地语专业基础课上所学的单词、句型及基本语法知识。通过运用兼具人文性、思想性和教育性的教学素材，在提升学生听说能力的同时，帮助学生掌握更多的印度（但不仅限于印度的）历史、文学及国情文化知识。

能力目标：在学生掌握基本语言及各项知识的基础上，围绕每个单元的具体教学内容，灵活运用启发式、探究式、讨论式等不同的教学方法，有效促进学生对听、说、读、写、译等语言能力的综合运用能力，提高学生的语言表达能力、思辨能力和跨文化交际能力。

素质目标：将世界观、人生观和价值观塑造融入课堂教学的过程中，有意识地引导学生进行中外文化比较和跨文化分析，提高学生的人文素养和思辨能力，培养学生的家国情怀与国际视野,提升学生用外语讲好中国故事的能力并鼓励学生在学习和生活中积极用外语讲述中国故事。

2. 本课课程思政目标

《印地语视听说》(1—3)系列课程以立德树人作为根本任务,力图将价值塑造融入知识传授和能力培养之中,通过语言知识和技能的传授,培养学生综合运用语言的能力和综合文化素养。注重对学生价值观的塑造,促进在知识、能力和素质等方面全方位发展,既具有丰富的学识和出色的语言能力,又拥有正确的三观和健全的人格。

由于视听说课程在课程素材的选取方面拥有很大的丰富性和灵活性,因此本课程在选取素材的过程中,注重发挥教学素材的关键载体作用,为实现课程思政、立德树人提供依托。在选材方面既注重音视频资料的实用性,又关注所选材料的思政要素。总体来说,本课程预期达到的课程思政目标如下:

增强国家和民族认同,培养家国情怀,树立文化自信。在这方面,本课程着重选取中央广播电视总台制作的一系列纪录片等,如《领航》《中国十年》《创新中国》《故宫》《瓷路》《如果国宝会说话》《从长安到罗马》和《西藏故事》等。通过解读学习这些素材,使学生能通过本课程一方面了解中华民族辉煌而悠久的历史文化以及新时代中国在中国共产党的领导下所取得的令人瞩目的成就,另一方面通过实践学会如何用印地语去讲述中国故事。

传播传统文化,弘扬传统美德。在这方面,本课程着重选取:1. 与传统节日或国家节日相关的音视频资料,如灯节、洒红节、十胜节、独立节等,在学生了解印度节日的过程中,引导他们将其与中国的节日加以比较。2. 一些在道德标准、育人标准和价值观等方面具有普适性的教学素材,如《木碗》(倡导敬爱老人)、《罪恶与功德》(倡导从善弃恶)、《劳动的重要性》(倡导勤劳勇敢)等。通过这些内容的学习,使学生能够从中印两国的不同角度来体会和理解中印两国各自的优秀传统和文化,引导学生弘扬精华,摒弃糟粕。

坚持立德树人,注重品格培养。在这方面,本课程着重选取了:1. 与自身品格塑造相关的素材,如《肮脏的习惯》(倡导养成良好个人习惯)、《种瓜得瓜、种豆得豆》(倡导勤奋努力、抵制不劳而获)、《时光一去不复返》(倡导珍惜时间、做好规划)和《王后格拉沃蒂》(倡导尊重他人)等。2. 与他人、集体和谐共进的相关素材,如《合作的重要性》《合作之桥》《四个朋友》等。3. 著名人物传记故事或普通人的励志故事如:《圣雄甘地》《迦梨陀娑》《那纳克祖师》《有志者事竟成》(讲述一位残疾少女通过努力实现人生价值的故事)等。通过对这些素材的学习,引导学生注重自身品格的塑造,培养学生正直、诚实、勇敢、仁爱、勤劳等优秀品质以及强烈的社会责任感和奉献精神。

倡导人与自然和谐共处,提高"人类命运共同体"意识。在这方面,本课程选取了诸如《我们的地球》《环境保护》《鸟类是人类的好帮手》《人类生活中的动物》等专题性素材,旨在通过学习引导学生热爱自然、保护环境,关注我们生活的地球,关注全世界人类共同的命运。

3. 课程思政教学重点和难点

本课程思政教学的重点在于挖掘和补充教学素材中的思政内容来探索印地语视听说教学的基本要求与思政教育语言素材的契合点和互补点,从不同的层面实现课程的思政目的。在通过课程锻炼和提高学生听说能力的同时,引导学生对印度的政治、社会、宗教和文化等方面的特点及存在的问题展开深入思考,同时引导学生更好地认识我们自己的国家,增强学生对中国共产党和中华民族的政治认同、思想认同和情感认同,坚定"四个自信"。要真正实现文化交流、文明互鉴,实现中国文化走出去,讲好中国故事,树立文化自信,还必须充分了解和尊重不同文化的异同,相互理解、相互包容。因此在教学内容中应适当平衡中国文化与印度文化内容的比重,指导学生运用马克思主义认识论在文化比较和跨文化交流中更深刻地认识和理解不同文明。

本课程思政教学的难点在于将重点思政元素内容合理而巧妙地融入视听说教学的各个环节中,以达到思政教育与学生语言技能提高均可落实在各种语言学习活动中的目的。同时,所涉及的内容还要与学生的实际生活形成紧密的关联,这样才能保证学习效果,学有所得。因此在设计课程练习或相关语言教学活动时,除了围绕素材事实性信息来考查、理解和推断,也要注重提升学生的高阶思维技能,使学生在参与教学活动的过程中能够有所感悟、有所领会,通过理解、分析与思考形成个性化思维和批判性思维,同时鼓励学生敢于利用所掌握的知识内容和语言技能去表达,在国际舞台上发出中国自己的声音。

4. 本课课程思政教学方法和过程

4.1 教学方法

本课听力素材的主题为"独立日",从印度人欢庆独立日这个国家节日讲起,到印度人如何通过艰苦努力获得国家独立,包括圣雄甘地在内的伟人们以及普通民众在这个过程中都做出了哪些努力。在这一教学素材中,我们可以挖掘出多方面的思政内容:1. 从印度的独立日延展到中国的国庆日,从印度独立延展到中国解放,引导学生思考中国人民是如何在中国共产党的领导下通过艰苦斗争获得中国的解放,使学生认识到坚持中国共产党的领导,坚持走中国特色社会主义道路的重要性和必要性;2. 引导学生思考印度获得独立和中国获得解放的道路有何不同,并思考形成此种差异的历史文化等方面的原因,增强学生的跨文化对比能力;3. 教师通过相关链接内容介绍中印两国在民族解放/独立过程中的相互驰援,比如柯棣华、印度援华医疗队等主题,增加学生对中印友好、人类命运共同体的理解和认识;4. 通过节日这个话题引导学生思考中国和印度分别有哪些节日? 有何异同? 引导学生思考传统节日当中蕴含的历史文化传承,国家性节日当中包含的国家意识、民族意识。通过对中印两国不同节日的对比,引导学生思考:我们如何看待传统文化? 如何看待和借鉴其他国家的文化? 鼓励学生既要坚定文化自信,又要兼怀天下。

挖掘出教学素材当中的思政元素后,教师所要做的就是在教学过程中,结合视听说课程的特点,视、听、说三者并举,通过教师播放音视频材料训练学生的听说和理解能力,通过教师讲授材料当中的重点和难点,通过师生互动、分组讨论和主题演讲等多种方式将本课涉及的思政内容自然地引入课堂之中,调动学生积极思考并使用印地语表达自己对教师预置问题的看法,充分体现出课堂材料有思政,学生思考有思政,讨论表达有思政,努力做到语言技能的提高与思政教育全面融合,互相促进。

4.2 教学过程

【教学安排】

第一步:课前准备

将听力素材《独立日》提前发给学生,布置课前预习任务:

1. 整理听力素材当中的生词及不熟悉的用法,做笔记。

2. 预习听力材料并思考:

(1)印度的独立是如何获得的?

(2)圣雄甘地为印度独立做出了哪些贡献?

(3)中国和印度都有哪些节日?

第二步:课堂教学

环节一:课程导入。教师通过提问课前布置的预习问题,了解学生对材料及相关内容的预习情况(5 分钟)。

环节二:课堂讲授。教师播放听力素材,学生倾听、复述并翻译听力素材的重要内容,教师根据听力素材内容提出问题,学生用印地语作答。教师根据学生对问题的理解对素材当中出现的重点难点词汇、词组和句型进行详细讲解,并组织学生对这些重要内容进行练习(25 分钟)。

环节三:分组讨论。课堂讲授结束后,教师运用从教学素材当中挖掘出来的思政元素,设计若干不同问题/话题,请学生分成小组并选取不同问题用印地语进行充分讨论,教师在讨论过程中针对学生的语言表达问题予以启发和指导(15 分钟)。

环节四:课堂展示。各个讨论小组通过展演的方式用印地语展示各自的讨论过程和内容,可以采取多种方式,如问答、辩论或角色扮演的方式等。教师和观演的其他学生在各组展演结束后用少量时间对其讨论的内容和语言的运用情况进行点评,指出优点和不足(30分钟)。

环节五:主题发言。教师运用从教学素材当中挖掘的思政元素,提出一个拓展问题,随机选取2—3名同学就此问题进行演讲式的主题发言(15分钟)。

环节六:教师总结。教师对学生的主题发言进行点评,并对课堂情况进行总结,引导全体学生对主题发言及本课学习中所涉及的思政元素问题/话题进行再次思考和总结,最后布置课后作业和复习任务(10分钟)。

教学环节	时长
环节一:课程导入 教师引入课程,并请2—3位学生发言: 印度的独立是如何取得的? 圣雄甘地为印度的独立做出了哪些贡献? 中国和印度都有哪些节日?	5分钟
环节二:播放音视频材料及课堂讲授 重点难点词汇、句型和语法的讲解。 辨析印度"独立"和中国"解放"的表达方式和对应内涵。	25分钟
环节三:分组讨论 在争取民族解放/独立的过程中,中印两国所走的道路有何异同? 在印度独立和中国解放的过程中,领袖人物和普通民众都做了哪些努力?举例说明。 在印度独立和中国解放的过程中,两国之间的哪些互助行为体现了"人类命运共同体"精神?举例说明(提示:柯棣华和援华医疗队)。 印度和中国分别有哪些节日?两国的节日有什么异同? 对于一个国家来说,节日的意义和作用是什么?	15分钟
环节四:课堂展示 讨论小组以各自的方式进行展示	30分钟
环节五:主题发言 你主张过洋节吗?谈谈你对本国传统文化和外来文化的看法。	15分钟
环节六:教师总结 教师针对上述的主题发言进行评价 你同意上述同学的观点吗? 你主张过洋节吗? 你觉得应该怎样处理本国传统文化与外来文化之间的关系?	10分钟

第三步:课后作业及拓展

教师根据课上所学内容和拓展内容,布置课后作业,学生课后查阅文献,查找资料,丰富自己的相关知识,针对主题演讲的问题进一步提炼自己的认识和看法,并将自己的想法诉诸文字,继而以演讲的形式呈现,既锻炼印地语的写作和口语表达,又巩固思政学习的成果。

【教学思维导图】

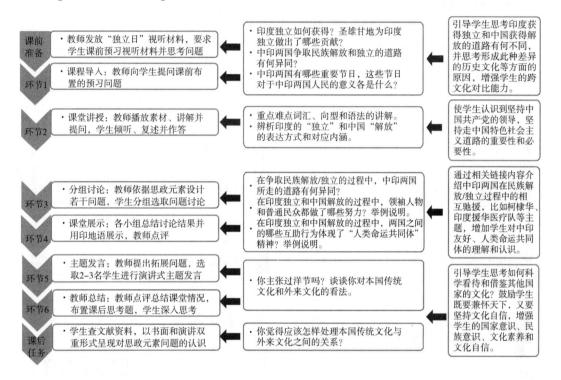

4.3 评价方法

以高校课程思政评价指标体系为依据,以本专业课程思政目标为导向,从教学目标、教学内容、教学设计、教学方法、教学效果5个方面进行教学评价。评价内容主要包括教师培养学生相关意识与能力的方法和成效、学生对课程思政的认同和学习成效。课堂评价采用多样化评价方式,比如教师对学生的评价、师生合作评价、学生自评与互评等。在课程学业考试材料选择和任务设计以及教学评价的过程中将课程思政元素充分融入评价指标中,增进课程思政教学的效果。

5. 参考书目

音频视频类参考资料:

中央广播电视总台制作的一系列优质节目、纪录片等,如《领航》《中国十年》《创新中国》《故宫》《瓷路》《如果国宝会说话》《从长安到罗马》和《西藏故事》等;传统节日或国家节日相关的音视频资料,如灯节、洒红节、十胜节、独立节等;一些道德标准、育人标准和价值观等方面的教学素材,如《木碗》《罪恶与功德》《劳动的重要性》等;与自身品格塑造相关的素材,如《肮脏的习惯》《种瓜得瓜、种豆得豆》《时光一去不复返》和《王后格拉沃蒂》等;与他人、集体和谐共进的相关素材,如《合作的重要性》《合作之桥》《四个朋友》等;著名人物传记故事或普通人的励志故事如《圣雄甘地》《迦梨陀娑》《那纳克祖师》《有志者事竟成》;其他诸如《我们的地球》《环境保护》《鸟类是人类的好帮手》《人类生活中的动物》等人与自然的专题性素材。

书籍类参考资料:
1.《习近平谈治国理政》(印地语版),北京:外文出版社,2021年。
2.《西游记》(印地语版),北京:外文出版社,2009年。
3.李亚兰、魏汉:《印地语讲中国文化》,北京:外语教学与研究出版社,2021年。

附件:教学课件

15

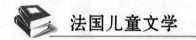

法国儿童文学

单元主题:从"仙女故事"到"童话"

1. 课程总览

【课程名称】法国儿童文学

【课程类型】培养方向课程(专业选修)

【教学对象】法语专业二年级本科生

【课程学时】32学时(2学时*16周)

【课程目标】

儿童文学是法国文学的重要组成部分。本课程结合法语专业本科二年级学生的语言学习实际,系统引介法国儿童文学的理论知识及重要文本,旨在初步培养学生的文学赏析能力,向其展现较成人文学经典更为明晰浅易的文学之美,并适度同中国儿童文学加以比照,加深学生对该文体的跨文化认知。

知识目标:帮助学生掌握法国儿童文学的文体常识,对童话、寓言、科幻小说、连环画等典型体裁的代表性作家、作品有较深入的了解。

能力目标:通过课程讲授和文本阅读,提高学生的语言水平,扩充相关领域专业词汇,提升对常见句法的掌握和理解,并传授基本的文体评析技巧。

素质目标:借由法国儿童文学中体现的积极价值取向培养学生正确的价值观,树立跨文化意识,理解对"真善美"的向往是各国人民自童年期起就保有的永恒追求,反映人类共同的正面情感趋向,让学生更深刻地理解"人类命运共同体"概念。

【在线资源】

本课程配有同名慕课,总时长300分钟,已登录"华文慕课"平台(课程链接http://

www.chinesemooc.org/mooc/5027），且拟近期于"中国大学MOOC（慕课）"上线。

2. 本课课程思政目标

本课主题为"从'仙女故事'到'童话'：由夏尔·贝洛故事看法国童话之内核"，旨在厘清"故事"与"童话"的定义，简述法国童话的黄金时代，并介绍该时期代表性作家夏尔·贝洛。结合如上三个讲述重点，拟制定以下目标：

以树立"文化自信"为前提。借定义"故事"，向学生展现"故事"是民俗文化口述传统的遗留，除实属"仙女故事"的童话外，还另有戏谑故事、动物故事等多个门类。此三类故事在中法民俗文学中均大量存在，我国民间文学宝库中也有能与之一一对应的丰富类别。这说明西方学界长期以来认为"20世纪前的中国没有儿童文学"的论调是有欠考量的，从而激发学生对我国民间故事的兴趣，令其更愿倾听"中国故事"。

以"向人民群众学习"为核心。自"童话"过渡至法国童话的鼎盛时期，揭示路易十四统治中后期的"仙女故事"风潮是对民间文学的再发现，展示民俗传统的魅力与活力，侧面证实民众才是历史的创造者和文学的灵感之源。

以阐扬"人类命运共同体"为旨归。通过评介夏尔·贝洛的典型创作，论证其长久风行的重要原因是作者对民俗传统的继承和令人积极向上的情节设置，推导出童话的"大团圆结局"对儿童心理构建的积极作用，体现对正能量的渴望是各个人类社会中普遍存在的、永恒保有的追求。

3. 本课课程思政教学重点和难点

本课程遵循"从一般到特殊"的讲授逻辑，以"概念定义—重点时期—代表性个案"为主线，聚焦于下述重点及难点：

重点在于帮助学生把握"童话"定义的民间源流，联系"人民是创作的源头活水"这一基本观点（《习近平谈治国理政》（第三卷），2020，第324页），展示我国在民俗文学领域同样有辉煌灿烂的历史；重现十七世纪中后期法国童话趋向成熟的时代背景，引导学生从历史的角度理解当时文学界重新关注民俗文学遗产的原因，论证人民群众的创造伟力，深入思考为何说"人民是历史的创造者"（《习近平谈治国理政》（第三卷），2020，第323页）；兼顾贝洛童话的两面性，说明作者如何在尊重口述传统的基础上对文本进行符合同时代文学趣味的打磨，展现从口述传统中继承的正能量结局是贝洛创作获得长期的后世声名的关键之一。

难点在于以清晰的方式向学生展现"童话"即"仙女故事"，不过是"故事"中的一种，只因其万物有灵论的世界观与儿童的心理发展阶段契合，且积极向上的大团圆结局可为小读者提供精神支持,才被动为儿童所选择,背后是儿童文学中常见的"读者选择"逻辑;借用美国心理学家贝特尔海姆的"童话精神分析学",说明为何儿童读者更青睐完满的结局,且为何"好的结局"(happy ending)可以为他们带来心理慰藉,以此推导出贝洛童话在世界范围内广受欢迎的原因,折射人类对于"真善美"的普遍追求,并思考如何理解"人民对美好生活的向往"(《习近平谈治国理政》(第一卷),2014,第3页)。

4. 本课课程思政教学方法和过程

4.1 教学方法

本课程力图践行《高等学校课程思政建设指导纲要(2020)》中"立德树人"的根本任务,将价值观引领寓于知识传授与能力培养中,以"法国儿童文学"这一特定角度尝试融合外国优秀文化、中国传统文化和"人类命运共同体"三大重要意涵。

施教过程依从"紧密性"和"启发性"两大原则:思政教学要密切融入,扣合教学流程,根据课程内容和进度选取扩展材料,以法国童话的定义、创作侧证中国儿童文学的悠久传统,"润物细无声"地增进学生对中国民俗文学的认知;教师讲授、师生互动、讨论探究等步骤须循序渐进,调动学生回答、思考的积极性,自然引导其破除"古代中国没有儿童文学"的迷思,并理解"只有扎根人民,创作才能获得取之不尽、用之不竭的源泉"(《习近平谈治国理政》(第三卷),2020,第324页)。

课程综合运用多媒体课件、板书、纸质材料、网络资源等多种演示手段,具体方法如下:

以理论讲授法向学生讲述"故事"的词源、定义和核心要素,使其理解故事是一种深植于民俗讲述传统中的文类,包含着不同的主题和类型;阐明"故事"与"儿童文学"的文体渊源,增进学生对儿童文学的理论理解,引入中法民间故事及儿童文学的比对视角。

立足文本分析法,课程前半段引导学生阅读贝洛《小红阳》节选和江浙民间故事《老虎外婆》选段,思考为何中法两国童话会触及相似的母题,让其更直观地感知中国童话门类的多样性;后半段复读《小红帽》,帮助学生体悟民间文学在语言上的创造力与活泼性。

善用问题导向法,通过向学生提出"你爱读童话吗?你知道哪些中国或法国的童话?""你对童话中的正能量怎么看?"等问题,引导其自行感悟童话魅力,领略民间文学之丰富,体会读者在阅读时的自我代入和对圆满结局的需求。

实践线上线下混合教学法,充分利用"中国大学MOOC""华文慕课""北大教学网"等平台向学生提供补充阅读材料,课下借助微信、邮件等手段与学生互动,延伸课堂教学维度;鼓励学生在网上搜索有关中法民间故事的知识、篇目及学界对童话进行的心理学解读,深化对课堂所学的认识。

4.2 教学过程

【教学安排】

第一步:预习并回答问题

阅读贝洛童话《小红帽》原文后,你认为这篇童话有哪些特质?你还读过哪些法国及中国的童话?

你爱读童话吗?你爱读或不爱读的原因是什么?

第二步:课堂教学

教学环节	时长
环节一:导论 教师引入课程,并请2—3位学生发言: 你爱读童话吗? 你对"童话"这一文体怎么看?	5分钟
环节二:第一次课堂讲授 故事的定义要素 故事的分类与中法民俗故事之比对 "仙女故事"在故事中的独特性与其对儿童心理的慰藉作用	25分钟
环节三:第一次师生互动 请2—3位同学发言并讨论: 在你看来,几乎总以大团圆结局收尾的"仙女故事"为什么会被儿童选择并最终成为童话?	5分钟
环节四:第二次课堂讲授 十七世纪中后期法国的"仙女故事"风潮 "仙女故事"与对民间传统的再发现 夏尔·贝洛其人、其作 夏尔·贝洛的创作及其对民俗传统的继承	30分钟
环节五:第二次师生互动请2—3位同学发言并讨论: 你读过哪些贝洛童话? 你认为贝洛童话在世界范围内受欢迎的原因是什么?	5分钟

(续表)

教学环节	时长
环节六：第三次课堂讲授 贝洛童话的生成及其对民间讲述传统的改写 贝洛童话的叙事框架与极具普遍性的母题 贝洛童话的期待视野与童话的"安慰剂"效应	25分钟
环节七：讨论及总结 你认为该如何定义童话？ 你对童话中的"正能量"怎么看？	5分钟

第三步：课外作业及拓展

课下查阅资料，以一篇中国童话和一篇法国童话为实例，思考童话的结局为什么几乎永远都是圆满的。

与法文版对照阅读《习近平谈治国理政》第一卷中的《人民对美好生活的向往，就是我们的奋斗目标》和第三卷《一个国家、一个民族不能没有灵魂》两篇重要文献，掌握其中的重要表述，学习用法语表达"人民是历史的创造者"等概念，并思考为什么要向群众学习，在人民的创造伟力中树立中华民族的文化自信。以下试举二重要表述：

人民是历史的创造者，群众是真正的英雄。人民群众是我们力量的源泉。我们深深知道，每个人的力量是有限的，但只要我们万众一心、众志成城，就没有克服不了的困难；每个人的工作时间是有限的，但全心全意为人民服务是无限的。(《习近平谈治国理政》(第一卷)，2014，第5页)

Le peuple est le createur de l'histoire, et les masses, de veritables heros. Nous puisons notre force dans les masses populaires. Nous sommes parfaitement conscients que la force de chaque individu est limitee. Or nous pourrons surmonter toutes sortes de difficultes pourvu que nous partagions la meme volonte. Le temps de travail de chaque personne est tres limite, mais la volonte de servir le peuple corps et ame est sans bornes. (La Gouvernance de la Chine, vol. I, 2014, p.5)

一个国家、一个民族不能没有灵魂，作为精神事业，文化文艺、哲学社会科学当然就是一个灵魂的创作，一是不能没有，一是不能混乱。(《习近平谈治国理政》(第三卷)，2020，第322页)

Aucun pays, aucune nation ne peut survivre sans ame. La culture, la litterature, l'art, la philosophie et les sciences sociales, en tant qu'oeuvres spirituelles, representent naturellement une creation relative a l'ame, qui est indispensable et qui ne permet aucune confusion. (La Gouvernance de la Chine, vol. III, 2021, p. 421)

【各环节讲述要点】

环节一:导论

你爱读童话吗?(参见"附件"课件1—2,2分钟)

[要点]引导学生认识到积极向上的结局可能是儿童喜爱童话的原因,对"真善美"的需求古今中外皆然,是所有人类族群的本能。

你对"童话"这一文体怎么看?(课件1—2,3分钟)

[要点]纠正学生将童话当作"娱小儿"的文体的错误认识,告知童话的主要来源是民间故事,是自先民时代起民众对于缓解"普遍焦虑"、追求美好生活愿景的具体体现。

环节二:第一次课堂讲授

故事的定义要素(课件3—4,7分钟)

[要点]故事"(conte).在日常话语和学界论述中有着不同的定义,但有三个核心要素构成了它与其他问题间的区别,即虚构性、口传性及母题的稳定性。简言之,故事来自人民群众的创造。

故事的分类与中法民俗故事之比对(课件5—7,10分钟)

[要点](1)突出我国也有深厚的民俗文学遗产,既有以《田螺姑娘》为代表的"仙女故事"、又有"乡下人进城"之类的"戏谑故事",更有《老虎外婆》等"动物故事",提升学生对"中国故事"的兴趣,并通过学习习近平主席《一个国家、一个民族不能没有灵魂》强化儿童文学领域的文化自信。

(2)对比阅读《小红帽》和《老虎外婆》,发现故事母题的稳定性和民众心理的相似性。

"仙女故事"在故事中的独特性与其对儿童心理的慰藉作用(课件8—9,8分钟)

[要点](1)上述三类故事中,只有"仙女故事"被儿童选中,成为"童话",是因为超自然力量的介入契合了儿童对世界"万物有灵论"的认知,更是因为其美好的结局抚慰了小读者心中类似的焦虑,所以"仙女故事"进入儿童文学范畴是被动为读者选择的结果。

(2)联系《西游记》,证明"读者选择"的逻辑在儿童文学中是普遍存在的。

环节三:第一次师生互动

在你看来,几乎总以大团圆结局收尾的"仙女故事"为什么会被儿童选择并最终成为童话?(课件10,5分钟)

[要点]童话中主人公遭遇的困境(兄弟竞争、家庭矛盾、婚姻问题等)都是具有普遍性的,他们得以从中顺利解脱可以帮助儿童树立面对类似问题的信心。

环节四:第二次课堂讲授

17世纪中后期法国的"仙女故事"风潮(课件11—12,6分钟)

[要点]法国该时期的文学主流是古典主义,但颂扬古希腊罗马荣光的严肃文学不能满足所有阶层的精神需求,对民间传统的再发掘成为必然。

"仙女故事"与对民间传统的再发现(课件13,12分钟)

[要点](1)阅读《小红帽》1695年版本的批注,感受民间文学的生命力和人民群众的创造力。

(2)文学沙龙中贵族阶层对仙女故事的改写促进了这一传统的复兴。

夏尔·贝洛其人、其作(课件14—15,7分钟)

[要点]贝洛的童话创作是融入于"古今之争"的大背景之下的,证明了民俗文学也是一个民族的宝贵遗产,不逊于古希腊罗马的文学传统。

夏尔·贝洛的创作及其对民俗传统的继承(课件16—17,7分钟)

[要点](1)强调贝洛创作前有一个搜集民间故事的过程,应是由其幼子皮埃尔完成的,其所有灵感均来自乡间。

(2)学习《人民对美好生活的向往,就是我们的奋斗目标》中的句子,理解人民群众才是文学创造的灵感之源。

环节五:第二次师生互动

你读过哪些贝洛童话?(课件18,12分钟)

[要点]引导学生说出更多的代表篇目,并列举类似的中国童话进行类比。

你认为贝洛童话在世界范围内受欢迎的原因是什么?(课件18,3分钟)[要点]指出对民俗传统的继承和作家进行的适度改写才是贝洛童话永葆生命力的原因。

环节六:第三次课堂讲授

贝洛童话的生成及其对民间讲述传统的改写(课件19,8分钟)

[要点]引用中世纪《小红帽》口传版本,证明贝洛基本保留了母题和叙事结构,但在某些细节上做了改动。

贝洛童话的叙事框架与极具普遍性的母题(课件20—21,9分钟)

[要点]以《小拇指》《睡美人》和《蓝胡子》为例,证明童话母题极具普遍性,所以更有心理上的借鉴意义。《小拇指》让孩子更坦然地面对家庭中的同辈竞争,《睡美人》反映了青春期时异性带来的自我觉醒,《蓝胡子》抚慰了青少年女性对于婚姻中的未知的焦虑。

贝洛童话的期待视野与童话的"安慰剂"效应(课件22—23,8分钟)

[要点]引用贝特尔海姆《童话的魅力》一书,解释儿童在阅读时会将自己带入主人公身上,主人公从困境中解脱的事实本身会给读者以巨大鼓舞。

环节七:讨论及总结

你认为该如何定义童话?(课件24,2分钟)

[要点]回顾之前定义的同时强调人民群众的创造和对"真善美"的歌颂,进一步说明我国其实早就有儿童文学传统,民间故事就是其原初形式之一。

你对童话中的"正能量"怎么看?(课件24—25,3分钟)

[要点]引导学生认识到人类社会对积极价值观的需求是相通的,人民群众普遍有对美好生活的向往,证明"人类命运共同体"有其心理及情感基础。

【教学思维导图】

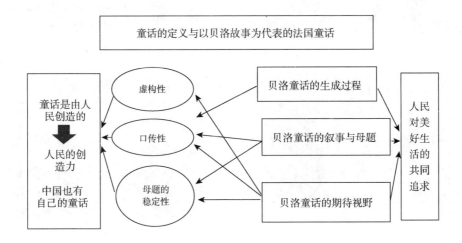

5. 参考文献

1. 周作人著,刘绪源编:《周作人论儿童文学》,北京:海豚出版社,2014年。

2. BETTELHEIM, Bruno. Psychanalyse des contes de fée traduite par Léo Carlier. Paris:Robert Laffont,1976, 403p.

3. CARADEC, François. Histoire de la littérature enfantine en France. Paris:Albin Michel, 1977, p.271.

4. PERRAULT, Charles. Contes de Perrault Edition de G. Rouger. Paris:Garnier, 1967, p.328.

5. PROPP, Vladimir. Morphologie du conte. Paris:Seuil, 1970, p.254.

6. SIMONSEN, Michèle. Perrault Contes. Paris:PUF, 1992, p.126.

附件：本课课件实例

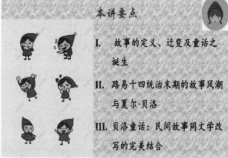

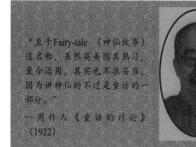

9

10

文学沙龙中的法式"仙女故事"

- 代表性作家：Madame d'Aulnoy, Charles Perrault, Mademoiselle L'Héritier, etc.
- 代表性篇目：*Riquet à la houppe*, *La Barbe Bleue*, *Le Petit Chaperon rouge*, *Cendrillon*, etc.

11

十七世纪中后期的法国文学沙龙 (salons littéraires)

- 时代背景
  - 古典主义(le classicisme)的高峰与本土文学遗产的发掘
  - 路易十四时期的文学沙龙与"趣味游戏"（jeux d'esprit）

12

夏尔·贝洛其人

- 作为法兰西学院院士、国王宫房营造总长官、御用文人和古今之争发起人的夏尔·贝洛
- 《路易大帝的世纪》（*Le siècle de Louis le Grand*》(1687)

« La belle Antiquité fut toujours vénérable ;
Mais je ne crus jamais qu'elle fût adorable.
Je vois les anciens, sans plier les genoux ;
Ils sont grands, il est vrai, mais hommes comme nous.
Et l'on peut comparer, sans craindre d'être injuste,
Le siècle de Louis au beau siècle d'Auguste. »

13

民间故事的质朴与生命力
« C'est pour te manger. »

Texte de 1695	Texte de 1697
C'est pour te manger. [en marge] On prononce ces mots d'une voix forte pour faire peur à l'enfant comme si le loup l'allait manger.	C'est pour te manger. (*Le Petit Chaperon rouge*, Perrault 1967 : 115)

14

贝洛创作前的故事搜集阶段

- Pierre Darmancour (Pierre Perrault) vs. Charles Perrault: 谁是《鹅妈妈的故事》的真正作者？
- 合理推断：《鹅妈妈的故事》有一个前置的民俗故事记录过程，是由贝洛幼子皮埃尔完成的。

15

贝洛的童话创作

- 《故事诗》（*Contes en vers*）(1695)
- 《寓有道德教益的昔日故事》（*Histoires du temps passé avec des moralités*），亦称《鹅妈妈的故事》(*Contes de ma mère l'Oye*)(1697)

16

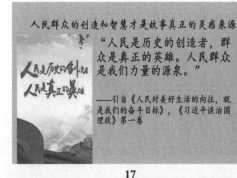

17　　　　　　　　　　　　18

19　　　　　　　　　　　　20

21　　　　　　　　　　　　22

23　　　　　　　　　　　　24

印度尼西亚文学史

单元主题：伊斯兰文化影响时期的印尼—马来文学

1. 课程总览

【课程名称】印度尼西亚文学史

【课程类型】专业基础课

【教学对象】印度尼西亚语专业四年级本科生

【课程学时】32学时（2学时*16周）

【课程目标】

"印度尼西亚文学史"是为印度尼西亚语专业高年级学生开设的文学类课程，引导学生了解印度尼西亚文学发展历史与分期，各历史阶段的主要特点和具有代表性的作家和作品。本课程注重知识传授、能力培养与价值观塑造并重，在培养学生的思辨能力、文学鉴赏能力和自主学习能力的同时，引导学生树立正确的世界观与价值观。

知识目标：

帮助学生掌握印度尼西亚文学的发展脉络，了解各历史阶段的主要文学流派、著名作家及具有代表性的文学作品。引导学生通过文学作品，了解对象国人民的世界观、文化价值观与审美情趣。

能力目标：

通过教师讲授课程并引导学生进行文本阅读，提高学生阅读水平，增加相关领域词汇积累，加深对于印尼—马来地区文学作品和社会文化的理解，培养学生对文学作品的鉴赏与分析能力和科学的思维方式。

素质目标：

教学过程中引导学生发掘文学作品中蕴含的真、善、美，帮助学生树立正确的人生观和价值观。引导学生正确认识印尼—马来地区历史上受到的外来文化影响，及其在文学领域的投射，掌握跨文化交流中的规律与特点，加强对社会、文化等方面问题的思辨和分析能力。

2. 本课课程思政目标

本单元的主题为"伊斯兰文化影响时期的印尼—马来文学"，课程思政目标如下：

1. 引导学生学习印尼—马来地区文学发展历程的不同阶段,通过文本阅读,感受文学作品中体现出的真、善、美,揭示人类共同情感和全人类共同价值,增强课程的人文性。

2. 启发学生洞察文学作品中蕴含的思想价值和精神内涵,用马克思主义世界观和方法论评析文学作品,开展跨文化比较,培养学生形成全球视野,树立文化自信。

3. 通过对于文学作品的阅读与分析,帮助学生了解中国与印尼—马来地区友好往来的历史,培养学生树立人类命运共同体意识,引导学生更加深刻地理解我国"一带一路"倡议的文化内涵与深远意义,鼓励学生积极投身于中外文化交流之中。

3. 本课课程思政教学重点和难点

思政教学重点

中国与印尼—马来地区的文化交流源远流长,为中国与这一地区建设和平、友好、合作、互惠的协作关系奠定了坚实基础。在构建人类命运共同体的时代背景下,从文学鉴赏的视角出发,引导学生体会不同文化主体在跨文化交流过程中的共性与差异,帮助学生更加深刻地领会跨文化交流的历史渊源与现实意义,引导和鼓励学生投身中外文化交流之中,推动中国文化传播,讲好中国故事。

思政教学难点

本课课程思政教学难点主要有以下两个方面:

1. 引导学生正确认识跨文化交流中双方的互动关系,进一步理解印尼—马来地区在伊斯兰文化的影响下,如何积极发挥其包容性与创造性,汲取外来文化中的优秀元素,最大限度地保存其本土特有的文化特色,实现对于本民族文化的充实与丰富。

2. 从文学作品文本出发,帮助学生了解中国与印尼—马来地区友好往来的历史,并尝试从这一视角去理解当今人类命运共同体的重要现实意义。中国与印尼—马来地区的交往历史源远流长,虽然也经历挫折和坎坷,但友好与发展是主旋律。引导学生以更开放的心态面对不同文化主体间思维方式和价值观念的差异,消除偏见与误解。

4. 本课课程思政教学方法和过程

4.1 教学方法

教学过程重视"课前、课中、课后"三个环节相互衔接、密切配合,以达到理想的教学效果。课前布置预习任务,激发学生学习兴趣;课堂上将学生汇报与教师授课有机结合,为学生提供展示成果的平台,实现师生互动;课后重视启发拓展,培养学生的思辨能力与探索精神。

将"理论讲授法"与"文本分析法"相结合应用于教学之中,首先向学生介绍印尼—

马来地区伊斯兰文学的分类方式与代表作品,引导学生了解这一时期该地区的文学发展概貌。继而引导学生进行文本阅读,结合《马来纪年》与《杭·杜亚传》这两部文学作品的部分内容,帮助学生了解马来文学经典中对于明朝与马六甲王朝之间往来关系的记述。在教学过程中既兼顾了文学理论介绍,又让学生在文本阅读中亲身体会文学作品的艺术感染力。将理论与实践有机结合,不仅拓宽了学生的学术视野,还能有效激发学生的民族自豪感,树立文化自信。

4.2 教学过程

【教学安排】

第一步:课前准备

本课为"印度尼西亚文学史"第12周课程,在此之前,本课程已经进行过"印度尼西亚文学史导论""印度尼西亚民间文学""班顿诗""印度文化影响时期的印尼—马来文学"等内容单元的讲授。

课前将学生分为两个学习小组,调动学生充分利用线上与线下资源,进行课程相关问题的准备。激发学生主观能动性,锻炼学生收集材料、筛选材料与组织材料的能力,培养学生在团队中的相互协作精神。具体分工如下:

1. 请第一组同学结合之前所学的历史知识,简要总结伊斯兰教传入印尼—马来地区的过程。

2. 请第二组同学收集关于郑和下西洋相关材料,重点关注与印尼—马来地区相关的部分。

第二步:课堂教学

教学环节一:学生课前预习内容展示

授课教师引入课程主题,请第一个学习小组的代表进行展示,简述伊斯兰教传入印尼—马来地区的主要过程。授课教师对汇报进行点评。

教学环节二:教师授课

授课教师总结伊斯兰教传入印尼—马来地区的历史背景、传教主体及发展阶段。聚焦于外来宗教和文化对于这一地区文学领域的影响,引入印尼—马来地区伊斯兰文学的概念。之后,教师介绍这一地区伊斯兰文学的主要分类方式与几个类型的代表作品,包括先知故事、英雄故事等。重点介绍传奇故事希卡雅特(Hikayat),希卡雅特受到伊斯兰教传奇故事影响产生,在印尼—马来地区的希卡雅特不仅讲述阿拉伯和波斯的故事,也取材于印度故事及当地的民间故事。通过这一文学类型的产生和发展,引导学生理解印尼—马来地区文学的包容性和跨文化交流中的互动关系。这一地区的文学从不同文化间的互动交流中汲取营养,并且融入了本地的文化特色进行创作与改写,充实和完善了当地的文学类型与题材。

教学环节三：学生课前预习内容展示

请第二学习小组代表展示郑和下西洋过程中与印尼—马来地区相关的资料。授课教师对汇报进行点评。

教学环节四：教师授课

授课教师从郑和下西洋开始讲述，引入历史上明朝与马六甲王朝的友好关系，这段友好往来不仅被中国史籍所记载，也出现在马来地区的经典文学著作之中。继而重点介绍马来古典文学最具代表性和影响力的两部作品——《马来纪年》与《杭·杜亚传》，引领学生了解马来历史文学与英雄史诗。通过这两部文学作品中对于中国的描写，尝试分析马来古典文学对于"中国形象"的建构；引入明朝的史料记载，引导学生理解不同文化主体间思维方式与价值取向的共性与差异。

教学环节五：启发与拓展

通过印尼—马来地区对于外来宗教及文化的接受过程，以及外来文化在文学领域的投射，引导学生理解这一地区多元文化的形成过程，感受跨文化交流中的互动、互学与互鉴。结合马来古典文学中的记载，学习两国友好往来的历史，坚定文化自信，深刻领会"一带一路"倡议的深厚历史渊源与重要现实意义。

第三步：课后巩固

阅读《马来纪年》与《杭·杜亚传》中部分章节，重点关注关于中国和马六甲交往的部分，以小组为单位，进行中国史籍与马来古典文学中对于这段交往历史的对比研究，作为之后课堂汇报内容。在激发学生主观能动性的同时，培养学生科学的思维方法与严谨的求真精神，培养团队合作精神与初步的科学研究能力。

4.3 评价方法

本课程评价方法秉持"课前、课中、课后"三个环节并重的原则，将课前预习准备、课中成果展示与课后论文撰写相结合。每位同学每学期至少担任一次小组代表进行汇报。具体成绩构成为：

课前准备(小组成绩)：10%

课堂汇报：30%

期末论文：60%

5. 参考书目

1. 梁立基：《印度尼西亚文学史》(上、下册)，北京：昆仑出版社，2003年。
2. 廖裕芳：《马来古典文学史》(上、下册)，北京：昆仑出版社，2011年。

3. 孔远志:《印度尼西亚语发展史》,北京:北京大学出版社,1992年。

4. 梁立基、李谋:《世界四大文化与东南亚文学》,北京:经济日报出版社,2000年。

5. *Hikayat HangTuah*. Dewan Bahasa dan Pustaka dan Yayasan Karyawan, Kuala Lumpur, 2007.

6. *Sulalatus Salatin*:*Sejarah Melayu.* Dewan Bahasa dan Pustaka, Kuala Lumpur, 2003.

7. *Mutiara*:*Sastera Melayu Tradisional*, Dewan Bahasa dan Pustaka, Kuala Lumpur, 2003.

8. A. Teeuw, Sastra dan Ilmu Sastra, Cekatan kedua, Pustaka Jaya, Jakarta, 1988.

附件:教学课件

1

伊斯兰文化影响时期的
印尼-马来文学

2

马来的伊斯兰王朝

第一个是须文达剌-巴赛（Samudera-Pasai）
- 13世纪末北苏门答腊沿海
- 伊斯兰文化在马来地区开始取代印度宗教文化,马来古典文学产生

重大影响的是马六甲王朝
- 15世纪前后建立,位于马来半岛南部
- 与中国关系密切

3

印尼-马来地区伊斯兰文学

- 伊斯兰文学是关于穆斯林和他们虔诚行为的文学,马来伊斯兰文学是马来地区用马来语书写的穆斯林文学
  - 大多数作品是对波斯或阿拉伯文学作品的翻译或改写,几乎所有作品的作者和创作时间都不为人知
- 爪哇地区的伊斯兰文学由马来地区传入

4

翻译和改写的主体

- 在阿拉伯求学和居住的来自印度尼西亚群岛的马来人
  - 作品主要为宗教性的经典
- 在伊斯兰影响时期,由印度涌入印度尼西亚群岛各港口经商的商人
  - 作品主要为娱乐性质的希卡雅特
  - ——参见《马来古典文学史》

5

伊斯兰文学分类其一

- 古兰经故事
- 穆罕默德先知故事
- 穆罕默德先知密友的故事
- 伊斯兰英雄故事
- 宗教经典文学

——R. Roolvink,参见《马来古典文学史》

6

伊斯兰文学分类其二

- 宗教文学
  - 宗教经典著作
  - 先知故事
  - 英雄故事
- 世俗文学
  - 阿拉伯、印度、波斯各民族的神话传说、动物寓言、人物传奇提炼出的各种散文故事书
  - 有为统治者树碑立传、以记述帝王的政绩与历史、仁政与暴政、典章与制度等为内容的列王史之类。
  - ——参见《印度尼西亚文学史》

伊斯兰教先知故事

- 《古兰经》的先知故事统称《先知传》(*Kisah Nabi-Nabi*)，被译成马来文本流传下来
- 讲述穆罕默德先知的故事最多
  - 讲述穆罕默德生平
  - 为了证明穆罕默德是真主的使者而显示神迹的故事《切月记》《先知登宵记》
  - 叙述穆罕默德指挥战斗的故事

7

先知英雄故事在爪哇

- 被称为 Cerita Menak（英雄，勇士），爪哇王朝受到印度宗教文化影响，在相当发达的古典文学背景下，伊斯兰文学需要适应传统
  - 为了迎合爪哇人的审美情趣，在故事中改动
  - 把先知英雄故事同传统史诗故事和班基故事结合
  - 以伊斯兰教先知取代印度教大神的地位

8

传奇故事希卡雅特（Hikayat）

- 产生年代不详
- 无作者署名
- 无写作日期
- 故事发生的时间、地点、人物多为虚构
- 在伊斯兰文化传入印尼之后，受伊斯兰教先知传奇故事刺激产生
- 最初的希卡雅特作品用阿拉伯字母书写
- Hikayat一词来源于阿拉伯语

9

传奇故事希卡雅特（Hikayat）

- 由说唱艺人讲述，为广大市民阶层提供娱乐和消遣，主题多为爱情故事和冒险故事
- 题材多样
  - 印度故事（不同于爪哇古典文学，在马来古典文学中两大史诗是流传于民间的传奇故事）
  - 阿拉伯、波斯故事，
  - 本民族民间故事

10

《室利·罗摩传》(*Hikayat Sri Rama*)

- 又称《罗摩圣传》，据推测应产生于12世纪后
  - 希卡雅特作品中最古老的印度史诗故事
  - 罗摩故事最古老的马来语版本
- 是否奴坦版本《罗摩衍那》的翻译有争议，但是多数认为不是
- 经马来亚大学教授考证，《罗摩圣传》是独具特色的文学文本，来源于印度南部的泰米尔文罗摩故事
  - 有印度民间故事内容
  - 人名等有明显泰米尔文学特点

11

《室利·罗摩传》情节

- 罗波那（Rawana）年轻时代苦修12年，感动了真主，被赐予四大王国，贤明公正赢得天下人的归顺
- 悉多是罗波那的女儿
- 罗摩和悉多在清水池中洗澡，变成了猴子
- 哈奴曼是罗摩和悉多的儿子

12

《室利·罗摩传》

- 《罗摩圣传》在伊斯兰文化占主导地位后出现的，失去了印度教经典的性质
- 罗波那由反面人物变成正面人物，因为其度诚苦修，赢得了真主的恩赐。（他是罗摩的对立面，而后者是印度教大神的化身）
- 除此之外还有其他有关罗波那的作品，罗摩不同程度被丑化

13

《巴赛列王传》(*Hikayat Raja-raja Pasai*)

- 第一部马来王朝历史传记文学作品，主要记述1250-1350年间须文达剌-巴赛王朝的兴衰过程。
  - 马来王族的由来，须文达剌-巴赛的建国和皈依伊斯兰教，多依据神话传说
  - 后半部分讲述统治者的残暴招致王朝的覆灭

14

须文达剌-巴赛（Samudera-Pasai）

- 出现在苏门答腊北部第一个马来伊斯兰王朝，（1250年左右）
- 南有印度文化影响麻喏巴歇，北有佛教遥罗，必须加强伊斯兰教的意识形态作用，用政教合一的整体来巩固王朝统治基础
- 修王朝史，撰写王书，通过文学创作神化和美化马来王族和王朝伊斯兰化的历史过程

15

《马来纪年》（Sejarah Melayu）

- 马来王朝历史传记文学中最重要和最有影响的作品，记载了15世纪前后马来半岛封建社会，一般认为作者是曾任柔佛宰相的敦·斯里·拉囊（Tun Seri Lanang）于1612年编写。
- 在马来人眼中，是唯一一部最全面的历史的经典著作。
- 内容涉及马来王族的起源，马来王朝的经过以及马来封建社会政治、

16

《马来纪年》

- 1831年由马来著名作家阿卜杜拉·门希首次整理出版
- 所叙述的马来王朝兴衰过程基本反映了马来王朝的历史发展轨迹，含有丰富史料，但是许多是神话传说，不足以作为历史研究材料。
- 从严格意义上讲，其实不是一部真正的史书，是一部历史文学作品。

17

《马来纪年》的历史和文学价值

- 作为宫廷文学，《马来纪年》为巩固王权的统治基础做出了重要贡献。把马来王族与伊斯兰教先知英雄联系在一起，提高王族威望。
- 《马来纪年》奠定了马来王朝君臣应遵守的基本原则。比较真实地反映了马来王朝的对外关系史。
- 历史价值还在于它形象揭示了马来王朝成败兴衰之理。

参见《印度尼西亚文学史》

18

《马来纪年》的历史和文学价值

- 在文学上的价值在于汇集了不少民间文学精华，搜集了精彩的神话故事和民间传说，为马来王朝历史增光添彩。
- 典雅、规整的语言风格被视为马来古典文学最高的语言典范，马来语言发展史上的里程碑。

参见《印度尼西亚文学史》

19

《马来纪年》的历史和文学价值

- 前言中说明写本书的目的就是为了让马来子孙不要忘记自己民族的源流和王朝的兴衰历史并从中获得教益。
- 面对西方殖民侵略的威胁，让马来民族知道自己曾经拥有的辉煌历史，唤起民族自信心和自豪感。

参见《印度尼西亚文学史》

20

《杭·杜亚传》与杭·杜亚

《杭·杜亚传》
（Hikayat Hang Tuah）是马来文学的经典著作，这部英雄史诗讲述了15-17世纪马来民族的传奇英雄杭·杜亚为马六甲王朝和马来民族建功立业的经历。作品塑造了杭·杜亚这一忠君、勇敢、机智的理想民族英雄形象。

21

史诗的认同功能

史诗存在的意义"不仅是艺术地讲述一个关于英雄的故事，而是通过宏大的叙事，全面承载一个民族的精神风貌和情感立场，它不仅教化民众，而且强化他们内部的联系——共同的先祖意识、归属感和历史连续感。"

1. 构架"忠于史实、高于史实"的民族历史
2. 塑造凝聚民族精神的英雄形象

22

《杭·杜亚传》认同功能的实现

1. 构架"忠于史实、高于史实"的民族历史
   通过神话传说追溯马来民族的渊源
   借助艺术加工构建出盛极一时的马六甲王朝
2. 塑造凝聚民族精神的英雄形象
   忠君爱国
   有勇有谋

23

英雄与历史书写

作品中民族英雄杭·杜亚与马六甲王国的命运被紧密结合在一起：
- 他年少时，马六甲王国建立
- 他风华正茂，马六甲王国强盛一时
- 他年老染病，马六甲王国受葡萄牙进犯，节节败退

作品对民族历史的书写和对英雄人物的塑造这两个方面是一致的：
- 英雄创造历史，引导社会发展的正确方向
- 历史呼唤英雄，承担构建认同的历史重任

24

中国与马六甲友好关系的记载

1. 《马来纪年》
   中国遥远而强大
   汉丽宝公主与中国联姻
2. 《杭·杜亚传》
   中国强大富庶，国君威严高贵
   杭·杜亚用计偷窥龙颜

25

中国史料中关于马六甲王朝的记载

永乐元年（1403）十月，遣中官尹庆使其地，赐以织金文绮、销金帐幔诸物。其地无主，亦不称国，服属暹罗，岁输金四十两为赋。庆至，宣示威德及招徕之意。其首酋拜里米苏剌大喜，遣使随庆入朝贡方物，三年（1405）九月至京师。帝嘉之，封为满剌加国王，赐诰印、彩币、袭衣、黄盖，复命庆往。

——参见《明史》卷三二五"外国六"中的记载

26

课后拓展

- 阅读《马来纪年》与《杭·杜亚传》中部分章节，重点关注关于中国和马六甲交往的部分。
- 以小组为单位，进行中国史籍与马来古典文学中对于这段交往历史的对比研究，作为下一次课堂汇报内容。

27

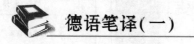

德语笔译（一）

单元主题：必须坚持和完善社会主义基本经济制度

1. 课程总览

【课程名称】德语笔译（一）

【课程类型】德语专业本科生专业必修课

【教学对象】德语专业三年级本科生

【课程学时】32学时(2学时*16周)

【课程目标】

较高的笔译水平是一名优秀的外语人才所必备的基本素养。而作为新时代的外语人才,还应具备以译文向对象国传播中国声音的能力。本课程结合德语专业本科三年级学生前两年积累的语言基础,以"理解当代中国"系列教材中的《汉德翻译教程》为课程教材,从十个主题入手,讲授习近平新时代中国特色社会主义思想相关文献汉德笔译方法与技巧。

知识目标:引导学生在阅读原文、理解中文时政文献的基础上,结合汉德翻译学知识,牢固掌握文献专有名词的译法和德语中的常用搭配等要点,从而形成较为完备的汉德时政文献翻译知识体系。

能力目标:锻炼学生对不同特点的中文时政文献进行笔译的能力,使学生切实体悟汉德翻译的难点与相应技巧,从而逐步能够使用德语国家受众易于听懂的语言、乐于接受的方式来传播中国声音。

素质目标:促使学生通过课前翻译重点段落、课上以小组为单位报告阐释核心概念等方式,深入思考时政主题,对相关文献的产生背景和相关概念的具体含义等形成深切的体会与理解,从而更好地讲好中国故事。

【在线资源】

本课程所用教材为"理解当代中国"系列教材中的《汉德翻译教程》,可在外研社综合语种教育出版分社主页下载此教材的配套资源。

2. 本课课程思政目标

本单元主题为"必须坚持和完善社会主义基本经济制度",课程思政目标如下:

第一,通过小组报告和讨论的形式,促使学生充分了解并掌握"社会主义基本经济制度""新发展理念""高质量发展""统筹发展和安全""供给侧结构性改革"等时政核心概念的产生背景、基本内涵及其德语表达,加深学生对当代中国经济制度和改革的理解,坚定学生的制度自信。

第二,通过课前翻译实践与课上作业讲解,针对性地进行答疑解惑,引领学生对意译与直译的关系、脚注的运用和数字的表达以及时政文献中较为复杂的复合句、定语等结构的翻译方法进行思考研究,形成自己的翻译体系,从而切实提升学生对各类翻译难点的处理能力,为其传播好中国声音打下坚实的知识、技能与信念基础。

第三,在课堂讲授中,回顾习近平总书记在全国生态环境保护大会、中共十八届五中全会第二次全体会议、中国科学院第十九次院士大会与中国工程院第十四次院士大会上的讲话以及《中共中央关于党的百年奋斗重大成就和历史经验的决议》选段，带领学生领会时政文献精神，坚定学生的理想信念，启发学生发挥语言专业专长，投身祖国建设与中外交流事业。

3. 本课课程思政教学重点和难点

思政教学重点：以课前作业翻译练习与批改、小组讨论与报告、课堂讲解与交流等形式，一方面帮助学生掌握与我国社会主义基本经济制度、发展理念和发展状况相关的德语词汇和语句表达方式，领会汉德时政文献翻译的方法与技巧，提升学生汉德翻译实践能力。另一方面，促使学生在主动思考和探究的过程中，深刻理解我国社会主义基本经济制度，认同我国经济发展理念，也使学生直观感受我国经济发展的速度与质量，鼓励其为我国经济社会持续发展贡献自身力量。

思政教学难点：汉德翻译能力的培养重在理论与实践的结合，应避免照本宣科、纸上谈兵。要将学生培养为真正可以讲好中国故事的译者，必须在课程的实施过程中高度重视学生的参与及其主观能动性的发挥。因而，一方面需要合理布置课前作业，并完成针对性的批改标注，同时以小组合作准备报告的形式调动学生的积极性；另一方面也需要在课堂上平衡教师讲授和学生报告、提问的比例，确保学生在课前预习和作业中产生的问题能够得到解答，从而进一步加深其对相关概念和表达的认知与理解。

4. 本课课程思政教学方法和过程

4.1 教学方法

本课程以立德树人为根本任务，力求在传授汉德时政文献翻译知识、培养学生汉德实践翻译能力的同时，带领学生从中国特色社会主义最本质的特征和中国特色社会主义制度的最大优势、坚持和发展中国特色社会主义总任务、坚持以人民为中心的发展思想、中国特色社会主义事业总体布局和战略布局、全面深化改革总目标、全面推进依法治国总目标、必须坚持和完善社会主义基本经济制度、党在新时代的强军目标、中国特色大国外交和全面从严治党的战略方针十个方面，全面理解当代中国，塑造、强化学生的家国情怀，坚定学生中国特色社会主义理想信念及其道路自信、理论自信、制度自信和文化自信。在教学过程中强调学生的参与，运用内容依托教学法（CBI）、任务驱动教学法（TBL）等教学方法，通过课前作业训练与批改、小组讨论与报告以及课堂讲授与交流，充分调动学生积极性，培养学生作为汉德译者的主观能动性。

4.2 教学过程

【课前】

课前由学生在预习本单元核心概念和主题词汇后,独立完成拓展训练语篇层面的翻译练习,让学生通过汉德翻译实践,对于"绿水青山就是金山银山"的发展理念、"五位一体"的总体布局和党的十八大以来我国经济的发展状况,形成更深入的理解。学生于前一周周末按时提交作业后,任课教师会逐一批改,用红、黄、绿三色分别标出错误译法、有待商榷的地方以及学生匠心独运的表达,并做简要批注,在课前返还给学生,便于学生对照批改标注,更好地参与课堂和整理笔记。

针对每个单元的核心概念,由学生以2—3人的小组形式,分别进行课前讨论和准备报告。小组在学期初由学生自愿组成,各单元的分工也在第一节课即由学生进行登记和分工。学期中,按照课堂进度,每周轮流由一个小组的同学在课前着重研究下一个单元核心概念的来源、含义、译法以及相关专有名词和重要动词等表达的用法,同时对涉及的时政文献或典故进行深入讨论。

【课中】

环节一：核心概念小组展示

要求学生以2—3人的小组形式,在10分钟内展示课前核心概念学习成果,以阐释清晰程度、报告流畅程度和小组分工配合程度为标准进行打分,激发学生学习的主观能动性。在本单元的小组学习中,学生可以重点学习党的十九届四中全会审议通过的《中共中央关于坚持和完善中国特色社会主义制度、推进国家治理体系和治理能力现代化若干重大问题的决定》中对于"社会主义基本经济制度"的表述、习近平总书记在党的十八届五中全会上所提出的"创新、协调、绿色、开放、共享"的新发展理念,以及坚持推动经济"高质量发展",同时统筹发展和安全、推动供给侧结构性改革等当下经济政策,总结经济领域文献中的术语、概念和范畴的对应德语译法,拓展和辨析相关词汇,并进行词源探究等进一步学习探索。听取小组报告的同学也可以从同辈人的视角,更好地学习核心概念的时政背景,了解德语译文的用词方式和技巧。

环节二：核心概念和主题词汇表重点补充

(1)在点评学生小组报告的同时,针对核心概念的德语译文用词进行补充讲解,在提醒学生注意当下经济政策发展完善过程的同时,要求学生掌握"社会主义基本经济制度"等重要术语的表达方式,针对"以……为主体"的表述,提供多样性的译法,以丰富学生的时政文献翻译语汇。

(2)带领学生轮流朗读主题词汇表中与我国经济制度和经济发展相关的单词与词组,拓宽学生词汇量,使学生一方面能够了解我国经济发展过程中"设立经济特区""开放沿海城市""西部大开发"等重大政策的德语表达,另一方面也能掌握"创新高地""人工智能""绿色循环低碳发展"等时下热议话题的德语译文。此外,针对"全球经济治理"中"治理"一词译作"Governance"的最新表述,结合已教授的第五单元内容,回顾术语翻译的发展变化,促使学生对不同译法的含义和选词角度形成更为深刻的印象。

环节三:拓展训练语篇层面作业讲解

结合学生作业情况,讲解拓展训练语篇层面的三段汉德翻译作业,分析重点动名词的译法和句子结构,讲解翻译难点,补充不同译法,使学生在作业中的问题和疑惑可以得到解答,从而对汉德时政文献翻译形成切实的认识和体悟。

翻译训练1:

绿水青山就是金山银山。这是重要的发展理念,也是推进现代化建设的重大原则。绿水青山就是金山银山,阐述了经济发展和生态环境保护的关系,揭示了保护生态环境就是保护生产力、改善生态环境就是发展生产力的道理,指明了实现发展和保护协同共生的新路径。绿水青山既是自然财富、生态财富,又是社会财富、经济财富。保护生态环境就是保护自然价值和增值自然资本,就是保护经济社会发展潜力和后劲,使绿水青山持续发挥生态效益和经济社会效益。

——《加强生态文明建设必须坚持的原则》(2018年5月18日,在全国生态环境保护大会上讲话的一部分),《习近平谈治国理政》(第三卷),外文出版社2020年,第361页。

此段翻译在语汇上包含了"绿水青山就是金山银山"重要论断、"理念"和"原则"等常用名词以及"阐述"和"揭示"等高频动词的译法,语言上用到了由es与固定动词和介词搭配形成的无主语句、人称代词指代前文名词以及damit和sodass引导的结果状语从句等结构,翻译方法上则涉及意译与直译相结合的重难点。通过讲解梳理,在加深学生对相关德语知识点印象的同时,促使其进一步理解"绿水青山就是金山银山"的发展理念,正确看待生态环境保护和经济社会发展之间的紧密关系,强化学生的环保意识。

翻译训练2:

生态环境是关系党的使命宗旨的重大政治问题,也是关系民生的重大社会问题。我们党历来高度重视生态环境保护,把节约资源和保护环境确立为基本国策,把可持续发展确立为国家战略。随着经济社会发展和实践深入,我们对中国特色社会主义总体布局的认识不断深化,从当年的"两个文明"到"三位一体""四位一体",再到今天的"五位一体",这是重大理论和实践创新,更带来了发展理念和发展方式的深刻转变。

——《加强生态文明建设必须坚持的原则》(2018年5月18日,在全国生态环境保护大会上讲话的一部分),《习近平谈治国理政》(第三卷),外文出版社2020年,第359页。

此段翻译在语汇上包含了"使命""民生"和"可持续发展"等重要专有名词以及"历

来""深入"等常见形容词、副词的德语表达。其中,需要重点讲解的是汉德笔译中脚注的运用。脚注作为"深度翻译"的基本工具,何时添加、如何添加脚注,都是一名优秀的译者在翻译时政文献时需要持续思考的问题。此处文段的中文版,结合上下文语境,主要对"两个文明""三位一体"和"四位一体"运用脚注进行了进一步阐释,而德语版则可以优先将较为简洁易懂的"两个文明"用形容词加名词的结构进行直接解释,随后对"三位一体""四位一体"和"五位一体"以脚注的形式进行补充说明。总体来说,译者可以使用脚注,在不改变汉德原文语义一一对应的情况下,对目的语受众可能误解或不解的内容进行解释说明。学生在此翻译实践过程中,也可以进一步领会到作为译者去发出中国声音的挑战性与使命感。

翻译训练 3：

党的十八大以来,我国经济发展平衡性、协调性、可持续性明显增强,国内生产总值突破百万亿元大关,人均国内生产总值超过一万美元,国家经济实力、科技实力、综合国力跃上新台阶,我国经济迈上更高质量、更有效率、更加公平、更可持续、更为安全的发展之路。

——《〈中共中央关于党的百年奋斗重大成就和历史经验的决议〉辅导读本》,人民出版社,2021 年,第 58 页。

此文段客观描述了我国经济发展的显著成果,学生在翻译中可以习得"(人均)国内生产总值"的德语表达和与我国经济发展情况相关的形容词或其名词形式。其中,需要作为重难点进行复习的是德语数字单位,尤其是日常生活中并不常用、但可能出现在描述我国经济发展状况文献中的大数量级单位,需要避免学生在翻译中因用词错误造成较大的意义偏差。训练与复习过程中,学生能够直观地感受到祖国发展速度之快、成果之丰,从而坚定民族自豪感。

环节四：领读讲解关键语句

本单元的五句关键语句分别从高质量发展、现代化经济体系、开放型经济、市场作用和政府作用关系以及供给侧结构性改革五个方面,在核心概念的基础之上,对于我国社会主义基本经济制度及其发展做出了阐释和说明。通过领读和讲解其德语译文,可以进一步拓宽学生词汇量,复习巩固在课前预习和核心概念小组报告中学到的语汇和结构,完善学生作为汉德译者在经济领域的翻译知识体系,坚定其道路自信、理论自信。

环节五：领读讲解重点文本

本单元的三段重点文本分别选取了习近平总书记在中共十八届五中全会第二次全体会议、中国科学院第十九次院士大会暨中国工程院第十四次院士大会上的讲话以及《中共中央关于党的百年奋斗重大成就和历史经验的决议》中的相关段落,从翻译技巧的角度,重点解析了复句和名言警句的翻译方式以及定语前置或后置的处理方法。通过领读和讲解三段德语译文及相应的翻译技巧,联系已有翻译作业实践经验,可以进一步增强学生翻译过程中处理翻译重难点时的方法意识,切实提升学生以笔译讲好中国经济故事的能力。

【课后】

要求学生对本单元内容进行梳理总结,形成自己的翻译词汇表和语段案例,真正将课堂内容内化为自身知识和能力,使得学生在之后的翻译实践中,能够真正流畅译介中国的经济制度及其发展理念、最新情况,形成大局意识,强化家国情怀。

【教学思维导图】

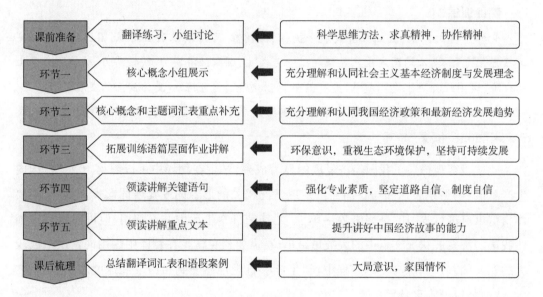

4.3 评价方法

平时作业20%:由学生独立完成10次单元翻译训练,于课前按时提交。

课堂报告15%:2—3人为一组,每组10分钟,每单元一组。由学生自选一个单元的"核心概念"部分,进行讲解和展示,内容包括概念解释、译法整理、专有名词归纳和动词用法总结,也可对涉及的时政背景或典故进行介绍。评分标准包括阐释清晰程度、报告流畅程度和小组分工配合程度。

课堂表现5%:要求学生认真预习,积极提问,积极参与课堂讨论。

期末考试60%:闭卷考试(可根据实际情况允许学生携带纸质词典)包含词汇、句子和语篇翻译三大部分,内容来源于课堂。评分标准包括断句与逻辑、专有名词、固定搭配、语法正误等。

5. 参考书目

1. 孔德明总主编；姜锋、綦甲福主编：《汉德翻译教程》，北京：外语教学与研究出版社，2022年。
2. 桂乾元编著：《德语翻译入门》，上海：同济大学出版社，2004年。
3. 桂乾元主编：《新编德语翻译学教程》，北京：外语教学与研究出版社，2020年。
4. 王京平、杨帆编著：《新德汉翻译教程（第二版）》，上海：上海外语教育出版社，2020年。

附件：教学课件

幻灯片 1

笔译（一）
Übersetzen (I)
第七单元
必须坚持和完善社会主义基本经济制度

幻灯片 2

一、核心概念小组展示（10分钟）

第七单元核心概念

徐季然 袁毅欣
27.10.2022

幻灯片 3

（一）社会主义基本经济制度

时政背景：
党的十九届四中全会审议通过的《中共中央关于坚持和完善中国特色社会主义制度、推进国家治理体系和治理能力现代化若干重大问题的决定》指出：

公有制为主体、多种所有制经济共同发展，
按劳分配为主体、多种分配方式并存，
社会主义市场经济体制等

社会主义基本经济制度，既体现了社会主义制度优越性，又同我国社会主义初级阶段社会生产力发展水平相适应，是党和人民的伟大创造。

幻灯片 4

（一）社会主义基本经济制度

社会主义基本经济制度，包括以下三项制度。

1. 公有制为主体、多种所有制经济共同发展的所有制。生产资料所有制是生产关系的核心，决定着社会的基本性质和发展方向。
2. 按劳分配为主体、多种分配方式并存的分配制度。分配制度决定于生产，又反作用于生产。按劳分配是社会主义的基本分配原则，要求按劳动的数量和质量为依据给个人收入，多劳多得。完善分配制度，还要健全以税收、社会保障、转移支付等为主要手段的再分配调节机制；重视发挥第三次分配作用，发展慈善等社会公益事业，促进效率和公平的有机统一。
3. 社会主义市场经济体制。完善社会主义市场经济体制的核心问题是处理好政府和市场关系，使市场在资源配置中起决定性作用，更好发挥政府作用。

（来源：《社会主义基本经济制度是党和人民的伟大创造》，张宇，2020年1月10日）

幻灯片 5

（一）社会主义基本经济制度

Definition: Unser fundamentales Wirtschaftssystem wurde [...] so definiert, dass das Gemeineigentum dominiert und sich verschiedene Eigentumsformen gemeinsam entwickeln, die Verteilung nach der Arbeitsleistung die Hauptform darstellt und mehrere Verteilungsmodelle nebeneinander existieren und die sozialistische Marktwirtschaft praktiziert wird.

幻灯片 6

（一）社会主义基本经济制度

概念表述：
1. 社会主义基本经济制度：
   das grundlegende sozialistische Wirtschaftssystem
   /unser fundamentales Wirtschaftssystem
   ➢ Achtung: grundlegend 根本 vs. grundsätzlich=fundamental 基本（词源不同）
2. 坚持和完善社会主义基本经济制度：
   Beibehaltung und Verbesserung des grundlegenden sozialistischen Wirtschaftssystems

（一）社会主义基本经济制度

词汇拓展与辨析：

1. das Eigentum (nur Sg.): 所有制；
   die Einkommensverteilung (nur Sg.): 收入分配
   die Umverteilung (nur Sg.): 再分配
2. dominieren vs. herrschen (V.i.)
3. sich entwickeln (aus/zu)
4. nebeneinander Adv. 同时、并列

（二）新发展理念

时政背景： 新发展理念即创新、协调、绿色、开放、共享的发展理念，由习近平同志于2015年10月在党的十八届五中全会上提出。创新发展注重的是解决发展动力问题，协调发展注重的是解决发展不平衡问题，绿色发展注重的是解决人与自然和谐问题，开放发展注重的是解决发展内外联动问题，共享发展注重的是解决社会公平正义问题。

概念表述： 新发展理念： die neuen Entwicklungsideen/das neue Entwicklungskonzept （确立/关注）创新、协调、绿色、开放、共享发展： (auf) eine innovative, koordinierte, grüne, offene und durch gemeinsame Teilhabe geprägte Entwicklung (setzen)

(Quelle: *Gemeinsam, nicht allein: Neue Entwicklung Chinas – neue Chancen für die Welt.* Wu Ken, 05. 12. 2020)

（二）新发展理念

与"发展"相关的概念：

die unausgewogene und unzureichende Entwicklung 不平衡不充分发展
der Entwicklungsweg: 发展道路
die Entwicklungsphase, -n: 发展阶段
die Entwicklungstriebkräfte: 发展推动力
die Entwicklungsstrategie, -n: 发展战略
das Wissenschaftliche Entwicklungskonzept: 科学发展观

（三）高质量发展

时政背景：

高质量发展，就是能够很好满足人民日益增长的美好生活需要的发展，是体现新发展理念的发展，是创新成为第一动力、协调成为内生特点、绿色成为普遍形态、开放成为必由之路、共享成为根本目的的发展。

党的十八大以来，我们党对经济发展的规律性认识进一步深化，明确提出"我国经济已由高速增长阶段转向高质量发展阶段"的重要论断。

党的十九届四中全会《决定》指出："坚持和完善社会主义基本经济制度，推动经济高质量发展"；"全面贯彻新发展理念，坚持以供给侧结构性改革为主线，加快建设现代化经济体系"。

（三）高质量发展

概念表述：

1. 高质量发展： die hochqualitative Entwicklung (besser)/die qualitativ (Adv.) hochwertige Entwicklung;
2. 实现/谋求高质量发展： die qualitativ hochwertige Entwicklung anstreben

词汇拓展与辨析：

1. -wertig: neuwertig; hochwertig; Antonym: minderwertig
2. Achtung: qualifiziert vs. qualitativ

（三）高质量发展

词源探究：

DWDS: entwickeln Vb. 'entstehen, (sich) entfalten, in einem Prozeß voranschreiten', Präfixbildung (Ende 16. Jh.) mit ent- zu wickeln; zunächst im Sinne von 'aufwickeln, auseinanderfalten', doch nur in wenigen, meist bildlichen Verwendungen als Gegenwort von einwickeln. Im 18. Jh. in der Auffassung 'Verwickeltes entwirren', seitdem insbesondere '(einen komplizierten Sachverhalt) darlegen'. Fototechnisch 'durch Chemikalien ein Bild sichtbar machen' (19. Jh.).

（四）统筹发展和安全

结构、语义分析：

统筹发展和安全   动宾结构

1. 发展和安全： Entwicklung und Sicherheit
2. 统筹即"统一筹划"： einheitlich + planen/anordnen

➢ 区分 integrieren: etwas zu einem Teil eines Ganzen werden lassen（朗氏）
➢ 为了突出必要性，可加上情态动词 müssen：
   Entwicklung und Sicherheit müssen einheitlich geplant werden.

（五）供给侧结构性改革

时政背景：

习近平："我们讲的供给侧结构性改革，同西方经济学的供给学派不是一回事。"西方供给学派主张的是 angebotsorientierte Wirtschaftspolitik（供给导向的经济政策）

供给侧结构性改革是一个系统的理论创新，是马克思主义中国化、中国特色社会主义政治经济学的重大创新和发展，是习近平经济思想的一个重要内涵。强调将供给和需求联系起来考虑，提高供给结构对需求结构的适应性，推动供给与需求良性循环，同时强调供给要以满足人民日益增长的美好生活需要为目的和归宿。

（五）供给侧结构性改革

译法一：die Strukturreform der Angebotsseite
译法二：die angebotsseitigen Strukturreformen

词汇拓展与辨析：
1. 供给侧：Angebotsseite（需求侧：Nachfrageseite）
2. 结构性改革：Strukturreform

二、核心概念和主题词汇表重点补充

1. "社会主义基本经济制度"核心概念中的"以......为主体"：
   译法一：dominieren (V.i.)
   译法二：den Hauptträger/die Hauptsäule darstellen
2. "全球经济治理"主题词汇中的"治理"：
   die globale Wirtschafts-**Governance**
   术语翻译的发展变化（回顾第五单元）：
   Verwaltung → Regierung → Governance

三、拓展训练语篇层面作业讲解

1. 绿水青山就是金山银山。这是重要的发展理念，也是推进现代化建设的重大原则。绿水青山就是金山银山，阐述了经济发展和生态环境保护的关系，揭示了保护生态环境就是保护生产力、改善生态环境就是发展生产力的道理，指明了实现发展和保护协同共生的新路径。绿水青山既是自然财富、生态财富，又是社会财富、经济财富。保护生态环境就是保护自然价值和增值自然资本，就是保护经济社会发展潜力和后劲，使绿水青山持续发挥生态效益和经济社会效益。
   ——《加强生态文明建设必须坚持的原则》（2018年5月18日，在全国生态环境保护大会上讲话的一部分），《习近平谈治国理政》第三卷，外文出版社2020年版，第361页。

---

(1) Klare Flüsse und grüne Berge sind von unschätzbarem Wert.

意译与直译

➢ 《习近平谈治国理政》德文版第三卷曾选择直译，将此句译作：Klare Flüsse und grüne Berge sind im Grunde genommen „Berge aus Gold und Silber".
➢ 将意译与直译相结合，可译作：Klare Flüsse und grüne Berge sind so wertvoll wie Berge aus Gold und Silber.

---

(2) Bei dieser Sichtweise handelt es sich um eine wichtige Entwicklungsidee und ein bedeutendes Prinzip zur Förderung der Modernisierung unseres Landes.

➢ Sichtweise vs. Ansicht
➢ Es handelt sich um...
➢ "理念"：Idee / Konzept
➢ "原则"：Prinzip / Grundsatz

---

(3) Mit obigem Satz wird das Verhältnis zwischen der Wirtschaftsentwicklung und dem Umweltschutz dargelegt. Er unterstreicht die Wahrheit, dass der Schutz und die Verbesserung der Umwelt letztlich die Produktivität schützen und verbessern, und zeigt einen neuen Weg zur Verwirklichung des Zusammenwirkens von Entwicklung und Schutz auf.

➢ 前后承接：Mit obigem Satz... Er...
➢ Ökologie vs. Umweltschutz vs. Naturschutz
➢ "阐述"：darlegen / erläutern / erörtern / verdeutlichen / veranschaulichen
➢ "揭示"：aufweisen / aufzeigen / aufdecken / offenbaren
➢ "协同共生"：koordinierte Koexistenz

---

(4) Klare Flüsse und grüne Berge bilden sowohl einen natürlichen und ökologischen Reichtum als auch einen gesellschaftlichen und wirtschaftlichen Schatz.

➢ sowohl... als auch...
➢ "财富"：Reichtum / Schatz，前后换用可提升译文词汇的多样性

---

(5) Beim Umweltschutz geht es letztlich darum, den Wert der Natur zu erhalten, das Kapital der Natur aufzuwerten sowie das Potenzial und die nachhaltige Dynamik der sozioökonomischen Entwicklung zu bewahren, damit der ökologische, wirtschaftliche und gesellschaftliche Nutzen einer intakten Umwelt ununterbrochen zur Geltung gebracht werden kann.

➢ Es geht um...
➢ "保护价值"：den Wert behalten
➢ "后劲"：die nachhaltige Dynamik
➢ "使"：damit / sodass
➢ "持续"：ununterbrochen / stets / andauernd / ständig

Slide 23

2. 生态环境是关系党的使命宗旨的重大政治问题,也是关系民生的重大社会问题。我们党历来高度重视生态环境保护,把节约资源和保护环境确立为基本国策,把可持续发展确立为国家战略。随着经济社会发展和实践深入,我们对中国特色社会主义总体布局的认识不断深化,从当年的"两个文明"到"三位一体"、"四位一体",再到今天的"五位一体",这是重大理论和实践创新,更带来了发展理念和发展方式的深刻转变。
——《加强生态文明建设必须坚持的原则》(2018年5月18日,在全国生态环境保护大会上讲话的一部分),《习近平谈治国理政》第三卷,外文出版社2020年版,第359页。

Slide 24

(1) Beim Umweltschutz handelt es sich um eine große politische Frage, die die Mission und Zielsetzung unserer Partei betrifft, sowie um eine große gesellschaftliche Frage, die sich auf den Lebensstandard der Bevölkerung auswirkt.

➢ "政治问题":politisches Thema / Anliegen
➢ "使命":Mission / Auftrag
➢ "民生":Lebenshaltung der Bevölkerung(第三单元主题词汇表)

Slide 25

(2) Unsere Partei schenkt diesem Thema seit jeher hohe Aufmerksamkeit und hat Ressourceneinsparung und Umweltschutz als grundlegende nationale Politik sowie die nachhaltige Entwicklung als staatliche Strategie festgelegt. Mit fortschreitender sozioökonomischer Entwicklung und Praxis hat sich unser Verständnis über die Gesamtplanung des Sozialismus chinesischer Prägung ständig vertieft.

➢ "历来":seit jeher / seit eh und je
➢ "可持续发展":die nachhaltige Entwicklung
➢ "深入":fortschreitend / tiefgreifend / tiefgehend

Slide 26

(3) Vom gleichzeitigen Aufbau der materiellen und geistigen Zivilisation über die integrierte Entwicklung von drei[1], vier[2] bis zu den heutigen fünf Schlüsselbereichen[3] – es handelt sich um wichtige theoretische und praktische Innovationen, mit denen auch ein tiefgehender Wandel im Entwicklungskonzept und -modell einhergegangen ist.

[1] Gemeint sind die Bereiche Wirtschaft, Politik und Kultur.
[2] Gemeint sind die Bereiche Wirtschaft, Politik, Kultur und Gesellschaft.
[3] Die fünf Bereiche umfassen die Wirtschaft, Politik, Kultur, Gesellschaft sowie die ökologische Zivilisation.

脚注的运用

……从当年的"两个文明"[1]到"三位一体"[2]、"四位一体"[3],再到今天的"五位一体"……

[1] "两个文明",指社会主义物质文明和精神文明。
[2] "三位一体",指社会主义经济建设、政治建设、文化建设。
[3] "四位一体",指社会主义经济建设、政治建设、文化建设、社会建设。

Slide 27

3. 党的十八大以来,我国经济发展平衡性、协调性、可持续性明显增强,国内生产总值突破百万亿元大关,人均国内生产总值超过一万美元,国家经济实力、科技实力、综合国力跃上新台阶,我国经济迈上更高质量、更有效率、更加公平、更可持续、更为安全的发展之路。
——《中共中央关于党的百年奋斗重大成就和历史经验的决议》

Slide 28

(1) Seit dem XVIII. Parteitag konnten die Ausgewogenheit, die Koordiniertheit und die Nachhaltigkeit der chinesischen Wirtschaftsentwicklung deutlich gesteigert werden. Das Bruttoinlandsprodukt überschritt die Marke von 100 Billionen Yuan und das durchschnittliche Bruttoinlandsprodukt pro Kopf stieg auf über 10 000 US-Dollar.

➢ "明显":deutlich / beträchtlich / beachtlich / erheblich
➢ "国内生产总值":das Bruttoinlandsprodukt (BIP)
➢ "人均国内生产总值":das durchschnittliche Bruttoinlandsprodukt pro Kopf

Slide 29

德语数字单位

1 000	Tausend
10 000	Zehntausend
100 000	Hunderttausend
1 000 000	Million
1 000 000 000	Milliarde
1 000 000 000 000	Billion
000 000 000 000 000	Billiarde
000 000 000 000 000 000	Trillion
1 000 000 000 000 000 000 000	Trilliarde
1 000 000 000 000 000 000 000 000	Quadrillion
000 000 000 000 000 000 000 000 000	Quadrilliarde
1 000 000 000 000 000 000 000 000 000 000	Quintillion oder Quinquillion

Slide 30

(2) Chinas wirtschaftliche, wissenschaftlich-technologische und umfassende Stärke wurden auf eine neue hohe Stufe gehoben. Unsere Wirtschaft beschritt einen Weg der qualitätsvolleren, effizienteren, faireren, nachhaltigeren und sichereren Entwicklung.

➢ Technik vs. Technologie
➢ "跃上新台阶":etwas auf eine neue Stufe heben / auf eine neue Stufe springen
➢ "迈上……路":einen Weg beschreiten / einschlagen
➢ "公平":fair / gerecht

四、领读讲解关键语句

1. **高质量发展**,就是从"有没有"转向"好不好"。
2. **现代化经济体系**,是由社会经济活动各个环节、各个层面、各个领域的相互关系和内在联系构成的一个有机整体。
3. 中国将在更大范围、更宽领域、更深层次上提高**开放型**经济水平。
4. 在**市场作用和政府作用**的问题上,要讲辩证法、两点论,"看不见的手"和"看得见的手"都要用好,努力形成市场作用和政府作用有机统一、相互补充、相互协调、相互促进的格局,推动经济社会持续健康发展。
5. **供给侧结构性改革**,重点是解放和发展社会生产力,用改革的办法推进结构调整,减少无效和低端供给,扩大有效和中高端供给,增强供给结构对需求变化的适应性和灵活性,提高全要素生产率。

五、领读讲解重点文本

1. 2015年10月29日,习近平在中央十八届五中全会第二次全体会议上的讲话选段
   ➢ 翻译解析:复句翻译
2. 2018年5月28日,习近平在中国科学院第十九次院士大会、中国工程院第十四次院士大会上的讲话选段
   ➢ 翻译解析:名言警句的翻译
3. 《中共中央关于党的百年奋斗重大成就和历史经验的决议》选段
   ➢ 翻译解析:定语前置和后置

日译汉

单元主题:《古都》文本讲读与翻译问题(二)

1. 课程总览

【**课程名称**】日译汉

【**课程类型**】专业必修

【**教学对象**】日语系本科生三年级

【**课程学时**】32学时(2学时*16周)

【**课程目标**】

小说是文学的一种样式,是反映社会与民族文化的镜子,了解对象国社会文化的重要媒介。而小说的翻译是文明互鉴与文化交流的重要手段,有助于我们吸收外国优秀的文化,促进本国文化的发展。另一方面,深入研究对象国的社会语境、文化与文学表达方式也是促进我国对外文学与文化翻译发展、更好地发出中国声音的基础。本课程以文本细读为基础,讲授小说翻译与批评的基本方法。

知识目标:在适当讲授翻译理论和翻译批评相关术语的基础上,从虚构文学(小说)的特点出发,结合小说这种文学体裁的特点,充分运用文学文体学和叙事学的理论与方法,通过日本近现代文学作品选段的翻译要点讲评,讲授文学文本解读的方法与翻译的基本技巧,其中包括翻译的准确性、转换与调整、叙事视角、叙事时间与翻译、人物引语的分类与翻译、修辞(比喻、象征与反讽等)的翻译、文体特征的把握、方言的翻译、注释的方法等。

能力目标:选取日本经典文学文本和能够反映日本社会文化、对习近平新时代中国特色社会主义文化发展和建设起到借鉴与推动作用的经典语篇作为翻译和研读的对象,

在提高日语文本理解与思辨能力的同时，引导学生完成从"学习日语"到"用日语学习的转变"，以提升人文基本素养为宗旨，注重培养学生的思辨与文本解读能力，掌握文学翻译的理论知识，在此基础上培养学生进行文学翻译实践的能力。

素质目标：以马克思主义世界观和方法论为指导，在批判性阅读与文本分析的基础上，准确把握小说中的人物形象塑造与主题，寻找跨越语境与文化的人性的真善美，批判人性的丑与恶，在翻译过程中引导学生树立正确的价值观。同时，翻译是跨文化诠释的手段，本课程以习近平总书记提出的"文明互鉴"为指导方针，一方面注重吸纳日本文学的精华，培养学生深入源语的文化语境理解文本的能力，另一方面强调中文表达能力，树立大国文化自信与语言自信，本着以"我"为主体阐释"他者"的基本原则，胸怀"国之大者"的文化自信，以不卑不亢的翻译姿态，积极发挥译者的主体性，以具有深厚底蕴的中华文化阐释异国的文化与思想，并将其体现在具体的翻译策略与方法的选择上。在讲授过程中，文本细读与翻译互为手段，为学生以后从事日本文学翻译与研究打下基础。

2. 本课课程思政目标

本课选取川端康成获得诺贝尔奖的三部作品之一《古都》为研读与翻译对象，这部作品表达了川端康成对日本传统与外来文化的深邃思考。习近平总书记在党的二十大报告中指出，"我们真诚呼吁，世界各国弘扬和平、发展、公平、正义、民主、自由的全人类共同价值，促进各国人民相知相亲，尊重世界文明多样性，以文明交流超越文明隔阂、文明互鉴超越文明冲突、文明共存超越文明优越，共同应对各种全球性挑战"，再次强调了文明交流互鉴在推动人类命运共同体和人类社会发展中的重要作用。本课为《古都》翻译问题的第二讲，在学生充分了解小说内容的前提下，通过《古都》中与主题密切相关的部分案例的翻译，启发学生进一步思考其中所表现的传统文化与外来文化的关系与小说的主题，择取其中体现相关主题的段落或核心句，指导学生在理解相关主题的基础上，进行准确的翻译输出，并通过分析中译本中的误译实例，学会翻译批评的基本方法。以这部作品的研读与翻译为契机，结合北京大学的具体情况与身边的例子，引导学生思考中国传统文化与外来文化之间的关系与文明互鉴交流的意义，同时通过其中体现的中国文化对日本文化的影响，进一步引导学生树立对中华传统文化的文化自信。

3. 本课课程思政教学重点和难点

3.1 重点

（1）准确理解小说的主题，认真学习和体会习近平总书记对于"文明互鉴与交流"的相关论述，以《古都》为镜，思考文化发展过程中传统文化与外来文化相辅相生的关系及各自的不同作用。

(2)通过小说中人物形象的塑造,结合习近平总书记在北京大学师生座谈会上的讲话,启发并引导学生认识自己作为青年人的使命,守正创新。

(3)小说文本、课程思政与身边的事例三者结合,以小见大,以北京大学自身的特点与身边的事例为切入点,做到专业技能、素质能力与课程思政真正的融会贯通。

3.2 难点

(1)由于本科三年级学生对于日本文化和日本历史的了解尚不够深入,阅读小说原文也有一定难度,准确理解小说的主题和内涵需要大量的社会语境与日本文化相关知识的铺陈。

(2)引导学生理解我国兼容并包的"文化自信"与明治政府排外的"国粹主义"的区别,自信不等于自大,文明互鉴不等于舍源忘本。

4. 本课课程思政教学方法和过程

4.1 教学方法

(1)提前约两周布置阅读任务,请同学们通读小说,了解小说的大致内容。

(2)以"守正创新"为关键词,选取与小说相关主题密切相关的段落,择取现有译本和学生作业中常见的误译进行分析,讲授翻译问题。同时,讲解小说的主题和人物形象的塑造,适当结合北京大学的具体事例,将习近平新时代中国特色社会主义思想与治国理政中有关"文明互鉴与交流"相关的论述深度融入到小说文本的讲解中。全文作为课外阅读材料发送到课程群。

(3)适当设置问题,进行启发式教学,锻炼学生的思辨能力。

4.2 教学过程

【教学安排】

【课前】

(1)阅读《古都》小说全文。

(2)发放主要讲解文本,请同学尝试翻译并提交教师批改。阅读现有主要译本(唐月梅译本)并尝试发现问题。

(3)到图书馆查阅相关资料,熟悉日本文化史和日本历史,了解小说文本的社会语境与相关日本历史与文化的知识。

【课中】
一、导入环节:川端康成的"创新"(文体)与"守正"(思想)

(1)回顾上节课(《古都》翻译问题第一讲)的主要内容"新感觉派的文体特征与相关翻译问题"以及"蒙太奇手法的运用、电影手法与翻译的画面感",进一步指出川端康成并非因循守旧之人,而是在文体与创作手法方面锐意创新,通过"外国式的腔调""人物心境的客体化""电影表现手法的导入"等,为日本文学的文体与表现手法注入了新鲜的血液。

(2)但是,川端康成在《朝日新闻》的访谈中提到自己获得诺贝尔奖的理由,其中之一是自己的作品书写了"日本的传统",而诺贝尔奖获奖致辞"美丽的日本的我",也系统论述了日本的传统审美和他对日本传统深刻的理解。(PPT 4 展示《朝日新闻》的访谈原文和诺贝尔奖颁奖典礼上的演讲"美丽的日本的我"(「美しい日本の私」)图书封面)

二、铺垫环节:作品主题解读与讨论环节

1. 主题解读与讨论

介绍川端康成《古都》的创作背景及获得诺贝尔奖的原因。瑞典学术院在诺贝尔奖欢迎词中评价川端康成的创作"为沟通东方和西方的精神做出了卓越的贡献"。(PPT 5 附《朝日新闻》报道的截图)

一般认为《古都》表达了作者对第二次世界大战之后社会逐渐西化、日本传统走向瓦解的哀伤,引导同学思考如下问题:

(1)一个国家的文化传统与外来文化是否二元对立?

(2)日本文化形成过程中,外来文化起到了怎样的作用?而文化传统在这一过程中又扮演了怎样的角色?请同学们结合这一点,谈谈前期阅读《古都》的感受。

2. 思政要素:通过对小说主题的讲解与川端康成被授予诺贝尔奖的原因,强调立足本国文化传统进行文艺创作的重要性,引导学生树立文化自信,同时强调文明互鉴与交流对于推动人类命运共同体建设的重要意义,并进一步引导学生认识翻译作为文明互鉴与交流的手段的重要性。

(1)翻译案例分析环节

案例一(原文与参考译文详见 PPT 7,选自《古都》第一章《春之花》开头部分)

文本解读

本段选自《古都》第一章《春之花》。这一章通过千重子的经历与见闻,描述了春日里的勃勃生机以及暗藏的淡淡忧伤,并通过几段极具象征意义的描写,反映了传统文化与外来文化、古老与新生之间的张力关系,比如"壶中天地"一节中对铃虫繁殖习性的描写,便暗示了这一点。其中,开头部分老树(象征古老的传统)与紫花地丁(新生、生命力、寄生的事物)的描写,同样为小说的主题奠下基调。被绸缎庄老板捡来的弃婴千重子与寄生的紫花地丁意象重叠在一起,预示着新生。她为父亲提供的保罗克利的画册,为陷入泥潭的父亲的创作带来灵感,父亲由此创作出满意的和服腰带的花样。她没有上大学,她不信基督教,但她会为了学习英语去教堂。但是,与同时代的女性肤浅地对西方文化的模仿不同,她依旧穿和服,每个看到她的人都会由衷地感叹"好美啊"。由此可以看出,传统文化与外来事物、老与新并非二元对立的关系,而是相辅相成的。

翻译问题

(1)くらべられる若翻译成 A 比不上 B,则意味着 A 处于劣势地位,是不好的,B 才是好的。但原文强调的是两个事物不在同一个平台上,是不能放在一起比较的。

(2)ういういしい可以翻译成"娇嫩""清纯"或"纯洁无瑕",但结合文本的语境与主题,哪一个更合适?(此处设问:若翻译为纯洁无瑕,是否意味着作为对比对象的"老树"并非"纯洁无瑕")

思政要素

除上述"文明互鉴"与"文化自信"外,引导学生热爱生活,学会通过文学作品发现身边的风景,思考现实中的现象。PPT 7 中附外文楼西侧的百年老树及紫花地丁的照片(结合《古都》开头对老树和紫花地丁的描写)。同时简单提示外国语学院悠久的历史,引导学生思考我们外国语学院不断发展、引领潮流的原因之所在,激发同学们的集体荣誉感。

案例二(原文与参考译文详见 PPT 8,选自《古都》第二章《尼姑庵与格子门》)

文本解读

案例二选择第二章《尼姑庵与格子门》的段落,启发同学思考《古都》中代表传统的"父亲"形象,通过设问"四个父亲有怎样的共同特征",并举出文本中的细节,引导同学回答"对传统的敬畏""执着于传统的匠人精神"与"对子女的爱与包容"等。其中关于本段中太吉郎的父亲太吉兵卫,也是一个"包容"的父亲形象。他让孩子做自己喜欢的事情,但是当看到孩子差点因为过于追求新奇而走火入魔的时候,及时将其送进了医院。(本处插入思政要素:社会发展需要新生事物,但传统文化是根本,是我们在吸收外来文化与新生事物中不走样的关键。)

同时,请同学在课下再次细读《古都》中《秋之色》一章中对明治维新时期古都(有着千年历史的京都在日本率先建成了铁路等)的描写,引导学生从包容的父亲形象联想到包容开放的"古都",进一步理解《古都》的主题。

翻译问题

(1)关于"人嫌い"一词的翻译问题。小说中的太吉郎虽然年轻时颇有清高气质,善于创新,但并非离群索居的孤僻之人,相反颇为风流倜傥,只是在对艺术的追求上,不喜欢随波逐流的艺术样式。因此这里比起"孤僻"这个贬义词,更适合翻译成"不喜欢与人交往"。这里的"人"指的是那些与自己的艺术理念不同、一味迎合商业潮流、随波逐流的人。

（2）"默默地"（だまって）强调"不作声"，说明太吉兵卫对年轻时的太吉郎喜欢的事情不多加干涉，任由他做自己喜欢的事。而"偷偷地"（こっそり）则没有这层含义，却多了一层"暗地里"偷偷观察而有所企图的意味。

（3）翻译中定语拆分的问题。若译为"他知道太吉郎没有天分"，则"太吉郎没有天分"这一部分是属于人物感知层面，但原文"没有天分"是定语部分，属于叙述层面的交代，太吉郎的父亲可以感知到的，只是句子主干中所提示的"他陷入瓶颈、开始吸毒、走火入魔"这样的事实，而不是"没有天分"。若定语拆分后置，则会令人感觉父亲明知儿子没有天分，却任由孩子画一些奇怪的花样，从一个"包容且对孩子的未来（新生）有所期待"的父亲形象变成了无条件宠溺孩子或不负责任的父亲形象。

（4）主要讲解日语"名人気質"的读法与含义，从翻译技巧上来说，因为汉语的"名人"和"名士"均无"清高"的含义，因此通过加译"清高"一词进行信息补偿。

翻译批评

这一部分旨在通过对现有中译本的批评，培养学生发现翻译问题并结合文本主题与人物形象进行分析的能力。

讲解：唐月梅的译文中，没有准确理解"ことをかかなかった"的意思，弄错了第二句动作的主体，原本属于父亲的行为，变成了儿子的行为。且将前后句的转折关系误译成了因果关系。因此仅从译文来看，父亲将儿子送进医院的其中一个原因是儿子不能画一些迎合潮流的（媚俗的）花样，破坏了父亲"包容"的形象，影响了作品主题的准确传递。

思政要素

《古都》中，正是像千重子和年轻时的父亲太吉郎这样一代又一代既保持文化主体性又有创新意识的青年，缔造了古老而又常新的古都。同时，我们要警惕像太吉郎那样，在创新过程中走火入魔。习近平新时代中国特色社会主义思想为当代青年提供了一盏指路的明灯，是保证青年勇敢探索、大胆创新又不会像太吉郎那样误入歧途的思想指引，是守正创新的关键之所在。

联系中国近代史、新文化运动、改革开放的历史与习近平总书记对坚持深化改革开放的相关论述，指出"包容与开放"对文化发展的重要性，以及青年在社会发展中作为新生与希望的重要作用。结合北京大学作为新文化运动与五四运动策源地的特点，引导学生思考自己作为青年学生在社会发展中的使命，并援引习近平总书记在北京大学学生座谈会上的寄语，鼓励学生在习近平新时代中国特色社会主义思想的指引下，守正创新，勇于探索，为新时代中国特色社会主义建设添砖加瓦。

附：2018年5月2日习近平总书记在北京大学师生座谈中的讲话摘要（全文以链接

形式发送课程群,请同学结合《古都》的相关细节,认真阅读并深刻体会习近平总书记对青年学子的殷切期待,并进一步思考《古都》中所表达的传统文化与外来事物、古典与新生的关系)

摘要: 五四运动源于北大,爱国、进步、民主、科学的五四精神始终激励着北大师生同人民一起开拓、同祖国一起奋进。青春理想,青春活力,青春奋斗,是中国精神和中国力量的生命力所在。今天,在实现中华民族伟大复兴新征程上,北大师生应该继续发扬五四精神,为民族、为国家、为人民作出新的更大的贡献。

每一代青年都有自己的际遇和机缘。我记得,1981年北大学子在燕园一起喊出"团结起来,振兴中华"的响亮口号,今天我们仍然要叫响这个口号,万众一心为实现中国梦而奋斗。广大青年既是追梦者,也是圆梦人。追梦需要激情和理想,圆梦需要奋斗和奉献。广大青年应该在奋斗中释放青春激情、追逐青春理想,以青春之我、奋斗之我,为民族复兴铺路架桥,为祖国建设添砖加瓦。(2018年5月2日习近平在北京大学师生座谈会上的讲话)

案例三(原文与参考译文详见PPT 11,选自《古都》第二章"尼姑庵与格子门")

文本解读

本段仍为《古都》第二章的选段。千重子探望隐居山里的父亲回来,顺便去拜访仇野寺。如父亲所言,这不应该是现在的年轻女孩子会去的地方,与千重子在普遍都穿洋装的当时的日本应坚持穿和服这一点呼应,体现了千重子不随波逐流的个性。这一段通过千重子在山上的所见所闻,描写了商业化与西化对日本文化传统的破坏,而这两方面的合力导致了社会文化与艺术逐渐走向庸俗(如穿着极薄衣衫的女性在佛塔前拍照等)。

翻译问题

(1)画线部分(1)原文为表示"原因"的从句,这里加译"听到",让聚焦人物的动作变得更加连贯,同时强调了千重子的感知,更好地体现了千重子特立独行的性格和她对庸俗肤浅的社会现象的反感。如果按照原文直译为"因为""所以",中间表示原因的从句"因为上面有嘈杂的声音",则会打乱这种叙事流畅性,而增强了叙事干预性。

(2)画线部分(2)在原文中表达动作的变化,若直译为"变得如何"则不符合汉语的表达习惯,考虑到这些是最近(第二次世界大战之后)日本社会上新出现的现象,因此在句首加译"近年来",则可以进行有效的信息补偿,还原"变化"之意。

思政要素

习近平总书记强调文明互鉴与文化交流在推动社会发展方面的重要性,同时又多次强调保持民族文化的主体性,不能"画虎不成反类犬",他指出:"进行文明相互学习借鉴,要坚持从本国本民族实际出发,坚持取长补短、择善而从,讲求兼收并蓄,但兼收并蓄不是囫囵吞枣、莫衷一是,而是要去粗取精、去伪存真。"引导同学阅读《古都》第二章中的相关部分,思考当代中国的一些不良社会现象,诸如"佛媛""茶媛""艺媛"等,正是因为对传统文化缺乏深刻的理解。商业驱动下的传统复兴对于传统的新生并无裨益,只会与对西方文化的表层模仿、"邯郸学步"式的学习一样,让民族文化遭到更加严重的破坏。

案例四(原文与参考译文详见 PPT13,选自《古都》第二章"尼姑庵与格子门")
文本解读
(1)"古色じみた家"与"若葉"分别象征什么?
(2)千重子一家原本为了赏樱前往植物园,樱花下的喧闹让父亲太吉郎感到烦躁,于是一家人一起躲开喧闹,一路又看到了芍药、牡丹、郁金香、雪松,并提到秀男父亲喜欢的"楠木"(中文为樟树),结合日本历史和日本文化的形成过程,说明以上"花"或"树"的寓意。
(3)常绿树"雪松"是一个极富象征意义的意象。结合《古都》的文本中提到的相关细节(日本历史上对中国文化、"南蛮"(葡萄牙、西班牙、荷兰等)、欧美文化的借鉴与吸收),请同学们思考其象征意义。

翻译问题与批评
《植物园》一章中千重子一家的所见所闻构成重要的隐喻,很多描写富有象征意义。与前一章强调"外来事物"对于"新生"的重要性不同的是,这一章同时强调文化传统与底蕴的重要性。古色古香的老房子象征的是日本的文化传统,而新绿则象征着新生的事物。只有厚重的文化底蕴,才能让"新生"显得更有生机。因此相比具有贬义"古旧",中性的"古老的"或褒义的"古色古香"更合适。而"いきいき"呼应小说开头的紫花地丁"生命力",强调的是"生命力",相比"栩栩如生","勃勃生机"更能体现这个意思。

第二句仍承接本章开头的第一句,强调厚重的文化底蕴与文化主体性的重要意义。日本文化是不落叶的树,每个时代会吸纳新的事物,但又保持旧的传统,因此,发芽的时候才如此美丽(如梦如幻)。

此处翻译批评选择学生作业中常见的两种错误进行讲解。

原文"夢のような"强调的是美得让人难以置信,第一处译文,"像做梦一样",有不切实际的幻想之意。第二处译文将原文修饰"芽吹き"的定语翻译为修饰"长出"的状语,强调的重点产生差异。按照原文的意思,应该是不落叶的雪松旧芽未落又萌生翠绿的新芽时,整体的景象与氛围美得如梦如幻,而非强调"长出新芽"这个动作像做梦一样令人难以置信。另外,该同学将"反问"(否定回答,意为不会)的语气翻译成了肯定语气,完全弄反了原文的意思,对小说的主题产生影响。

思政要素

习近平总书记强调文明互鉴,倡导借鉴世界上优秀文明的成果,同时一再强调保持中华文化的主体性,要求坚定文化自信。2022年5月27日,习近平总书记在中共中央政治局第三十九次集体学习时讲话指出:"中华优秀传统文化是中华文明的智慧结晶和精华所在,是中华民族的根和魂,是我们在世界文化激荡中站稳脚跟的根基。"同时他也指出:"要推动中华优秀传统文化创造性转化、创新性发展,以时代精神激活中华优秀传统文化的生命力。"(2021年3月22日至25日,习近平在福建考察时的讲话)

结合《古都》的主题,引导学生认识:我们只有认真学好中国传统文化,秉承北京大学外国语学院"世界在我脚下,祖国在我心中"的院训,守住中华文化传统的根基,学习外语与外国文化并进行创新,这样的"新"才更有活力,才能迎来更加璀璨(如梦如幻)的新时代中华文化的大繁荣景象。

结合北京大学的风景和身边的实例,PPT附外文楼前的雪松图片,请同学们等春暖花开的时节仔细观察雪松发芽的情景。

以下为自主阅读资料,发课程群,请同学们认真学习并深刻体会。

中华文化既是历史的,也是当代的,既是民族的,也是世界的。只有扎根脚下这块生于斯、长于斯的土地,文艺才能接住地气、增加底气、灌注生气,在世界文化激荡中站稳脚跟。正所谓"落其实者思其树,饮其流者怀其源"。我们要坚持不忘本来、吸收外来、面向未来,在继承中转化,在学习中超越,创作更多体现中华文化精髓、反映中国人审美追求、传播当代中国价值观念、又符合世界进步潮流的优秀作品,让我国文艺以鲜明的中国特色、中国风格、中国气派屹立于世。(2016年11月30日习近平在中国文联十大、中国作协九大开幕式上的讲话)

案例五

文本解读、翻译问题与批评

这里原文说的是古代日本文化是吸收了外来文化才逐渐繁荣发展起来的,在普通的民间信仰中,神佛并无区分,人们会将作为"神"(日本民间信仰中的神)的使者的童子比作菩萨,是一种文化融合的体现,但结合小说的开头部分对基督灯笼的描写可以知道,只要保持主体性,无论是基督教还是佛教的信仰都会被消解,"已经不知是作为信仰的标志"、还是具有"异国情调的装饰","仅仅因为其古色古香,才作为装饰摆在庭院里"(小说开头部分的原文)。

此处需联系日本文化史上佛教经中国传入日本的历史,以及佛教本土化过程中的神佛习合,指出日本的民间信仰中神佛不分的现象,并请同学们了解明治时期日本政府主导的神佛分离令,理解小说中这里特意指出"古时日本神佛不分"的原因。而唐月梅将其译为"神佛都参加时"是没有理解日本文化与小说的意图,令人不知所云。

相关知识点:神仏習合(又称:神仏混淆)、神仏判然令(又称:神仏分離令)

思政要素

日本明治政府颁布神佛分离令,强行主导神佛区分,宣扬国家神道,并将原本已经内化为日本文化重要组成部分的佛教强行分离与排斥,严重破坏了日本文化的传统。此处引导学生在正确翻译的基础上,分析并批判日本明治政府主导的神佛分离令对日本传统文化的破坏,并思考我们提出的兼容并包的"文化自信"与明治政府"文化自大"(国粹主义)的区别,思考日本近代化过程中一步步走向对外侵略扩张的原因。

四、总结环节(10分钟)

总结

(1)《古都》的主题与翻译策略

(2)人物形象(父亲的包容形象)分析与翻译策略

(3)文化语境(神佛习合)的理解与翻译策略

(4)其他翻译问题:加译(关联理论指导下的信息补偿)、定语拆分的不同效果(叙事学)等。

预告

下周选取《古都》中日本文化相关的部分和来自中国文化的文化典故,主要讲授翻译中的跨文化诠释问题。

【课后】

请同学再次阅读《古都》,重点关注其中有关日本文化的文化负载词和源自中国的文化典故等,并尝试翻译下面的段落,查询相关日本文化词典和资料,思考外来文化在日本文化中的影响,并尝试翻译整段文字。注意"氏子""祇園ばやし"的翻译问题,为下节课重点环节"作为跨文化诠释的翻译"部分主要讲解问题之一。

八坂神社の氏子は、たいさんに多い。宵山、それに、十七日の山鉾の巡行が終っても、まだ、後の祭りがつづく。店を開けはなって、屏風などをかざる。前には、初期浮世、狩野派、大和絵、宗達の一双の屏風などもあった。浮世の肉筆には、南蛮屏風もあって、みやびた京風俗に、異人も描かれていた。つまり,京の町人の盛んな勢いを、あらわしていたのだった。

今は、それが山鉾に残っている。いわゆる舶来の唐織錦、ごぶらん織、毛織物、金襴緞子、綴織の刺繍などが使われている。桃山調の大きい花やかさに、外国との交易の異国の美も加わっているわけである。

鉾の内も、時の名高い画家が、描きかざったのもある。鉾の柱のように見える、頭には、朱印船の帆柱だったのもあると伝えられる。

祇園ばやしはかんたんに「こんこんちきちん」で通っているが、じつは、二十六通りあってそれは壬生狂言のはやしに似、雅楽のはやしに似ていると言われる。

【思维导图】(各教学思政要素一览表)

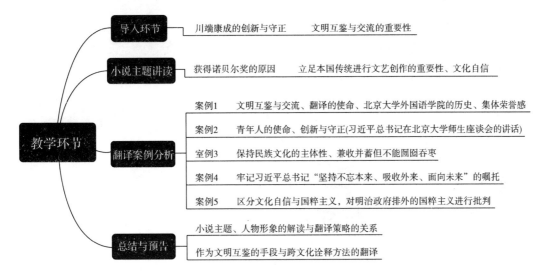

5. 参考书目

1. 习近平:《习近平谈治国理政》(第1、2、3、4卷),北京:外文出版社,2014—2022年。
2. 习近平:《高举中国特色社会主义伟大旗帜　为全面建设社会主义现代化国家而团结奋斗——在中国共产党第二十次全国代表大会上所作的报告(2022年10月16日)》,北京:人民出版社,2022年。
3. 川端康成:《古都》,唐月梅译,海口:南海出版公司,2014年。
4. 川端康成、『美しい日本の私』、講談社、1969。
5. 安丸良夫、『神々の明治維新——神仏分離と廃仏毀釈』、岩波書店、1979。
6. 吉田一彦、『神仏融合の東アジア史』、名古屋大学出版会、2021。
7. 「川端康成氏にノーベル賞　文学賞は日本では初めて　文学水準世界が認める」、『朝日新聞』東京朝刊一面、1968年10月18日。
8. 「"伝統"書いたお陰　川端氏語る　変に運がよくて」、『朝日新聞』東京　朝刊一面、1968年10月18日。

附件：教学课件

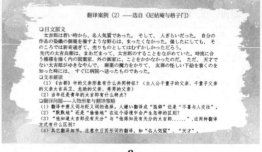

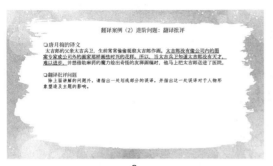

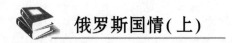
俄罗斯国情(上)

单元主题:俄罗斯外交概况

1. 课程总览

【课程名称】俄罗斯国情(上)

【课程类型】专业核心课程

【教学对象】本科一年级

【课程学时】32学时(2学时*16周)

【课程目标】

本学期教学内容包括俄罗斯国家概况、地理和古代史。课程目标设定为要使学生对俄罗斯国家基本国情有较为全面的认识,主要内容的掌握要能达到专业教学大纲和俄语四八级专业水平要求;使学生能够把所学知识运用到其他语言、文学、文化课程学习当中,为深入学习和开展研究打好基础。

本单元主要的课程目标有以下几点:

知识目标:学生要基本了解俄罗斯联邦外交基本情况,外交工作的重点,俄罗斯国家的地缘政治环境,与周边国家的外交关系。

能力目标:在掌握基本国情知识的基础上,通过课堂问答、课后思考题、课下作业等方式,主动运用一定的理论和方法,对课堂讲授的部分重点内容能够做深入的探究,对课堂没有涉及的内容能够通过自我学习加以补充。学生要通过课后作业基本了解论文、文献综述、资料翻译、读书报告等方面的写作。

素质目标:学生要学习和掌握用全面、联系和发展的方法来认识对象国基本国情,要具备一定的发现问题、提出问题、分析问题和解决问题的能力,同时学会冷静、客观地对待事物,提高综合素质,并且能主动与我国国情加以对比,强化建立中国视角的意识。

2. 本课课程思政目标

通过课程学习使学生掌握正确的思想观,正确认识俄国当前面临的主要问题和历史遗留问题,提高学生认识国际问题和解决跨文化交流所面临的迫切问题的能力,扩大学生的国际视野;使学生树立家国意识和对构建人类命运共同体的使命感,学会从中国视角思考问题,发出中国声音。

本单元思政目标有以下三项：

（1）了解外交在国家事务中的重要性，世界主要流行的一些外交原则和外交策略，特别是我国在处理外交问题上所秉持的基本原则和主要倡议，如五项基本原则、"一带一路"倡议，特别是习近平总书记倡导的构建人类命运共同体的理念。

（2）了解俄罗斯联邦与周边国家以及世界主要国家的外交关系，特别是一些热点问题，同时也要了解中俄两国外交的基本情况，特别是两国外交的不同特点，树立家国情怀和国家意识，增强民族自豪感和自信心。

（3）课程要能扩展学生的国际视野，提高学生的综合素质，锻炼学生的跨语言、跨文化的交际能力。

3. 本课课程思政教学重点和难点

本课程思政教学的重点：学习掌握习近平总书记关于推动构建人类命运共同体的相关论述，包括必须坚持各国相互尊重、平等相待。必须坚持合作共赢、共同发展。必须坚持实现共同、综合、合作、可持续的安全。必须坚持不同文明兼容并蓄、交流互鉴。在复杂纷纭的国际问题面前，明辨是非黑白，透过现象看本质。反对任何形式的霸凌行为，反对冷战意识、零和思维和不负责任的单边制裁，主张以和平对话方式解决国与国之间存在的问题，坚持走合作共赢的和平发展道路。

本课程思政教学的难点：学生对许多热点问题感兴趣，但对信息的掌握比较凌乱。受时下流行的"战斗民族"的观念影响，对俄罗斯的态度感性大于理性。学生对外交的了解比较粗糙，而对国际事务的复杂性认识不够全面、冷静、客观。

4. 本课课程思政教学方法和过程

4.1 教学方法

课前阅读：

习近平：博鳌亚洲论坛2015年年会上的主旨演讲

普京国情咨文相关内容

课堂讲授：

介绍地缘政治、文明冲突、零和博弈、冷战思维、软实力、主权民主、"一带一路"、人类命运共同体等基本概念；介绍联合国机构、联合国宪章、北约与欧盟、独联体相关基本情况。

介绍俄罗斯地缘政治环境，所采取的基本策略。

介绍俄格冲突、俄乌冲突的简要情况。

课堂发言与讨论：

讨论主题：俄乌冲突的现状以及解决之道

替代主题：新时代中俄全面战略协作伙伴关系

课后思考题：

中国与俄国外交工作的特点有哪些？

如何理解新时代中俄全面战略协作伙伴关系？

4.2 教学过程

【教学安排】

检查学生课前阅读情况(3—5分钟)。以提问方式由一两位学生口头报告课前准备情况。(PPT 2)

外交基本常识(PPT 3)

介绍关于国际关系的一些基本概念(10—15分钟)。其中包括：地缘政治学说、文明冲突论、零和博弈、冷战思维、国际制裁、软实力、"颜色革命"、主权民主、和平共处五项基本原则、"一带一路"倡议、人类命运共同体等。地缘政治学说将引入从中国成语中看地缘政治传统策略：合纵连横、远交近攻、党同伐异；唇亡齿寒、以和为贵、协和万邦；在文明冲突论中引入"美美与共"观念；介绍零和博弈时同时要提到我国奉行的合作共赢原则；在国际制裁中强调我国历来反对绕过联合国和安理会实施的各种"单边制裁"的立场；在软实力以及"颜色革命"中提醒学生注意某些国家或集团各种文化和意识形态的渗透和煽动行为。(PPT 4—7)

介绍相关国际组织以及俄罗斯所起的作用。(10—15分钟)。其中包括联合国、联合国框架；欧盟与北约；苏联与独联体，俄罗斯所主导的国家组织，俄白国家联盟、上海合作组织等。重点介绍欧盟和北约东扩给俄国带来的安全危机以及上合组织的发展前景，强调不同的发展策略对国家发展所造成的影响(PPT 8—12)。

分区域介绍俄国与周边国家、世界主要国家国际关系的基本情况(10—15分钟)。主要内容包括与欧盟、北约的关系；与苏联解体后形成的新独立国家的关系；俄美关系；俄日关系等。在这部分内容中，要讲明俄罗斯为自身发展和安全考虑，抵制和反对北约东扩的立场是可以得到理解的，毕竟北约是欧洲乃至世界最大的军事政治集团，北约东扩大大压缩了俄罗斯战略发展空间，同样我国也应该重视美日韩澳等正在拼凑的亚洲版北约的潜在威胁。(PPT 13)

俄格冲突与俄乌冲突(10—15分钟)。这部分会简要描述冲突的由来以及目前状况，并且传递中国在解决国家间冲突的一贯立场。(PPT 14)

介绍中俄外交历史概况(10分钟)。其中包括早期(19世纪中期以前)、中期(新中国成立前)和现代(新中国成立)。两国外交历经冲突——互贸——不平等条约——反法西斯战争——合作蜜月——分裂对抗——正常化与战略协作伙伴。回顾历史时要简要介绍时代背景,并且指出对待历史问题要冷静客观,避免情绪化,并且指出中国领导人解决边境问题体现的政治智慧。在中俄战略伙伴问题上,侧重强调这是一种新型的国与国关系的范例,结伴但不结盟,有利于在各自舞台独立发挥作用。(PPT 15,16)

课堂讨论(5—10分钟)。由学生主导进行,教师以听众和场外嘉宾身份参与,允许学生自由辩论。(PPT 17)

课堂总结(1—3分钟)。总结课程要点,评价上课情况,布置本单元课后作业和下一单元课前任务。(PPT 18)

【教学思维导图】

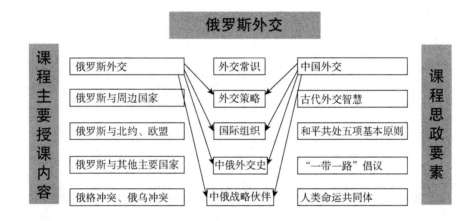

4.3 评价方法

课前阅读检查:以提问方式检查学生课前准备情况,评点学生掌握情况,看看是否抓住重点,核心观念是否正确。

课堂讲授过程:在和学生互动过程中随时了解学生对讲述内容是否正确理解,如果有异议及时予以解答。

课堂讨论过程:由学生自由发言,可穿插提问来做适时适当引导。课堂表现可记录于日常成绩考察。

课后作业:对书面完成报告给予适当评点,列入期中考察备选题目与期末考试复习思考题,通过作业完成情况以及考试完成情况综合评价学生的最终学习成绩。

5. 参考书目

1. 郝斌、戴卓萌:《俄罗斯概况》,北京:北京大学出版社,2012年。
2. 习近平:博鳌亚洲论坛2015年年会上的主旨演讲。

附件：教学课件

1
俄罗斯概况
ОБЩИЕ СВЕДЕНИЯ О РОССИИ

2
俄罗斯外交（внешняя политика）
- 课前阅读检查
  - 冯玉军文章中对俄罗斯外交特点做了怎样的概括和总结
  - 习近平总书记演讲中提出的迈向人类命运共同体所要坚持的四项基本原则
  - 普京年度国情咨文中提到了哪些外交原则和策略

3
外交基本常识
- 何谓外交？
  外交通常是指一个国家为了实现其对外政策，通过互相在对方首都设立使馆、派遣或接受特别使团，倾导人访问，参加联合国等国际组织，参加政府间国际会议，用谈判、通讯和缔结条约等方法，处理国际关系的活动，以和平方式对外行使主权。由国家元首、政府首脑、外交部长和外交机关代表国家进行的对外交往活动。外交也可以划分为官方外交、半官方外交和民间外交。
- 驻外机构
  建立派驻的官方机构，级别分为大使馆、公使馆、代办处。正式成员包括各级正式外交官员，此外还包括武官、商务、教育、文化、科技等部门外交人员。
- 外交官豁免
  根据"平等国家之间无管辖权"的国际法原则，外交代表在驻在国享有管辖豁免权。这种权利包括：司法管辖豁免、诉讼豁免、执行豁免。
- 外交官与间谍

4
与外交策略相关的热点词汇（一）
- 地缘政治学说：主要是研究国家的疆土的大小、国家的地理位置、国家领土所拥有的自然资源、气候条件、国家的人口和民族的自然属性等地理人文因素对国家及国家间政治态势的制约和影响。分为国家与周边国家、国家与地区、世界格局三个层次。以此为基础制定国家政策、军事战略和对外政策。
- 文明冲突论：美国政治家塞缪尔·亨廷顿（Samuel Huntington）创建的理论。未来世界的国际冲突的根源将主要是文化的而不是意识形态的和经济的，全球政治的主要冲突将在不同文明的国家和集团之间进行，文明的冲突将主宰全球政治，文明间的（在地缘上的）断裂带将成为未来的战线；国际政治的核心部分将是西方文明和非西方文明之间的相互作用。
- 零和博弈（zero-sum game）：又称零和游戏，与非零和博弈相对，是博弈论的一个概念，属非合作博弈。它是指参与博弈的各方，在严格竞争下，一方的收益必然意味着另一方的损失，博弈各方的收益和损失相加总和永远为"零"，故双方不存在合作的可能。

5
与外交策略相关的热点词汇（二）
- 冷战思维：冷战结束后，西方国家乐于采取的试图建立单极世界、实施霸权主义的观念和意识，奉行利益至上，制造对手，鬼行霸权政治，无视他国安全和需求。
- 国际制度：《联合国宪章》中规定，安全理事会应首先"断定任何和平之威胁、和平之破坏、或侵略行为之是否存在"，并提出她的办法、采取的行动，如经济关系、铁路、海运、航空、邮电、无线电及其他交通工具其他部或全部停止，以及外交关系的断绝，以实施其决议，并促请会员国执行此项办法。安理会如认为上述办法不足够时，可采取必要的空海陆军行为。包括会员国的空海陆军示威、封锁及其他军事动作，以维持或恢复国际和平与安全。
- 软实力：美国哈佛大学教授约瑟夫·奈首将软性国力划分为感召与软实力两种形态。文化软实力是国家软实力的核心要素。在一个国家崛起进的文化影响力、道义的感召力、价值观吸引力，能引领或规则别国服从或接受你的召集从而使你所想的为别人所想。
- 颜色革命：起初是指苏联冬联国内许多非暴力政权更迭。苏联解体后逐步演化的由前苏联及一些领导的政权，建立按传统俄罗斯价值，基于西方的传统，更加亲西方的政权"革命"，后反指美国尝试的在照顾某些传统的政权的"政权更迭"。比较著名的包括格鲁吉亚的"玫瑰革命"、乌克兰的"橙色革命"、吉尔吉斯的"郁金香革命"、"阿拉伯之春"等。
- 基于规则的国际秩序

6
与外交策略相关的热点词汇（三）
- 主权民主
  俄国报纸普京一系列讲话精神引领的一个治国理念，强调主权民主是俄罗斯国内制度的精髓，指的是公民有权自己决定本国的政策，可用包括武力在内的任何方式来维护这种权利，使之不受外来的压力；人民有权在没有任何外来压力的情况下独自做出决定恰恰是主要的西式民主价值之一。
- 和平共处五项基本原则
  新中国成立后一直坚持的国际关系指导原则。由联合国一些省首予以确认，即互相尊重主权和领土完整、互不侵犯、互不干涉内政、平等互利、和平共处五项原则构成了新型国际关系的本质特征。这一相互联系、相辅相成、不可分割的统一体，适用于各种社会制度、发展水平、体量规模国家之间的关系。所有国家主权一律平等，反对任何国家霸权国际事务。
- "一带一路"倡议
  "一带一路"是"丝绸之路经济带"和"21世纪海上丝绸之路"的简称，由习近平主席于2013年率先提倡，"一带一路"建设秉承共商、共享、共建原则，坚持开放合作，和谐包容，市场运作，互利共赢，推动区域经济协调发展，惠及民众。

7
与外交策略相关的热点词汇（四）
- 人类命运共同体
  习近平在出席博鳌亚洲论坛2015年年会时提出了"通过迈向亚洲命运共同体，推动建设人类命运共同体"的倡议。演讲中提出了迈向命运共同体的"四个坚持"：坚持各国相互尊重、平等相待，坚持合作共赢、共同发展，坚持共同、综合、合作、可持续的共同安全，坚持不同文明兼容并蓄、交流互鉴。
- 这一倡议得到国际社会广泛响应，多次写入联大决议。
- 已写入中华人民共和国宪法。
- 内涵包括：国家权力观、共同利益观、可持续发展观和全球治理观。

8
与俄罗斯关系密切的国际组织（一）
- 联合国
- 联合国是在第二次世界大战后成立的一个由主权国家组成的政府间国际组织，于1945年成立。
- 联合国宗旨是：维护国际和平与安全，发展国家间以尊重各国人民平等权利及自决原则为基础的友好关系，进行国际合作，以解决国际间经济、社会、文化和人道主义性质的问题，并促进对于全体人类的人权和基本自由的尊重。
- 联合国各员国有193个。
- 联合国设有6个主要机关：联合国大会、联合国安全理事会、联合国经济及社会理事会、联合国托管理事会、国际法院和秘书处。联合国大会（简称联大）是联合国的主要审议机关，由全体会员国组成。联合国安全理事会（简称安理会）是联合国六大主要机构之一。联合国的其他主要机关只能对会员国提出"建议"，而安理会却有权根据其宪章作出决议，会员国必须予以履行。安理会由15个理事国组成：5个常任理事国是：中华人民共和国、法兰西共和国、俄罗斯联邦和大不列颠及北爱尔兰联合王国。10个非常任理事国，由大会选举产生，任期两年。常任理事国具有一票否决权。
- 联合国的作用、联合国改革。

与俄罗斯关系密切的国际组织（二）

- 欧洲联盟
- 简称欧盟（EU），总部设在比利时首都布鲁塞尔。现拥有27个会员国，正式官方语言有24种。
- 1965年4月8日，德国、法国、意大利、荷兰、比利时、卢森堡六国签订《布鲁塞尔条约》，决定把欧洲煤钢共同体、欧洲原子能共同体和欧洲经济共同体统一起来，统称欧洲共同体。1991年12月，欧洲共同体马斯特里赫特首脑会议通过《欧洲联盟条约》，通称《马斯特里赫特条约》，1993年11月1日，《马斯特里赫特条约》正式生效，欧盟正式诞生。
- 下设机构包括：（1）欧洲理事会（又称欧盟首脑会议或欧盟峰会）；欧盟最高决策机构；（2）欧盟理事会（又称欧盟部长理事会）；欧盟立法与决策机构；（3）欧盟委员会（简称欧委会），欧盟立法建议与执行机构；（4）欧盟对外行动部，协调成员国外交政策；（5）欧洲法院，统计局，中央银行，投资银行等。
- 由经济联合体向经济政治联合体发展，在外交、安全、司法等方面协调立场和行动。
- "共同价值观"

9

与俄罗斯关系密切的国际组织（三）

- 北大西洋公约组织
- 简称北约组织或北约，第二次世界大战后，美国为了遏制苏联，维护其在欧洲的主导地位，联合西欧一些国家于1949年4月4日正式成立。北约拥有大量核武器和常规部队，是西方的重要军事力量。是二战后资本主义阵营军事上实现战略同盟的标志，使美国得以控制欧洲联盟的防务体系，是美国世界超级大国标志地位的标志。
- 北大西洋公约组织有30个成员国：比利时、冰岛、丹麦、德国、法国、荷兰、加拿大、卢森堡、美国、挪威、葡萄牙、土耳其、西班牙、希腊、意大利、英国、波兰、匈牙利、捷克、爱沙尼亚、拉脱维亚、立陶宛、斯洛伐克、斯洛文尼亚、罗马尼亚、保加利亚、阿尔巴尼亚、克罗地亚、黑山、北马其顿。总部设于比利时布鲁塞尔。
- 下设北大西洋理事会（各国外长等组成），国际秘书处，军事委员会，北大西洋议会等常设机构。
- 北约东扩
- 冷战期间与苏联所领导的华沙条约组织（简称华约）形成阵营对峙，冷战结束后，华约组织解散，而北约没有解散，反而大量吸收原华约国家加入，甚至将瑞典、芬兰一些"中立国"列入发展范围。

10

与俄罗斯关系密切的国际组织（四）

- 独联体
- 独联体全称为独立国家联合体，俄文为Содружество независимых государств，简称СНГ，英文Commonwealth of Independent States，简称CIS。1991年12月，俄罗斯联邦、乌克兰三国首脑在白俄罗斯布列斯特城的别洛韦日国家公园的政府别墅举行会晤，12月8日签订协议，宣布成立独联体。12月13日中亚五国首脑在土库曼斯坦首都阿什哈巴德会晤宣布，该五国愿意"作为平等创始国"参加独联体。12月20日，上述各国加上三个高加索国家，在哈萨克斯坦首都阿拉木图召开独联体首脑正式会议，正式宣布独联体成立，成员国多时候为12个。目前独联体的正式成员国为9个。土库曼斯坦作为非正式联系国。独联体总部设在白俄罗斯首都明斯克。

独联体主要机构包括国家元首理事会元首理事会和政府首脑理事会；跨国议会大会、洲际经济委员会和支付联盟，以及外交、国防部长等理事会，协调诉讼委员会等。

- 独联体的宗旨和内容
- 《独联体章程》规定：独联体以对所有成员国的主权平等为基础。独联体不是国家，也不是超国家的组成，成员国有完全的主权。为各成员国进行必要的军事合作，加强成员国安全，包括边境合作，在相关问题上协调立场，合理地国防建设和军队建设实行协调的政策，采用包括基建维修等等形式保证独联体成员国的集体安全。

11

与俄罗斯关系密切的国际组织（五）

- 独联体国家内部组织，包括俄白联盟、集体安全条约组织（ОДКБ，包括亚美尼亚、白俄罗斯、哈萨克斯坦、吉尔吉斯斯坦、俄罗斯、塔吉克斯坦、乌兹别克斯坦）、欧亚经济共同体（ЕврАзЭС，包括白俄罗斯、哈萨克斯坦、吉尔吉斯斯坦、俄罗斯、塔吉克斯坦、乌兹别克斯坦），统一经济空间（ЕЭП，白俄罗斯、哈萨克斯坦、俄罗斯）、古阿姆（ГУАМ，民主与经济发展组织，格鲁吉亚、乌克兰、阿塞拜疆、摩尔多瓦）等。
- 上海合作组织（Shanghai Cooperation Organization, Шанхайская организация сотрудничества），简称上合组织（SCO、ШОС），是2001年6月15日中华人民共和国、哈萨克斯坦共和国、吉尔吉斯共和国、[57] 俄罗斯联邦、塔吉克斯坦共和国、乌兹别克斯坦共和国在中国上海宣布成立的永久性政府间国际组织。2017年接收印度和巴基斯坦成为成员国。另外还有蒙古等观察员国和对话伙伴国。上合组织奉行不结盟、不针对其他国家和组织以及对外开放原则，坚持与睦善意邻相好，维护地区安全和稳定，开展各领域合作，推动建立民主、公正、合理的国际政治经济新秩序。

12

俄罗斯外交重点

- 欧洲主义和欧亚主义
- 欧洲主义倾向于俄国强占白身属于欧洲国家，有着共同的文化基础；彼此应该成为大家有力的帮助利益。欧亚主义是俄国有些学者、发展提出不同观点，而且提出了欧亚经济联盟等在现实中实施。
- 俄美俄罗斯不断加强和巩固、与独联体成员国之间的关系
- 关系是与独联体成员国加强和密切联络，要考试互切切划经济的联合的的必要重要的政治性、经济、文化等。关系相对冷漠的是阿塞拜疆和摩尔多瓦。俄罗斯最为关切的是乌克兰。关系恶化的是格鲁吉亚和乌克兰。
- 俄罗斯与欧美国家、对北大西洋、俄美关系
- 俄罗斯曾试图加入欧美和加强与欧盟的联系，但是从文化等方面的合作和角度，但是对于北约的东扩一直坚持反对明确的立场。
- 俄美关系
- 二战之后，俄美关系曾一度对抗和解开放和解、对时间和紧张的机会，大部分对时候都在这方面各自的利益方面，两大集团在在东西方的军事、政治、经济等对抗中的对立形成"冷战"。后西方对东方"冷战"的态势一直没有得到放缓、有缓和、有反复、有缓解、又紧张，整体趋势是在各个领域对抗性加深，军备竞赛在许多领域特别是在核能力方面达到高峰。发展到本世纪20年代俄乌冲突之后矛盾变得更加尖锐，整体处于尖锐对立的状态。而且继续恶化至后果多样，未来关系关系是否缓和并且缓和节奏是否缓和仍不容乐观。
- 俄罗斯与其他国家的关系
- 核心因为力量的敌意（日本有北方四岛）、俄国和朝鲜海半岛等等。
- 俄罗斯与其他地区国家（印度、阿拉伯）

13

俄格冲突、俄乌冲突

- 俄格冲突
- 俄格历史渊源：古代时候相互关系不太密切；1800年为阻拦波斯土耳其的扩张而并入俄帝国，1922年以外高加索共和国名义加入苏联，1936年更名为格鲁吉亚社会主义共和国，1991年宣布独立。
- 南奥塞梯和阿布哈兹的分离行为
- 玫瑰革命（2003）
- 五日战争（2008）
- 俄乌冲突
- 俄乌历史渊源：基辅罗斯（10-13世纪）——蒙古稽鞑人统治时期——波兰立陶宛——1654年合并——18世纪俄土战争——1918乌克兰人民共和国——苏联——1991年独立
- 橙色革命（2004）
- 克里米亚归俄（2014）
- 顿涅茨克和卢甘斯克宣示独立——《明斯克协议》（2015）——诺曼底模式——"特别军事行动"（2022年2月24日）

14

中俄全面战略伙伴关系（一）

- 中俄外交关系回顾
- 早期由冲突走向互谅边贸：1689《尼布楚条约》，1728《恰克图条约》，1792《恰克图市约》
- 第二次鸦片战争后签订不平等条约，《瑷珲条约》、《北京条约》、《勘分西北界约记》、《伊犁条约》，侵占150多万平方公里土地。
- 东清铁路共建，1897年开始兴建，1903年开通，分北部干线（满洲里至绥芬河）和南满支线（宽城子至旅顺口）。1904年日俄战争失败后将南满铁路（长春至旅顺）营建权让给日本。
- 十月革命一声炮响，给中国送来了马克思主义。
- 支持北伐战争，支持抗日战争。
- 1949年第一个与新中国建交，1950年签订《中苏友好互助同盟条约》，开启"蜜月期"。
- 1960年至80年代，中苏关系恶化，甚至发生武装冲突（"珍宝岛事件"，1969），反对苏美两霸。
- 80年代中后期两国关系正常化。

15

中俄全面战略伙伴关系（二）

- 建立全面战略伙伴关系
- 1991签订中苏边界东段协定，政治解决边土争端。
- 1994年中俄联合声明，开启"伙伴关系"。
- 2001年签署《中俄睦邻友好合作条约》，从2006年开始互办主题交流年系列活动，其中包括"国家年"（2006,2007）、"语言年"（2009,2010）、"旅游年"（2012,2013）、"青年友好交流年"（2014,2015）、"媒体交流年"（2016,2017）、"中俄地方合作交流年"（2018,2019）、"中俄科技创新年"（2020,2021）。
- 2010年两国签署《中俄关于全面深化战略协作伙伴关系联合声明》，开启"全面战略伙伴关系"新程
- 中俄战略伙伴关系的性质和特点
- 战略协作伙伴关系之于中俄关系的战略性质，是中俄关系的稳定性，该定位突破了传统国际关系中非此即彼、不合作就对抗的既有模式，是冷战结束后两国践行相互不结盟于和伙伴的新产物，中俄关系在各自各方安全和对外政策中占据优先地位并不意味着两国会走向传统联盟，中俄重结成不结盟的战略协作伙伴，既尊重历史经验，照应战略全局需要，也不失时代的公正。
- 有利于世界和平，有利于改善周边均势，有利于国家安全，有利于经济发展。

16

课堂讨论
• 俄乌冲突的现状以及解决之道

17

课后思考题
• 中国与俄国外交工作的特点有哪些?
• 如何理解中俄全面战略伙伴关系?

18

外国语言文学学科课程思政课堂样例
研究生课程

 古代俄语

单元主题:斯拉夫文字的起源与语法语音知识入门

1. 课程总览

【课程名称】古代俄语
【课程类型】俄语语言文学专业硕士研究生选修课
【教学对象】俄语语言文学专业硕士研究生
【课程学时】34学时(2学时*17周)
【课程目标】

本课程是在学生已具备一定水平的现代俄语语言知识基础上开设的一门难度较高的课程,旨在培养学生综合运用古代俄语的语言知识和技能进行不同时期古代文本阅读的能力。在语言能力训练的同时,注重学生综合素质的培养和价值观的塑造,促进其知识、能力、素质的全方位发展。

知识目标:通过课程学习,使学生可以掌握古代俄语阅读相关的基本知识,包括:古斯拉夫语、古俄语、教会斯拉夫语间的关系;各时期不同体裁文本语法体系的构建;古今词汇对应等。通过文本阅读,在巩固语言知识的同时,课程还可帮助学生掌握一定的国情文化知识。

能力目标:在掌握基本语言知识的基础之上,利用课堂、课外的阅读训练,有效提升

学生对不同时期俄语文本的阅读能力及检索查询能力。根据具体教学内容,灵活穿插历史、宗教、文化等不同侧重的例词例句,运用集体讨论、翻转课堂等多种教学方法,提高学生的思辨能力、解读能力以及对古文本的翻译能力。

素质目标:在实际教学过程中融入对学生价值观的塑造,通过对实际翻译案例的分析,培养学生对待科研的严谨态度,引导学生进行语言及文化层面的中俄比较,全方位提高学生的人文素养和思想素养,培养学生的家国情怀,使学生能够用渊博学识为讲好中国故事的目标打下良好基础。

2. 本课课程思政目标

古代俄语的第一课具有导论性质,主要内容是介绍斯拉夫文字的起源并做一些简单的语法语音知识入门,结合本课所学知识点,课程思政应当从"文明互鉴"的背景展开,使学生在了解对象国语言文化的同时,加深对本国相应语言文化的理解,认识中华汉字文化的魅力,更有利于讲好中国故事能力的培养。具体来讲,本课的课程思政主要有以下几个目标:

第一,通过讲解斯拉夫文字的起源问题,为学生提供相应的汉字起源线索,引导学生研究探索两国文字,甚至世界主要文字系统在创制过程中的异同,以文化互鉴的形式加深学生对本国文字系统的了解,在比较语言研究的基础上恰当融合思政元素,使学生在学习外国语言的同时,得窥汉语言文字之魅力,提升文化自信。

第二,通过对汉字和斯拉夫字母在国际范围内的传播情况进行比较,引导学生研究探索两国在历史上的文化辐射范围与互动现象,以文明互鉴的形式加深学生对本国文字所承载的文化实质的了解,使学生明确斯拉夫文字和汉字所代表的文化影响力在世界范围内的变化,激发学生讲好中国故事的动力,坚定传播中华文化的道路。

第三,通过对俄汉古代语言间简单的语法相通点进行对比,使学生树立正确的语言观和语言史观,了解本国语言在历史上所表现出的一些显著特点,使学习的外国语言学知识能够真正地为我所用,用以从不同的理论视角探求本国语言和对象国语言间的共性问题,培养学术意识。

3. 本课课程思政教学重点和难点

思政教学重点:本课的主讲内容为文字史和语法入门,作为整个课程的第一课,带有导论性质的学习内容,应在引导学生产生学习兴趣和科研兴趣的同时,启发学生对文化互鉴、文明互鉴等问题的思考,通过语言史、语法、语音层面的中外对比,帮助学生在学习外语的同时,深入了解本国语言文化特点,鼓励学生继续探究相关问题,提升知识储备,为能够"讲好中国故事"打下理论与实践基础,激发学生传播中国语言文字所承载的文化之动力。

思政教学难点:语言课程的思政教学一般都是基于词汇和文本展开,但本课程由于涉及古代内容,在第一课学生尚对古代语言没有任何了解的情况下,如何挑选课程思政元素的载体以及如何将课程思政元素有机融入课堂教学过程应是本课聚焦的思政教学难点。在教学过程中,汉语言文字的相关要素虽然以辅助对比的功能为主,但通过一定的叙述策略和教学配比,应使学生在潜移默化中,增添对本国语言文化的了解,实现浸润式思政教育,激发其传播中华语言文化和从事相关研究的动力。

4. 本课课程思政教学方法和过程

4.1 教学方法

本课以立德树人为根本任务,贯彻"全过程育人"和"全方位育人"的理念,努力培养全面发展的外语人才,不仅关注课堂教育本身和教学内容的呈现,重视学生科研素质和价值观的培养,还将课堂以及课下师生交流相结合,形成全过程的育人环节。一方面,在课堂上采取"顺势而为、边叙边议"的方法,在针对语言现象进行讲解的同时,对思政要素进行适当的印证和强调,引导学生探求本国语言文化的真谛,提升文化自信;另一方面,在课下的师生交流中,结合学生们提出的问题,通过讲述自己熟悉的事例或亲身经历,阐述相关思政元素,为学生树立科研和价值观层面的榜样,鼓励学生积极传播中华语言文化,教导学生如何用自己的专业知识讲好中国故事。整个教学过程应当是寓德于教、寓教于乐,在解决教学重难点的同时,融入课程思政元素,润物无声地实现价值引领。

4.2 教学过程

【教学安排】

时间	教学环节
0:00—0:05	导入部分(PPT 1): 与班级同学建立联系:师生自我介绍,了解学生选课的兴趣点,以便随学期进行调整语言材料的挑选方案 介绍本课程以及本课主要的教学内容
0:05—0:30	第一部分·斯拉夫文字的起源(PPT 2—16): 斯拉夫文字之始·基里尔与梅福季 基里尔字母与格拉戈里字母 学术界对格拉戈里字母来源的探讨 【思政点·讨论】与我国文字起源学说的比较

(续表)

时间	教学环节
0:30—0:55	第二部分·基里尔字母相关问题探讨(PPT 17—28)： 基里尔字母的创制 古代基里尔字母的书写与发音(短弱元音的读法) 单词拼读练习 基里尔字母的历时演变 【思政点·讨论】世界范围内汉字和基里尔字母传播比较
0:55—1:35	第三部分·古斯拉夫语词法入门(名词*-ā变化阴性名词)(PPT 29—42)： 古代语言状况 名词*-ā变化阴性名词变格表举例 变格中的语音交替——腭化现象 格用法的古今差异 变格练习 【思政点·讲述】俄汉古代语言的语法比较
1:35—1:40	课程回顾及作业布置(PPT 43—44)

【各环节讲述要点】

第一部分·斯拉夫文字的起源：

斯拉夫文字之始·基里尔与梅福季(PPT 3—5)

【要点】讲述基里尔和梅福季的家庭背景(生于军事长官之家,父亲是保加利亚人,母亲是希腊人)、生活环境(半希腊和半斯拉夫的环境中,对这两个民族的习俗和言语都很了解)和教育背景(基里尔学习过语法、辩证法、演说术、算术、几何、天文学、文学和音乐,还精通五门语言)；讲述基里尔与梅福季的西斯拉夫之行与文字创制的政治、宗教、文化背景。

基里尔字母与格拉戈里字母(PPT 6—8)

【要点】明确基里尔字母与格拉戈里字母创制的先后关系：格拉戈里字母实际为基里尔本人所创,而基里尔字母是其学生所创,以其师之名命名；介绍俄国学界对两套字母体系先后顺序的讨论。

学术界对格拉戈里字母来源的探讨(PPT 9—15)

【要点】介绍俄国学界的主要观点：自然演变(源自原始刻画线条)；人为借用(借自拜占庭九世纪草体)；人工创制1(传教而人工创制的文字——与埃塞俄比亚文字的近似)；人工创制2(基督教符号十字、三角、圆圈的组合)；练习(借助字母表分辨PPT中给出的格拉戈里字母对应的基里尔字母)。

【思政点·讨论】(PPT 16)介绍一些有代表性的我国文字起源的学说,引导学生对两国文字起源的异同进行讨论,探究文字起源中的共性话题,促使学生深入思考本国语言文字系统创制的相关问题,领略本国文字及其几千年来承载的文化的魅力,帮助学生提升文化自信。

第二部分·基里尔字母相关问题探讨:

基里尔字母的创制(PPT 18)

【要点】讲述每个基里尔字母的创制过程:拜占庭安色尔体希腊文,希伯来语借字,字母改造。

表1. 基里尔字母及其来源

	基里尔字母	来源		基里尔字母	来源
1	а	借自安色尔体 А	23	х	借自安色尔体 Х
2	б	改自安色尔体 в	24	w	借自安色尔体 ω
3	в	借自安色尔体 в	25	ц	借自希伯来语字母 Tsade: צ
4	г	借自安色尔体 Г	26	ч	借自希伯来语字母 Tsade: צ 亦受希腊字母 koppa: ϙ 影响
5	д	借自安色尔体 Δ
6	є	借自安色尔体 Є	27	ш	借自希伯来语字母 shin: ש
7	ж	改自 χ 或借自格拉戈里字母 Ⰶ	28	щ	ш 与 т 的组合
8	ѕ	借自希腊字母 stigma: ς	29	ъ	改自 в（上横线改向左）
9	з	借自安色尔体 Z	30	ы	ъ 与 ı 的组合
10	и	借自安色尔体 Н	31	ь	改自 в（上横线去除）
11	і	借自安色尔体 I	32	ѣ	改自 ь（添加上横线）
12	к	借自安色尔体 К	33	ю	оу 与 ı 的组合,后失去 у
13	л	借自安色尔体 Λ	34	ꙗ	а 与 ı 的组合
14	м	借自安色尔体 М	35	ѥ	є 与 ı 的组合
15	н	借自安色尔体 N	36	ѧ	正体字母 A 的繁化
16	о	借自安色尔体 О	37	ѩ	ѧ 与 ı 的组合
17	п	借自安色尔体 Π	38	ѫ	正体字母 A 的繁化
18	р	借自安色尔体 Ρ	39	ѭ	ѫ 与 ı 的组合
19	с	借自安色尔体 С	40	ѯ	借自安色尔体 Ξ
20	т	借自安色尔体 Τ	41	ѱ	借自安色尔体 Ψ
21	оу	о 与 у 的组合	42	ѳ	借自安色尔体 Θ
22	ф	借自安色尔体 Φ	43	ѵ	借自安色尔体 Υ

古代基里尔字母的书写与发音(短弱元音的读法)(PPT 19)

【要点】讲述每个基里尔字母的发音特点及单词拼读规则,着重讲解短弱元音 ь,ъ 的读法:弱位:1)在词末:сынъ,кость;2)在全值元音所在音节的前一个音节:тьма, зъло;3)在处于强位的短弱元音所在音节的前一个音节:дьньсь;强位:1)重音下:тьмьнъ;2)在处于弱位的短弱元音所在音节的前一个音节:тьмьнъ;3)单词тъ,сь,нъ。

单词拼读练习(PPT 20)

【要点】可选择一些简单的,与思政教育主题相关的词汇,如:страна 国家,отъчина/отъчьство 故土,отьць 父亲,мати 母亲(可适当讲解一些构词现象,如父亲和故土为同根词)。

基里尔字母的历时演变(PPT 21—27)

【要点】以俄罗斯的视角展示基里尔字母从古至今的演变过程,主要讲述几个关键阶段:彼得大帝时期(民用字母颁布、科学院修订:这一时期任务是剔除冗余字母,部分字母书写向西欧靠拢);资产阶级革命时期(提出进一步剔除冗余字母以适应语言新变化的方案);十月革命胜利后(方案正式付诸实施、加入字母 ё)。

【思政点·讨论】(PPT 28)引导学生查询当今世界范围内基里尔字母的使用范围,看其是否与斯拉夫民族文化圈重合,探索其中的文化根源;引导学生回顾汉字在中华文化圈的传播和使用;介绍部分曾在两国文化圈中存在的文字拉丁化思潮,并引导学生思考文字对文化传承的重要作用,激发学生讲好中国故事的动力,坚定传播中华文化的道路。

第三部分·古斯拉夫语词法入门(名词 * -ā 变化阳性名词):

古代的语言状况(PPT 29)

【要点】讲述古代俄语中重要概念——古斯拉夫语、古俄语、教会斯拉夫语的区别及其相互关系,为学生树立正确的语言史观,让学生了解古代俄语极为重要的双言制现象以及现代俄语产生的主要土壤:古斯拉夫语是古代斯拉夫民族第一个书面通用语,古俄语则是东斯拉夫民族口语,在古斯拉夫语随宗教典籍翻译传播至东斯拉夫的基辅罗斯后与当地口语结合产生了书面语的地方变体——罗斯抄本的教会斯拉夫语,从而与口语古俄语共同构成了古代的双言制语言状况。

名词 * -ā 变化阴性名词变格表举例(PPT 30—35)

【要点】讲述名词 * -ā 变化阴性名词的硬变化与软变化及其与现代俄语之间的区别与联系。

变格中的语音交替——后舌音第二次软化现象(PPT 36—37)

【要点】讲述名词 * -ā 变化阴性名词变格中涉及的后舌音第二次软化(也称腭化)的现象,并引导学生联想该变化在现代俄语中的一些残迹。

格用法的古今差异(PPT 38)

【要点】以处所格为例介绍其古今命名和用途上的差异,讲述古代的无前置词处所格结构。

变格练习(PPT 39—40)

【要点】在 PPT 中给出例词,让学生对照变格表进行变格。

【思政点·讲述】(PPT 41)为学生讲述古代汉语中与古代俄语类似的无前置词/介词的处所表示方法,引导学生思考语言共性问题,及其反映出的古代中俄两个民族的思维特点,培养学生的学术意识。

课程回顾及作业布置(PPT 42—43)

【教学思维导图】

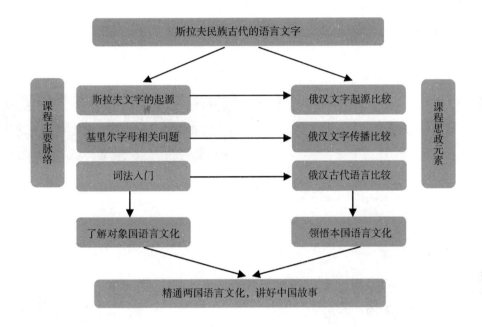

4.3 评价方法

课程评价方法主要由三个部分构成:第一,课程中供学生个人实践的部分占据不少比例,因此约有平时作业 10 次,主要是针对课程内容设计的语音、语法分析题,占期末综评的 10%;第二,在约上完 22 课时后,学生已大致掌握基本的古文阅读能力,学生将自选选段在课堂上进行不少于 30 分钟的文本分析与讲解,评分占期末综评的 30%;第三,经过完整学期的学术训练后,期末将针对所学知识进行开卷考试,主要考查学生语言知识掌握情况及陌生文本的阅读能力,占期末综评的 60%。

5. 参考书目

本课使用自编讲义,推荐参考文献如下:

1. 杨隽:《俄语历史语法概论》,武汉:华中师范大学出版社,1988 年。

2. В. А. 伊斯特林:《文字的历史》,左少兴译,北京:中国国际广播出版社,2018 年。

3. 左少兴:《古俄语简编》,北京:北京大学出版社,2018 年。

4. Галинская, Е. А. Историческая грамматика русского языка：Фонетика. Морфология. М.：ЛЕНАНД, 2015.

5. Иванова, Е. Э. История русского письма. Екатеринбург：Издательство Уральского университета, 2018.

6. Ремнёва, М. Л. и др. Старославянский язык. М.：Издательство Московского университета, 2012.

7. Русинов, Н. Д. Древнерусский язык. М.：Высш. Школа, 1977.

附件:教学课件

П.Й. Шафарик

глаголица древнее кириллицы;
глаголица – изобретение Кирилла;
кириллица – изобретение Климента Охридского.

7

В кириллическом списке Книги пророков, сделанном в 1499 г., повторена запись оригинала 1047 г. Запись эту сделал в 1047 поп Упирь Лихой. В ней указано:

СЛАВА ТЕБѢ ГИ ЦРЮ НЕСНЫЙ АКО СЪПОДОБИ МА
НАПЬСАТИ КЪНИГЫ СИА ИС КОУРИЛОВЦѢ

8

«Естественное» происхождение глаголицы
СССР, середина 20 в.
П.Я. Черных, Е.М. Эпштейн, Н.А. Энговатов и др.

9

«искусственное» происхождение глаголицы
Гипотеза Тейлора – Ягича
Из византийской скорописи 9 в.(возникла в делопроизводстве)
21 из 40 можно сопоставить со скорописью

10

«искусственное» происхождение глаголицы
Гипотеза Г.М. Прохорова
Поразительная близость глаголицы с эфиопским письмом

11

格拉戈尔字母 (Глаголица)

✓ 十字

✓ 三角形

✓ 圆圈

12

13

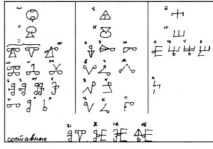

14

外国语言文学学科课程思政教学设计

15
辨字任务

и҇с же рече
Иисус же сказал

16
讨论·文字起源

《周易正义》引《虞郑九家义》："古者无文字，其有约誓之事，事大大结其绳，事小小结其绳。结之多少，随物众寡；各执以相考，亦足以相治也。"

《周易·系辞》云："古者庖牺氏之王天下也，仰则观象于天，俯则观法于地，观鸟兽之文与地之宜，近取诸身，远取诸物，于是始作八卦，以通神明之德，以类万物之情。"

汉许慎《说文解字序》："黄帝之史仓颉，见鸟兽蹄迒之迹，知分理之可相别异也，初造书契。"
……

17
PART 02
基里尔字母相关问题探讨

18

19
短弱元音的强位与弱位

弱位：
1) 在词末：сынъ, кость
2) 在全值元音所在音节的前一个音节：тьма, зъло
3) 在处于强位的短弱元音所在音节的前一个音节：дьньсь

强位：
1) 重音下：тьмьнъ
2) 在处于弱位的短弱元音所在音节的前一个音节：тьмьнъ
3) тъ, сь, нъ

20
认读下列单词

страна
отьчина
отьчьство
отьць
мати

21
彼得大帝亲笔批注的民用字母课本

22

半软音软化导致 ё 与ю 功能合并，后者渐不使用，需要区分是否带成分[j]

哪些词属于 склонение на *-ā/*-jā

- -а   жєна, зємл҄ıа, слоуга, юноша (ша)
- -ыни рабыни
- -ни   ладни, сждни
- -чии кънигъчии (знаток законов), кръмчии (рулевой)

31

склонение на *-ā/*-jā

	ед.ч.	дв.ч.	мн.ч.
И	жєна	жєнѣ	жєны
Р	жєны	жєноу	жєнъ
Д	жєнѣ	жєнама	жєнамъ
В	жєнж	жєнѣ	жєны
Т	жєножж	жєнама	жєнами
М	жєнѣ	жєноу	жєнахъ
З	жєно		

32

склонение на *-ā/*-jā

	ед.ч.	дв.ч.	мн.ч.
И	слоуга	слоугѣ	слоугы
Р	слоугы	слоугоу	слоугъ
Д	слоугѣ	слоугама	слоугамъ
В	слоугж	слоугѣ	слоугы
Т	слоугожж	слоугама	слоугами
М	слоугѣ	слоугоу	слоугахъ
З	слоуго		

33

склонение на *-ā/*-jā

	ед.ч.	дв.ч.	мн.ч.
И	зємл҄ıа	зємли	зємл҄ıа
Р	зємл҄ıа	зємлю	зємль
Д	зємли	зємл҄ıама	зємл҄ıамъ
В	зємл҄ıж	зємли	зємл҄ıа
Т	зємл҄ıєжж	зємл҄ıама	зємл҄ıами
М	зємли	зємлю	зємл҄ıахъ
З	зємл҄є		

34

склонение на *-ā/*-jā

	ед.ч.	дв.ч.	мн.ч.
И	рабыни	рабыни	рабыня
Р	рабыня	рабыню	рабынь
Д	рабыни	рабыняма	рабынямъ
В	рабынж	рабыни	рабыня
Т	рабынєжж	рабыняма	рабынями
М	рабыни	рабыню	рабыняхъ
З	рабынє		

35

склонение на *-ā/*-jā 软硬词尾对应

а	ıа
ы	и
ѣ	и
ж	ıж
о	є
ъ	ь

36

вторая палатализация 181

§93. Вторая палатализация задненёбных согласных — это процесс изменения твердых задненёбных согласных *k, *g, *ch в свистящие согласные [c], [z] (через стадию [dz]), [s] перед гласными переднего ряда дифтонгического происхождения [i] и [ě] (из *ěi, *ǒi). У *ch была особая судьба — результатом его изменения мог быть и [š'].

37

вторая палатализация 182

*k > [c']:
*kǒina > *kěnā > kěna > cěna > ст.-сл. цѣна, ср. лит. káina ('цена, польза'), др.-русск. кавати; *rǐkǒit > r̥ci > ст.-сл. рьци; *vǐlkǒi > *vl̥ci > ст.-сл. вльци;

*g > *dž' > [z']:
*gǒilo > *dž'elo > zělo > ст.-сл. ѕѣло, ср. лат. gailas ('резкий, быстрый'); *mǒgǒit > mozi > ст.-сл. мози;

*ch > [š'] / [s']:
*mǒusai > muchě > musě > ст.-сл. моусѣ (Д. п. ед. ч.); *dǒusǒi > duchě > dusě > ст.-сл. доусѣ (М. п. ед. ч.).

38

39

处所格用法的古今差异

бысть пожаръ великъ кыевѣ городѣ

Был в городе Киеве великий пожар.

（基辅城里发生了一场大火）

40

склонение на *-ā/*-jā 练习

判断下列词属于软硬哪种变化

вода, юноша, воевода, сждии, гора, волга, строуіа, дѣвица, свѧтыни, жажда

41

склонение на *-ā/*-jā 练习

гора

ржка

млънии

42

古代俄语与古代汉语的共性

бысть пожаръ великъ кыевѣ городѣ

（基辅城里发生了一场大火）

大破章邯河东。《史记》
（大破章邯于河东）

43

总结和作业

知识：

斯拉夫文字的起源、基里尔字母表的变迁、古斯拉夫语词法入门

作业：

1. 短弱元音分辨和阴性词变格练习
2. 思考古代俄汉语间的共性，查找相关文献

44

谢谢大家！
Спасибо за внимание!

尹旭

高级汉德翻译

单元主题：党政军民学，东西南北中，党是领导一切的

1. 课程总览

【课程名称】高级汉德翻译

【课程类型】德语专业硕士研究生必修课

【教学对象】德语专业硕士研究生

【课程学时】32学时(2学时＊16周)

【课程目标】

本课程使用高等学校外国语言文学类专业"理解当代中国"系列教材《高级汉德翻译教程》，旨在通过行之有效的训练，全面提高德语语言文学专业硕士研究生时政文献的外译水平。引导学生准确把握习近平新时代中国特色社会主义思想的核心要义，加深对中国理论和中国实践的认识，培养学生理论思维和分析问题与解决问题的能力；引导学生关注中国时政文献的特点和翻译原则，引导学生以问题为导向，在基本翻译原则指导下，通过翻译实践提高翻译决策能力和解决具体问题的能力，不断提高翻译实操能力；引导学生在本科学习的基础上，继续不断提高德语水平，尤其是提高德语的表达能力，提高德语译文的准确性和可读性，鼓励学生开展批判性思维，正确认识翻译理论与实践的关系。总之，通过这门课程，提高学生作为高级外语专业人才向国际受众讲好中国故事、传播好中国声音的能力，向世界展示真实、立体、全面的中国，从而让世界更加了解和理解中国，构建中国话语和中国叙事体系。

2. 本课课程思政目标

本课程旨在实现的思政目标包括：

第一，价值塑造。通过学习《高级汉德翻译教程》中所精选的文献，本课程引导学生全面深刻地学习习近平新时代中国特色社会主义思想，把握其中的核心要义和内在逻辑，运用该理论体系解释中国实践，加深对中国理论和中国实践的认识，培养理论思维和分析问题与解决问题的能力，从而全面提高学生自身的政治理论素养，坚定"四个自信"，培育和践行社会主义核心价值观。

第二，知识传授。本课程的参与者——德语语言文学专业的硕士研究生已经具备了一定的中文和德语水平以及逻辑思维的能力。在此基础之上，本课程引导学生大量阅读关于习近平新时代中国特色社会主义思想的中文文献，提高学生对中文时政文献的认识，帮助学生了解和理解当代中国；通过对德语参考译文的阅读和分析，提高德语的文字理解水平；在汉德的翻译实践中，引导学生学习基本的翻译学理论，尤其是对于中国时政文献的外译，要引导学生充分认识到其重要的意义，把握中国时政文献外译的基本原则。

第三，能力培养。通过本课程的学习，引导学生在学习领会习近平新时代中国特色社会主义思想和阐释中国实践的过程中，通过阅读、翻译、思考和讨论等实践活动，不断提高中国时政文献德译能力,肩负起向国际社会讲好中国故事、传播好中国声音的历史使命。

3. 本课课程思政教学重点和难点

本课程思政教学的重点:

一、提高理论素养。引导学生认真阅读习近平新时代中国特色社会主义思想的重要文献,切实深入理解中国特色社会主义话语体系的基本内涵,充分认识到理解当代中国、讲好中国故事的重要意义;

二、提高语言水平。引导学生加强对于中国时政文献的阅读,掌握中国时政文献的各种特点和各类专业术语,在翻译实践和阅读参考译文的过程中领会德语的表达特点,相应地提高时政文献的翻译水平;

三、提高多元能力。通过以《高级汉德翻译教程》为基础所开展的各种课堂活动,引导学生不断培养和提升思辨能力、研究能力、合作能力、创新能力、国际传播能力等各方面的能力,促进学生综合素质的全面发展。

本课程思政教学的难点:

一、要尽可能地激发学生的学习热情和兴趣,这样才能使他们真正地领会习近平新时代中国特色社会主义思想的真谛;

二、学生中文和德语水平参差不齐,要尽可能督促学生提高中文和德语的阅读理解能力和表达能力;

三、通过各种形式,尽可能地鼓励学生主动思考、主动参与、主动创新,培养批判性思维。

4. 本课课程思政教学方法和过程

4.1 教学方法

本课程使用高等学校外国语言文学类专业"理解当代中国"系列教材《高级汉德翻译教程》,按照教材编者给出的教学建议,针对德语系硕士研究生的思想认知水平和德语水平,在教学过程中将教师讲授与学生参与实践有机地结合起来,运用内容依托教学法(CBI)、任务驱动教学法(TBL)等教学方法,合理安排课前自主学习,课堂解答疑问,撰写翻译实践报告,小组讨论,课后翻译练习及讲评等教学形式,充分调动学生的学习积极性和主动性,以便达到最佳的教学效果。

4.2 教学过程

【教学安排】

1. 教材内容

《高级汉德翻译教程》包括绪论和10个主题单元。绪论深入阐述中国时政文献的特点及翻译原则。第一至第十单元为主题单元，选篇主要选自《习近平谈治国理政》第一卷、第二卷、第三卷，《中共中央关于党的百年奋斗重大成就和历史经验的决议》和习近平总书记重要讲话精神。每个主题单元探讨习近平新时代中国特色社会主义思想的一个重要方面。教学内容包括如下几个方面：

核心概念：列出学生需要掌握的核心概念，要求学生理解这些概念的基本内涵，熟悉其德文表达。该板块为译前准备内容。

关键语句：列出学生需要了解的关键语句，要求学生理解其基本内涵，掌握其德文表达。该板块为译前准备内容。

课前试译：指导学生根据"导引"独立试译，并反思试译过程，完成一份翻译实践报告。

译文评析：比较阅读原文和官方译本，先由学生根据自身体会点评，再阅读编者所写的译文评析，以更好理解翻译技巧。学生在完成文本试译后方可阅读这部分内容，教师可在课堂上择要进行分析、强调和拓展。

译文赏析：帮助学生提高翻译理论素养，根据"赏析指引"和"赏析参考"理解、思考官方译本对原文的处理方法，提高翻译理性思考能力，强化翻译研究意识。

课后练习：包括"课后研讨"和"翻译实践"两大部分。课后研讨以较难理解的译文处理方式为主，由教师带领学生在课上进行讨论，培养学生以一反三、延展应用的能力。翻译实践包括概念翻译、成语翻译、整句翻译和段落翻译。

2. 教学安排

(1) 建议学生在第一周课前认真阅读本教材的绪论部分，即"增强翻译理性，提高翻译质量"，深入了解中国时政文献的特点，中国时政文献外译的重要意义、前提条件、原则、方法等，了解翻译实践报告的写作框架。

(2) 初步计划每个单元利用3到4个课时，教师可根据实际教学情况做出灵活调整。

(3) 具体教学安排：

下面以本教材的第一单元为例，设计教学安排。

第一单元的标题是"党政军民学，东西南北中，党是领导一切的"，对应的主题为：中国特色社会主义最本质的特征和中国特色社会主义制度的最大优势。

学习目标：明确中国特色社会主义最本质的特征是中国共产党领导，中国特色社会主义制度的最大优势是中国共产党领导,中国共产党是最高政治领导力量,全党必须增强"四个意识"、坚定"四个自信"、做到"两个维护"。

理解"四个自信""两个维护"等核心概念和关键语句的含义及德译,并运用到实际翻译活动当中。

课前学习内容:

1.要求学生学习本单元核心概念,理解其基本内涵,了解其产生的背景,掌握其德语表达。

2.要求学生研读本单元涉及的关键语句,理解其基本内涵,掌握其德语表达,并灵活运用于文本翻译实践和课外翻译练习中。

3.要求学生将教材提供的文本一译成德语,翻译过程中观照文本一的语言风格和文体特点,并尽量使之在译文中得以体现。(结合教材提供的"导引"及课前试译练习,完成一份翻译实践报告,总结翻译过程中遇到的问题、具体翻译策略及译者决策依据。)

课堂学习内容:

第1课时:

1.教师可以评析学生试译译文,并结合官方译文进行课堂讲解。

2.学生可以依据课前试译文本一的个人体验及所撰写的翻译实践报告提出自己的问题,教师可以组织学生就比较集中的问题展开讨论。

3.教师引导学生仔细阅读教材提供的参考译文,重点从中国特色政治术语翻译策略的角度点评译文并展开讨论。在本单元里,教师应重点强调,中国特色政治术语的翻译是一项难度极大的工作,其目的是向国际社会准确、自然、得体地介绍中国,译者除了要具有较强的语言和文化功底外,还应具有一定的政治敏锐性,能够深刻理解相关政策的内涵,要把语言因素、文学因素、文化因素以及政治因素结合起来通盘考虑,从内涵和外延真正做到既忠实于汉语原意又符合外语的表达习惯,易于理解和接受。中国特色政治词汇的积累是做好翻译的重要一步。掌握中国特色政治词汇的官方权威译法,可以节省翻译时间,提高翻译的准确度。在遇到新术语时还能举一反三,灵活处理。因此,借助教材的内容,应着重掌握一些中国特色政治词汇的官方权威德语翻译。

第2、3课时:

1.在文本—翻译、评析的基础上,教师可以引导学生阅读文本二及参考译文,从通俗政治术语翻译策略的角度点评译文并展开讨论;

2.教师引导学生重点研读文本三和文本四的原文和参考译文,在讲解和讨论中重点关注以下两个方面的内容:一是文本中术语和专有名词的德语翻译;二是对于原文的理解和目的语表达之间的关系。

3.按照目前的排课情况,每周2课时,因此,可以把一部分研读的任务以课后作业的方式布置下去。

第4课时:

教师对于第一单元的学习内容进行总结,可以重点研讨如下问题:

1. 汉语句子有时由多个主语相同的句段组成,每个句段使用不同的谓语动词。翻译此类长句时,有哪些技巧可以避免译文过于冗长?

2. 在《习近平谈治国理政》(德译本)中,对于某些概念的翻译,部分或全部使用了英语表述,如"Bottom—Line—Denken(底线思维)""Global Governance(全球治理)"。译者这样处理有何考虑?

3. 德语动词名词化后,原动词施动者通常以两种结构出现在动名词之后做定语:一是第二格名词形式,二是 durch 介词短语。如"党的领导"这一概念有 die Führung der KP Chinas 和 die Führung durch die KP Chinas 两种译法。这两种译法在使用中是否有差异?

4. 可以在课堂上完成一些常用语句的翻译练习;

5. 布置适量的翻译作业由学生在课后完成,教师可在一周后将参考答案发给学生。

课后学习内容:

学生应首先按时完成布置的课后翻译作业,总结问题和经验,并将有代表性的问题在下一堂课上提出讨论。

【教学思维导图】

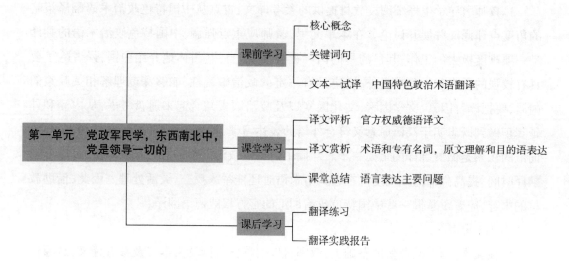

4.3 评价方法

平时成绩 50%:根据学生课前、课后完成学习任务的情况,参与课堂活动的情况判定。

期末考试 50%:闭卷考试,在可以使用工具书的情况下,限时完成一篇中文时政文献的翻译,检验一学期以来的学习成果。

5. 参考书目

张世胜主编:《高级汉德翻译教程》,北京:外语教学与研究出版社,2022年。

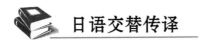
日语交替传译

单元主题:2022年中国政府工作报告

1. 课程总览

【课程名称】交替传译

【课程类型】专业必修

【教学对象】日语翻译硕士一年级

【课程学时】64学时(4学时*16周)

【课程目标】

交替传译是翻译硕士研究生一年级开设的必修课程。旨在培养学生运用已掌握的日语语言知识和听、说、读、写等技能,进行熟练的汉日和日汉双向互译。本课程的主要任务是向学生传授交替传译的背景知识、常用方法、技巧,并通过反复实践,培养学生的笔记技巧和口译能力,掌握交替传译技能,基本达到"信""达"之总体要求。

知识目标:初步学习口译相关理论,如法国巴黎学派的"释意理论"、吉尔的"认知负荷模型"、工作记忆与口译之关系等;了解口译的发展史,现代语言服务业的新要求、新特点;同时,将对政治、经济、文化、社会等相关百科知识的学习贯穿于整个技能训练的过程中。

能力目标:熟练掌握交替传译的训练方法,包括快速反应、影子跟读、原语再现、口头概述、视译、笔记及公共演讲技巧,提高学生工作记忆能力、逻辑推理能力、综合概括能力、演讲能力、笔记能力、包括视译听译在内的双语转换能力及抗压能力。同时,在现代通信技术迅猛发展的今天,需熟练操作各类会议软件、掌握线上传译的基本流程与方法,不仅具备单纯的翻译能力,更要具备语言服务综合能力。

素质目标:翻译硕士专业的建立是适应我国进一步扩大改革开放、促进中外文化的传播互鉴,特别是传播中国声音,提升中国文化软实力、影响力、感召力、塑造力这一客观要求下的产物。本课程的学习,将为学生成为"人文素养深厚、双语能力出色、创新能力突出、跨文化能力卓越，兼具丰富的实践经验和高尚的职业道德，能够服务国家战略、引领行业未来的德才均备的高素质复合型翻译人才"这一素质目标的实现打下坚实的基础。

2. 本课课程思政目标

本课主要以 2022 年中国政府工作报告为例，将其思想和主旨融入对交替传译基本训练方法的讲授、实战中。政府工作报告作为每年中国两会的焦点之一，是我国党和政府过去一年的成绩单和未来一年的计划书，也是包括日本在内的外国观察中国的重要窗口。因此，我国每年在人民代表大会上由国务院总理作《政府工作报告》时，都会配备译员，将其精神第一时间传向世界。本课的主要目标在于：(1)掌握交替传译训练的基本方法，包括影子练习法、复述、转述、快速反应训练法以及视译；(2)将思政内容以"润物细无声"的方式渗透到对每一种方法的学习、认知过程中，促使学生去主动探索、深入理解中国特色社会主义建设的光辉成果、党和国家出台的大政方针，以及中国政治话语的特征与魅力；(3)了解中国政治话语与其他话语的区别与联系，通过实例对比以及视译练习，进一步增强学生对中国政治话语的认识，提高学生传播中国特色话语体系的自觉性、责任感，为构建融通中日的话语体系提供思想基础和方法论基础。(4)介绍新时代、新形势对译员提出的新要求，回顾习近平总书记在 2018 年视察北大时说道："广大青年应该在奋斗中释放青春激情、追逐青春理想，以青春之我、奋斗之我，为民族复兴铺路架桥，为祖国建设添砖加瓦"，激励学生在"常为新"的北大校园里奋进，去引领行业未来。

3. 本课课程思政教学重点和难点

本课重点

(1)准确理解作为源语言的工作报告中的常用术语、关键词、核心概念，如"十三届全国人大五次会议""脱贫攻坚战""六稳""六保""跨/逆周期调节"等。熟悉核心概念被提出的时间、背景及党、政府的具体举措，在此基础上思考如何将中国特色的核心概念翻译成日本受众能够理解的日语表达，从而于无形中提高学生的政治素养。

(2)准确把握作为源语言的工作报告的修辞特点、句段逻辑，以及语篇结构的规律，在此基础上思考如何将其翻译、阐释成日本受众更容易理解的日语语篇，强化学生的对外传播意识。

(3)对比中国政府工作报告和日本内阁总理大臣执政演说等内容，了解、总结二者的不同风格特点，初步找寻融通中日话语体系的线索与方法。尤其是通过让学生以小组讨论、亲自总结的形式，进一步加深学生对中国政治类讲话风格的理解，促进学生专业技能、素质能力与课程思政真正达到融会贯通。

本课难点

(1)由于研究生一年级尚处于口译学习的基础阶段,且对政治类讲话风格的了解尚不够深入,因此在进行实际的口译练习时会有一定的难度,需引导学生在课前做好充分的准备工作。

(2)思政内容过多或过少都可能影响教学效果,需要在交替传译的实践教学和思政教学之间做好平衡,让学生始终保持强烈的好奇心和强大的学习动力。

4. 本课课程思政教学方法和过程

4.1 教学方法

(1)提前约一周布置任务,请同学们通读2022年《中国政府工作报告》,了解政府工作报告的大致内容,针对其中的特色术语、难解词句,需查阅相关材料,做好笔记,并自行尝试翻译。

(2)课堂中,主要以2022年政府工作报告为材料,辅以其他日语新闻,通过教师讲授、学生按照指导进行实操的形式,体验影子练习法、复述、转述、快速反应训练法等交替传译的每一种训练法,注意引导学生根据自身体会,总结政治类讲话的特点和一般译法。全程注重教师与学生的互动,设置提问,进行启发式教学,锻炼学生的思辨能力。

(3)课堂中未能涉及的政府工作报告的剩余内容将以作业的形式布置给学生,引导学生组成课下学习小组,进行视译和听译练习,并对译语进行录音、互听和点评。为下节课的翻转课堂做准备。

4.2 教学过程

【课前】

(1)阅读2022年《中国政府工作报告》全文。

(2)查阅相关资料,了解《报告》中的特色术语、难解词句,并请同学们做好笔记,自行尝试翻译。

【课中】

一、导入环节:略说口译(详见PPT 4,5)

(1)与同学互动,提出问题:口译根据不同的场合,可以分为哪些种类?随机请学生作答,后提供参考答案(观光口译、随行口译、社内口译、会议口译、司法口译、社区口译、放送口译等)。在对会议口译作解释时,有意导入2022年两会答记者问上"国翻"张璐进行交替传译的影像资料,使学生对口译尤其是交替传译有更为直观的认识。

(2)进一步提问:你认为我国哪种翻译类型更常见,和日本有何联系与区别?从而继续活跃课堂,营造师生轻松互动的氛围。待学生自由作答后,指出比起中国,日本的口译市场划分更为细致,介绍具体情况,并借此导入思政要素:我国仍然处于社会主义初级阶段,与发达国家相比,以语言服务业为代表的市场兴起较晚,但正如习近平总书记所说:"社会主义初级阶段不是一个静态、一成不变、停滞不前的阶段,也不是一个自发、被动、不用费多大气力自然而然就可以跨过的阶段,而是一个动态、积极有为、始终洋溢着蓬勃生机活力的过程,是一个阶梯式递进、不断发展进步、日益接近质的飞跃的量的积累和发展变化的过程。"(2021年1月11日习近平在省部级主要领导干部学习贯彻党的十九届五中全会精神专题研讨班开班式上发表重要讲话)今后,语言服务业市场必将更加细化,从而引导学生认识到作为一名译员,不仅需要有广阔的知识面,更要深入某一专业领域,做精做尖,才能引领未来行业发展。

二、铺垫环节:介绍交替传译的理论基础(详见PPT 6—9)

(1)以提问形式引出:交替传译的哪个环节最难?

(2)结合教师自身的口译案例,介绍吉尔的认知负荷模型:1)交替传译的第一阶段:CI(Consecutive Interpreting)= L + N + M + C(Listening&Analysis + Note – taking + Short – term Memory + Coordination)即:交替传译(第一阶段)= 听与分析 + 笔记 + 短时记忆 + 协同;2)交替传译的第二阶段:CI(Consecutive Interpreting)= Rem. + Read + P(Remembering + Note – reading + Production)即:交替传译(第二阶段)= 回忆 + 解读笔记 + 产出。

(3)进一步提问:专业译员和普通人之短时记忆的优劣对比。引出课程目标和交替传译的训练方法。

三、重点环节(上):交替传译训练方法的介绍与实践

1.シャドーイング(影子练习法)(原语见PPT 10)

阐述含义及实操方法

实践环节

播放日本内阁总理大臣岸田文雄在第二百七十回国会上的施政演说视频片段,主题为防疫政策(日语),由教师演示、学生模仿进行影子跟读练习。再播放中国2022年国家总理李克强做《政府工作报告》的视频片段,主题同样为防疫政策(中文),依旧由教师演示、学生模仿进行影子跟读练习。

确认学生掌握基本的练习要领后,提供上述视频片段的文字稿,引导学生进入小组讨论环节:(1)两国在论述疫情政策时,其内容有何异同之处?(2)找出其中的中日通用词汇或相近词汇、概念。(3)各小组派一个代表用日语发表(1),并将(2)制作成对表。

思政要素

教师对学生小组讨论成果进行评价总结,引导学生关注"命运共同体"这一重要概念。指出2012年11月中共十八大明确提出要倡导"人类命运共同体"意识。习近平在

中共十八大后首次会见外国人士时就表示,国际社会日益成为一个你中有我、我中有你的"命运共同体",面对世界经济的复杂形势和全球性问题,任何国家都不可能独善其身。这一点不论是岸田文雄提到的"使用国外疫苗",还是我国总理提到"持续推进疫情防控国际合作",都有着鲜明的体现。而在推动"人类命运共同体"的实现过程中,译者也发挥着极为重要的作用。例如新冠病毒感染疫情防控期间,《查医生援鄂日记》被译介到日本,为日本人民了解中国最美逆行者——医护人员驰援武汉时的抗疫过程和感人事迹提供了一扇窗口。同样,凝结了日本抗疫智慧的厚生劳动省《COVID—19治疗手册》在我国疫情政策调整后,由一群志愿者译介到中国,帮助我们守护自己的健康。通过上述案例,可间接激发学生对翻译这一职业的自豪感,也使其认识到自身所肩负的服务国家战略的崇高使命。

2. リプロダクション(复述)(原语见 PPT 11)

阐述含义及实操方法

实践环节

首先播放2022年中国《政府工作报告》中关于生态环境问题的视频片段,以句为单位,要求学生在听完每句后,立刻对该句进行完整复述。再播放第76届联合国大会一般性辩论上前日本首相菅义伟演说中关于生态环境问题的视频片段,要求学生进行同样的练习。

确认学生掌握基本的练习要领后,提供上述视频片段的文字稿,再次引导学生进入小组讨论环节:(1)复述时,源语为母语和源语为日语,哪个难度更大,为什么?(2)找出其中的中日通用词汇或相近词汇、概念,加入之前的对表中。

思政要素

教师进行总结。适时提问:通过练习材料,我们知道了日本的碳中和目标,同学们是否清楚中国的目标?提示学生2020年9月22日,国家主席习近平在第75届联合国大会一般性辩论上宣布,中国将提高国家自主贡献力度,采取更加有力的政策和措施,二氧化碳排放力争于2030年前达到峰值,努力争取2060年前实现碳中和。让学生深刻体会到尚处于发展中国家行列的中国对人类前途和命运的关切,展现了我国高度负责的大国胸怀和责任。

3. パラフレージング(转述)(详见 PPT 12,13)

阐述含义及实操方法

实践环节

播放一则约三分钟的日语新闻视频,主题为疫情防控期间日本商家的商业创新。视频播放结束后,要求学生概述其主要内容,并请其他学生进一步补充(此环节暂不用《中国政府工作报告》,通过材料之间的巨大反差,凸显课堂内容的丰富度,持续吸引学生注意力)。

对学生的概述内容做点评,讲授作为语篇的一般性逻辑结构。提醒学生把握框架结构的重要性。

思政要素

询问学生是否注意到了疫情防控期间自己身边所发生的一些创新,请学生用日语进行表述,发表自身看法。适时指出马克思主义的观点:人民群众是历史的创造者。事实上,人类的发展史也是和灾难的斗争史,如历史上人类在面对黑死病、天花、地震、海啸等灾难时迸发出无限智慧。人的主观能动性让我们去适应、并去改造客观世界。激励学生在任何困难下都绝不屈服、勇于奋斗,而这也是习近平总书记2018年在北京大学师生座谈会上对我们的期待:"广大青年应该在奋斗中释放青春激情、追逐青春理想,以青春之我、奋斗之我,为民族复兴铺路架桥,为祖国建设添砖加瓦"。

4. クイックレスポンス(快速反应训练法)(详见PPT 14)

阐述含义及实操方法

实践环节

列举6个汉语词汇,要求学生抢答,将其瞬时译成日语。尤其关注第6个词汇,即"窜访"的译法。

思政要素

询问学生是否关注过"窜访"一词。该词最近在佩洛西窜访中国台湾时被媒体广为使用,鲜明地反映了我国的对台政策,其外译是个难点。一方面指出译员在翻译汉语特色词汇、政治表达时需要尤其注意,保证译语在外方能够理解的基础上,最大限度地体现出汉语原有的精髓,另一方面也指出我们在翻译部分表达,尤其是政治意味很浓的表达时存在一定的局限性(列举历史上著名的口译疑案,如佐藤荣作、尼克松会谈中的「善処します」等)。

5. サイトトランスレーション(视译)(详见PPT 15)

阐述含义及实操方法

实践环节

该环节是课程的重点。先请学生阅读PPT16所展示的日语语段,尝试边画斜线边进行视译。引导学生意识到,口译的单位并不一定对应句子,而是一个较为完整的语义群。了解何为顺句驱动。

然后请学生阅读2022年《中国政府工作报告》中"2021年国民经济和社会发展计划执行情况"的总括部分,继续进行视译练习。

确认学生掌握基本的练习要领后,引导学生进入小组讨论环节:(1)如何翻译中国特色的核心概念。(2)工作报告的修辞特点、句段逻辑,以及语篇结构有何规律。(3)相较于日本内阁总理大臣执政演说,中国《政府工作报告》有何风格特点,在翻译时如何在某种程度上实现中日话语体系的融通。

教师进行总结,提出政治类讲话政治术语繁多,因此一定要做好译前工作,理解其基本内涵、产生的背景、掌握其日文表达。此外,该类讲话善用长句、排比句,多有比喻、俗语、典故等,要从跨文化角度出发,灵活使用直译、意译、加译、减译等策略。同时,汉语属于孤立语,在译成作为黏着语的日语时,要显化逻辑关系,尊重日本语言习惯。但总体上,要以忠实为第一要务,不能因强行迎合日本政治话语体系而造成自身语义内涵的歪曲。

思政要素

适时指出不盲目迎合外国政治话语体系亦是我国在改革开放之后,随着国力的增强而表现出的一种自信。2012年11月8日,胡锦涛同志代表十七届中央委员会向中国共产党第十八次全国代表大会作了题为《坚定不移沿着中国特色社会主义道路前进为全面建成小康社会而奋斗》的报告,报告中指出了"三个自信",即"道路自信、理论自信、制度自信"。后由习近平总书记在庆祝中国共产党成立95周年大会上发展为四个自信,即中国特色社会主义道路自信、理论自信、制度自信、文化自信。它是对党的十八大提出的中国特色社会主义"三个自信"的创造性拓展和完善。

构建中日融通的话语体系,正是我国对自身道路自信、理论自信、制度自信和文化自信的反映。当然,自信绝不意味着自大,译员在传播中国声音时,必须有强烈的受众意识,做到既兼顾日本政治话语体系,又能在此基础上让日本听众领略到中国政治话语体系的特点和魅力,并逐渐熟悉、理解、习惯并接受。

四、重点环节(下):现代服务业对译员的素质要求(详见PPT 16—23)

现代服务业为译员提出的新要求

从行业期待——多重角色、口译内容——愈加复杂、工作方式——多样化、其他新现象与新挑战四个维度说明我们当前处于从单纯口译员到语言服务从业者蜕变的转折点。

同时强调在万变中仍有不变的常量,而这也是最根本的:学习口译技能的过程不变、口译的沟通本质不变、学习的规律不变、口译学习要完成的基本目标不变。激励学生按照前述训练方法不断提高自身口译技能。

思政要素

适时回顾我国近年来信息技术迅猛发展、线上教育、线上会议更为普遍、国际交流愈加频繁、深入的新态势。这是我国党、政府所做出的重要战略部署,早在2010年,前总书记胡锦涛在6月7日的两院院士大会上指出,要抓住新一代信息网络技术发展的机遇,创新信息产业技术,以信息化带动工业化。党的十七届五中全会进一步明确,要积极有序发展新一代信息技术等产业,加快形成先导性、支柱性产业。使学生深刻体会"中国共产党始终代表中国先进生产力的发展要求"这一思想的丰富内涵。

最后,再次回顾习近平总书记在 2018 年北京大学师生座谈会上的讲话:"广大青年应该在奋斗中释放青春激情、追逐青春理想,以青春之我、奋斗之我,为民族复兴铺路架桥,为祖国建设添砖加瓦。"指出翻译不是传声筒,而是文化传播的使者,更是服务国家战略、民族复兴的重要力量,新形势为我们带来了新机遇,也带来了新挑战,学生要拿出"乌蒙磅礴走泥丸"的气魄,利用好在北大的学习时间,成为语言服务业发展的引领者。

五、预告

下周的形式为翻转课堂,要求学生课后组成课下学习小组/工作坊,将《政府工作报告》中的剩余内容一半进行视译练习,一半进行听译练习,录音、组内互听、并准备听后感想。下次课前提交录音,课上进行翻译评析。

【课后】

请同学在课后翻译中国《政府工作报告》时,在班长的组织下,将其中的专有名词、特色疑难词汇、四字俗语、成语等总结到共享的腾讯文档上,并提供译法。

在听译过程中认真体会课上所讲的吉尔的"认知负荷模型"理论。

【教学思维导图】(各教学思政要素一览表)

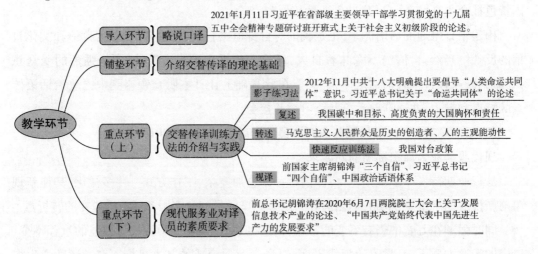

5. 参考书目

1. 塚本慶一、『中国語通訳への道』、大修館書店、2013 年。
2. ダニエル・ジル、田辺喜久子・中村昌弘・松縄順子訳、『通訳翻訳訓練基本的概念とモデル』、みすず書房、2012 年。

附件：教学课件

1

2

4

5

6

7

8

9

10

11

12

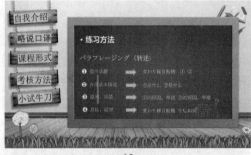

13

14

15

16

17

18

19

20

21

22

23

24

25

26

27

28

29

西班牙语翻译理论与实践

单元主题：西汉语言差异与翻译策略

1. 课程总览

【课程名称】西班牙语翻译理论与实践

【课程类型】专业选修

【教学对象】西班牙语专业研究生

【课程学时】32 学时(2 学时 * 16 周)

【课程目标】

本课程旨在培养学生的翻译理论素养,帮助学生掌握中西翻译理论知识,培养学生的翻译学科意识及翻译理论研究的创新意识,并应用翻译理论指导翻译实践,掌握较高的西汉互译能力和鉴赏水平,加强其跨文化交流意识,提高其思辨能力,使其成为有家国情怀、有全球视野、有专业本领的社会主义建设者和接班人。

知识目标:通过课程学习,使学生熟悉中西翻译理论研究的发展脉络、主要理论流派、核心概念,掌握翻译学的研究方法和翻译研究的基本知识体系,了解大数据时代翻译面临的挑战与机遇。

能力目标:在翻译理论的指导下,通过实践学习处理翻译中遇到的各种问题,掌握西汉/汉西翻译的方法和技巧。将习近平新时代中国特色社会主义思想融入课堂,使学生掌握时政话语特别是中国特色政治话语的语篇特点与规律,提高学生的跨文化交际能力,学会用西班牙语讲好中国故事。

素质目标:培养学生的翻译责任感和使命感,培养学生的跨文化交际意识和国际化视野,树立多元文化观,增强学生的中国文化情怀,培养有家国情怀、有全球视野、有专业本领的高素质外语人才。

2. 本课课程思政目标

本课主题为"西汉语言差异与翻译策略",思政目标是"培养家国情怀,讲好中国故事",具体如下:

第一,通过对西汉语言的比较,使学生认识到人类语言和思维之间有共性也存在差异,各民族语言与文化之间没有高低优劣之分,帮助学生树立多元文化观和全球视野。

第二,通过带领学生一起阅读王力先生关于中西语结构各自特点的经典论述,结合对《天净沙·秋思》这一经典古诗的赏析,使学生认识到汉语的魅力,培养学生的中国文化情怀,加强文化自信。

第三,将习近平新时代中国特色社会主义思想融入课堂翻译练习,帮助学生熟悉中国特色话语体系,学习中国特色政治话语的语言特点和翻译方法,提高学生用西班牙语讲好中国故事、用中国理论解读中国实践的能力。

第四,翻译本质上是一种跨文化交流,通过对西汉语言的比较及相应的翻译策略的讲解,使学生认识到译者在跨文化交际中肩负的使命与责任。作为外语学院的学生,鼓励学生时刻保持"文化传播者和沟通桥梁"的使命感,努力提升专业本领,民族家国谨记在心,为推动祖国更好地走向世界,让世界更好地了解中国贡献自己的一份力量。

3. 本课课程思政教学重点和难点

本课思政教学重点:在帮助学生学习如何处理西汉两种语言句式结构的差异,使译文符合译入语习惯的过程中,引导学生积极思考翻译跨文本交流的本质,感受到译者在跨文化交流中的责任感与使命感,激发学生的爱国情怀,并通过大量的翻译实例将习近平新时代中国特色社会主义思想自然地融入课堂,增进学生对中国共产党的领导和中国特色社会主义的政治认同、思想认同、理论认同和情感认同,鼓励学生提高自己的专业本领,更好地用西班牙语讲好中国故事。

本课思政教学难点:思政教学的难点首先在于如何将专业知识的传授和思想政治教育相融合,于潜移默化中使学生对思政内容入脑入心,发挥其思想观念和价值引领作用。本课课堂教学中融入大量习近平治国理政的内容,对学生来说有一定难度,需要端正态度、耐心讲解、仔细引导,让学生在学习具体的翻译知识与技巧的同时,熟悉中国特色政治话语的特点,进一步加深学生对习近平新时代中国特色社会主义思想的理解,最大限度地提高外语学习的效能。

4. 本课课程思政教学方法和过程

4.1 教学方法

本课程以立德树人为根本任务,着力培养有家国情怀、有全球视野、有专业本领的高素质外语人才,在教学过程中力图多角度、全方位地将思政与教学融于一体;(1)在师生讨论环节,发挥学生的主观能动性,启发学生主动思考,积极讨论当代中国的发展成就和中国共产党的治国理政思想,培养学生的家国情怀,实现思想观念和价值观的引领;(2)在讲授环节,在传授新知识和新技能的同时,博引旁征思政内容,将中国方案和中国智慧融入新知识,进一步加深学生对构建人类命运共同体的理解,培养学生的全球视野;(3)在课堂练习环节,根据教学重点引入恰当的习近平治国理政思想的相关内容,帮助学生熟悉中国特色政治话语的特点,鼓励学生提高专业本领,讲好中国故事。

课程综合运用多媒体课件、板书、纸质材料、网络资源等多种教学手段,通过启发式、讨论式、体验式、项目式和线上线下混合式等多种教学法,充分利用"中国大学 MOOC""华文慕课""学习强国""外研在线"等教学和学习平台向学生提供当代中国主题延伸学习文本和音频视频资源,课下借助微信群、邮件等手段与学生互动,及时了解学生的学习情况,鼓励学生利用新华网、人民日报、外交部网站等网络资源进一步巩固和深化课堂所学。

4.2 教学过程

【教学安排】

本课的思政教学目标为"培养家国情怀,讲好中国故事",思政教学的基本思路为:时刻引领,全面融入,从兴趣入手,以练习为手段,于润物细无声中,寓德于课。本课课程的思政教学过程和要点整理如下:

第一步:课前预习并回答问题

在学习西班牙语的过程中,你一定做过很多翻译练习,你在翻译过程中遇到过哪些困难和障碍呢?你能试着把翻译中遇到的这些问题归类吗?

[要点]在翻译理论的指导下,翻译实践练习将逐步解决不同层面的翻译问题。本题的目的是让学生提前对自己遇到的问题进行归纳总结,学期末再回头看这些问题是否都找到了解决方案。

上述翻译障碍中有哪些是因为西汉语言之间的差异而导致的呢?

[要点]让学生提前思考问题,为下节课做准备。学生在思考过程中会对中西语言文化之间的差异有进一步的认识,树立多元文化观。

第二步:课堂教学

环节一:师生互动,导入主题

上节课留了两项作业,在讨论作业之前,我先问大家一个小问题:你知道汉语和西班牙语分别属于什么语系吗?

[要点]汉语和西班牙语都是联合国工作语言,在世界上都有比较大的影响力。引导学生了解当前汉语和西班牙语的主要分布地区,强调汉语的悠久历史和影响力,培养学生的民族自豪感和凝聚力。

现在我们来交流一下作业,汉语和西班牙语在语言上有哪些差异呢?这些差异对我们的翻译实践造成了哪些困难呢?

[要点]发起头脑风暴,引入本堂课主题。引导学生深入思考差异产生的原因,培养学生的跨文化交际意识,帮助学生树立多元文化观。

环节二:第一次课堂讲授

屈折语和分析语各自的特点(课件3—8)

[要点]西班牙语是屈折语,屈折语的词广泛带有形态功能标志和词性标志,语法关系主要是通过词本身的形态变化以及一定的虚词来表达,从而使其语法结构显性化;汉语是分析语,分析语不是通过词形变化来表达语法的作用,而是通过独立的虚词和固定的词序来表达语法意义,有丰富的语言意境的变化。讲解过程中注意通过汉语和西班牙语例证加深学生对屈折语和分析语各自特点的直观理解,树立多元文化观和全球视野。

西语和汉语各自的语言特点对西汉互译的影响(课件9)

[要点]西汉互译时要注意语法意义和词汇意义之间的相互转移。引导学生认识到各语言和文化之间存在差异是必然的,我们在进行翻译活动时要尊重彼此的语言文化,扮演好跨文化沟通桥梁的角色。

环节三:第一次课堂翻译练习

通过几个简单的小练习加深学生对上述知识点的理解和把握(课件10)

[要点]感受中国语言的特色和魅力,学习讲好中国故事。

环节四:第二次师生互动

你知道形合和意合这两个概念以及它们各自的含义吗?

[要点]形合借助语言手段(包括形态手段、词汇手段和句法手段)实现词语或分句之间的连接。意合不借助语言形式手段而是借助词语或句子所含意义的逻辑关系来实现他们之间的连接。通过举例引导学生加深对构建人类命运共同体的理解,培养学生的全球视野。

环节五:第二次课堂讲授

形合和意合的特点和区别(课件11)

[要点]强调汉语形合、意合这两个概念的含义与 hipotaxix、parataxix 并不完全一致。讲授过程中通过举例将中国方案和中国智慧融入新知识,进一步加深学生对构建人类命运共同体的理解,培养学生的全球视野。

关于形合与意合的名家之言和美文赏析(课件12—13)

[要点](1)带领学生一起阅读王力先生关于中西语结构各自特点的经典文段,进一步加深学生对西汉两种语言结构的理解。引导学生感受我国学者论述的精彩,培养学生的爱国情怀。

(2)美文赏析选取了《天净沙·秋思》这一经典古诗文,使学生能够更直观地感受汉语意合结构的特点,同时引导学生认识到汉语的魅力,培养学生的中国文化情怀。

树式结构和竹式结构各自的特点(课件14)

[要点]树式结构和竹式结构是对西汉句式结构的形象比喻。画板书,通过两个比喻和具体例句着重讲解两种句式结构的特点。散点视与焦点视这两个概念来自美术界,由此可见中西思维方式的区别表现在各个方面,从而引导学生树立多元文化观,培养全球视野和家国情怀。

总结:西汉各自的句式结构特点对西汉互译的影响。(课件15)

[要点]我们在翻译过程中要根据西汉各自的句式结构特点,做适当的调整,使译文符合译入语语言习惯,在举例中引用习近平主席的讲话,使学生在进一步理解西汉语言差别的同时,潜移默化地传递社会主义核心价值观。

环节六:第二次课堂翻译练习

通过练习加深学生对上述知识点的理解和把握。(课件16—19)

[要点]此次练习从习近平主席的讲话中选取了大量实例,将思政内容融入课堂练习,增进学生对中国共产党的领导和中国特色社会主义的政治认同、思想认同、理论认同和情感认同,鼓励学生提高自己的专业本领,更好地用西班牙语讲好中国故事。

环节七:第三次师生互动

扩句游戏:大家齐心合力把"逛街"和"ir de compras"这两个核心词扩充成完整的句子(每人至少扩充一次)。

[要点]通过扩句练习让学生理解西语的"顺线性扩展"和汉语的"逆线性扩展"两种扩展形式。将学生的扩句写在白板上,使学生直观感受西语句子"孔雀尾"和汉语句子"狮子头"的特征。在共同答题中培养团队意识,在比较分析中提高思辨能力。

环节八:第三次课堂讲授

何为"孔雀尾"?何为"狮子头"?翻译时要头尾互调吗?(课件20—21)

[要点]讲解西语句子"孔雀尾"和汉语句子"狮子头"这两个形象比喻的内涵及其对翻译的影响。鉴于这两种语言各自的特点,有时候我们在翻译时要"两头互调"、"头尾颠倒"。同时要强调,并不是所有句子在翻译时都要两头互调的,尤其在政论文中,大多数时候还是要尽量遵循原文语序。举例说明时引用习近平新时代中国特色社会主义思想的相关论述,潜移默化地传递社会主义核心价值观。

环节九:第三次课堂翻译练习

通过练习加深学生对上述知识点的理解和把握。(课件22—25)

[要点]此次练习从习近平主席的讲话中选取了大量实例,让学生在练习具体的翻译知识与技巧的同时,熟悉中国特色政治话语的特点,在学习讲好中国故事的同时,增进学生对中国共产党的领导和中国特色社会主义的政治认同、思想认同、理论认同和情感认同,进一步加深学生对习近平新时代中国特色社会主义思想的理解,最大限度地提高外语学习的效能。

环节十:课堂总结及布置课后作业

总结本堂课学习内容,布置课后作业。(课件26—27)

[要点]进一步带领学生将所学理论与实践融会贯通,引导学生体会"翻译之乐",感受译者在跨文化交际中所肩负的使命和责任,培养学生的跨文化交际意识和国际化视野,鼓励学生讲好中国故事,进一步实现思政教学的育人功能。

第三步:课后作业及拓展

请试译习近平主席2023年新年贺词。

下节课我们要进行体验式练习:模拟中拉智库圆桌对话会。本次会议的主题是"人类命运共同体理念下的领导力与公共外交"。请同学们查询联合国网站、外交部、中联部、新华网等网络资源,熟悉圆桌会议的流程,阅读习近平主席在联合国日内瓦总部的演讲《共同构建人类命运共同体》及其他相关资料,为会议做好准备。

我们将分为两轮进行模拟。请同学们提前分为两组,商量好各自的角色,准备好要探讨的问题。各组可提前进行模拟练习。

[要点]课后练习的主要目的是使学生进一步巩固课堂内容,思政目标是熟悉中国特色政治话语的特点,学习讲好中国故事。

【教学思维导图】

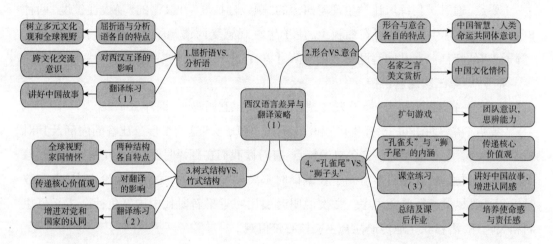

4.3 评价方法

本课程注重对课程思政过程的督促和考察,注重过程评价,考核成绩由四部分构成:
(1)课堂参与20%:出勤、头脑风暴、课堂讨论、课堂答题、体验表现
(2)平时作业20%:预习作业、课后作业、小组任务
(3)单元测试10%:每单元随堂小测
(4)结课考试50%

5. 参考书目

1. 常福良主编:《高级汉西翻译教程》,北京:外语教学与研究出版社,2022年。
2. 许钧:《翻译概论》,北京:外语教学与研究出版社,2009年。
3. 穆雷:《翻译研究方法概论》,北京:外语教学与研究出版社,2011年。
4. Hurtado Albir, A. Traducción y traductología. Madrid:Cátedra, 2001.

附件：教学课件

1

2

1. 曲折语 vs. 分析语

- 西：曲折语
  (lengua fusionante)
- 汉：分析语（孤立语）
  (lengua aislante/analítica)

英语	汉语
法治	人治
刚性	柔性
显性	隐性
形摄	神摄
树型	竹型
形合	意合
科学性	人文性
焦点视	散点式
主语突出	主题突出
立体性	平面性
聚焦型	流散型
动词优势	名词优势
名词优势	动词优势

3

Características de lenguas fusionantes

- **Poseen una morfología muy rica**, con raíces y desinencias claramente diferenciadas, que son las que varían para manifestar las modificaciones de la palabra.
- **Tienen los afijos** que aportan las variaciones de género, caso, persona, número, voz, aspecto, tiempo y conjugación que constituyen la flexión.
- Ejemplos: **español**, árabe, hebreo y la gran mayoría de las lenguas europeas.

4

Ejemplos de la flexión

ga**to**-ga**ta**-ga**tos**-ga**tas**

un libro - **dos** libros - **el** libro - **los** libros

sorprender - sorprend**ente** - sorprend**ido**

traduc**ir**-traduc**ción**-traduc**ible**-**in**traduc**ible**

am**o**-am**as**-am**a**-am**amos**-am**áis**-am**an**

am**o**-am**é**-am**aba**-am**aré**-**he** am**ado**

Me/te/lo/nos/os/los ayuda.

Corre hacia la escuela cant**ando**.

¿**Fue** divertida la fiesta?

5

Características de lenguas aislantes (o analíticas)

- Las lenguas aislantes (o analíticas) tienen **palabras invaribales sin flexión**, cada palabra tiene una función autónoma.
- Las relaciones gramaticales y sintácticas se manifiestan mediante **un orden muy estricto** de las palabras en la oración.
- Prácticamente **carecen de morfología**.
- Ejemplos: **chino**, tailandés, vietnamita, hawaiano, tibetano, indonesio.

6

7

汉语语序变化，意义改变

- 江山就是人民，人民就是江山。
- 客上天然居　居然天上客
- 屡战屡败——屡败屡战
- 人不犯我，我不犯人
- 黄金——金黄，上网——网上
- 节气——气节，语法——法语
- 老王批评老李——老李批评老王
- 不怕辣——辣不怕——怕不辣

8

Diferencias Entre Lengua Aglutinante, Aislante y Flexiva

9

小结

西：曲折语 (lengua fusionante)
汉：分析语 (lengua aislante)

↓

西↔汉：语法意义 ⟷ 词汇意义

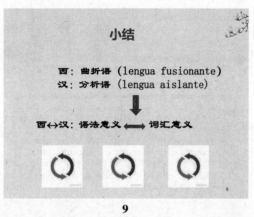

10

翻译练习（1）

- 一年四季
  las estaciones del año
- 人不犯我，我不犯人。
  No atacaremos a los otros a menos que nos ataquen.
- 保持同人民群众的血肉联系
  mantener vínculos estrechos con el pueblo.
- 她不老实，我不信任她。
  Como no es honesta, no la confío.
- gatos, gatas, gatitos
  猫儿们，母猫们，可爱的小猫们
- He leído esta novela.
  我读过这本小说了。
- Vine, vi y vencí.
  我来了，我看见了，我赢了。

11

2. 形合 vs. 意合

- **汉：意合** 不借助语言形式手段而是借助词语或句子所含意义的逻辑关系来实现他们之间的连接。（定义本身的模糊性，不要与parataxis混淆）
- **西：形合** 借助语言手段（包括形态手段、词汇手段和句法手段）实现词语或分句之间的连接。(不完全等同于hipotaxis。)
- **Yihe:** como no utilizan medios lingüísticos sino la relación lógica entre las palabras o el significado contenido en las oraciones para lograr la conexión entre ellas, la unión entre los componentes de una oración generalmente se basa en un orden fijo de palabras, una adaptación semántica o la activación del contexto.
- **Xinghe:** utilizan medios lingüísticos para lograr la conexión entre palabras o frases, por lo que se observa una estrecha combinación en sus formas lingüísticas y se enfatiza la corrección estructural y la lógica entre los elementos.

12

名家之言

- "西洋语的结构好像连环，虽则环与环都联络起来，毕竟有联络的痕迹；中国语的结构好像无缝天衣，只是一块一块的硬凑，凑起来还不让他有痕迹。西洋语法是硬的，没有弹性的；中国语法是软的，富于弹性的。惟其是硬的，所以西洋语法有许多呆板的要求，如每一个clause里必须有一个主语；惟其是软的，所以中国语法只以达意为主，相关的两家是可译硬凑在一起，不用任何的connective word。"
  ——王力《中国语法理论》

- "任何人都无法否认古典汉语具有一种惊人的高雅之美，这种美表现于它抛弃了一切无用的语法关系，以语言本身而不必凭借语法形式术无刀表达纯粹的思想。"
  ——洪堡特（转引自刘宓庆《翻译与语言哲学》）

美文赏析

天净沙·秋思

枯藤，老树，昏鸦。
小桥，流水，人家。
古道，西风，瘦马。
夕阳西下，
断肠人在天涯。

Detrás de los ventanales, en las calles de esta última, se oye durante las doce horas del día un insistente e incluso inconcluso ejercicio de piano que no puede ser ejecutado sino por una de esa muchachita soñadoras, de trenzas largas y ojos provincianos.

3. 树式结构 VS. 竹式结构

西语：树式结构 ⟶ 长句多 ⟶ 焦点视

➢ Como **un árbol** imponente que tiene troncos, ramas y hojas exuberantes. **El tronco es el núcleo** de las ramas y hojas. No importa cuán exuberantes sean las ramas y hojas, no importa cuán compleja sea una oración, siempre tiene el tronco con su núcleo.

汉语：竹式结构 ⟶ 短句多 ⟶ 散点视

➢ Se desarrolla de acuerdo con **el orden cronológico o lógico** de la ocurrencia de la acción, con oraciones cortas, para formar una **estructura similar al bambú**, en la que se extiende las frases coordinadas por el significado.

小结

汉译西： 意合 ⟶ 形合
聚焦
竹式结构 ⟶ 树式结构

➢ Analizar las relaciones lógicas implícitas entre oraciones y aplicar los medios gramaticales adecuados del español, tales como los conectores, los relativos, el participio pasivo, el gerundio, etc. para "aglutinar" los distintos elementos de modificación y realizar la construcción espacial.

西译汉： 形合 ⟶ 意合
散焦
树式结构 ⟶ 竹式结构

➢ Eliminar los conectores innecesarios y organizar las oraciones en orden cronológico y lógico.

翻译练习 (2)

- 好好学习，天天向上。
  Estudia mucho **y** mejora cada día.
- 你死了，我做和尚去。
  Si tú mueres me haré monje.
- 跑得了和尚跑不了庙。
  Los monjes pueden escaparse, **pero** el templo no moverá con ellos.
- 人民有信仰，国家有力量，民族有希望。
  Cuando el pueblo tiene fe, el país tiene fuerza y la nación, esperanza.
- 生态环境治理明显加强，环境状况得到改善。
  El saneamiento del entorno ecológico se ha fortalecido a ojos vistas, **lo que** ha propiciado la mejora del medioambiente.

翻译练习 (2)

- 实现民主的形式是丰富多样的，不能拘泥于刻板的模式，更不能说只有一种放之四海而皆准的评判标准。
  ——2014年9月21日，习近平在庆祝中国人民政治协商会议成立65周年大会上的讲话
- La democracia puede materializarse de muchas formas, **por lo que** no debemos limitarnos a modalidades inflexibles y menos aún afirmar que solo existe un criterio universalmente válido para juzgarla.
- "水能载舟，亦能覆舟。"这个道理我们必须牢记，任何时候都不能忘却。老百姓是天，老百姓是地。忘记了人民、脱离了人民，我们就会成为无源之水、无本之木，就会一事无成。
  ——2016年10月21日，习近平在纪念红军长征胜利80周年大会上的讲话
- Un viejo refrán reza: "El agua puede soportar un barco, **pero** también puede hundirlo". Se trata de una verdad **que** tenemos que recordar firmemente **y** nunca debemos olvidar. El pueblo es el cielo **y** la tierra. **Si** lo olvidamos **y** nos alejamos del pueblo, perderemos nuestro apoyo **y** no lograremos nada como un río sin fuente **o** un árbol sin raíz.

翻译练习 (2)

- 把法治中国建设好，必须坚持依法治国和以德治国相结合，使法治和德治在国家治理中相互补充、相互促进、相得益彰，推进国家治理体系和治理能力现代化。
  ——2016年12月9日，习近平在主持中共十八届中央政治局第三十七次集体学习时的讲话
- Es necesario construir correctamente una China gobernada según la ley y persistir en su combianción con la gobernación según la moral, **de forma que** ambas se complementen, se promueven **y** se fomenten mutuamente contribuyendo **a** impulsar la modernización de los sistemas **y** de la capacidad para gobernar el país.
- ……如果科技创新搞不上去，发展动力就不可能实现转换，我们在全球经济竞争中就会处于下风。
  ——2015年10月29日，习近平在中共十八届五中全会第二次全体会议上的讲话
- ...si no conseguimos llevar a cabo la innovación tecnológica, no podremos realizar la transformación de la fuerza motriz desarrolladora, **lo que** nos situará en una posición desventajosa en la competencia económica mundial.

翻译练习（2）

- Hay que pensar **que** un avión viaja a velocidades cercanas a los 900 kilómetros por hora, **por lo que** cualquier sobresalto **o** turbulencia repentina puede ocasionar **que** un pasajero salga despedido de su asiento.
  - 应该想到，一架飞机以接近900km/h的速度飞行，任何一个突如其来的重话冲击都会使得乘客弹出座位。
- China es en estos momentos el segundo mayor consumidor mundial de productos de lujo, **los cuales** si bien en el pasado eran intangibles para sus ciudadanos, hoy forman parte de la vida de las familias comunes, en especial de los jóvenes, **que** cada vez se sienten más atraídos por estos artículos.
  - 目前，中国是世界第二大奢侈品消费国。在过去，对于中国人来说，这些奢侈品都是遥不可及的。而现今，它们已经成为了老百姓生活的一部分，特别是对于年轻人，他们越来越被这些奢侈品所吸引。

4."孔雀尾"VS."狮子头"

西语：

句子"顺线性扩展"（de izquierda a derecha）

中心词 ＋ 修饰语1, 2, 3, 4

> 中心词在前，修饰成分在后，信息的重点在前面。
> 句子结构是头小尾大，像一只开屏的"孔雀尾"。

4."孔雀尾"VS."狮子头"

汉语：

"逆线性扩展"（de derecha a izquierda）

修饰语1, 2, 3, 4 ＋ 中心词

> 修饰成分在前，中心词在后，信息重点在后端。
> 句子结构是头大尾小，头重脚轻，像"狮子头"，又被称为"足焉"现象。

翻译练习（3）

- 故宫是当今世界上保存的规模最大、最完整的<u>宫殿建筑群</u>。
- El Palacio Imperial es **el conjunto arquitectónico de palacios** más importante y mejor conservado del mundo.
- 彩电、冰箱、洗衣机、空调"四大件"和其他一些高档消费品进<u>入普通农民家庭</u>。
- **Han entrado en las familias campesinas ordinarias** los cuatro Grandes Artículos: el televisor en color, la nevera, la lavadora y el aire acondicionado, así como otros artículos de consumo de alta gama.
- 西三环北向南、北二环西向东方向、京顺路出京方向等<u>几个路段拥堵，车行缓慢</u>。
- **Están atascados, con un tráfico lento varios tramos**, a saber, tercer anillo dirección norte-sur, segundo anillo norte dirección oeste-este, carretera de Shunyi dirección salida de Beijing, etc.

翻译练习（3）

- 中国有了中国共产党执政，是中国、中国人民、中华民族的<u>一大幸事</u>。
  ——2015年12月11日，习近平在全国党校工作会议上的讲话
- La dirección del Partido Comunista de China **constituye una gran dicha** para China, el pueblo chino y la nación china.
- 以百姓心为心，与人民同呼吸、共命运、心连心，<u>是党的初心，也是党的恒心</u>。
  ——2019年12月26日-27日，习近平在主持中共中央政治局"不忘初心、牢记使命"专题民主生活会时的讲话
- **Las aspiraciones fundacionales y también la determinación de nuestro Partido** consisten en estar siempre al servicio del pueblo, permanecer unido al pueblo y compartir su suerte.

翻译练习（3）

- 照抄照搬他国的政治制度<u>不通</u>，会水土不服，会画虎不成反类犬，甚至会把国家前途命运葬送掉。只有扎根本国土壤、汲取充沛养分的制度，<u>才最可靠、也最管用</u>。
  ——2014年9月5日，习近平在庆祝全国人民代表大会成立60周年大会上的讲话
- **No es viable** copiar el sistema político de otro país, pues "cuesta acostumbrarse al clima de un nuevo lugar" y corremos el peligro de "querer dibujar un tigre y acabar pintando un perro", e incluso echar por tierra el futuro y el destino del país. **Es más seguro y útil** un sistema profundamente arraigado en el suelo de su propio país que absorba sus abundantes nutrientes.

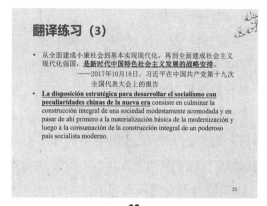

25

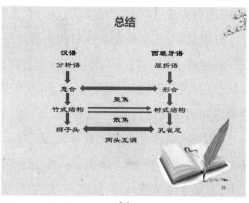

26

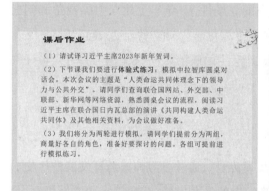

27

28

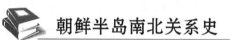

朝鲜半岛南北关系史

单元主题：韩国的经济发展模式及其转型

1. 课程总览

【课程名称】朝鲜半岛南北关系史

【课程类型】朝鲜语言文化方向硕士生专业必修课程

【教学对象】朝鲜语言文化方向一年级硕士生

【课程学时】48学时(3学时＊16周)

【课程目标】

本课程旨在指导朝鲜语言文化方向硕士生系统学习朝鲜半岛南北关系史的发展脉络和主要议题，并引介区域国别学等主要有关学科对当代朝鲜半岛问题研究的基本视角、理论和方法,以深化和提升学生的专业素养与跨学科研究能力。

知识目标:从朝韩各自体制和相互关系两个维度,通过政治体制、经济体制和南北关系三大板块、十五个主题的学习和讨论,帮助学生系统了解朝鲜半岛南北关系的历史与现状,以及区域国别学、历史学、政治学、经济学等有关学科在相关主题上的研究基础、问题意识和前沿课题。

能力目标:通过课前文献阅读、课堂互动研讨和期末论文撰写,提升学生的学术规范和研究能力,并将朝鲜半岛南北关系置于东北亚地区乃至全球秩序及其历史演变的背景之下,引导学生从跨地域、跨时空、跨学科视角,认识朝鲜半岛问题和朝韩关系的普遍性与特殊性、学术价值与政策价值,培养学生的历史性、辩证性和批判性思维能力。

素质目标:帮助学生理解区域国别学研究的立场性,引导学生建立中国视角和问题意识,并结合外国语言文学的学科特点,在进一步深化学生对朝鲜半岛语言、历史、文化的理解和跨文化素养与国际视野的基础上,提升学生的政治认同、家国情怀、时代责任与道德修养。

2. 本课课程思政目标

本次课程主题为"韩国的经济发展模式及其转型",通过学习韩国经济发展的历史脉络和各时期特点,帮助学生系统了解韩国经济发展的来龙去脉、演变逻辑和发展机制,全面审视韩国实现高速经济增长的原因、成果和代价。主要课程思政目标包括:

第一,破除历史虚无主义,历史地、辩证地认识韩国经济发展模式。课程内容既涉及韩国经济起飞以来的历史和现实,也通过对比朝鲜半岛解放后到20世纪70—80年代朝韩经济实力逆转以前两国各阶段经济发展情况,并引介韩国学界对本国"开发独裁"模式的两面性和争议性的探讨,引导学生辩证客观地认识朝韩两国的不同发展模式和路径。

第二,建立多元现代化视角,正确理解不同经济发展模式的异同。引导学生比较韩国与其他东亚国家和地区的发展模式,以及东亚模式与西方发达国家,尤其是英美自由市场经济体制的异同,并立足多元现代化视角,思考后发国家应如何有效建构和持续调整政府与市场的关系。

第三,培养中国视角和问题意识,提升区域国别学研究素养。通过了解历史学、经济学、政治学等不同学科视角下对韩国经济发展的理论解释和研究方法,引导学生理解既有研究的多元性及其各自的贡献与局限,进而探讨学科之间的关联性与差异性,并结合区域国别学和外国语言文学的学科特点,思考如何立足于中国视角和问题意识,从韩国研究、半岛问题、中韩关系、地区合作和全球治理等角度,探索和挖掘韩国经济研究的学术价值和政策价值。

3. 本课课程思政教学重点和难点

课程思政教学重点在于：帮助学生理解"发展型国家"等国家中心主义理论对韩国经济高速增长模式及其转型的解释，并分析其与自由市场中心主义解释之间的争议，引导学生思考近代以来有效经济发展模式的多样性，建立多元现代化视角；通过比较先发国家与后发国家，以及不同后发国家之间的经济发展模式与路径，引导学生理解强政府、经济计划、产业政策等对后发国家有效推动经济发展的必要性；比较分析韩国经济发展模式和中国改革开放以来的政治经济实践，思考中国式现代化的独特历史经验与启示，以及全面深化改革开放、坚持新发展理念的重要意义和时代内涵。

课程思政教学难点在于：指导学生均衡、辩证地看待朝韩两国的差异化经济发展模式，回溯朝鲜半岛南北双方在制度选择上面临的解放与分裂、去殖民、全球冷战等复杂历史情境，引导学生建立正确的历史观、民族观和国家观，尊重和理解对象国的文化多样性和多元选择；帮助学生理解西方主导的现代社会科学话语体系尤其自身偏向性和局限性，认识到西方主导的社科话语体系中对韩国经济发展历史的选择性书写，以及韩国学界对本国经济发展模式的公平性、正义性、合法性等问题的反思；引导学生思考韩国经济发展经验对中国的借鉴意义，并探讨中韩等东亚国家的历史和现实经验对于缓解新自由主义全球化带来的政治经济难题、构建人类命运共同体有何启示。

4. 本课课程思政教学方法和过程

4.1 教学方法

本课程积极践行"八个统一"基本原则，注重价值塑造、知识传授和能力培养的有机融合，坚持以学生为中心，注重互动性和启发性，力求在教学过程中落实上述课程思政目标。

课程采取"半翻转课堂"教学方法，通过课前文献阅读、课堂互动研讨和课后写作训练，以线上线下混合、课内课外结合的方式，全面提升学生的课程参与和学习效果。课前要求学生阅读指定文献，并参考教师给出的主要问题列表自主学习思考，并通过教学网讨论版共享各自的问题和评论；课上先由教师对本次课程主题进行解题和综合讲解，再由指定同学就必读文献进行发表和评析，最后由教师主持综合讨论和解答同学问题，尽可能高效利用课堂时间，启发学生积极参与和自主思考，在互动讨论中提升课堂融入和参与程度；课后为学生提供拓展阅读材料，并要求学生访问相关代表性机构网站、数据库等资源，进一步了解相关学术前沿和现实动向。

4.2 教学过程

【课前】

环节一:文献阅读

本课程使用自编讲义,要求学生在课前必读以下文献,选读文献可参见参考书目。

(1)张振华:《理解发展:比较现代化视野下的东亚奇迹及对中国的启示》,《山西师大学报(社会科学版)》,2021年第4期。

(2)张振华:《东亚奇迹的理论解读:回顾、争议与当代启示》,《学术界》,2021年第6期。

(3)朱天飚:《发展型经济与发展型政府》,《比较政治经济学》,北京大学出版社,2006年。

(4)陈玮、耿曙:《发展型国家的兴与衰:国家能力、产业政策与发展阶段》,《经济社会体制比较》,2017年第2期。

(5)菲利浦·W.林:《路径依赖的作用:韩国经济发展模式的兴衰》,董彦彬译,《经济社会体制比较》,2001年第1期。

(6)冯立果:《韩国的产业政策:形成、转型及启示》,《经济研究参考》,2019年第5期。

(7)李婷婷:《反思国别区域知识的"本土性":以韩国发展研究为例》,《公共管理评论》,2019年第2期。

环节二:思考提问

要求学生阅读时思考课堂上将讨论的主要问题,把自己在阅读过程中产生的问题和评论整理后共享到教学网讨论版,并在课前阅读其他同学的问题和评论,以进一步促进思考。

1. 韩国的经济发展模式和路径有何特点?这与其他国家相比有何异同?
2. 关于韩国经济发展模式有哪些主要理论范式和因果解释?
3. 韩国的历史制度对经济发展模式的建构与转型有何塑造作用?
4. 韩国学界对本国发展模式的研究与西方主流理论有何关系?这对中国的国别区域研究者有何启示?

【课堂】

环节一:教师解题与导言

教师对本次课程主题及其在课程整体中的定位进行简要介绍,阐明课堂重点讨论议题。韩国的经济发展在所有后发国家中具有高度典型性,与包括中国在内的多个东亚国家和地区相似,政府的规划和引领对推动经济发展起到重要作用,与英美等国所主张的自由市场主义有着显著区别。此外,韩国在20世纪末经历亚洲金融危机重创以后得以较快恢复经济活力,又继续保持了二十余年的稳定经济增长,人均收入已超3万美元,并跻身于先进国家行列。韩国经济发展模式既是深入理解当代韩国和半岛南北关系的关键议题之一,也是多元现代化的代表性案例,对于理解中国式现代化的脉络、机理和前景等有重要参考意义。

环节二:学生发表与评析

按照学期初整体安排,由指定同学对阅读材料的内容进行综述和评析,并就其他同学的课前提问与评论予以初步总结和反馈。本周的阅读材料大体可再分为四组:第1篇结合发展研究中发展概念内涵的演变,从比较视野下对中韩等东亚国家的经济奇迹进行多角度阐释;第2—4篇对政治经济学领域中自由主义、国家主义和折中主义者对韩国等经济奇迹的理论解释及其争议进行了系统梳理,尤其重点阐释了发展型政府理论对韩国经济起飞期和转型期发展模式及其起效机制的丰富探讨;第5—6篇更偏重历史视角,对韩国经济发展模式如何在国内外具体情境之下形成和演变进行了系统考察,并对韩国产业政策的制定及其阶段性转型加以详细剖析;第7篇文章则从区域国别学的认识论和方法论角度,以韩国发展研究为例,阐释了其学术话语如何受到国内权力结构和国际知识生产的共同塑造。

环节三:教师讲解重点问题

教师结合课程思政教学重点和难点,着重讲解以下问题:

第一,对韩国经济发展模式的理论解释。自由主义、国家主义和两者结合的折中主义者都对包括韩国在内的东亚国家发展模式提出了多种理论解释,几种视角之间的争议和探讨也非常丰富活跃。鉴于这些理论脱胎于政治学和经济学等其他学科,教师有必要对其学科逻辑、前提假设、分析范式等背景知识进行简要讲解,以便学生深入理解其价值和局限。无论哪种理论视角,都是在以欧美等西方国家发展经验为模板提炼出的经典理论基础上,通过对比或补充等方式谋求解释东亚模式,了解相关背景逻辑和资本主义多样性、依附理论等既有讨论,有助于学生更好地理解东亚模式的普遍性与特殊性,加深对多元现代化的认识和认同。

第二,韩国经济发展模式的历史构建与演变。理论解释固然重要,但在历史发展的实际过程中,国家经济发展模式并不是由全知全能者完全按照某种理论逻辑设计和建构而成的,而是在具体历史情境中和解决实际问题的过程中逐步探索而成。引导学生从历史制度的角度回溯韩国经济发展模式的形成和演变脉络,有助于破除历史虚无主义,看到被成功、奇迹等叙事遮蔽的其他历史事实,认识到韩国开发独裁体制的两面性,以及朝鲜经济体制在后殖民和冷战前期受到朝鲜人民选择的逻辑及其在冷战解体过程中未能顺畅转型的国内外原因。

第三,韩国经济发展模式的时代意义。结合国内学界以发展型政府等理论解读中国经济发展等研究动向,以及国际学界对新自由主义全球化所造成危机的反思,引导学生思考韩国经济发展模式对理解中国式现代化有何借鉴和启示意义。

第四,国际主流社会科学话语体系的反思。指出西方主导的社科话语体系中对韩国经济发展历史的选择性书写,及韩国学界对本国经济发展历史和既有理论探讨的反思,引导学生思考如何结合中国学者自身的视角和问题意识,构建更为客观均衡的社会科学话语体系。

环节四:综合问答与讨论

学生基于课前阅读思考和前述授课环节,对课堂发表和讲解内容提出具体或深化问题,由教师进行解答,并鼓励所有同学参与互动讨论,以查漏补缺和促进学生加深理解和思考。尤其是对韩国经济发展的历史脉络、朝韩对比、多元现代化、新自由主义全球化背景下韩国经济发展模式的转型及其效果、中国式现代化等重点难点内容,由于阅读材料的覆盖范围、学生学科背景等原因有必要通过师生互动,补充进行针对性讲解,以增进学生的理解和认同。

环节五:教师总结与余论

教师对课堂内容进行总结,巩固所学重点知识,并布置课后任务,引导学生拓展和深化学习。

【课后】

要求学生访问韩国产业通商资源部(http://www.motie.go.kr)、韩国开发研究院(www.kdi.re.kr)、韩国产业研究院(https://www.kiet.re.kr)等韩国相关政府部门和官方智库网站的政策简报和研究报告等板块,了解韩国在产业政策和发展研究方面的新近政策与研究趋势,并思考这些动向是否符合本课所学内容,以及对中韩经贸关系有何启示。

要求学生学习党和国家领导人关于中国式现代化的主要论述,并通过知网了解国内学界近年以发展型政府理论探讨解释中国经济发展的研究动向,思考本课所学内容对理解中国式现代化、全面深化改革开放等有何意义和启示。

5. 参考书目

1. Alice H. Amsden, *Asia's Next Giant: South Korea and Late Industrialization*, New York: Oxford University Press, 1989.

2. Peter Evans, *Embedded Autonomy: States and Industrial Transformation*, Princeton: Princeton University Press, 1995.

3. Seungjoo Lee and Sang-young Rhyu, *The Political Economy of Change and Continuity in Korea: Twenty*

Years after the Crisis, Cham: Springer International Publishing, 2019.
4. Atul Kohli, *State-Directed Development: Political Power and Industrialization in the Global Periphery*, Cambridge: Cambridge University Press, 2005.
5. Chae-jin Yang, *The Political Economy of the Small Welfare State in South Korea*, Cambridge University Press, 2017.
6. 김형아,『유신과 중화학공업: 박정희의 양날의 선택』, 서울: 일조각, 2009.
7. 이연호,『발전국가: 과거, 현재 그리고 미래』, 서울: 한울, 2017.
8. 이병천,『개발독재와 박정희시대: 우리 시대의 정치경제적 기원』, 파주: 창비, 2003.

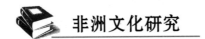

非洲文化研究

单元主题:表演的政治——非洲都市青年的街头文化与社会变迁

1. 课程总览

【**课程名称**】非洲文化研究

【**课程类型**】北京大学研究生专业课

【**教学对象**】非洲文学与文化方向硕士、博士研究生,其他相关专业研究生

【**课程学时**】32 学时(2 学时 * 16 周)

【**课程目标**】

中国与非洲有着深厚的文明互鉴历史与战略合作需求,在中非交往日益密切的背景下,非洲应当成为中国学生国际视野的重要组成部分。流行文化和艺术文本能够反映社会历史的变化并不同程度地参与社会进程,不失为了解当代非洲的绝佳载体。本次课堂借助具有蓬勃生命力的青年文化实践和艺术形式、特别是作为了解当代非洲社会与非洲人的切口,从人文视角出发,引导学生关注和了解非洲社会的历史变迁、大众文化、人文思想,以及这片大陆与外部世界的密切关联。

配合本学期课程,本节课旨在打破有关非洲的诸种刻板印象,进一步增进学生的非洲文化与社会相关知识背景,并培养学生对他者社会以及本土文化现象的敏锐度、观察力和阐释能力,训练从文化视角观照与理解社会、政治、经济、历史和国际交往的方法。具体而言,课程希望通过部分当代文化文本的解读以及文化研究方法的介入,培养学生在人文社会科学研究、区域研究中的问题意识及跨学科的研究方法,反思当代社会在理解青年问题、贫困问题、中非关系等热点问题时的思维定式,建立更加全面的观察视角以及批判式思考的能力。

2. 本课课程思政目标

拓展学生的国际视野,引导学生通过他者文化更好地认知自我,理解"世界未有之大变局"以及中国与非洲在其中的位置。

理解国家的对非政策,以及文化和艺术在中非人文交流与促进民心相通中的重要性。

引导学生思考青年群体与国家和社会的关系,树立有担当的人生观和价值观。

3. 本课课程思政教学重点和难点

第一,如何超越对非洲认知的刻板印象和知识局限。目前知识界和大众媒体对非洲的认知充斥着有关疾病、战乱和贫困的刻板印象,本讲的重点在于通过复杂多元的青年文化表达引导学生反思我们对于非洲各国以及其他第三世界国家与地区的认知局限,反思知识生产中既定的中心与边缘框架,思考应该以何种立场、视角和方法理解非洲、非洲在世界地缘政治中的位置,以及中非交往的深厚历史背景和当下语境。

第二,如何突破较为宏观的国家政策文件和抽象的媒介数据来解读和认识非洲以及中非交往的历史和当下。授课老师将结合自身在非洲的田野调查经验和一手资料与学生们分享非洲青年文化实践的个案研究,希望学生通过日常生活细节理解非洲不同国家和社会的历史与文化的多元性,并将亚非的共通历史和经验作为关注和研究非洲的重要背景。

第三,如何通过认知他者来认知自我。通过观照和剖析非洲青年人的生存境遇、个体选择,以及时代剧变背景下诞生的青年文化与艺术表达,理解全球南方国家语境下青年与社会的关系。用社科院拉美研究专家索飒老师的话说,在未来绵绵不尽的学习与研究道路上,这一份从我走向他者的心情之领受是比人类学、民族学理论深造、技能训练更宝贵的资源……这种训练能帮助我们在对不断扩充的鲜活知识的比较中,"锻炼一副火眼金睛,在大量的琐碎中辨识有意味的信息,在艰苦勤奋、日益成熟的融会贯通思维中发现事物的本质和规律,从日积月累的真知里走向以人为本的科学。"

4. 本课课程思政教学方法和过程

4.1 教学方法

个案研究:教师与学生分享自己在非洲的西部和南部地区开展的个案研究。例如,理解非洲法语区(尤其是刚果的)萨普文化(La SAPE),引导学生从历时的视角突破文化表面现象,深入理解这种青年时尚文化的起源尤其是与非洲国家反殖民历史与民族国家抗争历史的渊源。

比较研究与平行式思考：引导学生将非洲的青年文化与新世纪以来中国的青年亚文化现象进行对照。例如，思考萨普文化与"杀马特"文化的异同，从跨学科（文化研究、社会学、人类学）视角理解当下非洲与中国青年的境遇和社会担当。

4.2 教学过程

教学基本内容

(1) 主题导入：为什么以及如何关注非洲的青年议题（研究价值和必要性）

(2) 背景介绍：非洲语境下"青年"定义的复杂性（研究议题的相关社会文化背景）

(3) 案例分析：以"刚果萨普文化：从殖民时代到当代的变迁"为例分析青年时尚风格与社会历史之间的关系（研究方法）

(4) 比较思考：刚果的萨普文化与中国青年的流行文化现象的比较（拓展与思考）

教学步骤及环节

第一部分　切入课堂主题和主要的研究问题

从一则"尼日利亚芭蕾男孩"的新闻入手，与学生共同分析西方大众媒介在解读非洲边缘社群时时常落入的一些刻板叙事（例如常见的"垃圾遍地、犯罪猖獗的贫民窟里的励志男孩"形象）以及这些刻板叙事存在的问题。引导学生通过追问相关文化现象的社会文化语境，尝试理解非洲语境下青年文化实践的一些特征、追溯这些流行文化诞生的社会政治和历史背景。带入本讲的思考议题：应该如何超越研究定势，关注和研究当代非洲的青年流行文化现象、理解青年人群的主体性？

第二部分　深入讲解相关议题的历史背景和当下的社会文化语境

本部分主要内容是通过已有的研究数据和文献，梳理与总结为什么青年问题是当代非洲研究的重要议题，例如，非洲是世界上最为年轻化的大陆，年龄35岁以下的人口占比超过75%，个别国家的人口平均年龄（中位数）只有15岁。因此需要强调的是，对于青年文化的关注和研究，关系到我们对于未来社会的期待与想象。如果说青年是世界的未来，也是中非交往的未来，那么理解青年文化就是一项塑造未来的工作。

与此同时，另外一个重要背景是自20世纪80年代末90年代初以来，非洲青年人群的失业率极高，多数人群处于不稳定的生活状态中。介绍基本背景之后，总结现有非洲青年研究中的关键词，理解非洲青年的生存境遇以及在全球化文化的背景下非洲青年的位置，这些关键词也指向了本讲所关注的相应文化现象诞生的社会根源。

第三部分　个案研究：如何通过青年文化理解非洲

本部分围绕青年时尚文化入手，聚焦"萨普文化"，探讨如何将时尚文化与风格看作是青年社群展现日常生活的"有意义的形式"，看作特定语境下诞生的一整套构成青年群体特定生活方式的系统。

本部分需要强调的是,受"后亚文化"理论研究的影响,"萨普文化"常被认为是一种"爱慕虚荣"、追随西式时尚的消费文化。21世纪初西方学界兴起的后亚文化理论强调新传媒时代和消费时代的文化身份混杂现象以及全球特别是西方消费文化对青年的"收编",往往忽略了青年文化群体与其真实的政治经济处境之间的关联。但我们仔细地梳理萨普文化在殖民时期、民族独立时期和当下的历史变迁,从文化表象分析代际、阶层和种族等因素如何融合进这种"风格",便不难看出这种文化内在的反抗性以及青年群体的能动性和主体性。我们需要回到本土的具体历史和社会文化语境(例如,在本讲中提到的萨普文化的兴起与比属刚果1960年之前的反殖民和争取民族独立斗争之间的密切关联)来理解青年及其相关的文化现象,脚踏实地地解读不同地区、不同时代青年文化的特征与异质性。对青年群体的关注和对青年文化的研究,也能帮助我们梳理一些与当下语境密切相关的问题:现代社会中人们如何看待自我与他者、个体与社群之间的关系?在符号化消费日益扩散、个体与群体关系错综复杂的全球化时代,如何看待与评价青年群体中各种新兴的生活方式和价值取向?

第四部分 "亚非作为方法":一种方法论的思考

本部分引导学生思考由这种青年文化现象能够与哪些中国青年的文化现象进行联系和比较。通过比较我们不难发现,中国和非洲大陆有着许多共同的历史语境和现实经验。南非人类学家科马洛夫(Jean Comaroff & John Comaroff)夫妇在《来自南方的理论》里分享的一个重要观点是"不是非洲正在追赶更加发达的欧美,在很多层面上,全世界正在变成非洲"。从这个意义上,看见非洲其实是看见未来。对非洲的理解,也是对我们自身的理解。

在不少历史和现实经验问题上,中国和非洲能够互为参照,为彼此提供文明历史以及发展路径的镜鉴。借助这种比较式的思考和讨论,结合上一部分对青年文化时尚文化现象的理论分析视角,引导学生正确认识和反思西方中心主义的研究视角可能存在的问题,并共同讨论以第三世界或者亚非为思考镜鉴的具体研究路径。在讲授中突出中国经验的方法论意义,引导学生思考中国知识背景在非洲研究中的价值所在。希望这种平行式的比较研究能够成为探索中国和非洲之间的人文交流与互动的一种尝试和探索。这类研究能更好地回应学界目前对于中非关系研究中的争议和误区,引导学生避免落入西方媒体所宣称的"新殖民主义"等论调,通过详实地研究、客观地思考和回应学界的争议。

4.3 评价方法

考查学生的课前文献阅读和知识储备:是否通过课前观影和阅读文献对重要的非洲

青年文化现象以及文化研究的基本方法和历史脉络有所了解。

学生对课堂讨论的参与及贡献:是否具备敏锐的文本分析(由教师在课上提供的影像和视觉资料等)能力,是否能在思考过程中从表象(符号、风格)入手深入社会文化的肌理,是否能对教师提出的问题进行积极回应。

平行参照和引申思考的能力:是否能够对当下的社会语境有独立的关怀与理解,是否体现出基本的共情能力、理解他者文化的视野和能力。

5. 参考书目

1. 程莹:《"日常的政治":非洲文学研究与大众文化的视角》,《比较文学与跨文化研究》(第二卷第1期),北京:外语教学与研究出版社,2018年。
2. 陈映芳:《"青年"与中国的社会变迁》,北京:社会科学文献出版社,2007年。
3. Diouf, Mamadou. 2003. "Engaging Postcolonial Cultures: African Youth and Public Space." *African Studies Review* 46(2): 1–12.
4. Gondola, Didier. 1999. "Dream and Drama: The Search for Elegance Among Congolese Youth." *African Studies Review* 42(1): 23–48.

附件:教学课件

1

2

3

4

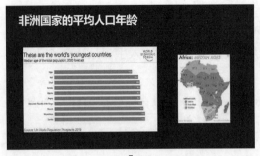
5

6

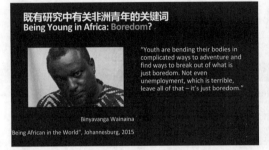
7

8

9

10

11

12

13

14

15

16

17

18

19

20

21 22

23 24

25 26

27 28

29